液化天然气海运技术

王飞　纪玉龙　编著

大连海事大学出版社

图书在版编目(CIP)数据

液化天然气海运技术／王飞,纪玉龙编著. — 大连：
大连海事大学出版社,2021.6
ISBN 978-7-5632-4158-3

Ⅰ.①液…　Ⅱ.①王…②纪…　Ⅲ.①液化气体船—
货物运输　Ⅳ.①U674.13

中国版本图书馆 CIP 数据核字(2021)第 088452 号

大连海事大学出版社出版

地址:大连市凌海路1号　邮编:116026　电话:0411-84728394　传真:0411-84727996
http://press.dlmu.edu.cn　E-mail:dmupress@dlmu.edu.cn
大连永发彩色广告印刷有限公司印装　　大连海事大学出版社发行

2021 年 6 月第 1 版　　　　　　　　　2021 年 6 月第 1 次印刷
幅面尺寸:184 mm×260 mm　　　　　　印张:16.25
字数:405 千　　　　　　　　　　　　印数:1~500 册

出版人:刘明凯

责任编辑:张　冰　　　　　　　　　　责任校对:陈青丽
封面设计:张爱妮　　　　　　　　　　版式设计:张爱妮

ISBN 978-7-5632-4158-3　　定价:49.00 元

前　言

随着国际社会和海事界对环境保护的日益关注,液化天然气(Liquefied Natural Gas,LNG)作为清洁能源,目前正成为世界未来燃料的新焦点。在这种背景下,LNG运输业得以蓬勃发展。LNG运输船,因其具有复杂的建造技术、巨额的造价和潜在的风险等特点,被誉为世界造船业"皇冠上的明珠"。

为了适应大规模发展天然气船舶运输的需要,培养合格的天然气船舶管理人员并为海事院校学生将来从事天然气船舶相关工作奠定一定的基础,编者搜集整理了多年来在天然气船舶工作中积累的资料并结合相关国际公约及国内外专家的著作,汇编成籍,以使现在的及将来的天然气船舶管理人员对天然气船舶运输管理有一个较为清晰的认识。

本书共有十个章节,涵盖了液化天然气船舶相关设备结构、工作原理及技术管理方面的内容。其中:第一章为概述;第二章为液化天然气的性质;第三章为LNG运输船的类型;第四章为船舶液货舱结构与设计原理;第五章为货物操作设备及附属系统;第六章为LNG船的主推进装置;第七章为天然气处理辅助装置;第八章为LNG船的营运;第九章为LNG船的应急操作及安全管理;第十章为LNG海运技术应用新趋势。本书以实用性为第一追求目标,尽可能多地使用图片,切实、鲜明、充分,力图使读者更直观地了解和掌握液化天然气船舶运输的相关管理技术。为了加深对LNG船货舱结构、货物处理设备工作原理的理解,本书收录了热力学计算方面的内容,仅供感兴趣的读者参考使用。

本书由王飞、纪玉龙编著,林叶锦院长对全书的编著做了全方位的指导,并对全书进行了审定。大连海事大学朱闽、黄连忠、仇大志,中国远洋海运集团鲍永义,中海国际朱长勇,中国天然气运输公司孔令文、秦伟、刘兴春,香港FLEET船舶管理公司潘国峰等轮机长在此书的编著过程中提供了大力帮助。感谢汪宗御、肖秀老师在后期修改过程中提出的中肯和建设性的意见以及在文字校对和图片处理过程中付出的辛苦努力。

由于天然气海上运输涉及的专业领域很广,限于编者的理论水平和实践经验,书中难免存在诸多错漏,还望读者多多批评指正。

最后,向本书所参阅、引用有关资料的国内外作者,深表感谢。

联系地址:辽宁省大连市大连海事大学轮机工程学院

邮编:116026

E-mail:wangfei1630@163.com

王飞

2020 年 12 月

目 录

第一章 概 述

第一节 世界 LNG 船的发展概况

一、世界 LNG 工业的发展历史

天然气的主要成分为甲烷,其在常温下不能用压缩的办法液化,只有在低温下(-162 ℃)才能变成液体。20 世纪 20 年代以来,深冷工业技术的迅速发展使大量的天然气液化成为可能。

1910 年,美国开始了工业规模的天然气液化研究和开发工作。

1917 年,美国工程师卡波特获得了第一个有关天然气液化、储存和运输的专利,同年在美国的西弗吉利亚地区建起了世界上第一家液化甲烷工厂,进行甲烷液化生产。

1937 年,英国工程师埃吉汤提出用液化天然气调节城市供气中的高峰负荷,将天然气液化并储存,供应冬季供气负荷和应急事故。

1955 年,美国康斯托克国际甲烷公司,致力研究跨海运输液化天然气的规划和设计。

1957 年,英国气体公司决定和康斯托克公司签订合同,引进液化天然气补充城市煤气供应不足,并在英国的坎威尔岛上建起世界上第一个液化天然气接收基地,用于储存引进的液化天然气。

1959 年,美国康斯托克国际甲烷公司建造了世界上第一艘液化天然气运输船——"甲烷先锋号",如图 1-1 所示。

1960 年,1 月 28 日至 2 月 20 日"甲烷先锋号"运载了 2 200 t 的液化天然气从美国路易斯安那州的查尔斯湖出发,航行至英国的坎威尔岛接收基地,标志着世界液化天然气工业的诞生。

1960 年,英国壳牌公司购买了康斯托克公司"甲烷先锋号"船 40% 的股份,世界上第一座 LNG 工厂于 1964 年 9 月 27 日在阿尔及利亚建成投产,"甲烷先锋号"船便于当年投入了由阿尔及利亚至英国的 LNG 运输业务,使世界 LNG 商业贸易迅速地发展起来。从 1964 年开始,法国和英国每年分别从阿尔及利亚进口 LNG 4.2 亿立方米和 10 亿立方米。

二、LNG 运输船的发展

20 世纪 60 年代末至 70 年代初,意大利、挪威、瑞典等欧洲国家纷纷开始 LNG 运输船舶的

图 1-1　世界上第一艘液化天然气运输船

建造。欧美于 20 世纪 80 年代前垄断了世界 LNG 运输船的建造市场。1981 年,日本建造出了本国第一艘 LNG 运输船。1994 年,韩国也建造出了本国第一艘 LNG 运输船。

全球 LNG 运输船队在 2018 年出现最大规模的扩张,其间有 70 多艘新船交付使用,而且也是订单量最大的一年。VesselsValue 数据显示,截至 2018 年 8 月 1 日,全球共有 481 艘 100 000 m³ 以上的在役大型 LNG 运输船,包括浮式储存再气化装置。运能共计 76 600 000 m³。其中,全球前 5 大 LNG 运输船船东卡塔尔天然气运输公司、商船三井、Teekay、Maran Gas Maritime 和日本邮船在役的 LNG 运输船总量为 110 艘,总运能为 19 500 000 m³。

三、世界 LNG 资源及市场现状

液化天然气的生产厂通常设在海岸或海上的浮动式天然气液化装置,产品通过液化天然气运输船运输。LNG 海上运输链网如图 1-2 所示,包括:

（1）将原料气送往液化工厂;

（2）原料气预处理(脱除酸性组分和水分),达到液化要求标准;

（3）天然气液化,还可能分馏出天然气油和液化石油气等产品;

（4）在港口储存和装船;

（5）液化天然气运输船海运;

（6）在液化天然气接收站卸货;

（7）液化天然气再气化,并输送至用户。

天然气作为清洁优质高效能源和重要的化工原料,已经成为继石油之后最具发展前景和备受世人关注的能源,很多国家都将 LNG 列为首选燃料,日本、韩国、美国都在大规模建造 LNG 接收站。液化后的天然气能量密度高,解决了远洋和边远地区开发天然气的远距离运输问题,利用 LNG 船运方式已成为目前运送天然气的一条便捷途径。目前,LNG 海上运输量占

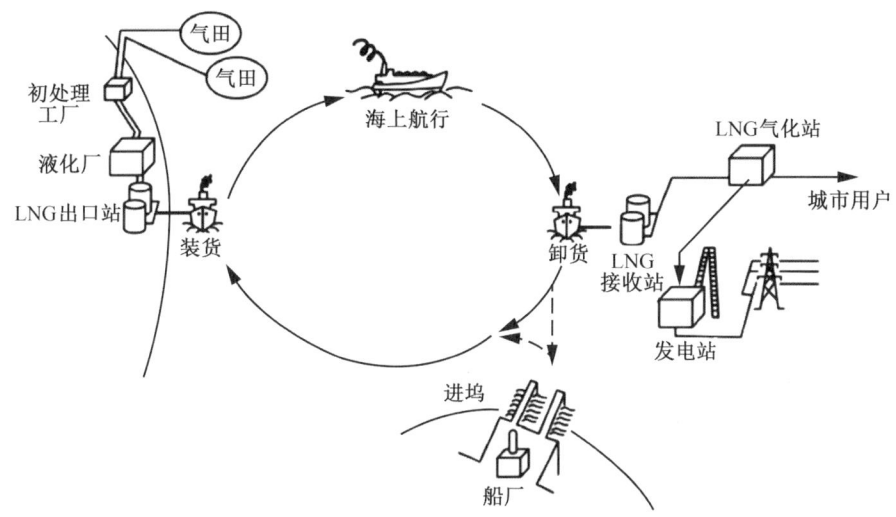

图 1-2 LNG 海上运输链网

全球 LNG 运量的比重已超过 80%。数据显示,2018 年全球 LNG 贸易量 3.18 亿吨。纵观近 15 年全球的 LNG 贸易,年均增长率接近 12%,增长速度非常强劲。LNG 船需求量的增长取决于气源出口的情况,澳大利亚、卡塔尔、尼日利亚、也门等国家都建立了气源出口项目,美国自 2016 年 2 月起也开始出口液化天然气。

第二节 国内 LNG 船的发展概况

一、国内大型 LNG 船的发展情况

我国进军 LNG 运输船市场相对较晚,但发展迅速。2008 年 4 月 3 日,由我国自主设计、自行建造的第一艘 LNG 运输船"大鹏昊号",如图 1-3 所示,正式交付船东。世界顶级船舶建造历史上又一次铭刻了中国制造"零"的突破。

这艘 LNG 船造价高达 1.6 亿美元,几乎等于五艘普通巴拿马型散货轮的总造价,而其钢材消耗量却仅相当于一艘 7 万吨散货轮。整船装载量为 14.721 万立方米液化天然气,全部汽化以后容量将达 9 000 万立方米,相当于上海全市居民 1 个月的天然气使用量。

继"大鹏昊号"之后,大鹏月、大鹏星、闽榕、闽鹭和申海等五艘 LNG 运输船相继投入使用。大鹏昊、大鹏月和大鹏星为广东深圳大鹏湾大型 LNG 运输项目配套,闽榕和闽鹭为福建大型 LNG 运输项目配套,申海是沪东中华为上海申能集团所属上海液化天然气有限公司生产的 LNG 运输船,配套中海油与马石油签订的上海 LNG 运输项目。

2018 年 5 月 31 日,随着"中能连云港"轮顺利交船,AP LNG 运输项目六艘姊妹船中能福石、中能青岛、中能北海、中能天津、中能温州已全部交付给租家联合石化,这也是上海 LNG 全部完工交付的第二个运输项目以及投入运营的第 12 艘 LNG 船,年 LNG 运量超过 1 100 万吨。

图 1-3 我国第一艘 LNG 船

国内大型 LNG 船的建造与运营为国家能源运输安全和中国 LNG 运输事业书写了新的篇章。

沪东中华的"AP LNG"项目——"中能"系列 LNG 运输船以双燃料发电机+电力推进的方式作为主推进动力方式,同时加装 GCU 作为辅助的货物自然蒸发气的处理设备,该系列 LNG 运输船货舱容积为 174 000 m³,该船总长为 290 m,型宽 45.6 m,型深 26.5 m,设计吃水 11.70 m,设计航速 19.50 kn,入级劳氏船级社(LR)和中国船级社(CCS)。该系列船采用 5 台直列主发电机,是全球首次应用可根据液货舱蒸发量自动匹配油气混烧技术的双燃料电力推进大型 LNG 运输船,在各种工况负荷下可灵活搭配油气组合,具备良好的运营适配性和经济性。

二、国内小型 LNG 船的发展情状

近年来,随着经济的迅猛发展,国内市场对天然气的需求量急剧增长。合理地将 LNG 分配到沿海、沿江的终端用户需要一种创新的 LNG 产业链,小型 LNG 运输船在我国的 LNG 二程转运产业链中起着重要的作用。但是国内小型 LNG 船的发展还处于初级阶段,目前投入运营的小型 LNG 船只有"海洋石油 301"轮、"启元"轮、"元和"轮以及"华祥 8"轮。

1. "海洋石油 301"轮

2015 年 5 月 8 日,由江南造船(集团)为中海油建造的 LNG 船"海洋石油 301"轮在珠海锚地正式交付。该轮总长 184.7 m,型宽 28.1 m,可装载 30 000 m³ 液化天然气。船舶配置 4 个双联圆筒独立 C 型 LNG 货舱、双燃料电力推进系统、全回转推进器,并且装有侧推器,使得船舶的操纵性和机动性得到提升,完全具备自主靠离泊能力,可大大减少靠离泊作业对于港作拖船的依赖,有效降低了运营成本。

2. "启元"轮

2015 年 11 月 6 日,由大连中远船务为大连因泰公司建造的国内首艘 28 000 m³ LNG 船"启元"轮顺利完成海试任务。该轮集成当今中小型 LNG 运输船最先进的技术,总长

176.8 m,型宽 27.6 m,型深 18.5 m,设计吃水 7.8 m;单机单桨、双燃料驱动可调螺距螺旋桨的推进方式;带 PTO 功能,配备可伸缩式舷侧推;液货系统为 3 个 C 型双联独立液货罐体,总装载量超过 28 000 m³。

3.“元和”轮

2017 年 3 月 13 日,浙江新乐造船为浙江元和海运有限公司建造的 30 000 m³ 双燃料 LNG 运输船“元和”轮顺利下水。该轮由上海欧得利船舶工程有限公司设计,该轮总长 181 m,型宽 36 m,型深 19 m,吃水深 7.8 m,采用双燃料主机,属无限航区船舶。建造上采用具有自主知识产权的独立 C 型货舱技术,由中国一冶集团钢构公司制造的 4 台储罐,其中 3 台为 8 000 m³ 双体罐,1 台为 6 000 m³ 单体罐。同时,该船按照国际天然气运输标准设计,入级中国船级社,并由法国船级社提供技术咨询。

4.“华祥 8”轮

2018 年 5 月 3 日,我国首艘具有完全自主知识产权的 LNG 运输船“华祥 8”轮,在浙江舟山再次成功下水。该轮是由江苏南通启东丰顺船舶重工船厂为浙江华祥海运有限公司建造的 14 000 m³ LNG 运输船,该轮总长 125.8 m,型宽 22.8 m,型深 13.1 m,设计航速 16.5 kn,入级中国船级社。该轮是国内首艘采用低速二冲程双燃料柴油机作为主推进动力装置的 LNG 运输船,既能在沿海航行,又能进入长江,具备江海直达功能。届时,进口的 LNG 将在舟山过驳至该船,然后转运至长江,能为长江经济带经济发展提供高效清洁的能源,不仅能够推动“汽化长江”绿色航运创新工程加快实施、满足长江经济带经济绿色发展的需要,还能彻底解决长江经济带冬季天然气保供问题。

三、国内 LNG 资源现状

中国近年来,对 LNG 产业的发展越来越重视。2018 年,我国天然气消费量 2 766 亿立方米,进口天然气 1 254 亿立方米,其中进口 LNG 734 亿立方米、5 400 万吨,进口 LNG 比重达到 58.5%。LNG 进口主要依靠沿海的 LNG 接收站,截至 2019 年年初,国内投运 LNG 接收站 21 座,总产能超过 8 300 万吨。图 1-4 对比了我国各接收站 2015—2017 年上半年的 LNG 进口量。在广阔的沿海地带处在规划、拟建阶段的接收站更多,中国接收站数量正在迅速追赶日本的 34 座。

据中远海运能源运输股份有限公司 2019 年第十二次董事会议决议公告,该公司决定正式设立全资 LNG 船管理公司。中远海能源是中国 LNG 运输业务的引领者,也是世界 LNG 运输市场的重要参与者。该集团拥有全资的上海中远海运液化天然气投资有限公司和持有 50% 股份的中国液化天然气运输(控股)有限公司(CLNG),这两家公司为中国目前仅有的两家大型 LNG 运输公司。LNG 产业,不仅是集团也是我们国家发展的重要方向。

未来,中远海运能源将依托中国加快发展绿色能源的机遇,按照“挺进蓝海”的发展战略,继续大力发展 LNG 和新能源运输,彰显 LNG 行业的引领者地位。

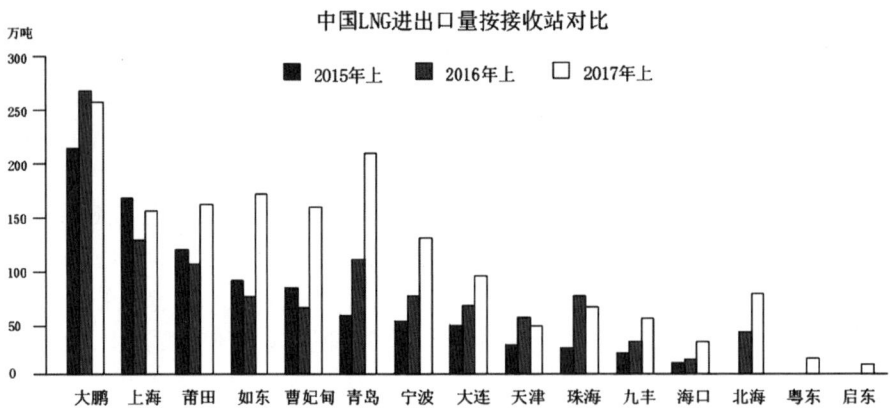

图1-4　2015—2017年上半年中国LNG进口量对比图

第二章　液化天然气的性质

第一节　天然气的分类

天然气包括常规天然气和非常规天然气。

一、常规天然气

依据不同的原则,常规天然气有三种分类方式:

1.按矿藏特点分类

按矿藏特点的不同,可将天然气分为气井气、凝析井气和油田气。前两者合称非伴生气,后者也称为油田伴生气。

（1）气井气

气井气即纯气田天然气,气藏中的天然气以气相存在,通过气井开采出来,其中甲烷含量高。

（2）凝析井气

凝析井气即凝析气田天然气,在气藏中以气体状态存在,是具有高含量可回收烃液的气田气,其凝析液主要为凝析油,其次可能还有部分被凝析的水,这类气田的井口流出物除含有甲烷、乙烷外,还含有一定量的丙烷、丁烷及 C5 以上的烃类。

（3）油田气

油田气即油田伴生气,它是伴随原油共生,是在油藏中与原油呈相平衡接触的气体,包括游离气和溶解在原油中的溶解气,从组成上亦认为属于湿气。在油井开采时,借助气层气来保持井压,而溶解气则伴随原油采出。

油田气采出的特点是:组成和气油比因产层和开采条件不同而异,不能人为地控制,一般富含丁烷以上组分。当油田气随原油一起被开采到地面后,由于油气分离条件和分离方式不同,以及受气液平衡规律的限制,气相中除含有甲烷、乙烷、丙烷、丁烷外,还含有戊烷、己烷,甚至 C9、C10 组分。液相中除含有重烃外,仍含有一定量的丁烷、丙烷,甚至甲烷。与此同时,为了降低原油的饱和蒸气压,防止原油在储运过程中的挥发损耗,油田上往往采用各种原油稳定工艺回收原油中的 C1～C5 组分,回收回来的气体,称为原油稳定气,简称原稳气。

2. 按天然气的烃类组成分类

按天然气的烃类组成(即按天然气中液烃含量)来分类,天然气可分为干气、湿气或贫气、富气。

(1)C5 界定法——干、湿气的划分。根据天然气中 C5 以上的烃液含量的多少,用 C5 界定法划分为干气和湿气。

干气指在 1 Sm^3(CHN)井口流出物中,C5 以上烃液含量低于 13.5 cm^3 的天然气。

湿气指在 1 Sm^3(CHN)井口流出物中,C5 以上烃液含量高于 13.5 cm^3 的天然气。

(2)C3 界定法——贫、富气的划分。根据天然气中 C3 以上烃类液体的含量多少,用 C3 界定法划分为贫气和富气。

贫气指在 1 Sm^3(CHN)井口流出物中,C3 以上烃类液含量低于 94 cm^3 的天然气。

富气指在 1 Sm^3(CHN)井口流出物中,C3 以上烃类液含量高于 94 cm^3 的天然气。

3. 按酸气含量分类

按酸气(指 CO_2 和硫化物)含量多少,天然气可分为酸性天然气和洁气。

酸性天然气指含有显著量的硫化物和 CO_2 等酸气,这类气体必须经处理后才能达到管输标准或商品气气质指标的天然气。

洁气是指硫化物含量甚微或根本不含硫化物的气体,它不需净化就可外输和利用。

二、非常规天然气

非常规天然气是指受目前技术经济条件的限制尚未投入工业开采及制取的天然气资源,包括天然气水合物、煤层气、页岩气、煤制天然气等。

(1)天然气水合物,俗称可燃冰,是天然气与水在一定条件下形成的类冰固态化合物,主要组分为甲烷;

(2)煤层气是煤层形成过程中经过生物化学和变质作用以吸附或游离状态存在于煤层及固岩中自储式天然气;

(3)页岩气是以吸附或游离状态存在于暗色泥页岩或高碳泥页岩中的天然气;

(4)煤制天然气是指煤经过汽化产生的合成气,再经过甲烷化处理,生产代用天然气。

国内液化天然气进口项目中的气源,澳大利亚西北大陆架、印度尼西亚巴布亚岛的东固、马来西亚民都鲁都来自海上气田,属于常规天然气,只有澳大利亚格拉德斯通使用煤层气作为原料生产液化天然气。

第二节 液化天然气的基本性质

液化天然气是先将气田生产的天然气净化处理,经一连串超低温液化后,利用 LNG 船运送。液化天然气燃烧后对空气污染非常小,而且放出的热量大,所以液化天然气是一种比较先进的能源。

液化天然气主要成分是甲烷,被公认是地球上最干净的化石能源。无色、无味、无毒且无腐蚀性,其体积约为同量气态天然气体积的 1/625,液化天然气的质量仅为同体积水的 45% 左右。

LNG 船,由于货物的特殊性,给我们的管理工作带来一定的难度。只有熟悉和掌握了货物的性质,才能保证运输的安全。

一、基本概念

1. 沸点

沸点是液体沸腾时的温度。当液体的饱和蒸气压力与液面上方空间的压力相等时,液体开始沸腾。如没有特殊说明,通常所说的液体沸点是指在 1 个标准大气压(101 325 Pa)下的液体沸腾的温度,或液体的饱和蒸气压力等于 1 个标准大气压力时的液体温度。液体沸点与液面空间上的压力有关,压力升高,沸点上升。

对碳氢化合物而言,它们的沸点有以下特点:

(1)分子中碳原子数越多,沸点越高;

(2)当碳原子数相同时,多数烷烃的沸点比烯烃的沸点高;

(3)正构物的沸点比异构物的沸点高;

(4)沸点越低越难液化,即液化时需要更高的压力或更低的温度,有时两者都需要;

(5)沸点越低的烃越易汽化;

(6)压力增高,沸点也提高。

2. 闪点

闪点指在规定的条件下,易燃液体的蒸气与空气的混合物可被点燃、产生瞬间闪光的最低温度。闪点是可燃液体储存、运输和使用的一个安全指标,同时也是可燃性液体的挥发性指标。闪点低的可燃性液体,挥发性高,容易着火,安全性较差。

石油产品,闪点在 45 ℃ 以下的为易燃品,如汽油、煤油;闪点在 45 ℃ 以上的为可燃品,如柴油、润滑油。一般要求可燃性液体的闪点比使用温度高 20~30 ℃,以保证使用安全和减少挥发损失。闪点的高低,取决于可燃性液体的密度、液面的气压或可燃性液体中是否混入轻质组分和轻质组分含量多少。

3. 汽化潜热

汽化潜热是指具有饱和温度的单位质量液体,在等温等压情况下完全汽化时所需吸收的热量,单位是千焦/千克(kJ/kg)。在等温等压情况下,使单位质量的液体蒸发汽化所必须供给的热能叫作汽化潜热。在液态转变为气态过程中,由于只有热的吸收,两种状态的物质本身并无温度变化,所以汽化热又叫汽化潜热。汽化潜热仅将液体分子变为气体分子,只引起物质的相变,并不改变物质的温度。

4. 静电

所有的物质,不论是固体、液体或气体都可能在一定程度上产生和保留静电荷。当两种不同物质互相接触和摩擦时,就会在界面发生电荷分离现象。如液体在管内流动、液体和蒸气/

混合物通过喷嘴喷出、含有微粒(如灰尘)的蒸气在管内流动、固体物质在油液中沉淀等均会产生静电荷分离。异性电荷分开后,就会在两者之间产生电位差,因而在两者相邻空间形成电场。异性电荷彼此分开后,就有重新聚合与互相中和的趋势。如果物质电阻率高,异性电荷的重新结合就会受到抑制,静电荷就容易得到积聚。一般洁净的石油类液体和LPG等货品都是非导体,容易产生静电积聚。这些货品在装入货舱的过程中,就可能因摩擦、搅拌等原因带有足够的电荷而构成静电危险。

二、液化天然气的基本性质

1. 压力特性

天然气都是在封闭系统内储存运输的。它的液货是处于沸腾状态的,液体上方是货物蒸气并呈现与之相应的饱和蒸气压力。为防止空气漏入,货物系统内部是正压的。

在载运中液货舱外热量传进液货舱内时,液体温度升高,液体蒸发量增大,舱内的蒸气压变大。大多数LNG船利用蒸发气体作为推进系统的燃料或是直接排放掉。

一方面,如果沸腾液体上方的蒸气压力提高,则液面蒸发减少,而液面上的压力降低,则蒸发增加。另一方面当液体升温时,蒸发会增加;反之,当液体降温时,蒸发会减少。

2. 受热膨胀特性

液化天然气受热膨胀系数很大,比水大16倍,比石油大4倍。装货时或用取样容器取样时都必须按规定充装,货舱或容器内要留有足够的空间,以保证在预计可能的最高温度内液体也不会充满容器。

3. 低温特性

LNG的低温常压储存是在液化天然气的饱和蒸气压接近常压时的温度进行储存,即将LNG作为一种沸腾液体储存在绝热储罐中。常压下LNG的沸点在-162 ℃左右,因此LNG的储存、运输、利用都是在低温状态下进行的。低温特性除了表现在对LNG系统的设备、管道的材料要注意防止低温条件下的脆性断裂和冷收缩对设备和管路引起的危害外,还要解决系统保冷、蒸发气处理、泄漏扩散以及低温灼伤等方面的问题。

(1)隔热保冷:LNG系统的保冷隔热材料应满足导热系数小、密度低、吸湿率和吸水率小、抗冻性强的要求,并在低温下不开裂、耐火性好、无气味、不易霉烂、对人体无害、机械强度高、经久耐用、价格低廉、方便施工等要求。

(2)蒸发特性:LNG作为沸腾液体储存在绝热储罐中。外界任何传入的热量都会引起一定量液体蒸发成为气体,这就是蒸发气(Boiling Off Gas,BOG)。蒸发气的组成与液体的组成有关。标准状况下蒸发气密度是空气的60%。当LNG压力降至沸点压力以下时,将有一定量的液体蒸发而成为气体,同时液体温度也随之降到其在该压力下的沸点,这就是LNG的闪蒸。通过烃类气体的气液平衡计算,可得到闪蒸气的组成及气量。当压力在100~200 kPa时,1 m³处于沸点下的LNG每降低1 kPa压力,闪蒸出的气量约为0.4 kg。当然,这与LNG的组成有关,以上数据可做估算参考。由于压力、温度变化引起的LNG蒸发产生的蒸发气的处理是液化天然气储存运输中经常遇到的问题。

（3）泄漏特性：LNG 倾倒在地面上时，起初迅速蒸发，然后当从地面和周围大气中吸收的热量与 LNG 蒸发所需的热量平衡时便降至某一固定的蒸发速度。该蒸发速度的大小取决于从周围环境吸收热量的多少。LNG 泄漏到水中时产生强烈的对流传热，以致在一定的面积内蒸发速度保持不变。随着 LNG 流动泄漏面积的逐渐增大，直到气体蒸发量等于漏出液体所能产生的气体量为止。泄漏的 LNG 开始蒸发时，所产生的气体温度接近液体温度，其密度大于环境空气。冷气体在未大量吸收环境空气中热量之前，沿地面形成一个流动层。当从地面或环境空气中大量吸收热量以后，温度上升时，气体密度小于环境空气。形成的蒸发气和空气的混合物在温度继续上升的过程中逐渐形成密度小于空气的云团。云团的膨胀和扩散与风速和大气的稳定性有关。LNG 泄漏时，由于液体温度很低，大气中的水蒸气也被冷凝而形成雾团，这是可见的，可以作为可燃性云团的示踪物，指示出云团的区域范围。泄漏的 LNG 以喷射形式进入大气时会膨胀和蒸发，还会与空气剧烈混合。大部分 LNG 包在初始形成的类似溶胶的云团之中，在进一步与空气混合的过程中完全汽化。LNG 与外露的皮肤短暂的接触，不会产生什么伤害，可是持续的接触，会引起严重的低温灼伤和组织损坏。

4. 储存特性

（1）分层

LNG 是多组分混合物，因温度和组分的变化会引起密度变化，液体密度的差异使储罐内的 LNG 发生分层。一般，罐内液体垂直方向上温差大于 0.2 ℃、密度差大于 0.5 kg/m³ 时，认为罐内液体发生了分层。LNG 储罐内液体分层往往是因为充装的 LNG 密度不同或是因为 LNG 含氮量太高引起的。

（2）翻滚

若储罐内的液体已经分层，被上层液体吸收的热量一部分消耗于液面液体蒸发所需的潜热，其余热量使上层液体温度升高。随着蒸发的持续，上层液体密度增大，下层液体密度减小，当上下两层液体密度接近相等时，分层界面消失，液层快速混合并伴随有液体大量蒸发，此时的蒸发率远高于正常蒸发率，出现翻滚。

翻滚现象的出现，在短时间内有大量气体从 LNG 储罐内散发出来，如不采取措施，将导致设备超压。

（3）快速相态转变（Rapid Phase Transition，RPT）

两种温差极大的液体接触时，若热液体温度比冷液体沸点温度高 1.1 倍，则冷液体温度上升极快，表面层温度超过自发核化温度（当液体中出现气泡时），此过程热液体能在极短的时间内通过复杂的链式反应机理以爆炸速度产生大量蒸气，这就是 LNG 或液氮接触时出现 RPT 现象的原因。LNG 溢入水中而产生 RPT 不太常见，后果也不太严重。

5. 浓缩特性

如果液化天然气长时间储存并且暴露在高温环境下，LNG 的组分会发生很大变化，这样的一个过程称之为液化天然气浓缩。液化天然气和天然气的组成是不同的。在液化天然气生产过程中，水、二氧化碳和其他有气味的杂质被处理掉。液化天然气在正常情况下大部分由甲烷组成，还包括一部分氮气、氧气、乙烷和丙烷等。在天然气存储过程中，液化天然气受外界入侵热量的影响会发生蒸发现象。由于各组分的沸点的不同，氮气、甲烷等气体会先行溢出，挥发成气体。

各组分的沸点如下：

氮气：-196 ℃

甲烷：-161 ℃

乙烷：-89 ℃

丙烷：-42 ℃

氧气：-183 ℃

开始阶段由于氮气的挥发,液化天然气的比重会降低。当甲烷气体挥发一段时间后,比重又开始略微上升。

对于营运船舶来说,液化天然气的组成成分非常重要,尤其对那些通过燃烧货物蒸气来提供船舶动力的船舶。营运船舶压载航次决定尾货的留存数量时,也要考虑运输过程中液化天然气组分的变化。液化天然气浓缩现象在压载航次尤其明显。如果没有足够数量甲烷的尾货预留在船上,货舱底部温度在抵达装货港时会高于-130 ℃,这会影响到正常装货。

第三节 天然气的基本性质

一、天然气的化学结构

烃类化合物是碳原子与氢原子所构成的化合物,主要包括烷烃、环烷烃、烯烃、炔烃、芳香烃。液化天然气与液化石油气都是烃类化合物。液化天然气的主要成分为甲烷,此外还有乙烷、丙烷、丁烷等烃类气体。

甲烷,化学式 CH_4,是最简单的烃,由一个碳原子和四个氢原子通过 sp3 杂化的方式组成。常见液化天然气组成成分分子的结构如图 2-1 所示。

二、基本概念

1. 露点

在压力不变的条件下未饱和水蒸气冷却到饱和状态时开始凝结出液体的温度称为露点温度(或饱和蒸汽经冷却或加压后,遇到接触面便液化成露,这时该压力下的温度称为露点)。因此,气体的露点就是给定压力下达到饱和状态时的饱和温度。温度稍低,蒸汽就凝结,温度稍高,液体就沸腾。因此,露点是对蒸汽而言,沸点是对液体而言,两者数值上相等。露点温度与物质种类、性质和压力有关。对同种物质,其压力增大,露点升高。

再液化装置就是利用压缩机加压提高货物蒸气的露点,然后降温,使蒸气温度低于该压力下的露点而使其液化。但在管道输送天然气时,就必须保持温度在露点以上,以防结露阻碍输气。

2. 自燃温度

不需外界火源,加热到足够高的温度,即能使可燃物质自行燃烧的最低温度。自燃温度是

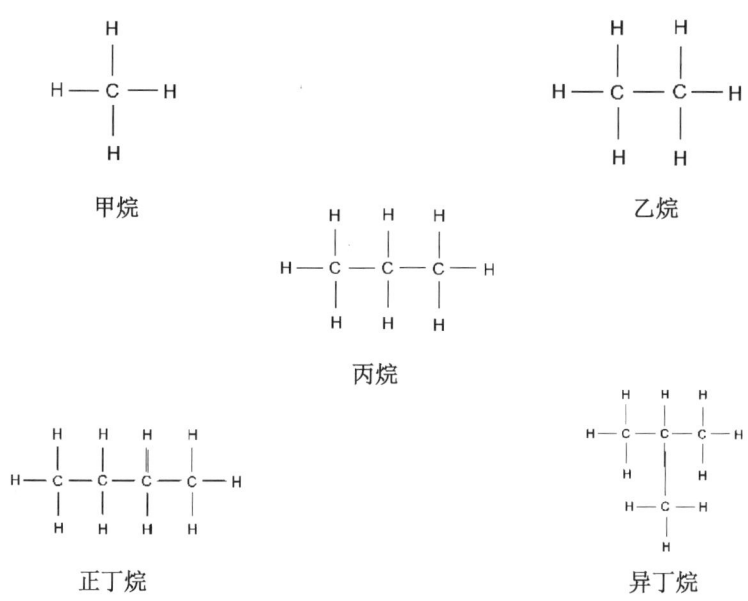

图 2-1 常见液化天然气组成成分的分子结构

在没有火花和火焰的条件下,物质能够在空气中自燃的最低温度。其不低于且通常远高于燃烧上限对应的温度。

3. 临界温度

当气体的温度不超过某一数值时,对其施加压力方可使之液化;换言之,如果气体温度高于这一定值时,不论对其施加多大的压力,都不能使之液化。这个特定的温度,就称为该气体的临界温度,用符号 T_c 表示。气体的临界温度越高,就越容易液化;气体的温度比其临界温度越低,液化所需的压力就越小。

要使物质由气态变为液态可以用加大压强和降低温度的方法。1869 年,科学家发现了一个有趣而且有很高科学价值的现象:要想加压使二氧化碳液化,必须使它的温度等于或低于 31.1 ℃;高于 31.1 ℃时,压强无论怎样加大,也不能使它液化。实验表明,氯化氢、氨气等气体也有自己的"特殊温度",只不过氯化氢是 51.5 ℃,氨气是 132 ℃。这时,科学家明白了所谓"永久气体"氧气、氮气等也有自己的"特殊温度",只有将它们的温度降低到这个"特殊温度",加大压强时才能使它们液化。但是这些气体的"特殊温度"很低,当时还达不到这样低的温度,所以无法使它们液化。随着低温技术的不断提高,"顽固派"也一个个被液化了。1908 年,氦气最后也被液化了。每种物质的"特殊温度"就是这种物质的临界温度。

4. 热值

热值是在燃料化学中表示燃料质量的一种重要指标,单位质量(或体积)的燃料完全燃烧时所放出的热量,通常用热量计(卡计)测定或由燃料分析结果算出。有高热值(high calorific value)和低热值(low calorific value)两种。前者是燃料的燃烧热和水蒸气的冷凝热的总数,即燃料完全燃烧时所放出的总热量。后者仅是燃料的燃烧热,即由总热量减去冷凝热的差数。常用的热值单位有 J/kg(固体燃料和液体燃料)或 J/m³(气体燃料)。

5. 燃烧

燃烧是可燃物质与氧气在一定温度条件下发生剧烈化学反应时的发光发热现象。燃烧反应的特征是放热、发光和产生新物质。可燃物质要燃烧,必须同时具备可燃物质、氧(助燃物质)和火源(温度),也就是通常所说的燃烧三要素。

6. 爆炸

爆炸指在极短时间内,释放出大量能量,产生高温,并放出大量气体,在周围介质中造成高压的化学反应或状态变化。

(1)爆炸极限

可燃气体/蒸气在空气中能被燃烧、爆炸的浓度范围。浓度用可燃气体/蒸气在空气中所占体积的百分数表示。浓度范围在爆炸下限(LEL)和爆炸上限(UEL)这两浓度极限之间的范围,参见图2-2。

(2)爆炸下限(LEL)

LEL是Lower Explosive Limit的缩写。这是可燃气体/蒸气能在空气中发生燃烧爆炸的最低浓度。低于这一浓度便没有足够的可燃气体/蒸气可供燃烧,燃烧爆炸便不能发生。爆炸下限通常也可称为可燃下限(LFL)。

(3)爆炸上限(UEL)

UEL是Upper Explosive Limit的缩写。这是可燃气体/蒸气能在空气中发生燃烧爆炸的最高浓度。高于这一浓度,就没有足够的空气维持和扩大燃烧,燃烧爆炸便不可能发生。

三、基本性质

通常情况下,甲烷比较稳定,与高锰酸钾等强氧化剂不反应,与强酸、强碱也不反应。但是在特定条件下,甲烷也会发生某些反应。

(1)取代反应:与氯气在光照条件下发生取代反应。

(2)加热分解:在隔绝空气并加热至1 000 ℃的条件下,甲烷分解生成炭黑和氢气。

(3)形成水合物:甲烷可以形成笼状的水合物,甲烷被包裹在"笼"里,也就是我们常说的可燃冰。

(4)氧化反应:甲烷的氧化反应就是燃烧。

当天然气在空气中的比例在燃烧范围之内,这种混合气体遇到火源就会发生燃烧。对于天然气,在空气中达到燃烧的比例范围比较窄,其燃烧范围大约为5%~15%,即体积分数低于5%和高于15%都不会燃烧。由于不同产地的天然气组分会有所差别,燃烧范围的值也会略有差别。LNG的燃烧下限明显高于其他燃料,柴油在空气中的含量只需要达到0.6%(体积),汽油达到1.4%(体积),点火就会燃烧。

在-162 ℃的低温条件下,其燃烧范围为体积分数6%~13%。另外,天然气的燃烧速度相对比较慢(大约是0.3 m/s)。所以在开敞的环境条件,LNG和蒸气一般不会因燃烧引起爆炸。天然气燃烧产生的黑烟很少,导致热辐射也少。

天然气的主要理化性质如表2-1所示。

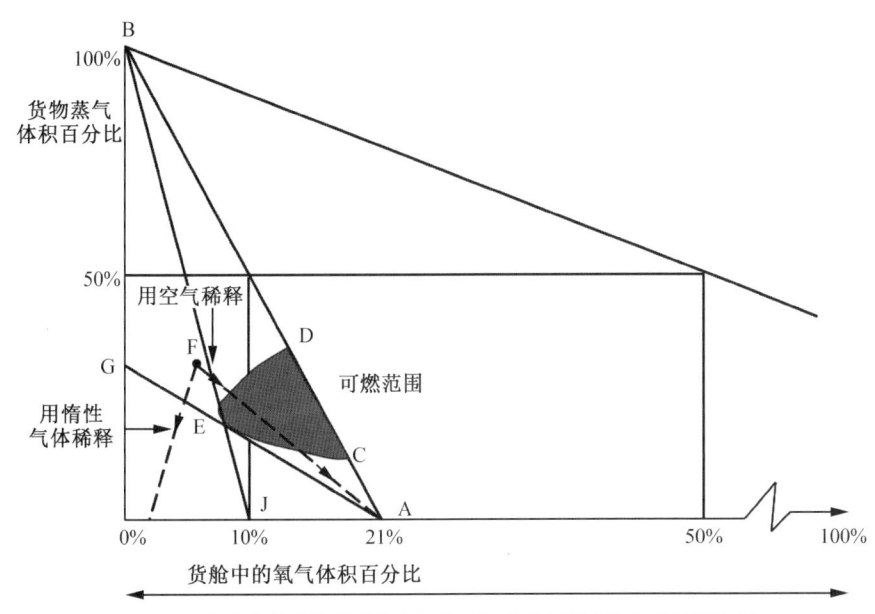

为了清楚地显示货舱中气体空气的体积百分比的坐标面扩展

图 2-2　天然气在空气中燃烧的比例范围

表 2-1　天然气的主要理化性质

沸点	−161.5 ℃	自燃温度	630~730 ℃
熔点	−182.5 ℃	燃点	540 ℃
闪点	−188 ℃	燃烧热	889.51 kJ/mol
临界温度	−82.6 ℃	爆炸极限	5.3%~15%
临界压力	4.59 MPa	饱和蒸气压	53.32(−168.8 ℃)

第四节　天然气相关热力学定律

　　常规的船舶动力装置均属于热能动力装置,如蒸汽动力装置、柴油机动力装置以及燃气轮机动力装置等。热能动力装置是将燃料燃烧产生的热能的一部分转化为机械能的装置。要想对热能动力装置有一个清晰的认识,必须具有一定的热力学基础知识。另外,对于 LNG 运输船来说,无论货物围护系统采用哪种形式,都无法阻止外界热量的侵入,货舱内部分液体会挥发成蒸气,货舱内压力会升高。为了控制和掌握货物蒸发的规律,一定的热力学基础知识也是必不可少的。

　　热力学是从宏观角度研究物质的热运动性质及其规律的学科,属于物理学的分支。它主要是从能量转化的观点来研究物质的热性质,通过提示能量从一种形式转换为另一种形式时遵从的宏观规律,并总结物质的宏观现象而得到的热学理论。它满足于用少数几个能直接感受和可观测的宏观状态量(诸如温度、压强、体积、浓度等)描述和确定系统所处的状态。

一、工质

在热能动力装置中,把热能转变为机械能是由受热而膨胀做功的媒介物来实现的,这种媒介物称为工质。例如燃气是内燃机的工质,水和水蒸气是蒸汽动力装置的工质。作为工质的物质必须要有良好的膨胀性和流动性。所以热能动力装置所用的工质一般为气态物质,如空气、燃气和蒸汽等。

二、状态参数

在对热能动力装置进行热力学分析时,通常要在相互作用的各种热力设备中划分出一个(或几个)作为研究对象,这种被划分出来的研究对象称为热力系统。要对热力系统进行分析,首先需要对热力系统的热力状态进行描述。在热力学中,用来描述系统宏观特性的物理量称为系统的热力状态参数,简称状态参数。常用的状态参数有压力、温度、容积、内能、焓和熵。其中,压力、温度和容积可直接通过仪表测量,因此工程上称它们为基本状态参数。基本状态参数的数值由系统的状态确定,当系统状态发生变化时,状态参数的变化量,只与系统的初、终状态有关,而与变化过程或途径无关。

1. 压力

物理学上的压力,是指发生在两个物体的接触表面的作用力,或者是气体对于固体和液体表面的垂直作用力,或者是液体对于固体表面的垂直作用力。习惯上,在力学和多数工程学科中,"压力"一词与物理学中的压强同义。

（1）压力

国际单位:"牛顿",简称"牛",符号"N"。压力有绝对压力(简称绝压)和表压力(简称表压)之分,如图 2-3 所示,表压力是绝对压力与压力表所在的环境压力的差值。

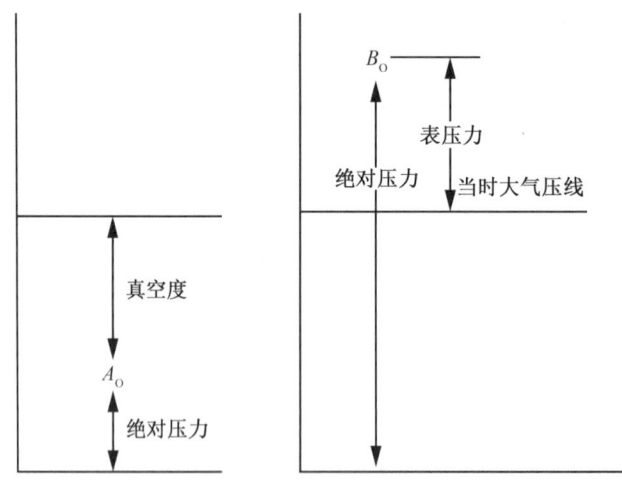

图 2-3　绝对压力与表压力

（2）压强

①工程大气压:是指 1 kg 的力垂直作用在 1 cm² 的单位面积上所产生的压力。工程大气压的符号 kgf/cm²,习惯上用符号 at 表示,即:

$$1 \text{ kgf/cm}^2 = 1 \text{ at} = 98 \ 066.5 \text{ Pa}, \quad 1 \text{ MPa} = 10.197 \ 2 \text{ kgf/cm}^2$$

②标准大气压(或称物理大气压):通常用符号 atm 表示。它是地心引力对大气层作用的结果。物理学上把纬度 45°的海平面上常年的平均空气压力定义为 1 atm。它与前述两种压力单位的换算关系是:1 atm = 1.033 23 at = 101 325 Pa。

③英制大气压:通常用符号 1 bf/in²(磅/平方英寸)表示。它是工程大气压的一种,惯用符号为 psi(pounds per square inch)。

④巴:气象部门常用的压力单位,符号为 bar。1 bar = 1 at = 1 kgf/cm²。而巴与法定计量单位关系非常简单,即 1 bar = 0.1 MPa = 100 kPa。

常用压力单位转换表格参见附录一。

（3）饱和蒸气压力

在一定温度下,密闭容器内与液体处于动态平衡时的蒸气所产生的压力,称饱和蒸气压力。饱和蒸气压力与容器大小和液量多少无关,仅取决于液体的种类和温度。对于同种货品,温度升高,蒸气压力增大。

饱和水蒸气压力,指密闭条件下水的气相与液相达到动态平衡时,即饱和状态下的水蒸气压力。该压力数值与对应的温度有关。

（4）临界压力

气体在临界温度时,使其液化所需要的最低压力,称为临界压力,用符号 P_c 表示。不同气体的临界压力是各不相同的。

2. 温度

温度是衡量物体冷热程度的物理量。常用的温度表示方法有 3 种,即摄氏温度(用符号 t 表示,单位是 ℃)、华式温度(用符号 F 表示,单位是 ℉)和开氏温度(用符号 T 表示,单位是 K)。

（1）摄氏温度

把在标准大气压下冰水混合物的温度定为 0 ℃,沸水的温度定为 100 ℃,0 ℃ 和 100 ℃ 中间分为 100 个等份,每个等份代表 1 ℃。

（2）华氏温度

1724 年,德国人华伦海特制定了华氏温度。最早,他把一定浓度的盐水凝固时的温度定为 0 ℉,将他妻子的体温设为 100 ℉,后来为了严谨,把纯水的冰点(ice point)温度定为 32 ℉,把标准大气压下水的沸点(boiling point)温度定为 212 ℉,中间分为 180 等份,每一等份代表 1 度,这就是华氏温度。

（3）开氏温度

开氏温度又叫热力学温度,是国际单位制中温度的单位。摄氏度以冰水混合物的温度为起点,而开氏温度是以绝对零度为计算起点,即-273.15 ℃ = 0 K。开氏温度也曾称为绝对温度。水的三相点温度为 0.007 6 ℃,也可以说开尔文是将水三相点的温度定义为 273.15 K 后所得到的温度。开氏温度示意图如图 2-4 所示。

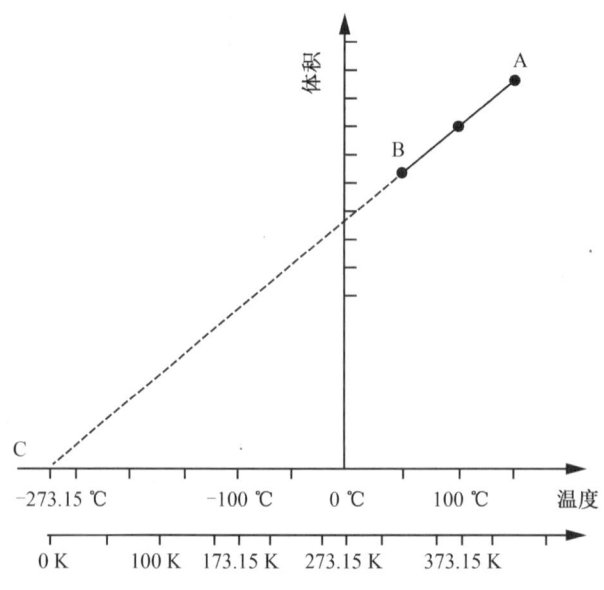

图 2-4　开氏温度示意图

3. 体积与密度

（1）体积

物质占据空间量的大小称为体积,标准单位为 m^3 和 L,$1\ m^3 = 1\ 000\ L$。

（2）比容

比容是确定物质状态的基本参数之一,它是单位质量的均匀物质所占有空间大小的量度。其定义式为:$v = V/m$。

（3）密度

单位体积中所容纳的物质量叫密度,以符号 ρ 表示。它是比容的倒数。气体的密度(比容)对温度、压力的变化都很敏感,而液体的密度(比容)受温度影响明显,受压力的影响并不大,特别是在低压下,压力对其的影响可忽略不计。

液体密度与温度有关,必须注明测量温度,如用 d_{20} 或 d_{15} 表示。气体密度与温度和压力有关,必须同时注明测量时的温度和压力,如没有特别指明温度和压力,所指的密度一般是指标准状态下的密度。气体的标准状态是指温度为 1 ℃,压力为 1 个标准大气压下的状态。

大多数液体受热时会膨胀,因此密度会随温度的上升而下降,比如酒精,但是水特殊。

①液体相对密度

液体相对密度是指定温度下某一液体的密度与给定温度下纯水的密度之比值。液体的温度和纯水的温度可以相同,也可以不同。相对密度只是一个比值,没有单位。表示液体相对密度时必须分别指明液体的温度 t_1 和纯水的温度 t_2,并用符号 $D(t_1/t_2)$ 表示。一般情况下,水的温度取 4 ℃,这时水的密度为 1 kg/L,液体的密度和液体的相对密度数值相同。

液化天然气的密度是水的一半,因此比水轻,会漂浮在水面上。

②气体相对密度

气体相对密度是在一定温度和压力下,气体的密度和空气密度之比值。表示气体相对密度时必须指明温度和压力。一般来说,气体密度和空气密度取相同的温度和压力条件。如不特别指明,气体的相对密度都是取标准状态下的密度比值。空气在标准状态下的密度为 1.293 kg/m³。液化天然气蒸气的密度比空气大,环境温度和压力下的天然气蒸气密度比空气小。甲烷和空气的相对密度如图 2-5 所示。

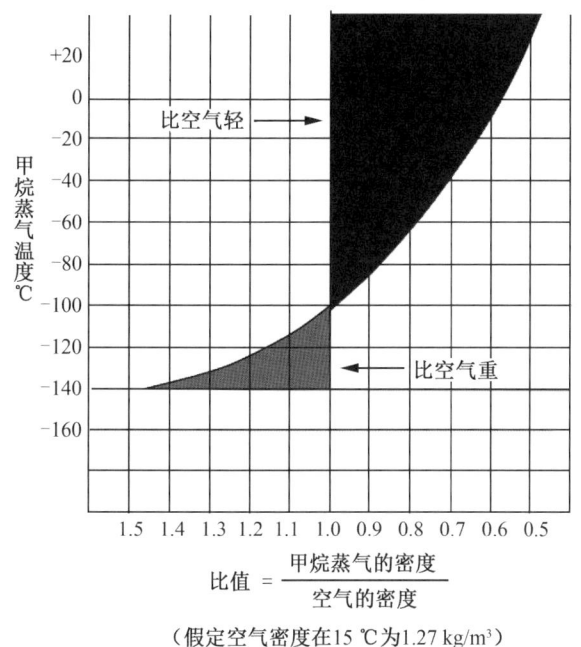

比值 = $\dfrac{\text{甲烷蒸气的密度}}{\text{空气的密度}}$

(假定空气密度在15 ℃为1.27 kg/m³)

图 2-5 甲烷和空气的相对密度

4. 比重

所谓比重是指单位体积中所容纳物质的重量,也就是物体的重量与其体积的比值。但在工程技术中,比重通常是指液体的单位体积重量与同体积水的重量之比。由于水在常温时的密度可近似取 1,所以在化学计算中,液体密度与比重的数值相同。只是密度有单位,而比重是一无量纲值。由此可见,密度和比重是两种不同的概念。

液体比重是单位体积液体物质在一定温度下的质量与相同温度或不同的已知温度下相同体积的纯淡水重量之比。温度会影响体积,因此温度的比率应加以确定。

比重和相对密度是相一致的。但比重的概念不够确切,并且也存在严重的概念混乱和单位不统一的问题。所以 ISO 和 GB 文件中早已不使用比重这一词,一律用相对密度。

三、气体定律

玻意耳定律:一定质量的气体,在温度不变的情况下,它的压强与体积成反比,即:$p_1/p_2 = V_2/V_1$ 或 $p_1V_1 = p_2V_2$,因此 pV=恒量。气体 p-V 图像如图 2-6(a)所示,是一支双曲线。

查理定律:一定质量的气体,在体积不变的情况下,温度每升高(或降低)1 ℃,增加(或减小)的压强等于它在 0 ℃时压强的 1/273。具体公式为:$(p_t - p_0)/t = p_0/273$ 或 $p_t = p_0(1 + t/273)$ 或 $p_1/T_1 = p_2/T_2$。因此,在体积不变时,气体压力和温度的关系如图 2-7 所示。

盖吕萨克定律:一定质量的气体,在压强不变的情况下,它的体积跟热力学温度成正比。

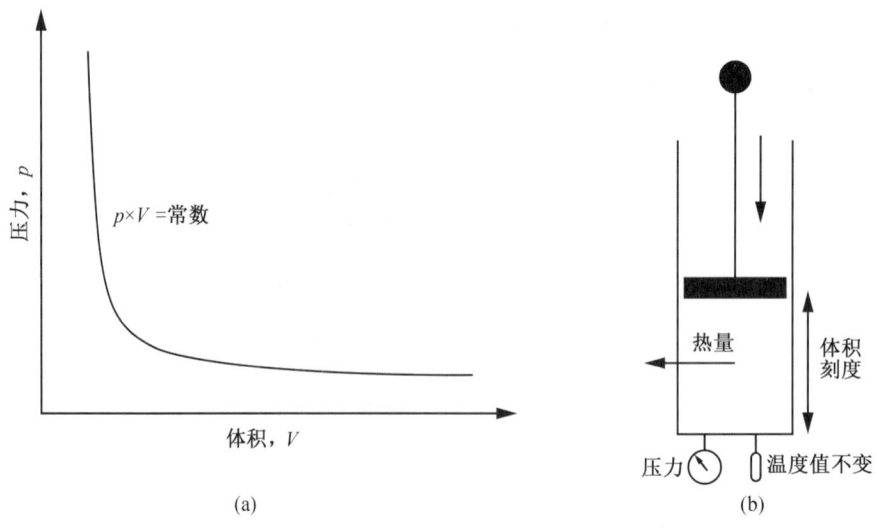

图 2-6　玻意耳定律

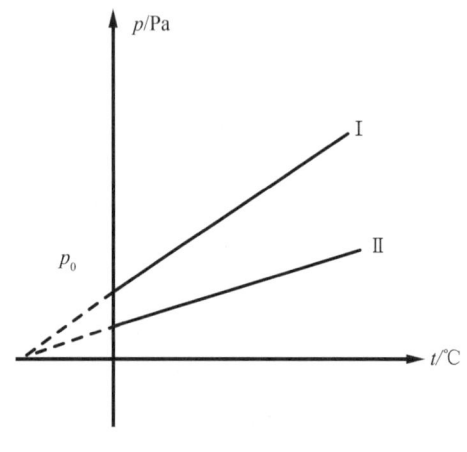

图 2-7　查理定律

即 $V_1/T_1 = V_2/T_2$。在压强一定时,气体体积和温度的变化如图 2-8 所示。

阿伏伽德罗定律:同温同压条件下,相同体积的任何气体含有相同的分子数。即当 T、p 一定时,V 与 n 成正比,即 $V \propto n$。

理想气体状态方程:是描述理想气体在处于平衡状态时,压强、体积和温度等三个基本状态参数间的关系的状态方程。它建立在波意耳定律、查理定律、盖吕萨克定律和阿伏伽德罗定律等经验定律之上。

由上述四个定律可得:$V \propto nT/p$。

引入比例系数 R 得 $V \propto nRT/p$,即理想气体状态方程:$pV = nRT$。其中 R 为气体常数,其值为 8.314 J/(mol·K)。

计算 1:某一货舱装有 50 m³ 的气体,压力为 1.0 atm,温度为 $-130\ ℃$。试求货舱里气体质量是多少?

解:如果我们认为货舱内气体为理想状态

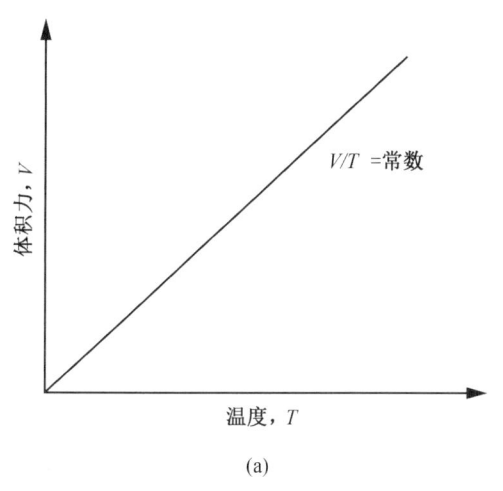

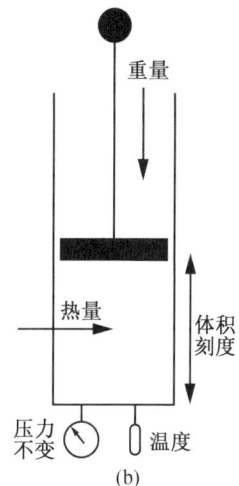

图 2-8　盖吕萨克定律

$n = pV/RT$

$p = 1.0$ atm $= 1.013$ bar $= 1.013 \times 10^5$ Pa

$V = 50$ m^3

$T = -130 + 273.15 = 143$ K

$n = 1.013 \times 10^5 \times 50/8.314 \times 153 = 3 \times 10^3$ mol

甲烷的摩尔质量为 16 g/mol,

所以货舱内气体质量 $= 3 \times 10^3 \times 16 = 48$ kg。

计算 2:计算在 5 bar 压力下和 -110 ℃ 时甲烷气体的比重。已知甲烷的摩尔质量为 16 g/mol。

解:首先我们求出 1 m^3 甲烷气体内包含的摩尔数量,即

$n = pV/RT$

$p = 5$ bar $= 5 \times 10^5$ Pa

$V = 1$ m^3

$R = 8.314$ J/mol·K

$T = -110 + 273.15 = 163$ K

$n = 5 \times 10^5 \times 1/8.314 \times 163 = 369$ mol

因此 1 m^3 甲烷气体的质量 $= 369 \times 16 = 5\,904$ g $= 5.904$ kg

甲烷气体的比重为 5.904 kg/m^3。

道尔顿定律:理想气体混合物中,各气体组分的分子间没有相互作用力,互不干扰,可视为每个气体组分各自对容器壁造成各自的压强,则混合气体总压等于各组分的分压之和。这就是道尔顿定律。

零摄氏度时,1 mol 氧气在 22.4 L 体积内的压强是 101.3 kPa。如果向容器内加入 1 mol 同温度氮气并保持容器体积不变,则氧气的压强还是 101.3 kPa,但容器内的总压强增大一倍。可见,1 mol 氮气在这种状态下产生的压强也是 101.3 kPa。道尔顿定律从原则上讲只适用于理想气体混合物,不过对于低压下真实气体混合物也可以近似适用。

计算 3:混合物平均摩尔质量的计算。

已知混合物中各成分的摩尔质量和在混合体系内的物质的量的分数或体积分数,则平均摩尔质量:

$$M_{(混)} = M_a \times A\% + M_b \times B\% + M_c \times C\%$$

式中,$M_{(混)}$ 为混合物平均摩尔质量;M_a、M_b 和 M_c 为混合物中各组分摩尔质量;$A\%$、$B\%$ 和 $C\%$ 为混合物中各组分体积占比。

根据表 2-2 中列举的天然气中各气体组分的体积占比和摩尔质量可以分别求出它们的相对摩尔质量,如表 2-2 中第 5 栏所示,再把各个相对摩尔质量累加起来,就可以求出该组分下天然气的平均摩尔质量。

表 2-2 天然气平均摩尔质量

1	2	3	4	5	6
气体成分	体积占比	摩尔数占比	摩尔质量	相对摩尔质量	质量占比
甲烷	83.2	83.2	16.04	13.35	67.6
乙烷	8.5	8.5	30.07	2.56	13.0
丙烷	4.4	4.4	44.09	1.94	9.8
异丁烷	2.7	2.7	58.12	1.57	7.9
氮气	1.2	1.2	28.02	0.34	1.7
	100	100		19.76	100

四、功与热量

1. 功

能量的传递和相互转化必须通过热力系统中工质的状态变化过程才能实现。工质在状态变化过程中,会与周围的其他物质进行热量交换,同时也产生功交换。热力学中把功定义为:"当封闭系统(与外界没有物质交换的热力学系统)通过边界和外界之间发生相互作用时,如外界的唯一效果是升起重物,则系统对外界做了功;反之,如外界的唯一效果是降低重物,则外界对系统做了功。"所谓"升起重物"并非指一定要举起重物。因为举起重物时使重物的位能增加,所以升起重物从广义上指转变为机械能。由此,可以认为功是传递过程中的机械能。功的数值不仅决定工质的初态和终态,还与过程有关,因而功是过程量,不是状态参数。

功的单位,在工程制中为 kgf·m,在国际单位制中为 N·m,即 J(焦耳)。二者之间的换算关系为 1 kgf·m=9.8 N·m=9.8 J。

工程上把单位时间内所做的功称为功率,其单位为马力(ps)或瓦(W)。它们之间的关系为 1 ps=75 kgf·m/s=735 W。

英制马力(hp)比工程制马力(ps)略大,即 1 ps=0.986 hp。

2. 热量

当两个温度不同的物体相互接触时,两物体通过接触表面进行能量交换,最终效果是一股冷能流从高温物体传向低温物体。工程热力学中把依靠温差而通过边界传递的能量称为热量。热量与热能不同:热量是系统在过程中由于温差通过边界传递的能量,它不仅与过程初、终状态有关,而且与过程如何进行密切相关,不是状态参数;热能则是物质微观运动形态的反映,仅取决于状态,是状态参数。

在热力学中,热量用符号 Q 表示。外界给系统加热,Q 取正值;反之,系统对外界放热,Q 取负值。

热量单位在国际单位制中为 kJ(千焦耳),工程单位为 kcal(千卡或大卡)。1 kcal 即在标准大气压下将质量为 1 kg 纯水的温度,从 14.5 ℃ 升到 15.5 ℃ 所吸收的热量。在英制单位中,将标准大气压下 1 磅纯水的温度从 59.5 ℉ 升高到 60.5 ℉ 所吸收的热量规定为一个热量单位,称为 BTU(英制单位)。三种单位的换算关系为:

$$1 \text{ kJ} = 0.238\ 8 \text{ kcal} = 0.948\ 8 \text{ BTU}$$

对质量为 1 kg 工质的加热量(或放热量)称为单位质量热量,用符号 q 表示。其单位为 kJ/kg 或 kcal/kg。

3. 功和热量的关系

功和热量均为系统与外界之间能量传递的方式,两者都是传递过程中出现的能量。单纯说某个系统具有多少功和热量是没有意义的。但是两者有着本质的区别,热量是分子不规则热运动传递的能量,功则是物体以宏观规则运动的方式传递的能量。功可以完全转化为热,热却只能部分转化为功,而且只能通过工质的热膨胀来实现。

4. 功热转换定律

(1)热力学第一定律

能量既不能凭空产生,也不能凭空消失,它只能从一种形式转化为另一种形式,或者从一个物体转移到另一个物体,并且在转移和转化的过程中,能量的总量保持不变。

(2)热力学第二定律

克劳修斯表述:热量可以自发地从温度高的物体传递到温度低的物体,但不可能自发地从温度低的物体传递到温度高的物体。

开尔文-普朗克表述:不可能从单一热源吸取热量,使之完全变为功,而不产生其他影响。

熵表述:随着时间进行,一个孤立体系中的熵不会减小。

(3)热力学第三定律

通常表述为绝对零度时,所有纯物质的完美晶体的熵值为零,或者绝对零度($T = 0$ K)不可达到。

(4)热力学第零定律

如果两个热力学系统均与第三个热力学系统处于热平衡,那么它们也必定处于热平衡,也就是说热平衡是传递的。热力学第零定律是热力学三大定律的基础,它定义了温度。因为在三大定律之后,人类才发现其重要性,故称之为"第零定律"。

5. 热效率

从内燃机动力装置的工作原理可知,燃油在高压下喷入汽缸,与汽缸内的空气混合燃烧产生热量 Q_1,高温高压的燃气膨胀推动活塞移动,并通过曲柄连杆机构变成回转运动,带动推进器回转,对外界做机械功 W。做功后的低温低压燃气排出汽缸,并带走热量 Q_2,完成一个工作循环。根据能量守恒定律,工质在一个循环中,对外界所做的机械功 W 等于从高温热源吸收的热量 Q_1 减去传给低温热源的热量 Q_2,即

$$W = Q_1 - Q_2$$

我们把效果与代价之比称为热效率,它是衡量热能动力装置的重要经济性指标:

$$\eta = 效果 / 代价 = W/Q_1 = (Q_1 - Q_2)/Q_1 = 1 - Q_2/Q_1$$

由于工质向低温热源放热是不可避免的,因此 Q_2 永远不可能为 0,热效率也永远不能等于 1,即热效率 η 永远小于 100%。

五、传热的三种基本方式

热传递现象相当复杂,为了便于分析,按照热传递过程中物质运动的特点,将热传递分为三种基本方式:导热、对流换热和热辐射。

1. 导热

它是不同温度的物体之间或同一物体不同温度的各部分之间通过直接接触,热量自发地从温度较高的地方传递到温度较低的地方,当没有宏观相对位移时,由分子、原子或自由电子等微粒的热运动来传递热量的过程。单层平壁稳定导热如图 2-9 所示。

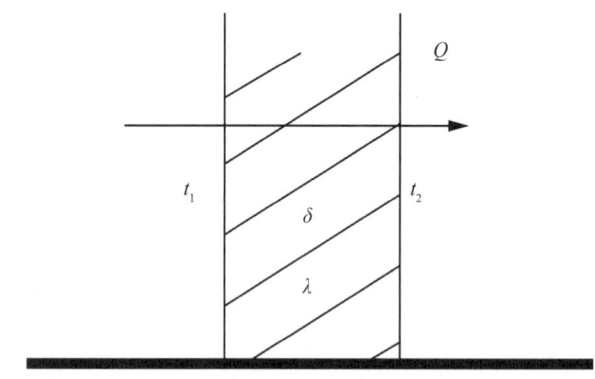

图 2-9　单层平壁稳定导热

单位时间内通过屏壁的热量 Q 称为热流量。导热传递的热量 Q 与导热物体的横截面积 A 以及屏壁两侧的温度差 Δt 成正比,而与屏壁厚度 δ 成反比,还与材料的性质有关,即

$$Q = \lambda A(t_1 - t_2)/\delta$$

式中:Q——热流量,W;

A——垂直于导热方向的物体横截面积,m^2;

λ——导热系数,W/(m×K);

δ——壁的厚度,m。

不同物质具有不同的 λ 值,λ 值越大表明导热性能越好。以物质的种类来区分,金属的 λ 值最大,非金属固体的 λ 值较大,液体的 λ 值较小,气体的 λ 值最小。

2. 对流换热

运动着的流体与固体壁面之间的热传递过程称作对流换热。这种换热过程,既包括壁面与流体直接接触的导热及流体本身的导热,还包括热对流,如图 2-10 所示,所以它远比导热复杂。对流换热的传热量 Q 与对流换热接触面积 A 和传热温差 Δt 之间的关系为:

$$Q = hA\Delta t$$

式中:Δt——固体壁面温度与液体或气体温度之差,K;

　　h——换热系数,W/($m^2 \cdot$ K);

　　A——换热面积,m^2。

换热系数的大小表明对流换热过程的强烈程度,液体或气体流动时在壁面附近扰动越剧烈,放热系数越大。液体或气体在壁面附近产生相态变化时,放热系数也越大。

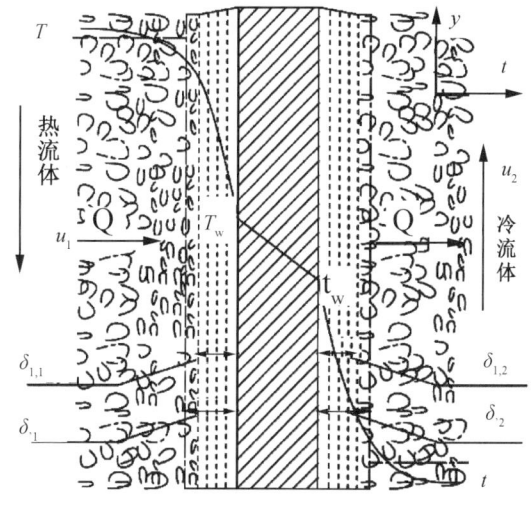

图 2-10　对流换热

3. 热辐射

当物体的温度高于绝对零度时,物体由于具有一定温度而向外放射辐射能,辐射能通过电磁波向外传播。物体的热能转化为向外放射辐射能的现象称为"热辐射"。不同温度的物体之间,由电磁波来传递热量的过程,称为"辐射换热"。

物体之间的相互辐射或吸收,形成了辐射换热过程。高温物体总是辐射出更多的热量被低温物体所吸收。辐射换热量可用简化的公式表示为:

$$Q = \alpha_{辐} F_2 \Delta t$$

式中:$\alpha_{辐}$——辐射换热系数,W/($m^2 \cdot$ K);

　　F_2——吸收辐射热的物体表面积,m^2;

　　Δt——两物体表面的温度差,K。

4. 传热过程

传热过程是以上三种传热方式的复合过程。例如,锅炉中的高温燃气与水的传热过程就同时具有导热、对流换热和辐射换热三种基本传热方式。传热过程基本规律是传热温差越大，传热量越多；传热面积越大，传热量也越多。传热过程的传热量可由下式计算：

$$Q = KF\Delta t$$

式中：F——传热面积，m^2；

Δt——传热温差，K；

K——传热系数，$W/(m^2 \cdot K)$。

传热系数 K 表示在传热过程中除了 Δt、F 以外其他各种因素对传热影响的程度，它包含了导热系数 λ、厚度 δ、对流放热系数 h 以及辐射放热系数 $\alpha_{辐}$。传热系数 K 越大，传热越强烈。

六、压焓图

压焓图，指压力与焓值的曲线图，用于天然气计算、分析。该图纵坐标是绝对压力的对数值 $\lg P$（图中所表示的数值是压力的绝对值），横坐标是比焓值 h，如图 2-11 所示。

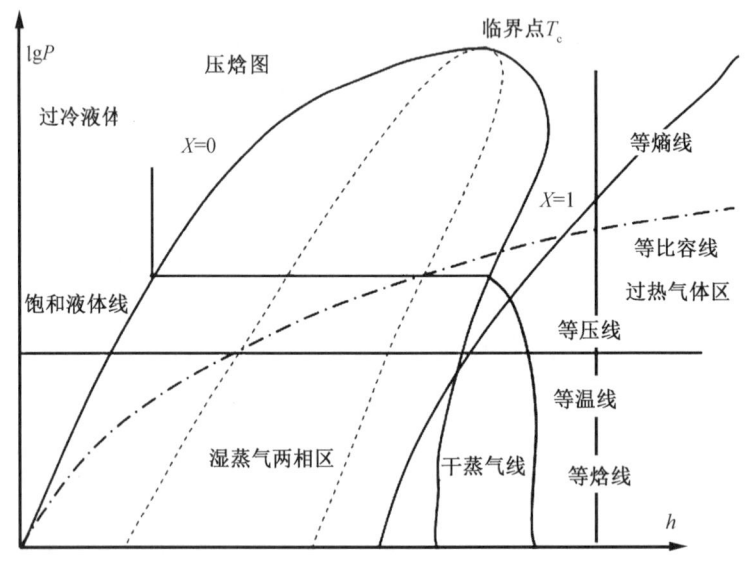

图 2-11　制冷剂压焓图

（1）临界点 K 和饱和曲线

临界点 K 为两根粗实线的交点。在该点，液态和气态差别消失。

K 点左边的粗实线 Ka 为饱和液体线，在 Ka 线上任意一点的状态，均是相应压力的饱和液体；K 点的右边粗实线 Kb 为饱和蒸气线，在 Kb 线上任意一点的状态均为饱和蒸气状态，或称干蒸气。

（2）三个状态区

Ka 左侧——过冷液体区，该区域内的液体温度低于同压力下的饱和温度；

Kb 右侧——过热蒸气区，该区域内的蒸气温度高于同压力下的饱和温度；

Ka 和 Kb 之间——湿蒸气区，即气液共存区。该区内制冷剂处于饱和状态，压力和温度为一一对应关系。

在 LNG 船上,蒸发与再液化过程主要在湿蒸气区进行,压缩过程则是在过热蒸气区内进行。

（3）六组等参数线

压焓图中共有八种线条:等压线 $P(\lg P)$、等焓线（Enthalpy）、饱和液体线（Saturated Liquid）、等熵线（Entropy）、等比容线（Volume）、饱和蒸气线（Saturated Vapor）、等干度线（Quality）和等温线（Temperature）。

（1）等压线:与横坐标轴相平行的水平细实线均是等压线,同一水平线的压力均相等。

（2）等焓线:与横坐标轴垂直的细实线为等焓线,凡处在同一条等焓线上的工质,不论其状态如何焓值均相同。

（3）等温线:图上用点划线表示的线为等温线。等温线在不同的区域变化形状不同,在过冷区等温线几乎与横坐标轴垂直,在湿蒸气区是与横坐标轴平行的水平线,在过热蒸气区则为向右下方急剧弯曲的倾斜线。

（4）等熵线:图上自左向右上方弯曲的细实线为等熵线。制冷剂的压缩过程沿等熵线进行,因此过热蒸气区的等熵线用得较多,在 $\lg P-h$ 图上等熵线以饱和蒸气线作为起点。

（5）等比容线:图上自左向右稍向上弯曲的虚线为等比容线。与等熵线比较,等比容线要平坦些。制冷机中常用等比容线查取制冷压缩机吸气点的比容值。

（6）等干度线:从临界点 K 出发,把湿蒸气区各相同的干度点连接而成的线为等干度线。它只存在于湿蒸气区。

上述六个状态参数（p、t、v、x、h、s）中,只要知道其中任意两个状态参数值,就可确定天然气的热力状态。在 $\lg P-h$ 图上确定其状态点,可查取该点的其余四个状态参数。

第三章　LNG 运输船的类型

  LNG 运输船是在 -163 ℃低温下运输液化天然气的专用船舶,是高技术、高难度、高附加值的"三高"产品,是一种"海上超级冷冻车"。LNG 船的储罐是独立于船体的特殊构造。LNG 船营运过程中,货舱内液体不断地进行蒸发,所以在选择 LNG 运输船动力装置时需要考虑其对易挥发或易燃物的处理能力,必要时还需要装备天然气处理辅助设施。LNG 运输船的尺寸通常受到港口码头和接收站条件的限制。

  LNG 运输船种类不一,其类型通常按照货物围护系统技术、推进系统种类和舱容的大小来划分。

第一节　不同货物围护系统的 LNG 船

  自 1959 年"甲烷先锋号"(METHANE PIONEER)开始试运行以来,世界范围内的 LNG 运输业经历了 60 年的发展历程。在此过程中,LNG 运输船技术也经历了从小型、简单、单一到目前的大型、复杂、专用的不断提升的过程。而 LNG 船货物围护系统是 LNG 船的核心技术之一。

  一般来说,世界海事组织(International Maritime Organization, IMO)制定的《国际散装运输液化气体船舶构造和设备规则》(IGC 规则)将液货舱分为 2 大主要类型:独立型货舱和整体型货舱。独立型货舱又可以分为 A 型、B 型和 C 型;整体型货舱包括薄膜型货舱、半薄膜型货舱、内部绝缘货舱和整体货舱,而内部绝缘货舱又可以分为 1 型和 2 型,如图 3-1 所示。

  早期设计师经过不断尝试研发出了很多货物围护系统技术。20 世纪 70 年代中期以后,市场的实际运行规律最终使 LNG 船货物围护系统的主流技术选择范围缩小到 4 个主要设计概念:中小型 LNG 船适用的 C 型压力罐、大型 LNG 船的 Moss 球罐型、GTT MARK Ⅲ 和 No. 96 薄膜型以及 IHI SPB 型。

  从数量上看,目前 LNG 船市场上以传统的大型 LNG 船为主流。中小型 LNG 船以 C 型压力罐为主。中大型 LNG 船则是 Moss 球罐型以及 GTT Mark Ⅲ 型和 No. 96 薄膜型的天下。

一、目前市场上主流 LNG 货物围护系统

  根据 GIIGNL 2018 年年底的统计数据,在世界范围内的 LNG 运营船队中薄膜型液货舱技术占 70%的比例,Moss 球罐型有 23%的应用比例,其他诸如 C 型压力罐以及 SPB 型等货舱技术只有 7%左右。薄膜型货舱统称为 GTT 薄膜型,可以细分为 Mark Ⅲ 型和 No. 96 型两类。

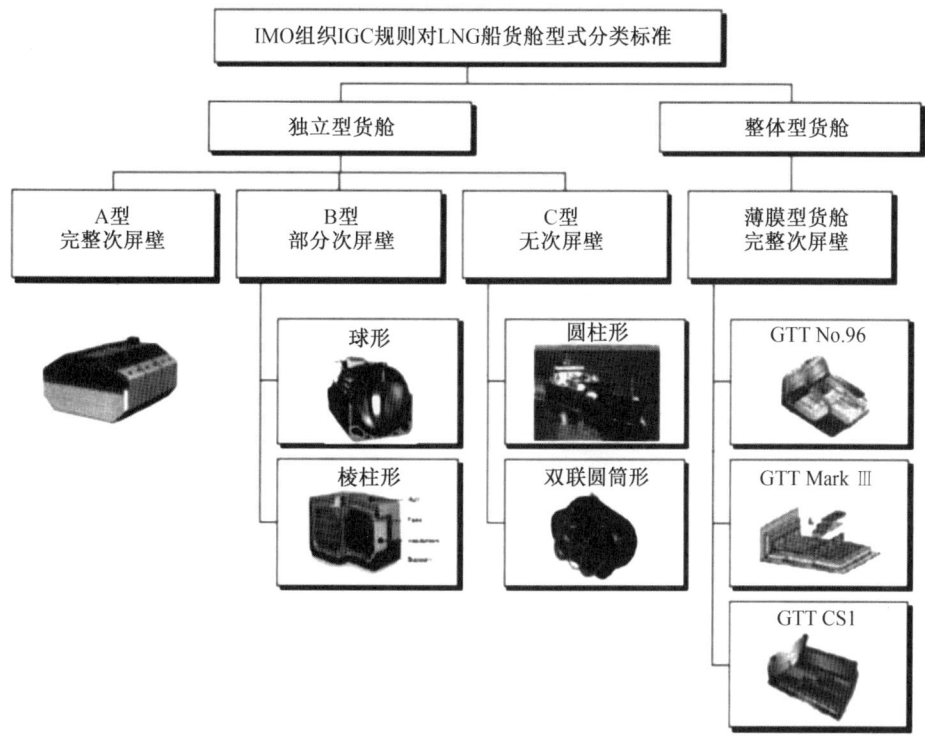

图 3-1　LNG 船货舱型式分类标准

Moss 球罐型技术专利目前为挪威 Moss Marine 公司所拥有。SPB 型货舱技术仍然被日本石川岛播磨 IHI 牢牢把持。

1. 薄膜型货舱

Mark Ⅲ技术：该技术(见图 3-2)源自 1994 年 GTT 公司合并之前的 Tcehnigaz 公司设计方案，属于薄膜型，由船体结构直接支撑。主层屏壁为 1.2 mm 厚带有纵横方向(长度为 340 mm 方格)波纹方格的 304 不锈钢板。次层屏壁为 2 层玻璃纤维布中间夹 1 层铝箔结构。绝缘板总厚度 270 mm，主层绝缘 100 mm，次层绝缘 170 mm。通过树脂绳将绝缘面板黏合到船体内板上，这种树脂绳具有双重作用：锚固绝缘层并均匀地分配液货载荷。

Mark Ⅲ Flex 技术：将次层绝缘的厚度由 170 mm 增加到 300 mm，同时绝缘层的硬质聚氨酯 PU 泡沫密度增大，这样货舱强度增加且绝缘性能增强。货物蒸发率(Boiling Off Rate，BOR)可以降到最低 0.085%伏/天。

Mark Ⅲ Flex+技术：由于绝缘厚度增加了 480 mm，因此除了增加货舱强度之外，还可将货物蒸发率降低到 0.07%伏/天。

Mark Ⅲ Flex HD 技术：将硬质绝缘 R-PUF 密度从 130 kg/m³ 增加到 210 kg/m³，可以提供超过 2 倍的货舱抗压强度。

Mark Ⅴ 技术：次层屏壁用焊接的波纹形殷瓦膜代替了 3 层结构的玻璃纤维布铝箔结构。这些技术升级使得货舱自然挥发率可以进一步降低到 0.075%伏/天。

GTT No. 96 薄膜型技术：No. 96 薄膜型货舱(见图 3-3)源自 1994 年 GTT 公司合并之前的

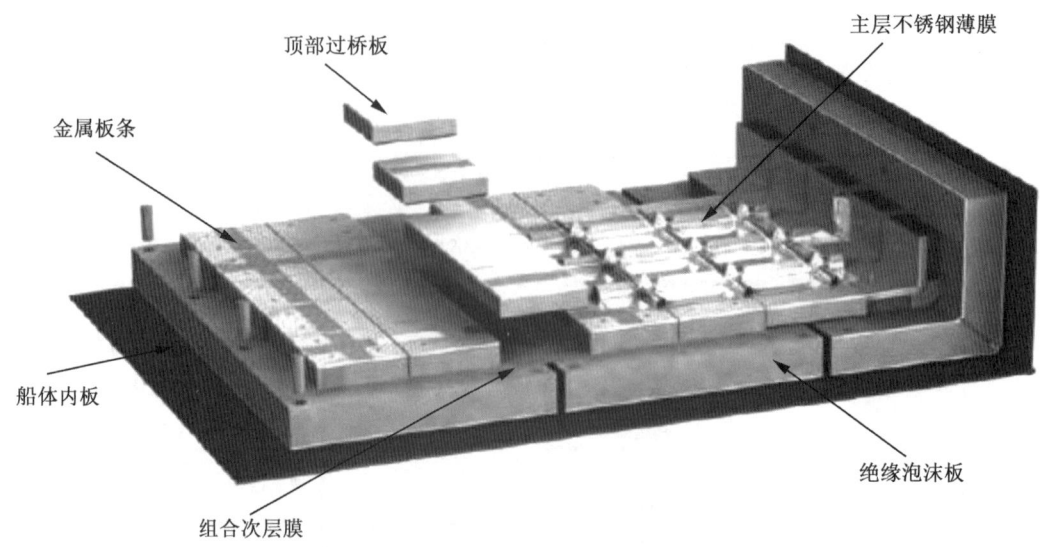

图 3-2   Mark Ⅲ薄膜结构

Gaz-Transport。该系统的主、次屏壁均采用 0.7 mm 厚的含镍 36% 的殷瓦钢。主次层绝缘箱
(厚度 230 mm+300 mm)均由填充有膨胀珍珠岩粉末的胶合板箱制成。

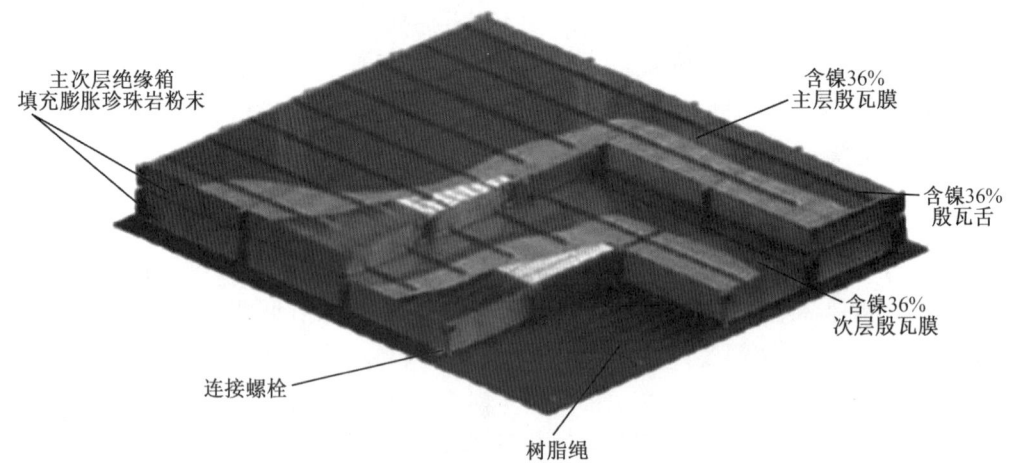

图 3-3   No.96 薄膜结构

GTT No.96 GW 技术:仅仅通过将绝缘箱中的膨胀珍珠岩粉末用玻璃丝棉替代,GTT
No.96 GW 系统的 BOR 可以降为 0.125%~0.13%伏/天。

GTT No.96-LO3 技术:绝缘箱共分 3 层。主绝缘箱厚度不变,内部充填玻璃丝棉。次绝缘
箱变成 2 层:减薄的 92 mm 厚次层绝缘箱(填充玻璃丝棉)底部增加 1 层 208 mm 厚强化聚氨
酯 R-UF 泡沫板。GTT No.96-L03 货舱 BOR 因此可达到 0.11%伏/天。

GTT No.96-LO3+技术:与 GTT No.96-L03 有相同的绝缘厚度,中间绝缘层采用 PU 泡沫板
代替填充玻璃丝棉的胶合板箱。BOR 可以降到 0.11%伏/天。

GTT No.96 Flex:其特点是主层屏壁膜为波纹 304 不锈钢膜,次层屏壁为含镍 36% 的殷瓦

膜。主次层绝缘均采用强化聚氨酯 R-UF 泡沫板。BOR 可以降到 0.07% 伏/天。

GTT No. 96 Max：是 No. 96 GW 的升级，使用支柱结构和非结构绝缘材料来增加绝缘箱的强度。同时绝缘箱的隔板厚度由 1.2 mm 增加到 1.5 mm，且顶板改为双层。GTT No. 96 Max 可以分为 MR/UR(Mega/Ultra-Reinforced)。货舱内局部采用强化绝缘箱后，货舱的装载液位限制区间的货舱高度由传统的 10%~70% 缩小到 10%~50%。

综上，GTT 公司的薄膜型技术具有船体线型适应性好、船体容积利用率高的优点，适合大型 LNG 船的建造。但是其强度偏弱，因此在货舱部分装载时必须考虑晃动力对货舱内膜的破坏，需特殊设计。一般来说，GTT 规定标准液货舱内部限制装载液位为 10%~70% 的货舱高度。

2. Moss 型货舱

20 世纪 70 年代，早期的薄膜式 LNG 船上陆续出现过晃动力冲击造成舱内薄膜表面损伤的事故，设计人员尝试研发出更能耐受液货晃荡力的 Moss 型货物围护系统技术。世界上第一条采用 Moss 型液货舱的 LNG 船是在 1973 年由挪威 Moss Rosenberg VERF(MRV)船厂建造。

传统的 Moss 球罐型技术(见图 3-4)：起初设计的货舱的材料是含 9% 镍的合金钢，后期货舱材料改为 5083 铝合金。球罐型货舱铝合金材料的厚度为 28~55 mm。为了增强结构强度厚度，在球罐型货舱中部的赤道位置会达到 170 mm。Moss 球罐型货舱舱壁结构(如图 3-5 所示)坚固，无须担心液货舱内部的液货晃动力造成的破坏问题，因而可以不限制货舱内部的装载液位。Moss 球罐型货舱的热绝缘层主要有 2 种型式：板块式聚苯乙烯和发泡喷涂式聚苯乙烯，外表面均粘贴覆盖 0.3 mm 的铝箔，以形成一个气密的空间，从而可以隔离泄漏的液货，同时也可以阻隔外部空气中的湿气，保证球罐外壁绝缘的干燥度，不至于使其吸潮，降低热绝缘性。货舱底部设置有防漏滴盘，能够容纳 15 天的液货泄漏量。

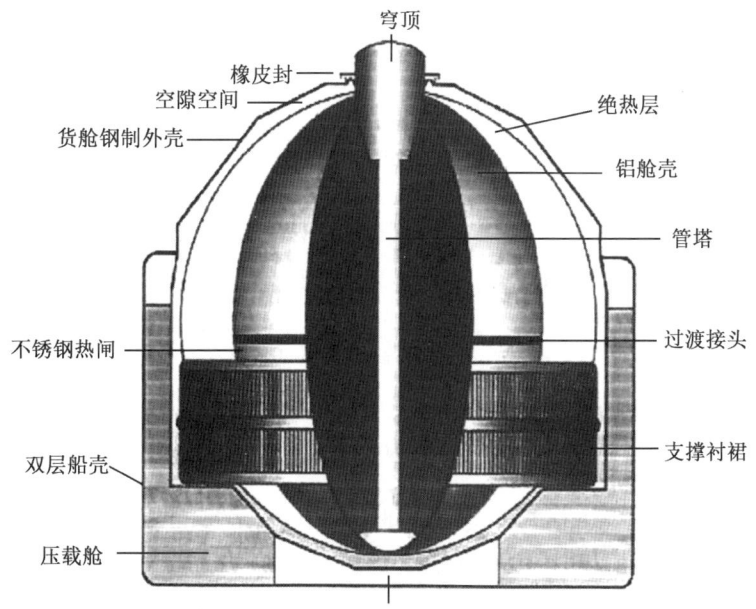

图 3-4 Moss 球罐型结构

传统的 Moss 球罐型 LNG 船的缺点亦十分明显：球型罐体体积巨大，不但影响驾驶台视野，给船舶操纵方面造成一定的困难；同时罐体裸露在甲板外面，受风面积，大造成船体风阻较大；最后，球型罐体造成船体内部容积利用率低。

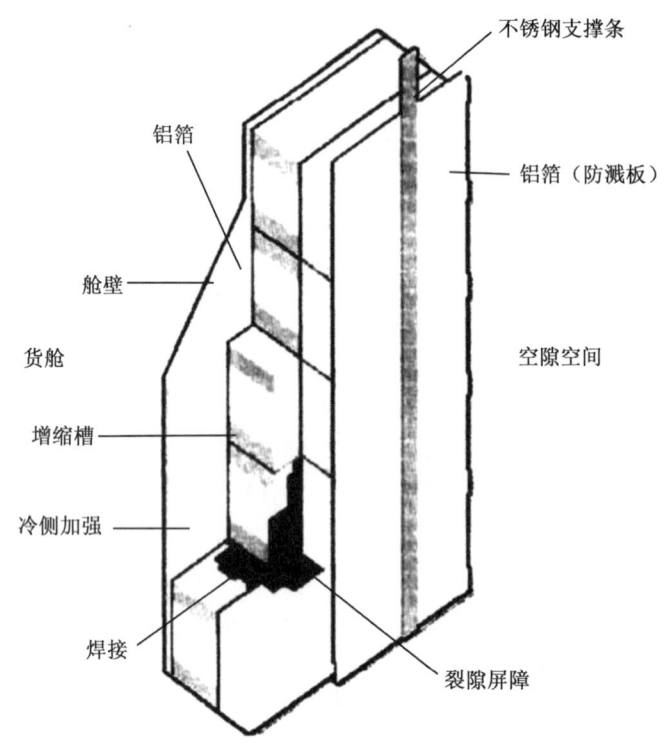

图 3-5　Moss 型 LNG 船舱壁结构图

MHI Sayaendo1 型 Moss 球罐货物围护系统：2011 年由三菱重工 MHI 开发成功。有别于传统的 Moss 球罐型 LNG 船，Sayaendo1 型 LNG 船的几个球罐型货舱被完整包覆起来，类似豌豆荚。这样的改进结果是改善了空气动力性能，降低了船体风阻，同时甲板面的管系电缆等附件可以隐藏于船舱内部，提高了设备的可维护性。

MHI Sayaendo2 型 Moss 球罐货物围护系统：2012 年由三菱重工 MHI 开发成功。在 Sayaendo1 型的基础上，圆球形货舱在垂直方向上被拉长，外形看起来更像一个苹果，货舱舱容因此而增加约 8 000 m³，而船体结构重量减少约 10%，结合机舱动力系统的改进能耗降低约 20%。

二、目前市场上其他小众 LNG 货物围护系统

当前 LNG 货物围护系统市场基本被 GTT 薄膜型和 Moss Maine 球罐型两种技术垄断。除此之外，依然有数量比较少的 C 型压力容器式货舱、棱柱形 SPB 型货舱等技术存在。

C 型压力容器式货舱：C 型货舱，如图 3-6 所示，一般为球形或者圆柱形压力容器，技术比较成熟。圆柱形货舱可以水平或者垂直安装。

这种类型的货舱通常用于半压和全压液化气体运输船。用于 LNG 运输船时，货舱材料必

须是耐低温钢材。C 型压力罐是按照传统的压力容器标准设计建造,需要进行精确的应力分析。

　　货舱的外表面敷设聚苯乙烯板或者喷涂发泡聚苯乙烯。根据 IGC 规则,C 型压力罐不需要次层屏壁屏障,货舱与船体之间的缓冲空间可以填充惰气或干空气。C 型压力式货舱因其造价低廉、工艺简单、制造容易以及没有高昂专利费等特点在中小型 LNG 船上仍然有着广阔的应用空间。

图 3-6　C 型压力容器式货舱

　　IHI SPB 型货物围护系统(见图 3-7):1985 年日本石川岛播磨重工 IHI 基于最早期的 CONCH 技术开发出 SPB 型液货舱,对货舱和船体进行有限元分析、船体结构疲劳分析和裂纹扩展分析。SPB 货舱形状为棱柱形,中间有纵向隔舱壁。货舱材料可以使用 5083 铝合金、304 不锈钢或者 9% 镍钢。最大设计舱压 0.7 bar,货舱外表面包覆绝缘材料为聚氨基甲酸酯泡沫。IHI 的 SPB 货舱技术的开发使日本成为欧洲以外第一个拥有 LNG 货物围护系统专利的国家,2017 年采用 SPB 货舱技术的最大的 16.5 万立方米 LNG 船交付。

　　但是由于 SPB 货舱材料本身价格高昂(据称比薄膜型高 10%~20%)以及日本 IHI 公司对其专利技术的严密保护,所以目前市场上采用 SPB 技术建造的 LNG 船并不多,除日本 IHI 公司自己建造的 3 条 LNG 船等有限几条船之外,为其他亚洲和欧洲客户提供的仅仅是数量有限的货舱成品。据称,其货舱性能非常稳定。

　　LNT-A 型货物围护系统(见图 3-8):挪威 LNT 公司在 2015 年开发出 LNT-A 型新型货舱技术,属于 IMO A 型独立自持式。主层屏壁材料可以为 304 不锈钢、5083 铝合金或者 9% 镍钢。绝缘材料与 SPB 型包覆在主屏壁(货舱)的外表面上的方式不同,它是以聚氨酯泡沫板的形式附着在船体内甲板上。次层屏壁为覆盖在绝缘层内表面的密封膜,具有液体密封功能。与 SPB 型类似,人员可以进入液货舱和绝缘层之间的中间屏壁空间,方便检修。货舱支撑与传统的货舱支撑一致。

　　与薄膜型货舱相比,LNT-A 型货舱绝缘材料置于货舱之外,不需要承受液货产生的应力,因而可以做得更轻、更薄,具有更高绝热性能且成本更低。船体容积利用率高,绝热性能优良,设计灵活。据技术开发方声称,LNT-A 型货舱技术门槛低,以使更多的船厂有能力建造 LNG 船。

　　目前招商重工海门船厂建造的世界上第一艘采用 LNT-A 型货舱技术的液化天然气船 SA-

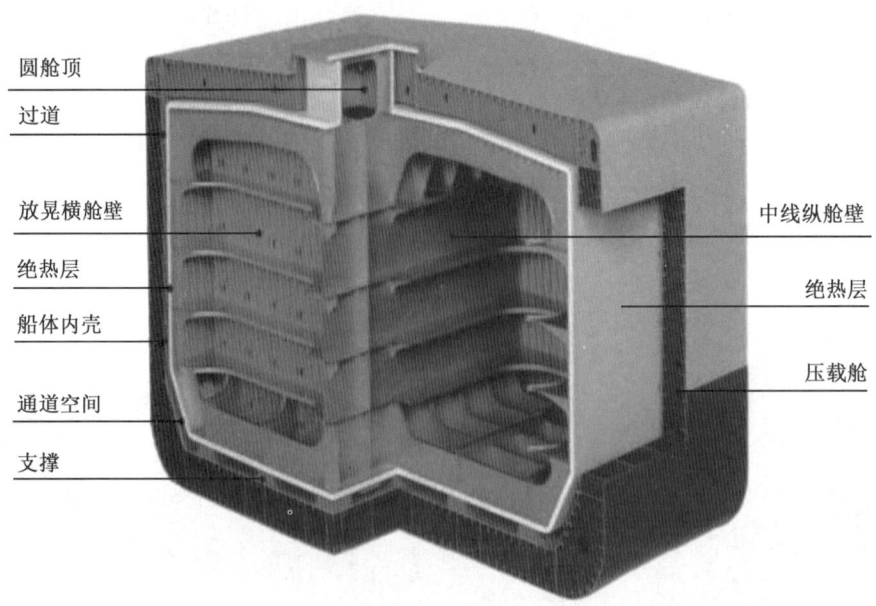

图 3-7　IHI SPB 型货物围护系统

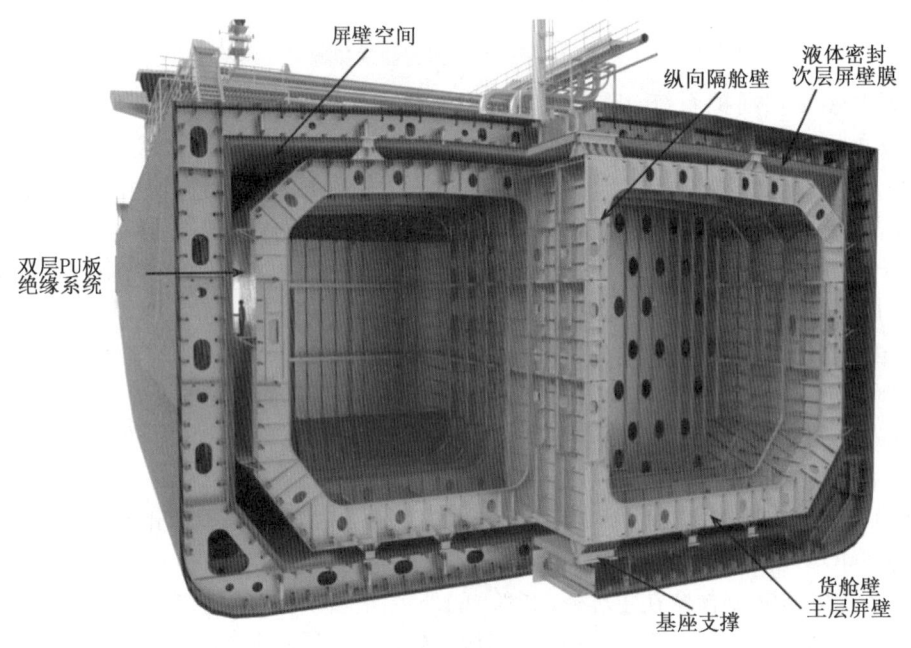

图 3-8　LNT-A 型货物围护系统

GADAWN 已经成功完成气体试航,证明了新型货舱技术的可行性。未来交付后的稳定运行,将进一步证明该技术的可靠性。时间将会证明,此新技术的成功将开启 LNG 液货舱技术的新时代。

KC-1 薄膜型货物围护系统:2014 年韩国开发了 KC-1 薄膜舱。主次屏壁都是 1.5 mm 厚的 304 不锈钢波纹板。绝缘使用密度为 115 kg/m³ 的聚氨酯泡沫,结构比 GTT 薄膜型设计更简单,有效降低了成本。BOR 可以降到 0.12%伏/天。

第一条交付的采用 KC-1 技术的 LNG 船在运营过程中出现绝缘层结冰现象,船舶不得不停租进坞修船。这对 KC-1 的市场推广是一个不利的挑战。

LNG 船货物围护系统本身各有特点,虽然以上这些市场上货舱技术在数量上属于小众,且其市场推广仍然受限于技术本身适用的船舶尺度、航线特点、成本优势以及技术难度等条件,但是在 LNG 船造船市场上仍然有其一定的生存空间。

第二节　不同推进装置的 LNG 船

自世界上第一艘 LNG 船投入运营已经过去大约 60 年的时间,LNG 船动力装置也随着时代的发展不断地进行着演变。从开始的柴油机,到蒸汽轮机,再到柴油机,以及现在的双燃料发动机,经历了半个多世纪的变化革新,呈现出现在的多种推进装置并存的状况。

一、双燃料锅炉+蒸汽透平推进系统

在 LNG 海上运输诞生后的 50 多年里,蒸汽透平发动机(见图 3-9)一直作为 LNG 运输船的标准动力装置并保持着极高的安全记录,具有公认的可靠性;同时,由于 LNG 海洋运输贸易的特殊性,需要将机械保养造成的船期影响降到最低,蒸汽透平发动机因其易于维护保养、维修频次低等优点而备受业界青睐。蒸汽透平发动机在 LNG 运输船上获取 BOG 非常便利,供给燃料的同时还可以 100% 处理多余的 BOG。在 21 世纪前 10 年,依旧有过百艘新造 LNG 运输船选用蒸汽透平发动机作为动力装置。

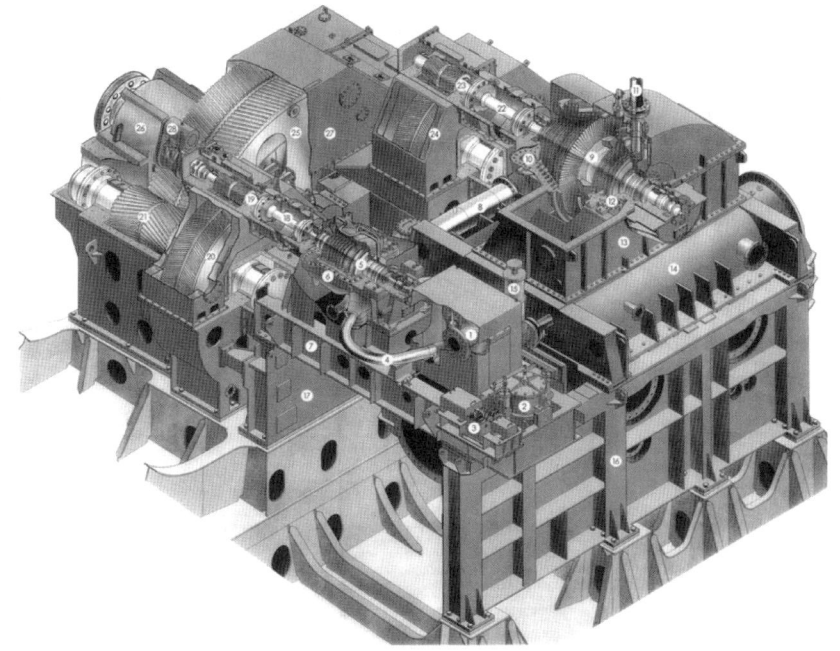

图 3-9　蒸汽透平发动机

蒸汽透平发动机最大的劣势是其热效率低,仅达30%,远低于柴油机50%的热效率,造成了能源浪费;同时由于其他商业船型都已基本弃用蒸汽透平发动机,业内技术娴熟的蒸汽透平轮机员越来越少,对船员招募也具有一定的难度。

二、二冲程低速柴油机推进系统+再液化装置

随着LNG海上贸易的迅速增长,LNG运输船日趋大型化,受早期建成的LNG码头水深的限制,超大型的LNG运输船不得不维持浅吃水设计,为保证高服务航速(20 kn左右),需要很大的推进功率。超大型浅吃水高服务航速船舶一般选择双桨和双尾鳍的布置,双套推进系统既满足较大推进功率,又增加了冗余度,提高了航行安全性。

蒸汽透平发动机需要占用较大机舱空间,双机布置并不现实,因此产生了带再液化装置(见图3-10)的二冲程低速柴油机推进系统(low speed 2-stroke Diesel engine+Re-liquefaction System,DRL),既实现了双桨、双尾鳍布置,又兼顾了BOG的处理。当一台柴油机在海上或港口需要维护保养时,脱开离合器并用锁紧装置锁紧传动轴,即可进行维修工作,而另一台柴油机推进系统依旧可以运转。2007—2010年,全球LNG运输船队新增超过40艘采用DRL的Q-flex和Q-max LNG运输船,均为双桨、双尾鳍布置。

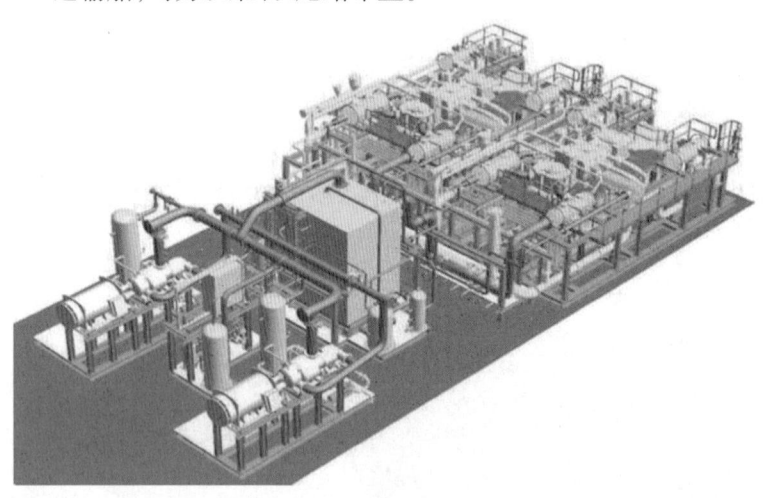

图3-10 再液化装置

三、双燃料电力推进系统

2002年,法国燃气公司与法国大西洋船厂签订了世界上第一艘采用双燃料电力推进系统(Dual Fuel Diesel Electric,DFDE)的LNG运输船,舱容74 000 m³,在2003年又签订了1艘153 500 m³双燃料电力推进系统的LNG运输船。自此,双燃料电力推进系统成为LNG运输船的"新宠",短短数年间建成的和投放订单的双燃料电力推进系统LNG运输船已过百艘。

双燃料电力推进系统由多台双燃料四冲程中速发动机(见图3-11)带动发电机组产生电能,提高了动力冗余性,电动马达驱动螺旋桨进行推进,多台双燃料发电机组可以进行不同的组合,以达到最佳负载分配,综合推进效率高达43%。同时,双燃料电力推进系统方案不需要

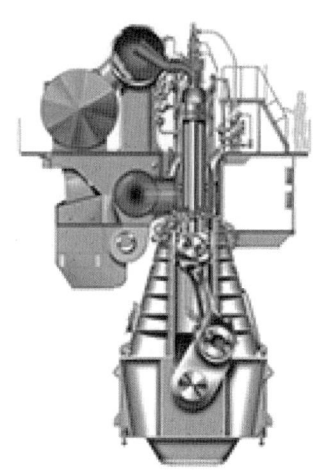

图 3-11　双燃料四冲程中速发动机

额外配备发电装置,显著减少了船上设备数量。全球各大发动机供应商如 MAN、Wärtsilä 等都已成功推出成熟的双燃料中速机型。

四、超级蒸汽透平推进系统

在二冲程低速柴油机推进系统+再液化装置和双燃料电力推进系统逐渐成为 LNG 运输船新的主流推进系统时,三菱重工重启了对蒸汽透平发动机的优化,研发了超级蒸汽透平（Ultra Steam Turbine, UST）（见图 3-12）。超级蒸汽透平采用了一种再加热循环的方法将高压透平（HP Turbine）排出的废蒸汽再加热至锅炉过热器出口温度并引入中压透平（IP Turbine）,高压透平和中压透平共 1 根轴,低压透平（LP Turbine）独立使用 1 根轴,2 根轴与同 1 个齿轮箱啮合输出动力。UST 在保留传统蒸汽透平可靠、易维护等优点的基础之上将效率提高了 15%,达到柴油机水平,同时 CO_2、NO_x、SO_x 排放量降低了 15%,预计使用寿命超过 40 年,在经济性和环保性上极具竞争力。韩国现代船厂为马来西亚国际航运公司（MISC）建造的 5 艘 150 200 m^3 LNG 运输船便选择了超级蒸汽透平推进系统。

5. 双燃料二冲程低速主机推进系统

为进一步提高推进效率,降低运营成本,业界又将目光转向双燃料低速主机推进系统。双燃料二冲程低速机的热效率高,主机通过传动轴直接连接螺旋桨,降低了中间能量损耗,相比双燃料电力推进系统,初始投资和营运成本降低。应用于市场的双燃料二冲程低速主机现主要有 MAN ME-GI（M-type, Electronically Controlled, Gas Injection Engine）和温特图尔（WinGD）X-DF 两家机型。

MAN ME-GI（见图 3-13）双燃料主机采用缸内高压燃气直喷技术,即通过加压装置把燃气压力增至 250~300 bar,经由燃气喷射阀将高压燃气直接喷入汽缸。2016 年,全球首艘配备 MAN ME-GI 双燃料主机的 174 000 m^3 Creole Spirit 号 LNG 运输船正式交付,船长 295 m,在 19.5 kn 的营运航速下单日耗油量仅为 110 t。MAN ME 型发动机可通过改装升级为 MAN ME-GI,卡塔尔的 14 艘 Q-max 和 31 艘 Q-flex LNG 运输船都采用了 MAN ME 主机,2015 年, 266 000 m^3 Rasheeda 号将主机升级为 MAN ME-GI,并在之后的营运中对 MAN ME-GI 在 Q-max

图 3-12　超级蒸汽透平

上的应用进行技术性和经济性研究,以决定是否对船队中的其他 LNG 运输船进行 MAN ME-GI 升级。

　　MAN ME-GI 型发动机的劣势是在燃气模式下采用狄塞尔循环,缸内温度较高,与采用奥托循环的低压双燃料发动机相比,NO_x 减排效果有限,需额外配备后处理装置以满足 NO_x Tier Ⅲ 的排放标准。WinGD X-DF 低压双燃料主机采用缸内低压喷射技术,无须使用高压压缩机,降低了能量消耗、设备投资和维护成本,可靠耐用,燃烧原理为奥托循环,无须配备后处理装置便可以满足 NO_x Tier Ⅲ 的排放标准,兼顾经济性的同时更加环保。2016 年,韩国 SK 海运 180 000 m^3 LNG 运输船便配备了 WinGD 5X72DF 发动机。

图 3-13　MAN ME-GI 双燃料二冲程低速发动机

第三节 不同舱容的 LNG 船

大部分商船如散货船、油船都是以载重吨计量船舶尺度,而 LNG 因低密度的特性(约为水的密度的一半),LNG 运输船则以载货舱容立方米为单位计量船舶尺度。随着造船技术的进步和船东对规模效益的追求,现代商船的发展历程总体呈大型化趋势,LNG 运输船也不例外。

形成工业规模的天然气液化和海运始于 1964 年,当时处于试运阶段,舱容小。在 1975 年前,舱容都小于 90 000 m³,属于中小型 LNG 运输船。根据对 1960~2020 年全球 754 艘 LNG 船,包括已退出或拆解船舶舱容变化的统计,我们可以大体判断 LNG 船的舱容从 20 世纪 60 年代的 75 000 m³ 发展到 20 世纪 80 年代至 90 年代初的 120 000~130 000 m³,然后是从 20 世纪 90 年代末发展到 2006 年的 140 000 m³ 左右,再从 2007—2010 年最大舱容迅速发展到 200 000 m³,甚至高达 260 000 m³,即 Q-max 型,2011—2020 年舱容逐步回归到 150 000~175 000 m³,整体看平均舱容呈现大型化趋势,但是这种大型化是有限度的,即 200 000~260 000 m³ 的超大型 LNG 船在市场的热度目前是有限的,除了 2007—2010 年增长速度较为突出之外,总体表现平稳向上。此外,120 000~170 000 m³ 的 LNG 船是全球船东青睐的主流船型。

LNG 海上运输因其贸易专属性,大部分船舶都航行于固定的几条航线,同时受靠泊码头限制,船舶尺度往往呈系列分布(见表 3-1),习惯上将 120 000~180 000 m³ 的 LNG 运输船称为常规型,由卡塔尔订购的两种超大型 LNG 运输船尺度分别高达 210 000 m³ 和 266 000 m³,被称为 Q-flex 和 Q-max。Q-max 为现今最大的 LNG 运输船型,船长 345 m,船宽 53.8 m,吃水 12 m,"Q"代表卡塔尔 Qatar,"max"代表卡塔尔 LNG 码头能够停靠的最大尺寸船舶。

表 3-1 LNG 运输船的尺度分级

分级	尺度		舱容	代表船型
中小型	总长	≤250 m	≤90 000 m³	海洋石油 301 (30 000 m³)
	船宽	≤40 m		

续表

分级	尺度		舱容	代表船型
常规小型	总长	270～298 m	120 000～149 999 m³	大鹏昊 （147 200 m³）
	船宽	41～49 m		
常规大型	总长	285～295 m	150 000～180 000 m³	中能福石 （174 700 m³）
	船宽	43～46 m		
	吃水	≤12 m		
超大型 Q-flex	总长	≈315 m	200 000～220 000 m³	Al-Huwaila （217 000 m³）
	船宽	≈50 m		
	吃水	≤12 m		
超大型 Q-max	总长	≈345 m	≥260 000 m³	Mozah （266 000 m³）
	船宽	53～55 m		
	吃水	≤12 m		

第四章　船舶液货舱结构与设计原理

LNG 船将液化天然气从液化厂运往接收站的过程中是以常压全冷方式运输的,即在大气压下以 -163 ℃左右低温储存运输。鉴于液化天然气的特性,对 LNG 货舱的设计主要考虑的因素是:能适应低温介质的材料,对易挥发/易燃的处理,低比重的储存能力。液货舱舱容的大小取决于船只尺寸,船只尺寸通常受到港口码头和接收站条件的限制,目前 125 000 ~ 156 000 m³ 是最常用的尺寸。

IGC 规则规定:对适用 -163 ℃的设计温度的货舱须选用 9% 的镍钢、奥氏体钢(不锈钢)、铝合金、奥氏体铁-镍合金(36% 的镍钢);当 LNG 液货舱第一层屏壁泄漏时应保证货物 15 天内不外溢,须设置第二层屏壁,因为 LNG 运输距离不论多远,时间不会超过 15 天,第二层屏壁可以保证事故船只安全回到船厂进行维修,故 LNG 液货舱均须双层壳体设计。

对易燃的 LNG 挥发气体的处理通常是作为船舶动力的燃料。在 LNG 的装载、卸货时,船与接收站之间用气相管和液相管连接成封闭系统,防止空气进入 LNG 液货舱,确保系统的安全。为了控制 LNG 挥发速率及控制由温度变化而引起的热胀冷缩,保护船体构造不受液货舱极低温的损害,LNG 货舱的外壳须设有绝热层,同时能够减少运输过程中 LNG 的蒸发,对绝热性能的要求达到控制日蒸发率小于 0.15%。

绝热材料根据它们抵抗变形的能力通常分成三类:
(1)坚硬或能承受负荷材料;
(2)不能承受负荷的软性物质;
(3)粉状材料。

货舱设计时选用的绝热材料不仅须具有低的热传导率、不燃或能自熄、有承载能力、耐机械损伤、质量轻等特性,还需要与货物化学相容。

天然气的主要成分甲烷,具有无色无味、无毒无腐蚀等特性。液化天然气海上运输的绝大部分时间里,货舱内部充满着液货和货物蒸气,腐蚀极小,再加上 LNG 船船东和船舶管理公司在运营中对船舶进行高标准的维修保养,因此 LNG 船货舱的使用寿命相对较长。

LNG 的液货舱是独立于船体的特殊构造,液货舱的型式对 LNG 船的设计影响很大。目前世界 LNG 船的液货舱系统主要有自持式(独立型)和薄膜式两种。

第一节　独立式液货舱的型式及特点

上一章中我们介绍过,IGC 规则把液货舱分为独立式液货舱和整体式液货舱两大类。独立式有三种不同类型:A 型、B 型和 C 型。独立式液货舱完全由自身支持,并不构成船体结构的一部分,也不分担船体的强度,主要取决于设计压力的大小。而目前应用最多的有两种,即挪威的 Moss Rosenberg(MOSS)和日本的 SPB 型。整体式包括薄膜型、半薄膜型、内部绝热式和整体液货舱。

一、Conch-A 型独立液货舱

Conch-A 型独立液货舱及 Esso Conch 型是一种加强平板结构的铝合金液货舱,液货舱顶部采用玻璃纤维做绝热层,而其他地方用巴尔沙木做绝热层,用于 1964 年英国建造的 2 艘 27 400 m³ 的 LNG 船。该液货舱形式首先被 LNG 船 Methane Progress、Methane Pioneer 以及 Methane Princess 所采用,其后由于变更采用了新的方式(即采用喷涂一层加强的聚氨酯泡沫来代替巴尔沙木作为绝热层)被用于 125 000 m³ 的 LNG 船。A 型独立液货舱如图 4-1 所示。

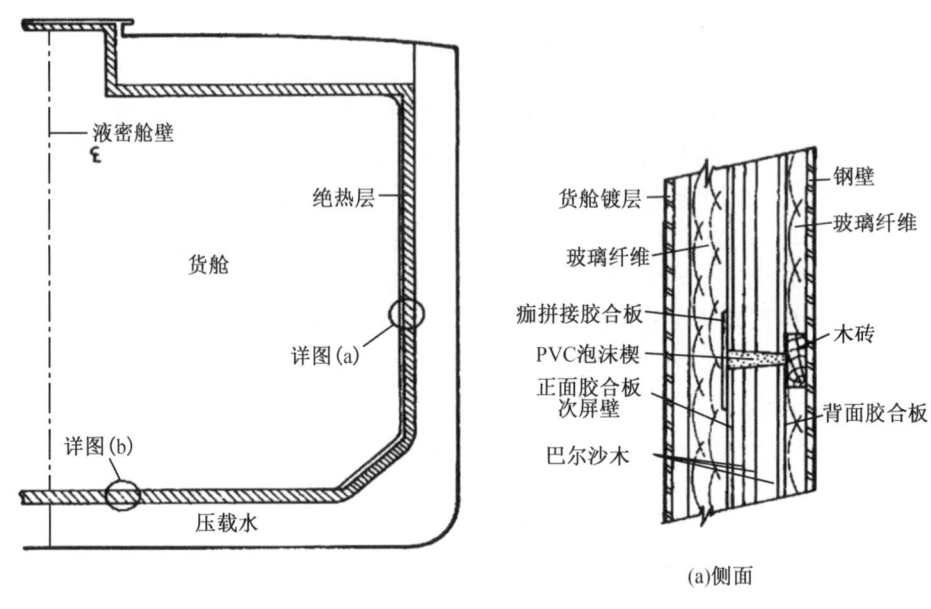

(a)侧面

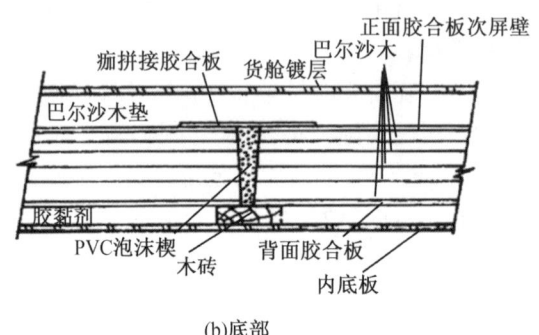

(b)底部

图 4-1　A 型独立液货舱

其设计主要应用公认的船舶结构分析方法,它主要由平面结构组成,其最大的设计蒸气压力不得超过 0.07 MPa(表压)。液舱形状通常为棱柱形,需设有次屏壁以保护船体免受低温损伤。

二、MOSS-B 型独立液货舱

MOSS-B 型独立液货舱(见图 4-2)为挪威首创,1973 年首次推出,其后依次为美国、德国、日本、韩国和芬兰所采用。该系统采用铝合金或 9%镍钢作为主屏壁,液货舱的壳体焊接在一个垂直的柱形座子上,这个座子与船内底结构相连接,球体能自由地伸缩。因此所有的变形位

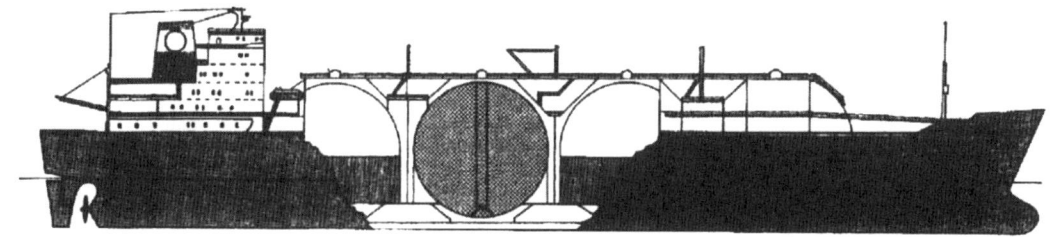

LNG/乙烯/LPG船

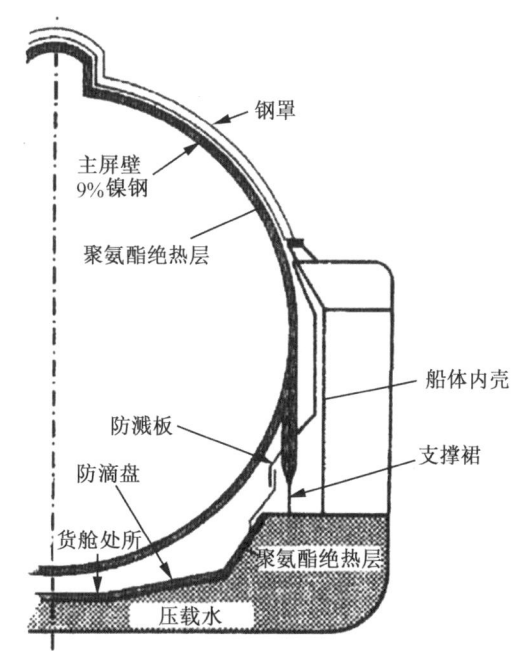

独立式自支撑球形液货舱(B型)

图 4-2　MOSS-B 型独立液货舱

移量均由围裙座的顶部空隙来吸收。聚氨酯泡沫绝热材料敷设在整个球体的表面和部分赤道围裙的上缘,这是为了防止产生热应力。液货舱结构的底部安装了一个滴漏盘,把不可避免泄漏的液滴汇集回收起来,以免四处溅湿。B 型液货舱为球形,设置部分次屏壁,以防护少量货物泄漏,专利属于 KVANERNER MOSS。特点是:独立液货舱体不容易被伤害,可分开制造,造船周期短,质量检查容易;液面晃动少,不受装载限制,充装范围宽;保温材料(可用聚氨基甲酸酯塑料、聚苯乙烯、酚醛塑料树脂)用量少;由于液货舱带压(0.2 MPa),操作灵活,增强了安全性。紧急情况下,在装卸的任何阶段都可离港。或在货物泵失灵情况下,可以应用压缩机应

急卸货,完货的可能性较大。并且卸完货时清舱简便,但船受风阻面积大。

B 型独立液货舱也可以是平面形结构,其设计是应用模型试验。与 A 型液货舱相比,B 型液货舱能够进行更为精确的应力分析,包括疲劳寿命和裂纹扩展分析,所以这种舱的渗漏危险是很小的。如果这类液货舱是平面结构与 A 型液货舱一样,则其蒸气设计压力不应超过 0.07 MPa(表压)。

三、C 型独立液货舱

采用 C 型独立液货舱的小型 LNG 船,如图 4-3 所示。C 型独立液货舱是符合压力容器标准的压力式液货舱,一般为圆筒形卧罐或球罐。这是因为它们有均匀的外形,几乎没有内部结构,避免了应力集中,所以能承受较高的内压力。液货舱采用的材料为铝、9%镍钢或美国钢铁

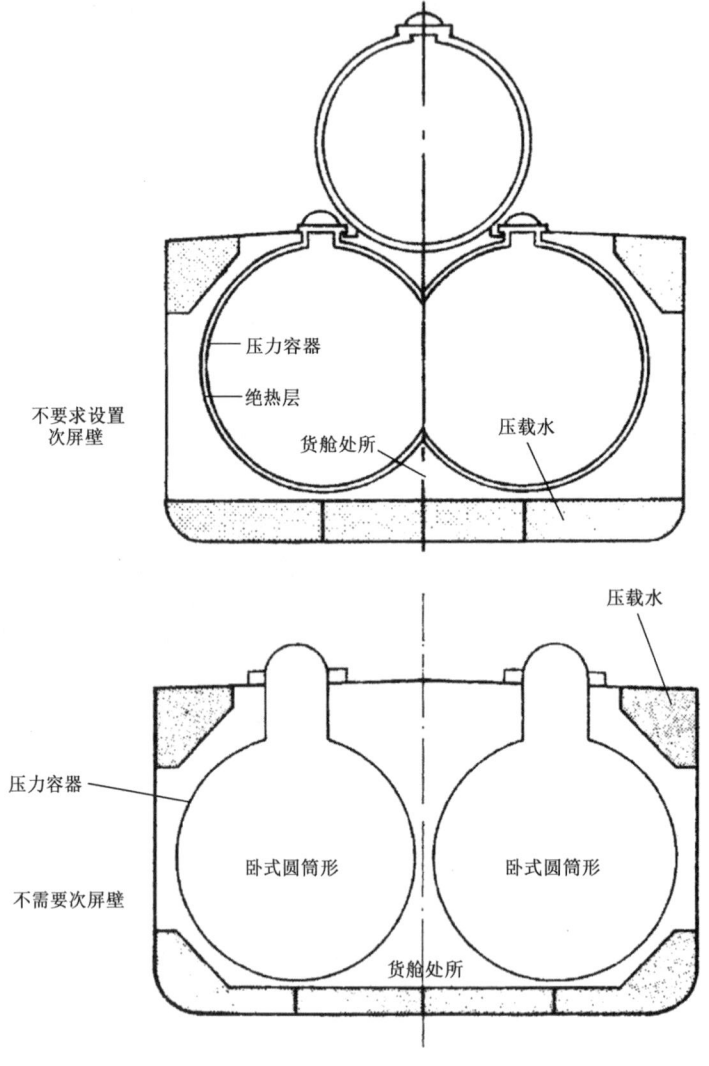

图 4-3 C 型独立液货舱

协会(American Iron and Steel Institute,AISI)304L 不锈钢,液货舱设计温度为-163 ℃。可采用与球状 B 型独立液货舱一样的绝热材料,绝热层的厚度为 300 mm(蒸发率约为 0.35% ~ 0.45%伏/天),液货舱的设计压力大约为 0.4 MPa(9%镍钢)或 0.271 MPa(AISI 304L 不锈钢),对于乙烯船的绝热层采用 230 mm 厚的聚苯乙烯板粘贴在液货舱表面。为了提高船舶的载货容积利用率,部分船舶采用双联圆筒形液货舱,即把两个圆筒形卧罐并联。另一种提高船舶容积利用率的方法是三联圆筒形液货舱,将一个液货舱伸出主甲板上。

C 型独立液货舱是按照常规压力容器规则设计和建造的,并须进行精确的应力分析。由于设计应力确定得较低,因此无须设置次屏壁。它的设计蒸气压力大于 0.2 MPa。

第二节　薄膜型液货舱的型式及特点

薄膜(Membrane)型技术,首先由法国开发,分为薄膜 GT(Gaz-Transport)型和薄膜 TG(Technigaz)型两种。但随着 Gaz-Transport 公司和 Technigaz 公司于 1994 年合并为 Gaz-Transport&Technigaz(简称 GTT),液货舱统称为 GTT 薄膜型,分别用 Mark 和 No. 标示其区别。

Gaz-Transport 薄膜围护系统的原型于 1967 年安装在 3 000 m³ Hypolite Worms 号 LPG 船上,于 1969 年第一次安装在 71 500 m³ Polar Alaska 号 LNG 船上。

Technigaz 薄膜围护系统的原型于 1965 年安装在 63 000 m³ Pythagore 号 LPG/乙烯船上,于 1971 年第一次安装在 50 000 m³ Descartes 号 LNG 船上。

一、Gaz-Transport No.96 薄膜型液货舱

Gaz-Transport 货舱内壁为平板型,如图 4-4 所示。其使用 36%铁-镍合金,被称为殷瓦钢(INVAR)。这种材料具有极低的膨胀系数,允许使用平板薄膜结构,有利于焊接操作,并使得采用跟主屏壁一样的次屏壁成为可能。该薄膜围护系统包括两层绝缘层,第一层为主、次屏壁之间,第二层位于次屏壁和船体内壳之间。绝缘层由一系列填满珍珠岩粉的夹板箱组成。由于波浪的运动和货物压力,为了使得密封的薄膜跟随船体伸缩,薄膜和绝缘层的分界面允许两者可以互相独立运动。

Gaz-Transport No.96 薄膜型液货舱的主、次屏壁选用厚为 0.7 mm、宽 500 mm 的平板 IN-VAR 钢(36%镍钢),绝缘材料为珍珠岩和夹板,绝热箱每平方米重量为 138 kg,绝缘箱为 530 mm 厚时的蒸发率为 0.15%。其特点是:不可预先加工许多部件,但易制造,制造时间较长;由于保温层较厚,相应货物装载量稍微小些;保温材料采用可渗透气体的珍珠岩,以添加更多的惰气,减少保温材料费用;并且被封闭在保温盒子内用螺栓固定,施工后可改动,质量控制相对来说不是很严格。

二、Technigaz Mark Ⅲ型薄膜型液货舱

Technigaz 货舱内壁为波纹型。Technigaz Mark Ⅲ型薄膜型液货舱采用含碳量非常低的 1.2 mm 厚波形不锈钢作为主屏壁。次屏壁采用三层的合金金属(两层玻璃纤维之间夹一层

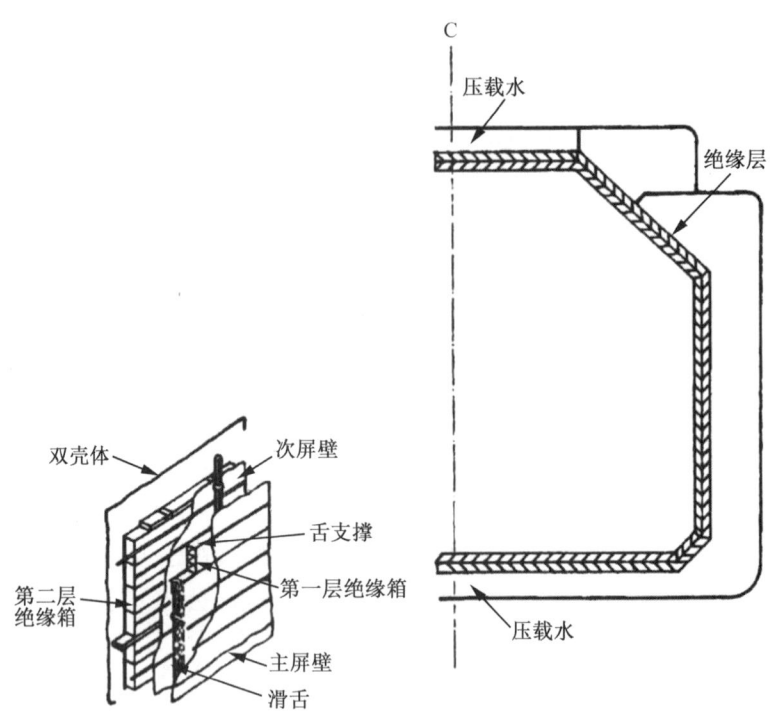

图 4-4　Gaz-Transport 薄膜型液货舱

铝薄片),绝热材料采用聚氨酯。绝热箱面积密度为 73 kg/m²,绝热箱为 270 mm 厚时的蒸发率为 0.15%。其特点是:可加工许多预制件,缩短造船时间。由于保温层较薄,相应货物载装量要略微大些,但保温材料较贵。保温材料采用黏结方式,施工后不能改动,对质量控制要求严格,如图 4-5 所示。

三、GTT CS1 薄膜型液货舱

GTT CS1 薄膜型液货舱是 Technigaz Mark Ⅲ 型薄膜型液货舱和 Gaz-Transport No. 96 薄膜型液货舱的结合产物。GTT CS1 薄膜型液货舱的绝缘层和次屏壁与 Technigaz Mark Ⅲ 型薄膜型液货舱相似,而其主屏壁与 Gaz-Transport No. 96 薄膜型液货舱相似。这是一种新的薄膜型液货舱系统,目前仅应用在分别于 2006 年和 2007 年交付使用的 153 500 m³ 电力推进的 Provalys 号和 Gaselys 号 LNG 船上。根据 GTT 公司报道,CS1 薄膜型液货舱可比 Mark Ⅲ 型或 No. 96 薄膜型液货舱节省 15%的费用。

四、薄膜型液货舱的内部结构

薄膜型 LNG 船被设计成双船壳结构,内侧船体和外侧船体之间的空间用作压载水舱。这样设计的另一目的是在发生紧急情况,如碰撞、搁浅时保护货舱。LNG 货舱由其他舱室分开,用于分隔液货舱的舱室称为干隔舱或隔热间舱的密闭舱室。所有货舱的横截面均是一个八角形,这样设计是用来更好地匹配船体内壁且得到船体对货舱的支撑,加强货舱的牢固性。在两

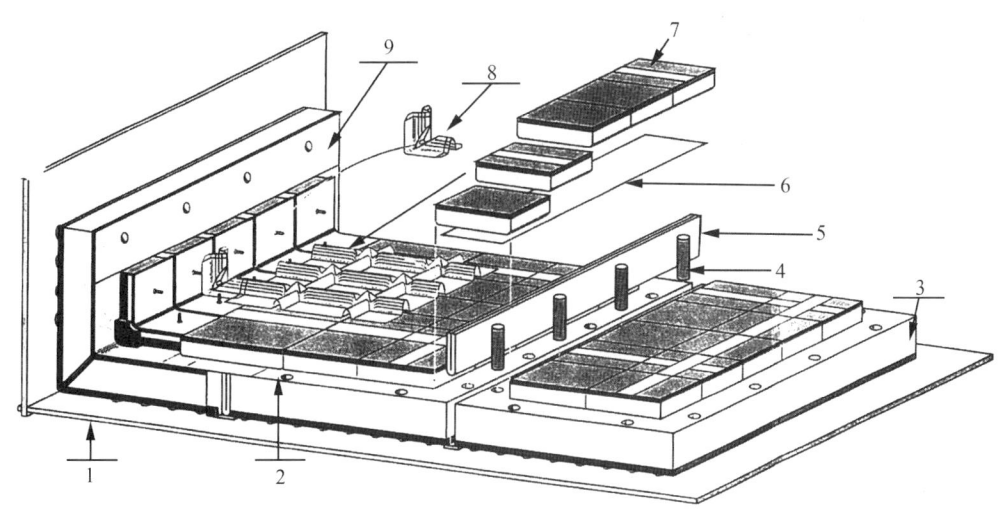

图 4-5　Technigaz 薄膜型液货舱

1—双层船体;2—二次屏壁;3—平面嵌板;4—插头;5—平面接头;6—二次屏壁接板;7—上部桥型镶块;8——次屏壁;9—角隅嵌板

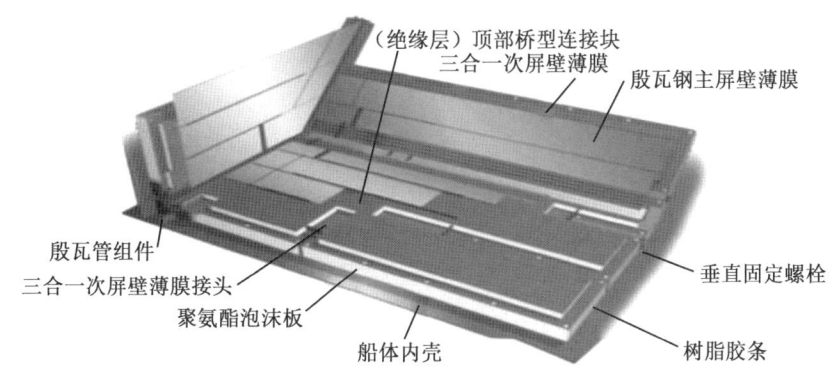

图 4-6　GTT CS1 薄膜型液货舱

个横向舱壁之间,每个舱被设计成一个平行于龙骨的菱形。在船体结构中使用的材料是为了承受不同温度的低温并要求减少从船体结构传热,尽量减少货物的汽化,以及保护船体结构不受低温的影响而设计的。液货舱设计成双薄膜结构,内层与货物直接接触极薄而具有韧性的主膜,称为主屏壁,在其外面一层充满珍珠岩填充层的胶合板箱称为第一绝缘层或主绝缘层,在主绝缘层外有一层和主膜相同性质的次膜,称为次屏壁,在次屏壁外面包裹一层和主绝缘层相同性质的充满珍珠岩的木质夹箱被称作第二绝缘层或次绝缘层。双薄膜和双绝缘层的设计为货舱系统提供了双层的保护屏障,以防止货物泄漏。

　　由于液货舱的双薄膜双绝缘层的设计,所以即使一旦发生货物泄漏,货物泄漏到主绝缘层内而船体仍然有第二层薄膜和绝缘层的保护。这使系统能够有效防止货物液体泄漏,此外,还可以减少热量在货物和船体的内部交换。夹在两个绝缘层之间的次屏壁不但起到了二次屏障的作用,还有效地降低了两个绝缘层之间的热传导。主绝缘层和次绝缘层之间空间的压力由充入的氮气来控制。No.96 型液货舱主绝缘层空间的压力绝对不能超过液货舱的压力,以防止主屏壁向内塌陷。一旦货物泄漏到主绝缘层后,为了避免进入次绝缘层,次绝缘层空间的压力应维持在比主绝缘层空间压力高 0.2 kPa 以上。

在航行过程中,货舱内货物自然蒸发的多少与下列因素有关:(1)侵入货舱的热量;(2)LNG 的化学组成成分;(3)航行过程中船舶的摇晃程度;(4)货舱内的压力。

自然蒸发的货物蒸气被送入机舱作为燃料的数量多少关系到货舱的压力:(1)作为燃料的货物蒸气与自然蒸发的货物数量持平,货舱内压力不变;(2)作为燃料的货物蒸气多于自然蒸发的货物的数量,货舱内压力降低;(3)作为燃料的货物蒸气少于自然蒸发的货物的数量,货舱内压力升高。

计算 4:在 177 000 m³ 的 LNG 船上,根据 IGC 规则假定的外界环境条件:
①环境温度:45.0 ℃
②海水温度:32.0 ℃
③后干隔舱温度:26.6 ℃
④前干隔舱温度:29.2 ℃
⑤中间干隔舱温度:2.7 ℃
从船舶出厂数据,查得:
①次绝缘层厚度:0.170 m
②主绝缘层厚度:0.100 m
③绝缘层总厚度:0.270 m
甲烷及相关操作数据:
①货物温度:-161.5 ℃
②比重:425 kg/m³
③汽化潜热:511 kJ/kg
④货舱载货率:98.0%
计算标准环境条件下的货舱的自然蒸发率为多少?

解:根据 $Q = U \times Area \times (T_2 - T_1)$ 计算出侵入货舱的热量。

U:热量传导率——0.090 W/m²K,船厂计算得出,计算方法参考计算 11,计算时可以将液货舱多层屏壁简化为一层实体。液货舱围护层尺寸及材料特性如表 4-1 所示。

$Area$:传热面积——m²,由船厂计算所得 29 059 m²。

$T_2 - T_1$:从外界环境温度变化到货舱内液货温度。

带入数据,可得 $Q = 0.090 \times 29\,059 \times (-161.5 - 45) = 540\,061$ W

每天侵入热量
= $Q \times 3\,600 \times 24$
= $540\,061 \times 3\,600 \times 24$
= 46 661 270 400 J/Day
= 46 661 270.4 kJ/Day

货舱内货物自然蒸发质量
= 每天侵入热量/液化天然气的汽化潜热
= 46 661 270/511

= 91 313.6 kg/Day

货舱内货物自然蒸发体积
= 货舱内货物自然蒸发质量/货物密度
= 91 313.6/425
= 214.9 m^3/Day

货舱内自然蒸发率
= 货舱内货物自然蒸发体积/货舱内货物体积
= 214.9/177 395×0.98
= 0.124%/Day

表 4-1　天然气船液货舱围护层尺寸及材料特性

名称	厚度/mm	导热系数/W/(m·K)
殷钢膜 1	0.7	60.4
木箱 1	230	0.02~0.045
殷钢膜 2	0.7	60.4
木箱 2	300	0.02~0.045
树脂	10	0.302
船内壳板	15~22	60.4

第五章 货物操作设备及附属系统

第一节 货物管路、阀门和滤器

与其他液货船一样,LNG船货物管路纵横交错,管路上装有种类繁多的阀门和滤器。货物管路的作用是保证船舶安全完成货物装卸等运输生产任务,以及满足以货物挥发气为燃料的船舶动力装置正常运行时的燃料需要。

一、货物管路

货物管路系统由货舱管系、甲板管系、液货系统机房管系组成,见图5-1。

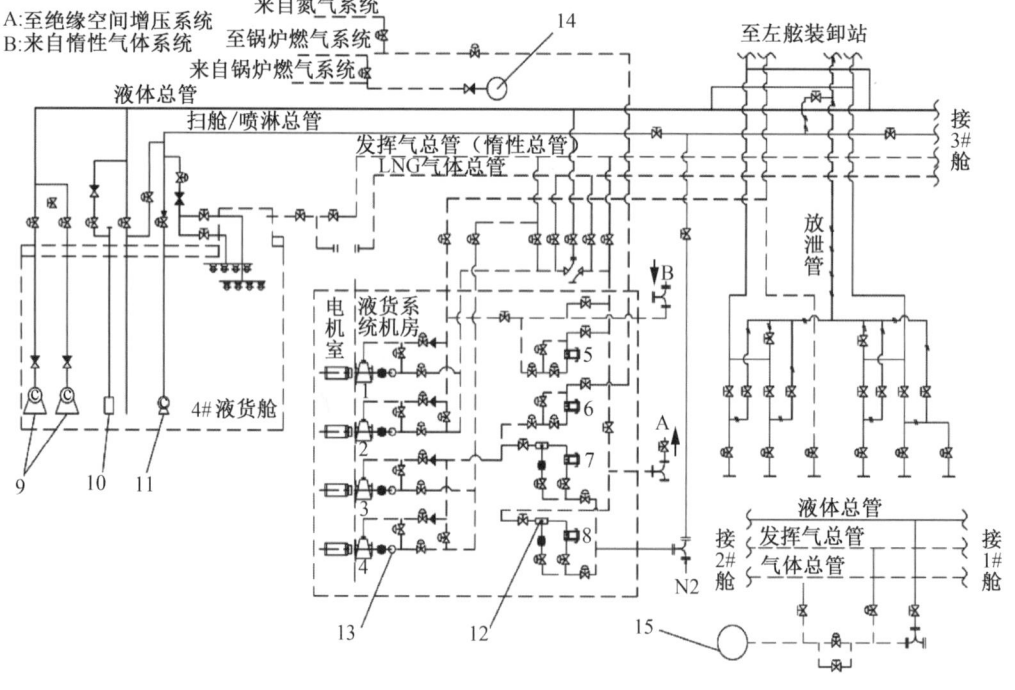

图5-1 液货系统图

1、2—高排量压缩机;3、4—低排量压缩机;5—升温加热器;6—燃气加热器;7—强制蒸发器;8—LNG蒸发器;9—液货泵;10—根阀;11—扫舱/喷淋泵;12—真空泵;13—流量计;14—4号透气枪;15—1号透气枪

1. 货舱管系

液化天然气装载的货物为-163 ℃的液态天然气,其压力为105~110 kPa(绝对压力),比大气压略高一点,因此LNG的装载、运输、卸载等过程都在超低温状态下进行,为了使薄膜型LNG船的液货舱保持良好的绝缘,在货舱的顶部均设有两个安装各种管路的穹顶,一个是液穹,一个是气穹。

(1)液穹

液穹位于液货舱的尾部,同泵塔组成一个整体紧靠于后舱壁。液穹处主要有两根液货泵排出管接口、一根带根阀的应急液货泵通道、一根扫舱泵排出管接口、一根注入管、液位测量系统的雷达机座及雷达导管、手动浮子式液位测量仪底座及浮子导管、取样管接口、人孔及电缆管等。

泵塔(见图5-2)是以两根液货泵排出管(DN400)和一根应急液货泵通道(DN600)为基本骨架,组成自下而上三角形的构架,三根管子之间用结构件连接起来,中间还设有平台以及上下的梯子,其他的管子都沿着它敷设,两台液货泵和一台扫舱泵安装在它的底部,形成一个整体。泵塔是人员进入液货舱内的唯一通道,也是所有经液穹进入液货舱的管子的唯一支撑。整个泵塔是在车间内预先制造完工后,再整体吊入舱内。泵塔的材料一般为不锈钢SUS304L。两根液货泵排出管的下部装有两台液货泵,用于将液货舱内的液货排至岸上。应急卸货泵通道下部装有根阀,在应急情况下可以用应急卸货泵抽吸舱内的液货。扫舱泵排出管用于扫舱和液货舱冷却时为喷淋管提供液化天然气。注入管既可用于岸上液态天然气的注入,也可用于液货舱升温时加温天然气的注入。雷达导管用于测量液舱内的液位、温度和压力等,而浮子式液位计是根据IMO所规定LNG船必须设置的第二套液位测量系统。它由测量仪、闸阀和导管组成。测量仪与闸阀之间设有短管,并开有安装取样阀的接口,以检查LNG是否泄漏。

(2)气穹

气穹一般位于液货舱中部靠前的位置,并高于液货舱顶板,因而所有管路均从气穹的侧面进入液货舱。通过气穹进入舱内的管路有两根喷淋管、一根LNG蒸发气管路、两根液货舱的安全阀管路、一根安全阀的释放管路、两根取样管接口和判断安全阀是否启动的压力导入管。由于喷淋管等进入舱内无所依靠,同时考虑到绝缘的要求,在气穹下部设有一根圆柱。图5-3为气穹典型图。

蒸发气管路用于液货舱干燥、惰化和蒸发气注入时将舱内的空气、惰气和混合气排至大气。由于液化天然气船装载的为-163 ℃的液态天然气,因而一旦发生泄漏或温度上升,它都会迅速膨胀,由液体变成体积600多倍的气体,故船上有一套十分复杂的安全阀和扫气系统。气穹上的安全阀是为防止液货舱的内部超压而设置的。另外,对于两端装有阀件的液货管路必须在管路中设置安全阀。安全阀的排量根据管路的大小和长短计算而确定。

2. 甲板管系

甲板管系由纵向管路和横向管路的组成。纵向管路主要由六路总管组成,它们是LNG液相总管、LNG气相总管、扫舱/喷淋总管、挥发蒸气总管(惰气总管)、回气接岸总管和动力设备用燃气总管。前四路总管均与所有的液货舱连通,后两路总管分别由液货系统机房接至装卸站和机舱。

横向总管主要由LNG液货总管引至左、右两舷,每侧再分成四路,即两舷共有八只装卸接

排出管

注入管

液货泵

根阀

图 5-2　泵塔

口,加上回气接岸管和液氮管路接口,每舷有六路接岸接口。除了液货管路外,还有柴油及燃油的注入管路。OCIMF(石油公司国际海事论坛)和 SIGTTO(国际气体运输船和码头经营人协会)对横向集管的布置有具体的建议。横向集管的布置与船舶容量有关,它们将船舶容量分为三个等级,等级 A 为 59 999 m^3 及以下,等级 B 为 60 000 ~ 149 999 m^3,等级 C 为 150 000 m^3 及以上。

(1)液货装卸站的位置

① 装卸站纵向中心位置

对于薄膜型 LNG 船,装卸站的纵向中心应尽可能接近于船舶总长的中点位置。歧管的纵向中心离开船长中点前后方向的距离均不得超过 5 m。对于球罐型船也应尽可能地靠近船体的中部。

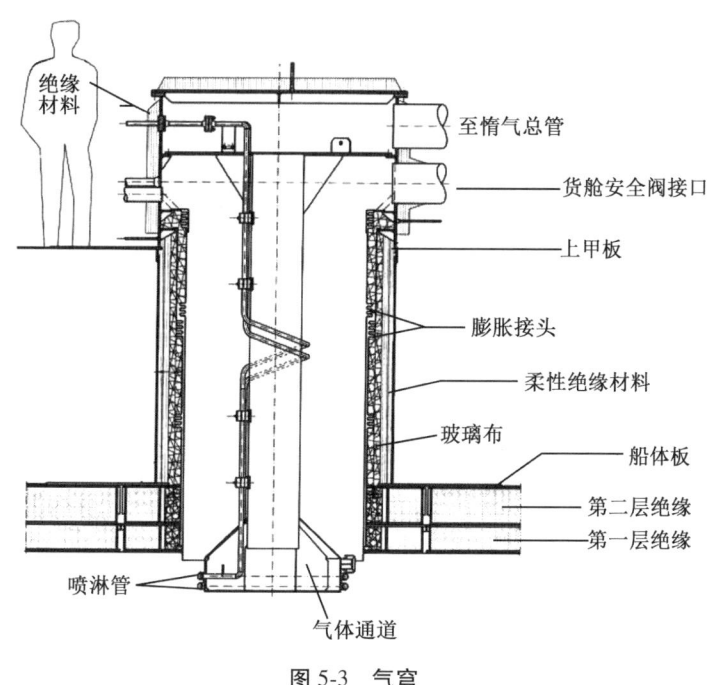

图 5-3 气穹

② 装卸站的布置

对于船舶容量等级为 B 和 C 的 LNG 船,装卸站管路的布置见图 5-4。从图中可以看到挥发气回收管路位于装卸站的中间位置,也就是船长的中点位置,液氮注入管位于它的后部,而四根液货管路分别在它们的前后,最边缘的是柴油和燃油注入管路。对于等级为 A 的 LNG 船,布置要求的不同之处仅是减少两路液货管。

船内法兰,即歧管连接法兰,离船舷的距离都不得小于 3 m,也不大于 4 m。如果在间隔管外侧必须安装管接头或异径接头,则其外侧的法兰离船舷的距离也不得小于 3 m。在切实可行的情况下,除液氮管外,所有的法兰面应在一条直线上。间隔管、管接头和异径接头等的长度视其的直径而定,但应为拆装支架及串联滤器等留有足够的空间。歧管法兰的底边与甲板或者作业平台上缘之间的距离应当为 900 mm,必要时可以增大,但在任何情况下都不得超过 1 200 mm。

歧管的法兰应垂直于甲板,法兰为带颈对焊凸法兰,符合 ASME(美国机械工程师学会)/ANSI(美国国家标准学会) B16.5-CLASS(级)150 的要求。装卸站液货管法兰中心间距 H 及法兰的尺寸要求见表 5-1。表中 H 的尺寸为推荐的最小距离,可以增大,但增大量不得超过 0.5 m。

表 5-1 装卸站液货管法兰中心间距及主要法兰尺寸

船舶容量	H	液体管路法兰尺寸	挥发气管路法兰尺寸
等级(A)	2.5 m	12″	12″
等级(B)	3.0 m	16″	16″
等级(C)	3.5 m	20″	20″

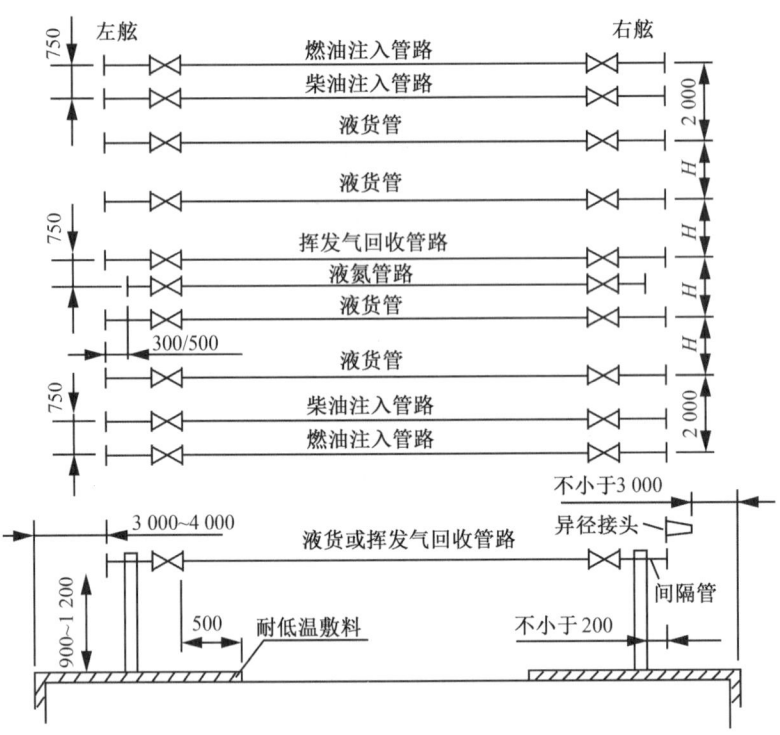

图 5-4　装卸站管路布置图

（2）对装卸站歧管阀及阀执行机构的要求

建议所有的阀都装有与应急切断系统连接的执行机构。歧管阀的关闭时间应符合 SIGT-TO 的有关规定。为了保护阀和这些装置之间的管路，在每只歧管阀的外侧应安装一只其出口与液货舱连接的卸压阀。焊接式的阀优于法兰阀。

3. 液货系统机房管系

液货系统在甲板上靠近上层建筑的地方设有液货系统机房，内部装有为该系统服务的压缩机和加热器等。其主要包括挥发气回收（高排量）压缩机、燃气（低排量）压缩机、升温加热器、燃气加热器、强制蒸发器、LNG 蒸发器等。

GB 7231—2003《工业管道的基本识别色、识别符》中关于识别符号和安全标示的有关规定，规定管道标志的设置应符合下列要求：

（1）管道及其分支设备进出口和跨越装置边界处应刷字样和箭头。

（2）字样标示应采用下列方法之一：

①介质的中文名称；

②介质的英文名称、缩写或代号；

③管号。

（3）当介质为双向流动时，应采用双向箭头标示。

LNG 船甲板上管线众多，为了更好地识别货物管线确保操作安全，不同的管线标示不同的颜色，如表 5-2 所示。货物操作准备管线开关阀时要注意区分，避免误操作。

表 5-2　LNG 船管线标识

色标	管线	颜色	备注
	货物液相管路	深蓝	
	货物气相管路	橘黄	包括去机舱/货物燃烧装置的管路
	货物扫舱/喷淋管路	天蓝	
	冷凝水返回管路	湖蓝	前冷却器和后冷却器
	惰气管路	橘红	短管
	氮气管路	中绿	氮气阀 去绝缘层氮气低温阀
	淡水冷却管路	钴蓝	压缩机马达 & 油冷却器
	乙二醇水溶液管路	淡紫	干隔舱
	货舱安全阀透气管路	淡绿	货舱安全阀管路透气
	安全阀返回管路	草绿	货舱安全阀管路透气
	压载水管路	黄绿	
	蒸气管路	浅灰	货物压缩机间/马达间
	取样管路	钛白	液穹、气穹
	气体管路-应急管路	锌白	单舱操作,短管

　　为适应管路的热胀冷缩和船体变形,在货物管路中设有膨胀接头,或利用管路安装的自然弯曲形状来消除管路膨胀和收缩的影响。

　　在充满液体时会被隔断的液相管路设有压力释放阀,保护管路免受因液体膨胀造成压力过大而破坏。当管路压力超过调定压力值时,压力释放阀开启,液货回流到货舱内。在气相管路上装设的压力释放阀直接通至透气桅。

　　为了保证货物管路各管子之间的法兰接头有密封性,法兰之间装有垫片,垫片将各管子互相绝缘。为防止货物在管线中流动产生的静电荷在法兰两边积聚增加,产生静电爆炸的危险,用导线(或金属片)将管子接头的两端法兰连接起来,使整个货物管系形成一个完整的导电体。

二、阀门

1. 阀门的要求

（1）阀门的质量要轻

阀门质量轻，通过阀门传递给液化天然气的热量就会少一些，管路预冷的时候，阀门从环境温度下降到工作温度的时间就会短一些。

（2）热传导要小

阀门在打开的时候，对液货流动的阻力要小，过大的压力降会使一部分液货挥发成气体，会有"液货携气"的危险。

（3）应用长阀杆，引出膨胀阀帽，减少液货低温对阀杆填料的影响。

（4）不锈钢材料具有良好的低温韧性，虽然价格高，但仍旧得到广泛使用。

（5）阀关闭的时候，确保阀与阀座密封良好，切断低温液货。

2. 阀门的材料

（1）铝合金；

（2）铬钼，2.5%~3.5%镍合金；

（3）奥氏体不锈钢。

3. 阀门种类

LNG船上的阀门（见表5-3）一般有蝶阀、闸阀、截止阀、球阀和旋塞阀等基本类型，用来接通或切断管路介质，开关阀可以用手动或其他动力方式。

（1）蝶阀

蝶阀是由阀体、阀盘、阀杆和手柄组成。它采用圆盘式阀盘，阀杆位于阀盘的中轴线上，阀杆转动90°即可完成启闭操作。同时在阀盘开启角度为20°~75°时，流量与开启角度呈线性关系，有节流的特性。与截止阀和闸阀等相比，在通径相同时，蝶阀的质量要小很多。

蝶阀广泛用于2.0 MPa以下的压力和温度不高于200 ℃的各种介质。阀杆只做旋转运动，阀盘和阀杆没有自锁能力。要在阀杆上附加有自锁能力的减速器，使阀杆能停在任意位置。

蝶阀的特点：

①结构简单，外形尺寸小，结构长度短，体积小，适用于大流量的阀门；

②全开时阀座通道有效流通面积较大，流体阻力较小；

③启闭方便迅速，调节性能好；

④启闭力矩较小，由于转轴两侧阀板受介质作用基本相同，而产生转矩的方向相反，因而启闭较省力；

⑤密封面材料一般采用橡胶、塑料，故低压密封性能好。

在LNG船上，液货舱的装货阀通常选用蝶阀。

（2）闸阀

闸阀是指启闭体（阀板）由阀杆带动阀座密封面做升降运动的阀门，可接通或截断流体的通道。当阀门部分开启时,在闸板背面产生涡流,易引起闸板的侵蚀和振动,也易损坏阀座密封面,修理困难。闸阀通常适用于不需要经常启闭,而且保持闸板全开或全闭的工况,不适用于作为调节或节流使用。

闸阀有以下优点:

①流体阻力小;

②开闭所需外力较小;

表 5-3　阀门种类

No.	中文名	英文名	图形	图例
1	闸阀	Gate valve		
2	球阀	Ball valve	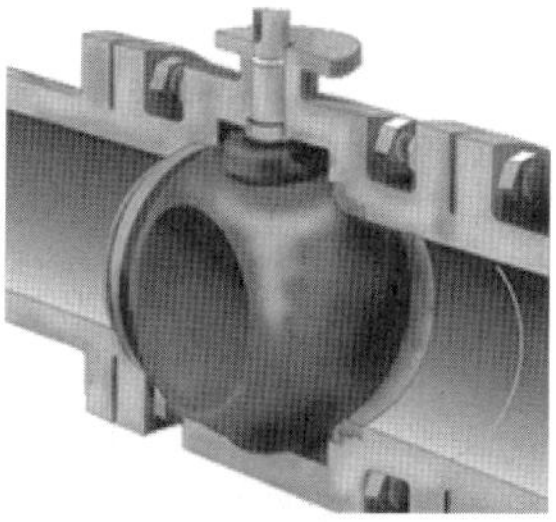	
3	截止阀 球形阀 球心阀	Globe valve		
4	蝶阀	Butterfly valve		

续表

No.	中文名	英文名	图形	图例
5	单向阀 截止阀	Non-return valve Check valve	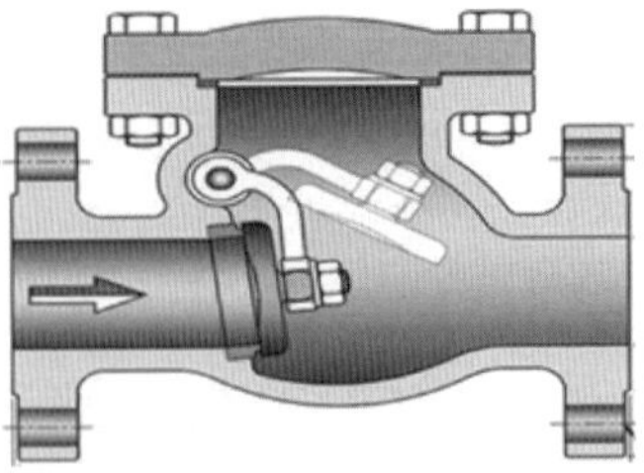	
6	针阀	Diaphragm valve	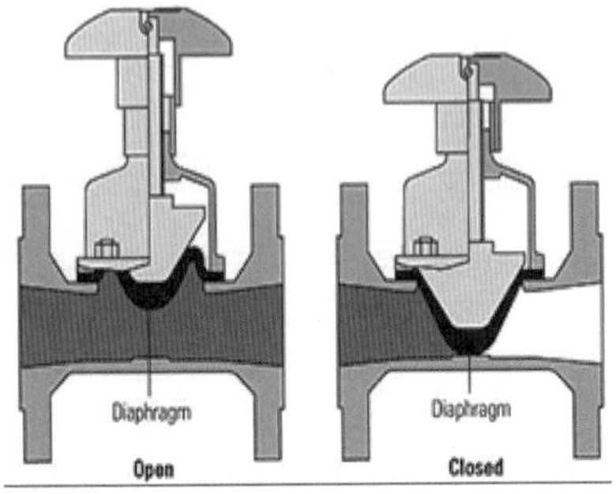 Diaphragm **Open** Diaphragm **Closed**	

③介质的流向不受限制;

④全开时,密封面受工作介质的冲蚀比截止阀小;

⑤体形比较简单,铸造工艺性较好。

闸阀也有不足之处:

①外形尺寸和开启高度都较大,安装所需空间较大;

②开闭过程中,密封面间有相对摩擦,容易引起擦伤现象;

③闸阀一般都有两个密封面,给加工、研磨和维修增加一些困难。

在 LNG 船上,卸货泵的排出阀通常选用闸阀。

(3)截止阀

截止阀和节流阀都是向下闭合式阀门,启闭件(阀瓣)由阀杆带动,沿阀座轴线做升降运动来启闭阀门。

截止阀与节流阀的结构基本相同,只是阀瓣的形状不同:截止阀的阀瓣为盘形,节流阀的阀瓣多为圆锥流线形,特别适用于节流,可以改变通道的截面积,用以调节介质的流量与压力。

截止阀主要用作压力补偿流量控制阀和节流阀。

(4)球阀

球阀同截止阀一样,在 LNG 船上广泛应用,球阀由旋塞阀演变而来。它具有相同的启闭动作,不同的是阀芯旋转体不是塞子而是球体。当球旋转 90°时,在进、出口处应全部呈现球面,从而截断流动。

球阀主要应用在货物管线和货物冷却装置上面。

（5）旋塞阀

旋塞阀是用带通孔的塞体作为启闭件的阀门。塞体随阀杆转动,以实现启闭动作。由于旋塞阀密封面之间运动带有擦拭作用,而在全开时可完全防止与流动介质的接触,故它通常也能用于带悬浮颗粒的介质。旋塞阀的另一个重要特性是它易于适应多通道结构,以致一个阀可以获得两个、三个,甚至四个不同的流道。这样可以简化管道系统的设计、减少阀门用量以及设备中需要的一些连接配件。

小型无填料的旋塞阀又称为旋塞阀"考克"。旋塞阀的塞体多为圆锥体(也有圆柱体),与阀体的圆锥孔面配合组成密封副。旋塞阀是使用最早的一种阀门,结构简单、开关迅速、流体阻力小。普通旋塞阀靠精加工的金属塞体与阀体间的直接接触来密封,所以密封性较差,启闭力大,容易磨损。

旋塞阀的通道有多种形式,常见的直通式主要用于截断流体,三通和四通式旋塞阀适用于流体换向。

4. 阀门编号

为了准确区分 LNG 船上货物区域不同位置、不同管路上的阀门,LNG 船上货物区域的阀门按照一定的规则进行编号,如表 5-4 所示。阀门编号通常采用三位阿拉伯数字,第一位阿拉伯数字 0~8 代表不同货物区域,第二位和第三位数字根据不同管线从 00~99 进行编号。

表 5-4　LNG 船阀门编号规则

位置	编号	范围	编号	范围
装卸平台歧管处	8_ _　　左舷	800~899	7_ _　　右舷	700~799
1 号舱货物区域	1_ _	100~199		
2 号舱货物区域	2_ _	200~299		
3 号舱货物区域	3_ _	300~399		
4 号舱货物区域	4_ _	400~499		
压缩机间	5_ _	500~599		
进入压缩机间总管	6_ _	600~699		
货物总管截止阀	0_ _	000~099		

三、滤器

1. 装卸货总管液相管路滤器

装卸货总管液相管路端装有一双向滤器,不同于以前许多滤器设计成仅让液货单向流通,如图 5-5 所示。它由两只锥形滤器组成,外面罩有不锈钢壳体。当装卸货速率为 3 600 m³/h 的时候,压力降为 0.07 bar 左右。装卸货期间,值班人员要注意检查滤器的前后压力,以确认滤器的工作情况。

装卸货总管接头通常都配有滤器。不允许将这些滤器旁通,并要经常进行检查和清洁。

滤器的作用是防止装卸机械设备和属具被异物损坏。

除了装卸货液相总管的滤器外，货物管路在很多位置上布置有滤器。滤器有许多种类型，例如粗金属丝滤网、毛毡、烧结金属、陶瓷等。而滤器的正常工作依赖于良好的维护。应正确操作滤器，以防设备及仪器受污损，滤器的逐渐堵塞会影响它的性能及工作状态，并可能损坏设备。

图 5-5　装卸货总管液相管路滤器

2. 其他系统和管路中的滤器

（1）压缩机的润滑系统；

（2）货物装/卸接口处；

（3）液压和气动系统；

（4）压缩机、热交换器的冷却水系统；

（5）气体探测仪及取样管路。

滤器的管理要点如下：

（1）滤器两端设有压差表，同时还有警报或开关，这些设备应进行合适的维护保养，并在操作期间予以监视；

（2）会发生腐蚀，滤芯应常加以检查，必要时更新；

（3）在滤芯拆除的情况下，系统应禁止工作。

四、膨胀装置

由于温度的变化会引起金属等材料的收缩和膨胀，天然气船的货物系统等要经受温度的变化，所以必须设有调节膨胀和收缩的装置，如图 5-6 所示。这些装置主要是膨胀波纹管、膨胀环形管和补偿管等。有些较长的管路做成 U 状或其他弯曲状，也可以为管系的膨胀和收缩提供补偿变形量。

图 5-6　膨胀接头

管路上使用膨胀波纹管时,对它的固定支架、托架、导架及约束件等要小心安装和维护,防止膨胀管中线偏移或受到不必要的变形力而影响它的性能。更换波纹管前为安装方便而预先压缩或拉长。装妥后应拆除所有的牵条或约束物,使膨胀波纹管处于自由伸缩状态。同时应将波纹管内的水排空,防止冻结,对波纹管应加强保护,防止机械损坏。

第二节　液货泵

液化天然气船上都配有液货泵供卸货使用。所有的液货泵均采用潜液泵,属于离心泵类型。潜液泵通常分为两种形式、固定式和移动式。固定式潜液泵用于正常装卸货物,移动式潜液泵作为应急货泵在紧急情况下使用。固定式潜液泵的泵和电动机垂直紧密组装成一体并安装在液货舱底部。电源由铜或不锈钢铠装的电缆供给,这些电缆穿过液货舱气室的气密装置连接在接线盒内。

由于液货舱在营运期间不可能修理货泵,则必须要有其他的卸货替代措施。对于 LNG 船的常压全冷货舱来说,由于无法承压,不能采用压力式货舱货物压缩机加压卸货的方式,所以必须在每个液货舱内设置两台液货泵。同时在其靠后的位置布置一台喷淋泵。喷淋泵与液货泵类型相同,只是排量大小存在差异。喷淋泵主要有以下作用:

(1)在卸货之前,对相关管系进行降温;

(2)压载航行到达装货码头之前通过排出 LNG 到液货舱内的喷淋喷嘴来冷却液货舱;

(3)为强制蒸发器提供最大设计容量的液态货物产生气态货物;

(4)液货舱扫舱。

泵及电动机的运动部件是由卸出的液货冷却和润滑的,所以严格禁止货泵空转。潜液泵设有低液位自动报警停泵装置。

潜液泵的操作和工况调节与其他离心泵相似,但由于电缆和电动机均浸于液货中,在液货泵启动前,必须先测量电动机和电缆的绝缘电阻,只有当绝缘电阻符合使用说明书的要求时才可以启动,否则可能损坏电动机。

固定式潜液泵都是依靠从卸出总管处回流部分液货来冷却和润滑的。在启动泵之前一定要先打开回流管上的有关阀门,如果回流阀开度小,有些泵设有自动报警停泵装置。

现代典型的潜液式液货泵具有下列特点:

(1)潜液泵电动机、泵的元件及转动部件都固定在同一根轴上,省去了联轴器和密封等部件;

(2)单级或多级叶轮都具有推力平衡机构;

(3)采用所输送的介质润滑轴承;

(4)采用螺旋诱导叶轮。

一、总体结构

固定式潜液泵如图5-7所示,泵和电动机垂直紧密组装成一体并安装在液货舱内底部。电源由铜或不锈钢铠装的电缆供给,这些电缆穿过液货舱气室的气密装置接在接线盒内。安

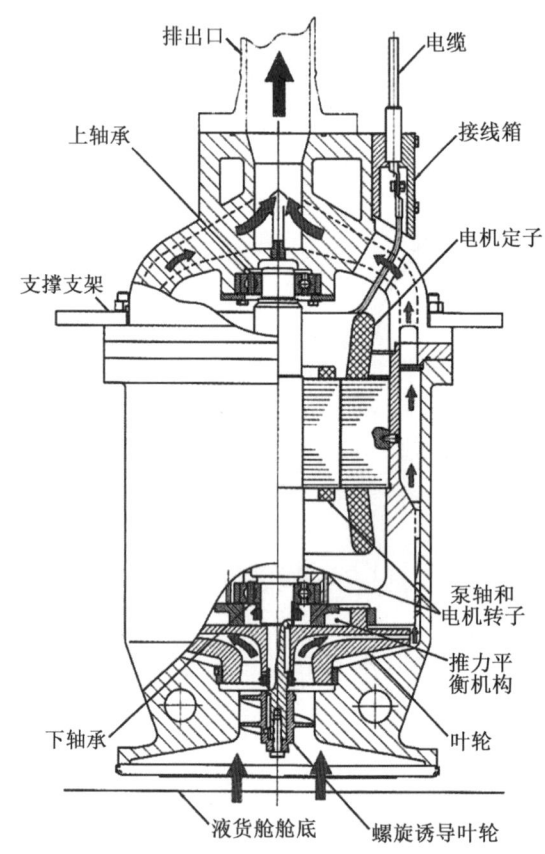

图 5-7　固定式潜液泵结构

装泵的容器和泵的元件是用铝合金材料制造的,使泵的重量轻且经久耐用。推力平衡机构可以确保作用在轴承的推力载荷小到忽略不计,延长轴承的使用寿命,使泵在额定的工作范围内有非常高的可靠性。润滑轴承和冷却电动机的流体是各自独立的系统,由叶轮旋转产生的静压推动流体经过润滑回路和冷却回路,最后返回到需要泵送的液货中,排出液货舱。泵的叶轮

安装在电动机主轴上。制造主轴用的材料,一般采用在低温下性能稳定的不锈钢。主轴用抗摩擦的轴承支撑。轴承的润滑介质就是被输送的 LNG 流体。尽管 LNG 是非常干净的流体,但为了防止一些大的颗粒进入轴承,引起轴承过度磨损,因此对进入轴承的流体需要经过过滤。

进入底部轴承的流体,需要经过一个旋转式的过滤器,而经过上部轴承的流体,则用简单的自清洁型网丝过滤器。用于 LNG 的潜液泵的电动机定子由硅钢片与线圈绕组组成。绕组分别用真空或压力的方法注入环氧树脂。

二、诱导叶轮

因为液货舱液位过低或泵吸口压力过低,所以在潜液泵上安装一个可靠性高的螺旋诱导叶轮作为第一压力级,如图 5-8 所示。这样就可以使得潜液泵能够在液货舱液位极低的情况下也能维持泵在一定的工作范围内稳定工作。诱导叶轮的叶片是斜的,在底部的叶片更宽、更厚、更坚固。

图 5-8　诱导叶轮

三、推力平衡机构

当叶轮回转时,处于叶轮与泵壳之间的液体也将随叶轮回转,因而产生离心力,使叶轮与泵壳间的液体压力沿径向按抛物线规律分布。由于叶轮两侧的压力不对称分布,单级式叶轮工作时必将受到一个指向叶轮进口端的轴向推力 F_a。液体在叶轮进口处从轴向流动变为径向流动时,尚会在叶轮上产生一个方向与 F_a 相反的轴向动反力。在泵正常工作时,动反力与轴向力相比数值很小,可以忽略不计。但在刚启动时,由于泵的正常压力还未建立,所以动反力作用较明显,可能引起叶轮窜动。轴向推力 F_a 的大小与泵的扬程、叶轮两侧的不对称面积和级数有关。这个不平衡的压力和轴向推力必须通过机械或液压的方式来抵消。为了使这个轴向推力达到平衡,减少轴向推力载荷,潜液泵中设计了一种自动推力平衡机构,如图 5-9 所示,通过一个可变的轴向节流装置来完成,使轴向推力为零。

潜液泵的电动机和轴承是分别被预设的部分泵送液体来冷却和润滑的。这小部分泵送液体通过高压叶轮磨损环的背面,这部分液体通过推力平衡机构来控制轴向载荷,以减少轴承的摩擦。

推力平衡机构的工作原理很简单,上磨损环的直径比下磨损环的直径要大,这样产生一个向上方向的合力。由于这个向上方向的力,泵轴和所有转动部件都往上移动。这样将减少叶轮与固定推力板的间隙(即平衡间隙),因此限制磨损环泄漏液体,从而导致磨损环内平衡室的压力上升。由于平衡室内的压力增加,推力方向改变,现在推力为向下方向,这将导致转动部件往下移动。因此增大平衡间隙,允许平衡室内的压力降低。然后平衡间隙自动调节使得平衡室内产生的压力足以抵消向上的推力。最后将在叶轮的上下表面产生一个平衡状态,以提供一个轴承上推力载荷为零的稳定系统。这将大大提高轴承的可靠性和增加使用寿命,从而减少了设备的维修次数。推力平衡机构是用在潜液式离心泵上消除轴承上的推力载荷的低温动力学方法。

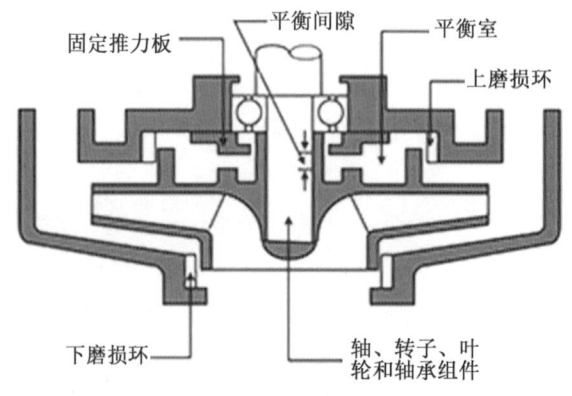

图 5-9　自动推力平衡机构

四、电缆和电气连接

潜液泵的动力电缆系统需要特殊设计和可靠的材料,电缆可以浸在低温的液化天然气中,在-200 ℃条件下仍保持弹性。电缆需要经过严格的测试和验收,并标明是液化天然气输送泵专用电缆,工作温度为-200~200 ℃。LNG 潜液泵的电缆如图 5-10 所示,电缆用聚氯乙烯材料绝缘,并用不锈钢丝编成的铠甲加以保护。电动机由所输送的低温流体直接进行冷却,冷却效果好,电动机效率高。

IGC 规则要求如下:潜液式液货泵电动机及其供电电缆安装在货物围护系统内,应设有能在低液位时自动停止电动机运转的装置。这可通过检测泵的低排放压力、电动机的低电流或低液位予以实现。电动机停止运转时,应在货物控制站进行报警。在除气作业期间,应能切断液货泵电动机的供电电源。

对于潜液泵,电气连接的密封装置是影响安全性的关键因素之一。电气接线端设计成可经受高压和电压的冲击。使用陶瓷气体密封端子和双头密封结构,可确保其可靠性。对于安装在容器内的潜液泵,所有的引线密封装置都是用焊接技术进行连接的。

陶瓷气体密封原是为原子能装置的密封结构所研制的。气体密封采用两段接线柱串联的方式。串联部分安装在一个充有氮气的封闭空间内。两边的密封都不允许气体通过接线柱。密封空间内氮气的压力低于泵内的压力,但高于环境大气压力。任何一边的漏泄都能轻易地进行探测。所有的电缆连接密封组件都要经过压力测试和氦质谱检漏。

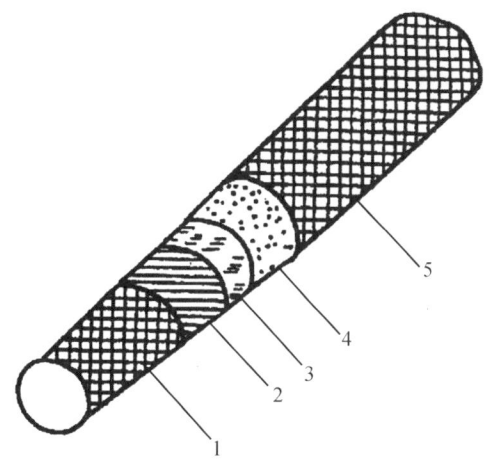

图 5-10　LNG 潜液泵的电缆

1—标准铜芯线；2—特氟龙绝缘层；3—特氟龙涂层及玻璃纤维鞘；

4—特氟龙带；5—不锈钢铠甲

可移式潜液泵一般用作应急卸货泵。这种泵与固定的潜液泵在工作原理上是一样的。但这种泵被装在一个套管内，套管既是货泵的依托，又是货泵的排液管。在套管内货泵的底部设有一个阀门，如货泵损坏或修理时，即使液货舱内还存有液货，也可将货泵稍微提起，这个阀门自动关闭，再对套管内进行惰化置换后，就可慢慢地将泵移出舱外。泵安装使用时，关闭腔室阀，用惰气冲洗置换腔室后，将泵装入套管内，然后慢慢装到液货舱内的适当位置。可移式潜液泵的操作方法和注意事项与固定式潜液泵相同。

五、液货泵的定速特性曲线

液货泵的定速特性曲线，如图 5-11 所示，用来确定其在作业过程中的工作状态。

1. 液货泵的 $Q-H$ 曲线

液货泵都采用后弯叶片，其 $Q-H$ 曲线总的趋势是下倾的，即随着流量的增大，其工作扬程降低。

2. 液货泵的 $Q-P$ 曲线

液货泵的 $Q-P$ 曲线是向上倾斜的，即泵的轴功率随流量的增大而增加。在泵的流量为零时（例如排出阀关闭时），其轴功率最小，一般仅为额定功率的 35% ~ 50%，这时泵的扬程（亦称封闭扬程）也不是很高，仅为额定扬程的 1.1 ~ 1.3 倍。

3. 液货泵的 $Q-\eta$ 曲线

从液货泵的 $Q-\eta$ 曲线可以看出，泵只有在额定工况附近工作时，才能具有较高的效率。这是因为叶轮和压出室等都是按额定工况设计的。因此，当泵在非额定工况下工作时，液体进出叶轮的撞击损失就会较大。一般规定泵工作时的效率不应与最高效率相差 5% ~ 8%。

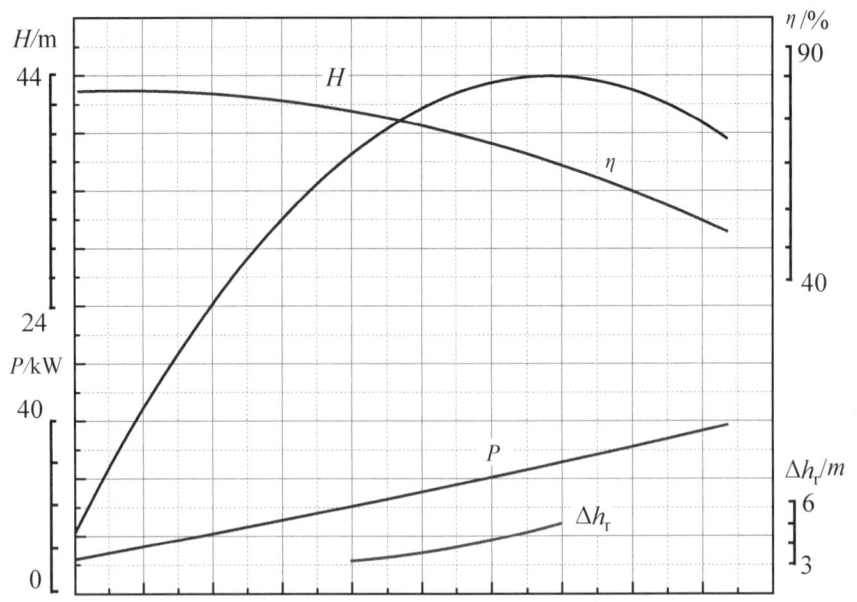

图 5-11　液货泵的定速特性曲线

六、液货泵的气蚀

1. 气蚀现象及其危害

在学习离心泵的管理时,我们知道任何泵在工作时其吸入真空度都必须小于该泵的允许吸上真空度,否则液体在吸入泵内后就可能汽化,出现"气穴现象"。离心泵吸入的液体在从泵吸入口流到叶片进口开始提高能量前,还会因流速增加(进叶轮后通流面积减少且流速分布不均匀)和流阻损失而导致压力进一步下降。如液体的压力降低到饱和蒸汽压力或更低时,则液体就会汽化而产生许多气泡,其中还有原来溶于液体现因压力降低而逸出的气体。这些小气泡随液体流到高压区,其中的蒸汽就会迅速凝结,而气体也会重新融入液体,从而造成局部真空,这时四周的液体质点会以极大的速度冲向真空中心,并且互相撞击,产生局部高达几十兆帕的压力,引起频率为 $600 \sim 25\,000$ Hz 的噪声和振动。这时泵的流量、扬程和效率都降低,严重时还会导致吸入中断。气穴破灭区的金属因受高频高压的液击而发生疲劳和破坏,叶轮外缘的叶片及盖板、蜗壳或导轮等处会产生麻点和蜂窝状的破坏。泵工作中这种因气泡的形成和破灭致使材料破坏的现象,即称为"气蚀"。

2. 气蚀余量

在离心泵气蚀现象的研究中常采用气蚀余量的概念。所谓气蚀余量,是指泵入口处液体所具有的总水头与液体汽化时的压力头,即饱和蒸汽压力之差,用 $NPSH$ 表示,如图 5-12 所示。

$$NPSH = P_0 + H - Y - V_t$$

式中,P_0——0-0 处液面饱和蒸汽压力;

H——0-0 与 1-1 液面高度差;

Y——液面 0-0 与 1-1 之间的摩擦损失；

V_t——泵入口处温度对应的饱和蒸汽压力。

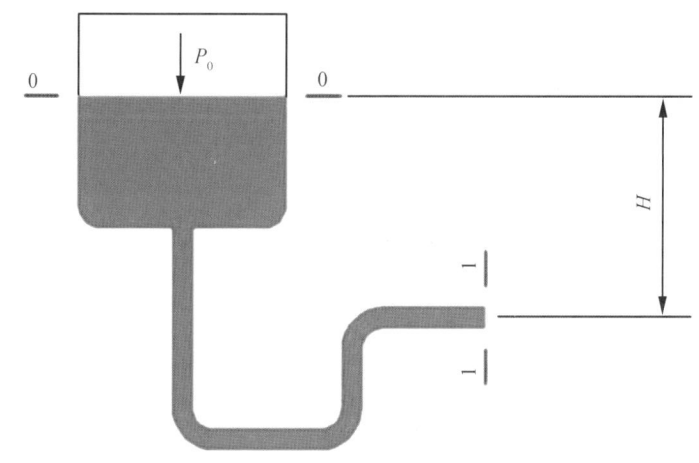

图 5-12　气蚀余量

气蚀余量又可以用有效气蚀余量(或称装置气蚀余量)$NPSH_a$ 和必需气蚀余量 $NPSH_r$ 来表示。

有效气蚀余量 $NPSH_a$ 是指泵工作时实际所具有的气蚀余量，它取决于泵的吸入条件和液体的饱和压力 P_v，而与泵无关。它表示液体在泵的进口处水头超过汽化压力头的富余能量。

泵的必需气蚀余量 $NPSH_r$ 是指泵为了避免气蚀所必需的气蚀余量。它取决于泵进口部分的几何形状以及泵的转速和流量，反映了液体进泵后压力进一步降低的程度，而与泵的吸入条件及所吸的液体的 ρ_v 值无关。$NPSH_r$ 越小，表明泵的气蚀性能越好。叶轮式泵的产品说明书按规定必须给出 $NPSH_r$ 值。

$NPSH_r$ 的数值用理论计算的方法很难准确求得，目前都用气蚀试验来确定。GB/T 10832—2008 规定泵使用时必须使 $NPSH_a$ 比 $NPSH_r$ 具有大于 10%(不小于 0.5 m)的余量。

3. 防止气蚀的措施

要防止气蚀，一方面要提高装置的有效气蚀余量 $NPSH_a$，即尽可能减小吸入管路的阻力(管理上要开足吸入管路上的阀门，及时清洗吸入滤器，防止流量超过额定值等)；减小吸上高度或增大流注高度；控制液体温度不要太高。另一方面要设法减小泵的必需气蚀余量 $NPSH_r$，即在设计时尽量改进叶轮入口处的几何形状，例如加大叶轮的入口直径和叶片的进口边的宽度，增大叶轮前盖板转弯处的曲率半径，采用扭曲叶片和双吸叶轮等；或者在泵的进口加设诱导轮。此外，采用强度和硬度高、韧性和化学稳定性好的抗气蚀材料来制造叶轮，以及提高流通部分表面的光洁度，也是提高泵抗蚀性能的有效措施。

工作中泵如果出现气蚀现象，可以采取的措施有：关小排出阀或降低转速，以降低流量等。

七、液货泵的工况调节

离心泵在实际工作中的扬程和流量是由泵的特性曲线和管路的特性曲线的交点——工况

点所决定的。工作中往往需要调节流量,也就是说需要改变泵的工况点,称为"工况调节"。

工况调节可借改变泵的特性或管路特性来实现。

增大或减小离心泵排出阀的开度,可以使流量增大或减小,称为节流调节,图5-13所示为节流阀调节时的工况点变化。由图可见,随着排出阀开度的减小,管路曲线变陡,例如从 I 变为 I',泵的工况点就从 M 点移至 A 点,流量也就相应从 q_M 减为 q_A。同时轴功率降低,必需气蚀余量变小。这时泵的工作扬程虽然由 H_M 提高 H_A,但是原管路所利用的扬程仅为 H_B,扬程 H_A-H_B 是关小排出阀后所增加的节流损失。而节流后工况点偏离设计工况点,泵本身的效率也会降低。

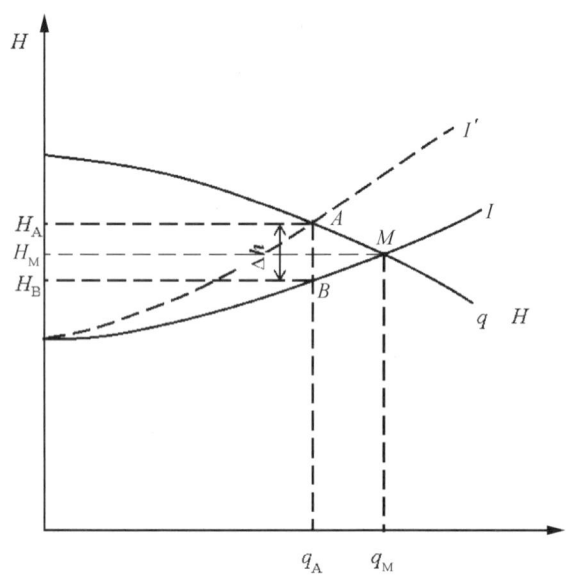

图5-13 液货泵节流阀调节时工况点的变化

每个液货舱配有两台液货泵,卸货时液货泵并联使用以增加流量。并联后由于管路流量增大,则每台泵比单独工作时扬程提高,流量减小,故两台液货泵并联后的流量显然达不到各泵单独工作时的流量之和。如图5-14所示,$(H-Q)_1$、$(H-Q)_2$ 分别为两台离心泵的扬程特性曲线,两台泵并联时排出压力必然相同,而吸入压力一般不会相差太大,故可认为泵的工作扬程相同;而总的流量则为两台泵在并联工作扬程下的各自流量之和。因此按"同样扬程下并联泵流量叠加"的原则,由每台泵的特性曲线求出泵并联后的扬程特性曲线 $(H-Q)_{1+2}$。管路特性线与它们的交点 M_1、M_2 及 M 则分别代表每台泵单独工作时以及两台泵并联工作时的工况点。可见,泵并联工作时的总流量 Q_M 比每台泵单独工作时的流量 Q_{M_1} 或 Q_{M_2} 大,但却小于两台泵单独工作时的流量之和,即 $Q_M < Q_{M_1}+Q_{M_2}$。这是因为并联时系统中流量增大,流阻增高,泵在比单独工作时更高的扬程下工作,因而每台泵的流量都比单独工作时的流量减小。

八、液货泵的管理要点

(1)为了保证液货泵的马达有足够的润滑和冷却,启动货泵前要检查液货舱是否有足够液位,启动后维持排出压力至少在 2 bar 以上;

(2)启动液货泵前,排出阀20%开,开度太小,液货泵不能启动,开度太大,液货泵超载;

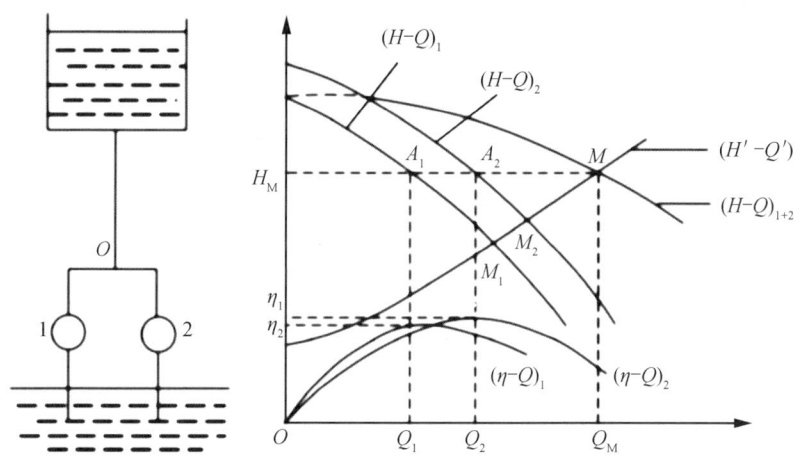

图 5-14　泵并联工作时的工况点

（3）液货泵运转期间，持续关注液货泵马达电流以及液货货泵排出压力，不允许过电流发生；

（4）尽可能调节液货泵工作在额定流量工况点附近；

（5）卸货接近舱底的时候，要注意液货泵的必需气蚀余量，时刻监控货舱液位，不允许液货泵空转，货舱液位降低到必需气蚀余量以上 1 m 时，低液位警报报警；

（6）液货泵重复启动的时候要有一定的时间间隔。避免马达绕组过热，一小时内重复启动不能超过 4 次。

第三节　货物加热器和蒸发器

液化天然气运输温度为 -162 ℃左右，在船舶运营过程中，需要对液化天然气或液化天然气挥发气体进行加热，为此压缩机间里布置了两台货物加热器和两台蒸发器。两台货物加热器为升温加热器和燃气加热器；两台蒸发器为强制蒸发器和液化天然气蒸发器。货物加热器和蒸发器均采用壳管式换热器，由壳体、管板、管束、挡板及箱体组成。管子材料采用 304L 或 316L 不锈钢。

一、货物加热器

货物加热器，如图 5-15 所示，主要作用如下：

（1）自然挥发的货物气体，输送到主动力装置燃烧之前，要把货物气体加热到合适的温度。通常，加热器出口温度维持在 20~25 ℃。

（2）货舱除气作业时，需要使用合适温度的天然气气体，使液货舱温度逐渐升高。为了避免损坏货物管路绝缘和安全阀，货物加热器出口温度限定在 80 ℃以下。

壳管式货物加热器，通入饱和蒸汽加热天然气货物，饱和蒸汽由机舱蒸汽加热系统提供。

图 5-15　货物加热器和货物蒸发器

加热器出口温度由温度控制阀和流量控制阀联合控制,温度控制阀又称作旁通阀,通过旁通一部分天然气与加热器出口加热后的天然气混合,就能得到理想温度下的天然气气体。

二、货物蒸发器

货物蒸发器是利用饱和水蒸气加热使液货蒸发变成气体的装置。

与货物加热器一样,货物蒸发器也采用壳管形式。LNG 船上的蒸发器主要有两种:液化天然气蒸发器和强制蒸发器。

液化天然气蒸发器有如下作用:

(1)液货舱驱气时,由岸上供应液化天然气,通过液化天然气蒸发器加热后,20 ℃左右的天然气气体通入到货舱内,置换舱内的惰气。

(2)卸货时,如果岸上不能供应天然气气体返回货舱,此时就需要启动液化天然气蒸发器,由船方自己制造-140 ℃左右的天然气气体,通入货舱,维持货舱必需的正压。

(3)当船方惰气系统不能正常工作时,惰化需要由岸方供应液氮。液氮要引入液化天然气蒸发器蒸发后,温度为 20 ℃左右的氮气通入舱内,驱除舱内的空气。

(4)强制蒸发器发生故障的时候可以用液化天然气蒸发器来代替,出口温度大约为-40 ℃。

液化天然气蒸发器工作原理如图 5-16 所示。

当船舶主动力装置燃烧模式为全部使用天然气气体时,如果液货舱内自然挥发的天然气气体不能满足全部的负荷需要,就需要引入一部分液化天然气到强制蒸发器,液化天然气受热后挥发成天然气气体,与液货舱内自然挥发的天然气气体一起送入机舱,满足主动力装置负荷需要。

强制蒸发器的流量由流量控制阀控制,弥补自然蒸发气体数量上的不足。强制蒸发器的出口温度由流量控制阀和温度控制阀联合控制,大约维持在-40 ℃。

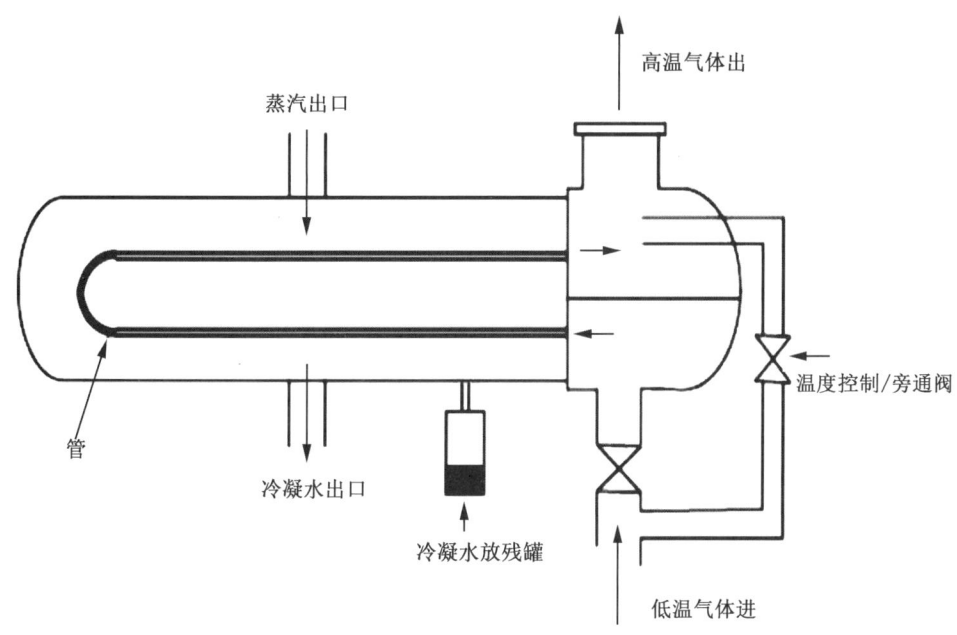

图 5-16　液化天然气蒸发器工作原理

液化天然气蒸发器和强制蒸发器的低压加热蒸汽由机舱供应,冷凝后返回到机舱放残观察柜,再泵入锅炉给水系统循环使用。为了避免热蒸汽返回冷凝水系统,蒸发器配有蒸汽冷凝水放残罐和浮球式蒸汽疏水阀(见图5-17)。在起机阶段,热静力排空装置可排出空气,否则空气积聚在疏水阀内会引起气锁;当冷凝水到达疏水阀,浮球升起,阀门打开,热的冷凝水使排气阀关闭,冷凝水以饱和温度排出;当所有的冷凝水被排出后,蒸汽进入疏水阀,此时浮球下降,阀门关闭。如果疏水装置发生异常,冷凝水无法正常回流到机舱,冷凝放残罐液位就会上升,进而冷凝放残罐液位高报警。如果不及时处理,高液位报警触发后,强制蒸发器停止工作。此时,流量控制阀和温度控制阀同时关闭,停止向蒸发器内供应液货。除了疏水阀等设备原因会引起强制蒸发器停止工作外,强制蒸发器的操作上也要小心谨慎,调整流量控制阀和温度控制阀的开度需缓慢,尤其是在强制蒸发器最初启动的时候。

计算5: 强制蒸发器容量 7 200 kg/h(质量流量),液态天然气进口 300 kPa ,−163 ℃,饱和蒸汽进口压力 8 barG,温度 174 ℃,蒸汽出口压力 8 barG,温度 169 ℃。饱和蒸汽消耗量为 3 077 kg/h。甲烷平均定压比热 $C_P = 2.087$ kJ/kg·K(300 kPa、−163 ℃)。

饱和蒸汽(8 barG/174 ℃)的蒸汽焓湿图(见附录三)得 2 774−742.8＝2 031.2 kJ/kg

饱和蒸汽经过强制蒸发器后释放热量

3 077 kg/h × 2 031.2 kJ/kg ＝ 6 250 002 kJ/h

液化天然气(300 kPa /−163 ℃)汽化潜热(见附录二)675−164＝ 511 kJ/kg

强制蒸发器进口需要的液态天然气 7 200 kg/h

汽化需要能量(从液态变为气态)

7 200 kg/h × 511 kJ/kg ＝ 3 679 200 kJ/h

状态从−161 ℃液体变化为−161 ℃ 气体

显热剩余热量(改变温度)

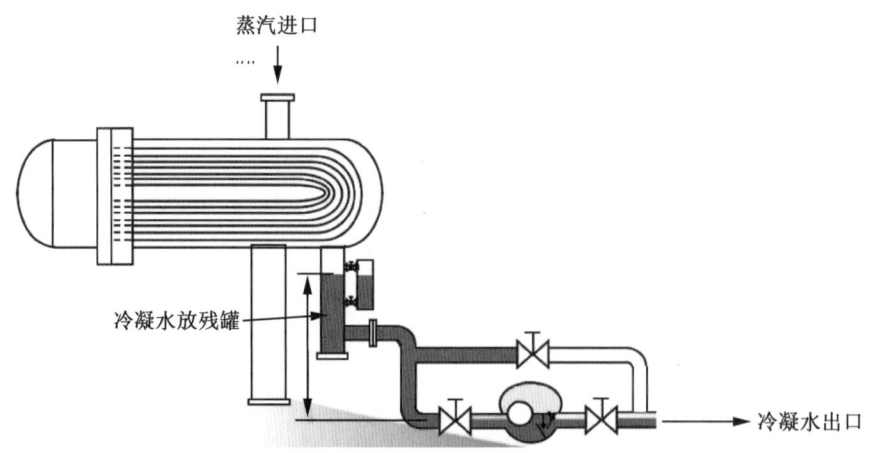

蒸汽进口

冷凝水放残罐

冷凝水出口

图 5-17　蒸发器冷凝回水装置

$$= 6\ 250\ 002 - 3\ 679\ 200$$

$$= 2\ 570\ 802\ kJ/h$$

$$Q = mC_p(\Delta T)$$

$$2\ 570\ 802 = 7\ 200 \times 2.087\ (\Delta T)$$

$$\Delta T = 2\ 570\ 802\ /\ (7\ 200 \times 2.087) = 2\ 570\ 802/15\ 026.4$$

$$= 171\ ℃（增加温度）$$

$$- 161\ ℃ + 171\ ℃ = 10\ ℃$$

从计算可知,如果没有温度/旁通控制,流经强制蒸发器的 7 200 kg 液态天然气在强制蒸发器出口温度为+10 ℃。但在实际工作中,强制蒸发器天然气出口温度为−40 ℃左右。

热量（蒸汽提供）= 质量 × {潜热 511 kJ/kg + [显热 C_p 2.087× ΔT 123 （−163 + 40）]}

6 250 002 kJ/h = 质量 × [511 + （2.087 × 123）]

6 250 002 kJ/h = 质量 ×（511 + 256.7）

6 250 002 kJ/h = 质量 ×767.7）

质量 = 6 249 387/767.7 = 8 141 kg

即强制蒸发器能将 8 141 kg 液态天然气蒸发成温度− 40 ℃的天然气气体。

欲制得温度为−40 ℃的货物蒸气,操作时就需要温度/旁通控制 8 141−7 200≈900 kg 来获得需要的出口温度。

第四节　货物压缩机

离心式压缩机转速高、排量大、体积小,一般应用于 LNG 船上,用来输送蒸发气体到机舱双燃料锅炉、双燃料发动机、货物设备室的 LNG 再液化装置或返回码头。离心式压缩机通常由电动机或蒸汽轮机经齿轮箱高速驱动,有单级和多级之分,压缩比由级数而定,单级离心式压缩机用于压缩比较小的场合。

LNG船采用不同的推进方式,采用的离心式压缩机的数量和用途及相关的货物处理设备也不尽相同。

CLNG采用蒸汽轮机推进的LNG船,货物处理系统由Cryostar公司提供,包括单级离心式压缩机(见图5-18)、气体加热器和蒸发器。AP LNG运输项目采用双燃料电力推进,配套中压的两级蒸发气压缩机,采用燃气轮机推进的LNG船需要4 MPa的高压四级蒸发气压缩机。采用燃气轮机作为推进方式,供气压力需要2~3 MPa。

根据船上蒸发气压缩机的不同用途,可分为动力装置燃气压缩机(低排量/Low Duty)和蒸发器返岸压缩机(高排量/High Duty)两种,以下简称L/D和H/D。L/D在装载航行时主要用于给主动力装置供应蒸发气作为燃料,同时能够维持货舱压力,转速为24 000 r/min,叶轮直径为250~300 mm,进口叶片角度80°~-30°。H/D压缩机主要用于装货和冷舱时将蒸发气返送回岸上;循环加热货舱、更换惰气和除气。转速11 200 r/min,叶轮直径500~600 mm,进口叶片角度80°~-30°。

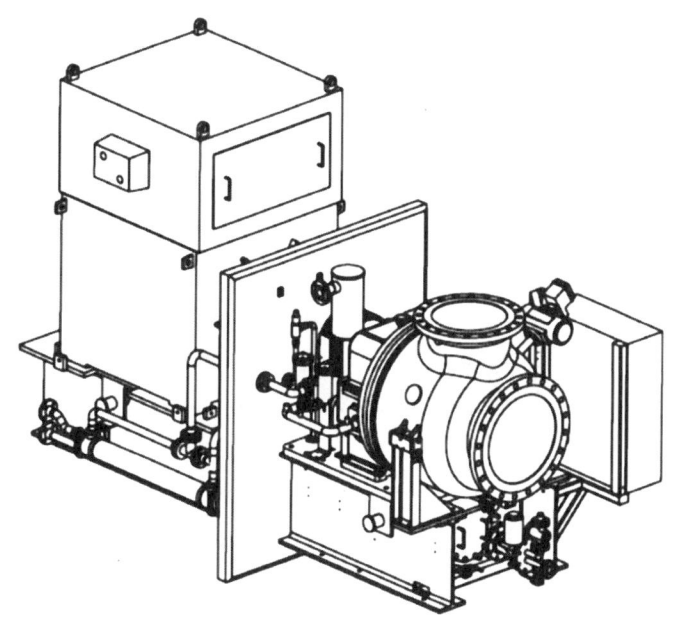

图5-18　单级离心式压缩机

一、蒸发气压缩机工作原理

压缩机和马达分别布置在甲板上不同的房间内,压缩机与马达之间有一钢制气密隔板,目的是防止LNG气体泄漏到马达房间一侧产生爆炸危险。LNG船蒸发气压缩机的工作原理是由电动马达驱动齿轮转动,从而带动压缩机叶轮高速旋转使前部形成一个低压区从而吸入LNG蒸发气气体,并沿着叶轮轴向方向流动从而获得较高的加速度。气体通过叶轮改变方向,随着叶轮一起回转,产生一定的离心力,能量加大,产生较高的排出速度。另外,压缩机在进口和出口处均安装有压力和温度传感器,以监视气体流动状态。其进口导向叶片(Inlet Guide Vane,IGV)可以在一定角度范围内转动,目的是满足调节负荷的需要。

二、蒸发气压缩机的结构

LNG 船蒸发气压缩机主要由以下几个部分组成,即齿轮箱、滑油冷却系统、容量控制系统、气体密封系统和防喘振系统等。

1. 齿轮箱

齿轮箱是一个独立的单元,齿轮箱外壳由上、下两个端盖组成。冷却滑油进口管被安装在上部端盖处,而用于冷却的滑油直接存储于齿轮箱的下部油箱内,通过滑油泵输送到上部油管再喷射到齿轮上进行润滑,润滑后滑油又流回到齿轮箱底部油箱。齿轮传动类型为两轴线平行的斜齿圆柱齿轮传动。

齿轮箱的相关部件配置如图 5-19 所示。工作时电动机低速轴带动大齿轮转动并通过啮合带动小齿轮高速转动,机带滑油泵安装在低速大齿轮一侧,由低速齿轮啮合驱动。相邻电动机一侧的推力轴承依靠底壳滑油进行润滑和密封,并安装有气体密封装置。轴封采用非接触式迷宫密封,且装有一个密封气体连接器,其间通入一定压力的氮气。压缩机转子装有振动和轴向位移探测器,用来监控压缩机高速运转时轴承的工作状态,报警装置安装在机旁的控制面板上,既可当地操作,也可以通过综合自动控制系统连接到货物控制室远程监控。

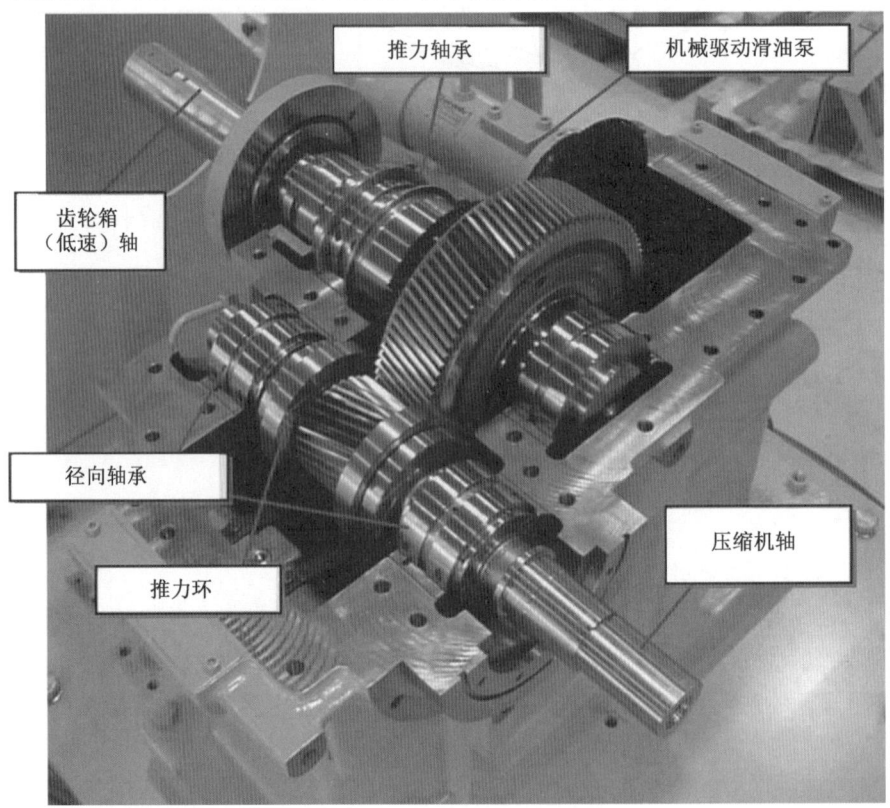

图 5-19　齿轮箱的相关部件配置

推力环采用过盈配合,并通过轴向开口环和定位环来固定。润滑每级齿轮的滑油通过喷嘴直接喷射在齿轮啮合区域。主齿轮机构采用过盈配合,由两端带有推力环的单级斜齿轮和齿轮轴组成。压缩机的叶轮通过直接连接到小齿轮轴。压缩机叶轮和齿轮轴向部件产生的轴向推力通过推力环来传递和补偿。

2. 滑油冷却系统

滑油冷却系统主要由压缩机下面的油箱、油箱内部整体浸没式蒸汽加热器、滑油冷却器、机带滑油泵和辅助电驱动滑油泵等组成。主要功用是提供对齿轮箱轴承、齿轮的润滑和冷却，同时提供对隔板的轴向密封。

（1）油箱

润滑油存储于润滑油箱内，润滑油箱内设有一个整体浸没式蒸汽加热器、吸口滤器和注油滤器。油箱的温度指示器和液位指示器要经常检查，保持正常油温和液位。油箱还配有温度、液位报警装置，工作异常时，压缩机当地和货物控制室都能收到警报。

（2）主滑油泵和辅助电驱动滑油泵

主滑油泵和辅助电驱动滑油泵都采用三螺杆泵。主油泵依靠所泵送的润滑油润滑泵的内部部件和滚柱轴承，延长泵的使用寿命。主油泵由齿轮轴啮合驱动，当压缩机运转的时候它随同运转。辅助滑油泵由电机驱动，在启动和停止压缩机时使用，以维持润滑油的循环，防止系统冰冻。

（3）蒸汽加热器和电加热器

加热器采用蒸汽加热和电加热两种方式，平时主要使用蒸汽加热，电加热作为备用。压缩机在工作时保持滑油温度在 38～47 ℃，压缩机停用时要保持滑油稳定在一定温度，大约 40 ℃，不同航行区域具有不同的环境温度，避免在压缩机停用时滑油形成浓缩。

（4）滑油冷却器

滑油冷却器使用淡水冷却，将滑油温度控制在一个正常的工作温度范围内，滑油冷却器设计成壳管式，要注意定期检查其工作情况。

在启动压缩机之前需要提前 30 min 启动辅助电驱动滑油泵，将润滑油送到各润滑部位。润滑油流经的路线如下：油箱—辅助电驱动滑油泵—滑油冷却器—滤器—滑油喷嘴—隔板密封—齿轮箱—油箱。压缩机启动后，主油泵由低速轴机械驱动，主油泵转速逐渐上升。当控制系统接收到主油泵达到全速的信号时，辅助电驱动油泵继续运转 30 s 后停止。如果主油泵出现故障，辅助电驱动滑油泵自动启动投入运行。在停用压缩机时，最好预先启动辅助电驱动滑油泵，随后保持运转一段时间，目的是防止油压下降损坏轴承和后冷却。

3. 容量控制系统

为了适应不同的工况和使用场合，需要对压缩机容量进行控制，压缩机的特性也会随之发生变化。容量控制主要有节流调节法和变速调节法。

Cryostar 公司生产的低排量压缩机和高排量压缩机通过检测压缩机进口和出口的压力以及流经压缩机的流量的监控方式综合控制导向叶片 IGV 的位置来满足需要的货气量。

为使压缩机获得需要的蒸发气流量，LNG 船蒸发气压缩机进口处安装有 IGV，其工作原理是通过改变导向叶片的角度来控制蒸发气进入压缩机的流量。IGV 进口叶片的角度通常由气动执行器控制，从 80°到－30°之间任意设定，80°（见图 5-20）时流量最小，－30°（见图 5-21）时流量最大。导向叶片在－30°到 0°时，叶片的背面使得蒸发气产生反向旋转流动，从而使蒸发气以更加平直的路径进入压缩机叶轮。在这种状态下，效率更高，获得的压缩机流量更大。这种设计的另一个目的是当压缩机流量发生变化时,通过改变导向叶片的角度而使压缩机的排出压力保持在一定范围内。IGV 角度无论与压缩机叶轮旋转方向相同或相反,通过调整均使得蒸发气以一定的角度进入压缩机叶轮。进入压缩机叶轮的蒸发气的方向改变,压缩机特性曲线随之改变。

图 5-20　叶片角度最大　　　　　　　　　　图 5-21　叶片角度最小

4. 气体密封系统

离心压缩机的主轴密封是非常重要的部件,不仅可用来防止齿轮箱滑油进入压缩机内部,还能防止低温的 LNG 蒸发气进入齿轮箱,保证系统的安全性。

轴封主要有三种形式:机械轴封、气体密封和浮动碳环密封。Cryostar 公司生产的低排量压缩机和高排量压缩机的气体密封系统采用氮气作为密封气体。密封氮气气体从齿轮轴轴承和压缩机叶轮之间注入,在这个区域形成气封,然后密封气体返回到齿轮箱滑油油柜,在油柜里气体和滑油分离,最终气体经油柜上方排气管排放到大气中。氮气由船上氮气发生器供应。

5. 防喘振系统

当离心式压缩机蒸发气排量减少时,可能会发生短暂的倒流而造成排出管的压力进一步降低,之后又恢复正常压缩。如果这种不稳定流动往复发生,就会导致压缩机振动,并发出异常响声,甚至造成压缩机损坏。这种现象称为压缩机喘振。

Cyrostar 公司生产的低排量和高排量压缩机都装有自动防喘振控制系统,如图 5-22 所示。防喘振控制系统是为了确保压缩机的流量不低于设计的最小流量。为此,该压缩机以气体流量和压缩机不同工作状态的压力信号之间的比例为预设标准,不符合标准时防喘振控制系统发出一个信号调整压缩机旁通阀的开度,部分天然气体开始循环,回流到压缩机进口维持压缩机进口和出口压力稳定。防喘振控制系统主要由流量传感器、压缩机压差传感器、比值对比器、防喘振控制器和蒸发气体旁通阀组成。可见,压缩机喘振的控制不仅仅是局限于压缩比和压力降测量参数的改变。尽管如此,当一个大的剧烈的扰动发生时,仅仅依靠闭路的 PI 控制器(喘振阀控制区域)并不能防止喘振的发生,需要一个开路控制(IGV 控制区域)和这个闭路控制联合控制。闭路控制器只是用来控制小的和慢的扰动造成的喘振。

压缩机在工作期间,工况点控制在喘振控制线右方稳定工作区。如果工况点越过喘振控制线,压缩机就会有发生喘振的危险,此时防喘振系统自动进行干预。如果调节不及时,工况

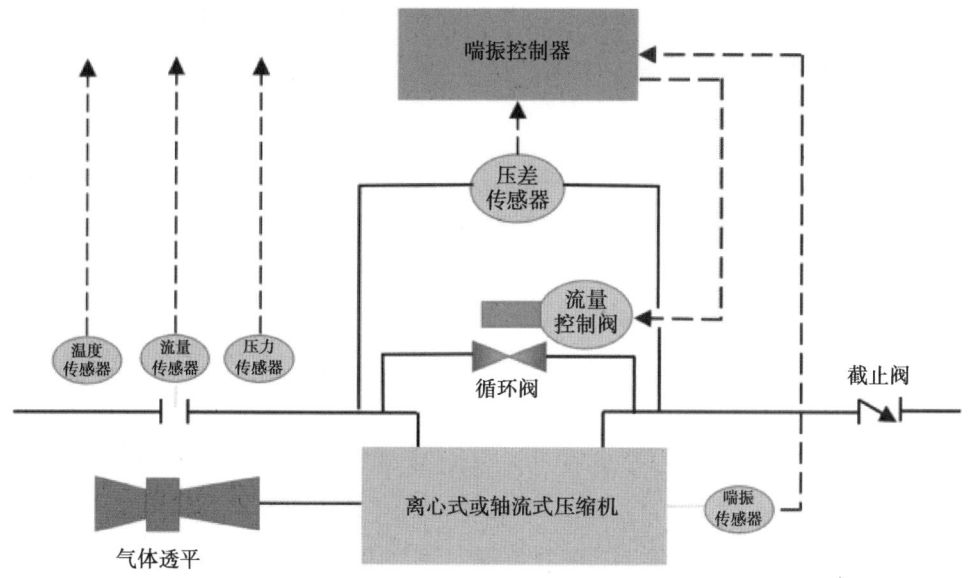

图 5-22　防喘振控制系统

点越过喘振线,喘振线为喘振状态的临界线,喘振线左侧为喘振区,压缩机就会发生喘振现象。压缩机喘振控制如图 5-23 所示。

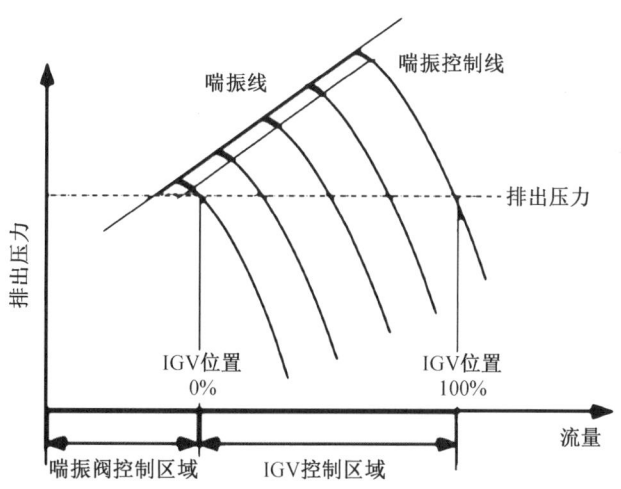

图 5-23　压缩机喘振控制

计算6: 在蒸汽轮机动力装置的天然气船上,作为动力装置燃料的天然气由低排量压缩机输送到机舱。当锅炉燃烧模式为全部燃气时,如果自然蒸发的货物蒸气不能满足负荷的要求,这时就需要启动强制蒸发器来补充。正常工作时,载货航次液货的自然蒸发率为 0.127%,货气温度为 $-140\ ℃$;压载航次液货的自然蒸发率为 8%,货气的平均温度为 $-100\ ℃$。

锅炉的最大蒸发量:67 000 kg/h,蒸汽的工作条件:6.03 MPa、515 ℃。

主透平使用的蒸汽条件:5.88 MPa、515 ℃。

100%MCR 运行时,锅炉燃烧燃气需要提供 108 554 kW 的能量。

$$1\ W = 1\ J/s$$

108 554 kW＝108 554 kW×3 600 s＝390 794 400 kJ

低排量压缩机的额定排量 8 500 m³/h 是否满足要求呢？

解:需要分情况讨论:

(1)100%自然蒸发气体

自然挥发货物蒸气中主要包含9.8%的氮气和90.2%的甲烷。发热值约等于47 200 kJ/kg。需要的自然挥发的货物蒸气的量＝390 794 400 kJ/47 200 kJ/kg＝8 280 kg。

由自动化监控系统查得低排量压缩机的吸入口压力 104 kPa,温度为−40 ℃。

低排量压缩机的吸入体积:

$PV = mrT$

$104×V = 8\ 280 ×(8.314(R)/18.22\ 摩尔质量)×(-40+273.15)$

$V = mrT/P = 8\ 280×0.456×233.15/104$

$V = 8\ 470\ m^3$ ①

(2)100%强制挥发气体

强制挥发气体中主要包含:0.34%的氮气,89.5%的甲烷,6.33%的乙烷,2.49%的丙烷,1.26%的丁烷,其他物质 0.08%。发热值约等于49 100 kJ/kg。

需要的强制蒸发的货物蒸气的量＝390 794 400 kJ/491 00 kJ/kg＝7 959 kg

低排量压缩机的吸入体积:

$PV = mrT$

$104×V = 7\ 959×0.456 ×233.15$

$V = mrT/P = 7\ 959×0.456×233.15/104$

$V = 8\ 136\ m^3$ ②

(3)自然蒸发气体+强制挥发气体

157 249 m³ 货舱容积的自然蒸发气体的量

挥发气＝157 249×0.127%（自然蒸发率）

　　　＝199.7 m³×425 kg/m³

　　　＝84.9 t/24 h

　　　＝3 538 kg/h

自然蒸发货物气体的体积＝3 538/1.53(−140 ℃时气体密度)＝2 312 m³/h

100%MCR 时锅炉需要的货气不足部分由强制挥发器补充

强制挥发气的量＝7 192−3 538＝3 654 kg

强制挥发所需的液货的量＝3 654/425(−163 ℃时液体的密度)＝8.60 m³

经过强制蒸发器后,液货蒸发为−40 ℃的货物气体

强制蒸发货物气体的体积＝3 654/0.877 kg/m³(−40 ℃气体的密度)＝4 166 m³/h

低排量压缩机的排量＝2 312+4 166＝6 478 m³/h ③

几种情况计算下来,低流量压缩机排量均小于额定排量。额定排量 8 500 m³/h 满足要求。

计算 7:某 LNG 船的货舱容积为 147 000 m³,设计自然蒸发率 0.15%,低排量压缩机的吸入口压力为 5 kPa,温度为−100 ℃,当压缩机吸入口的体积流量保持在 2 795 m³/h 的时候,货舱的压力将会怎么变化?

解: 压缩机吸入口天然气的密度

$$D = \frac{T_s}{T_v} \times \frac{P_v}{P_s} \times \frac{M_m}{I}$$

式中: T_s——标准状态下的温度 15 ℃,即 273+15 = 288 K;

P_s——标准状态下的压力,大气压力,即 101.325 kPa;

M_m——自然蒸发的货物气体的摩尔质量 18.80 kg/mol;

I——理想气体在标准状态下的摩尔体积 23.64 m^3/mol;

T_v——自然挥发气体在压缩机吸入口的温度−100 ℃,即 −100+273 = 173 K;

P_v——自然挥发气体在压缩机吸入口的压力 5+101.325 = 106.325 kPa。

代入各项数据

$$D = 1.389 \text{ kg/m}^3$$

压缩机吸入的自然挥发气体的质量

$$M = D \times V = 1.389 \times 2\ 795 = 3\ 882 \text{ kg/h} = 3.88 \text{ T/h}$$

产生 3.88 T/h 的自然挥发的气体需要消耗液货的体积为

$$V = M/D = 3.88 \text{ T/h} \times 1\ 000/450 \text{ kg/m}^3 = 8.63 \text{ m}^3/\text{h} \qquad ①$$

设计船况下货舱自然蒸发气体

$$V = 货舱 \times 设计蒸发率 = 147\ 000 \text{ m}^3 \times 0.15\% = 220.5 \text{ m}^3/\text{day}$$

220.5 m^3/day/24 h = 9.19 m^3/h　　　　　　　　　　　　　　　　　②

①<②,压缩机移走的数量小于自然蒸发气体的数量,货舱的压力将会上升,需要操作人员进行适当调节。

第五节　惰气系统

在船舶进坞前以及出坞后的货舱操作过程中,为了避免货物气体与空气直接接触形成可燃物,往往用惰气来降低货物系统(包括液货舱、货物管路以及预留空间内)的氧气含量。

1. 惰气的定义

惰气即满足以下两个条件的气体:

(1)不与货物围护系统和货物处理设备发生化学反应;

(2)气体中的氧气含量低,不支持燃烧。

2. 惰气来源

(1)来自燃烧式惰气发生器的惰气,除去燃烧产物中的硫化物、氮氧化物、C、CO、H_2、O_2 和水分等;

(2)来自船舶系统产生的氮气;

(3)来自岸上的纯氮。

在船上设置惰气发生器的主要优点有两个:

（1）制造惰气的费用比购买液氮的费用少，此外，液氮不是在每个码头都容易买到；

（2）无论是在港内还是在海上航行，惰气装置随时可用。

不过，燃烧式发生器的缺点是在于所制惰气的质量。用燃烧柴油或汽油的方法来产生惰气，降低燃烧产物中的含氧量，经过进一步处理就可得到适用的惰气。惰气的质量除了装置的操作以外还取决于燃料的质量，一般来讲，燃料含硫量越低越好。理想气体燃烧产生的惰气和膜式分离过程产生的氮气有着不同的气体组成成分，如表5-5所示。

表 5-5　惰气质量对比

惰气的成分	理想燃烧产生的惰气	膜式分离过程产生的氮气
氮	85%～89%	直到99.5%
二氧化碳	14%	–
一氧化碳	0.1%（最大）	–
氧	1%～3%	大于0.5%
二氧化硫	0.1%	–
氮氧化物	微量	–
煤灰与煤烟	存在	–
露点	−45 ℃	−65 ℃
密度（设空气为1）	1.035	0.967 2

惰气的质量在很大程度上取决于装置的操作情况，遵照制造厂家的指导说明，对设备定期维护保养，启动试验，确保其工作在最佳状态。

一、惰气发生器

惰气发生器系统由具有洗涤和冷却作用的燃烧室、R-404A 制冷剂的制冷干燥机（冷却器）和吸收式干燥机（干燥器）等三个主要部分组成，如图5-24所示。

1. 燃烧室

惰气发生器的燃烧室（见图5-25）必须位于货舱区域外，通常安装在机舱内。来自鼓风机的空气及来自主燃油泵的燃油进入燃烧室，燃油经雾化后与燃烧空气混合。点火燃烧器点燃油气混合物，在燃烧室的后端，主燃烧器燃烧。经过特殊设计的燃烧器能够确保良好燃烧，使得产生的惰气中氧气残余量最少。然而，高品质的惰气的获得离不开操作人员对惰气发生器燃烧控制系统的精准调节。然而，一味地减少氧气含量的同时增加了一氧化碳的产生量，进一步调节会导致烟灰过多。

燃烧室本身带有水套而无砖内衬。燃烧后温度大约800 ℃的烟气进入洗涤塔上行。在洗涤塔内，来自海水洗涤泵的下行海水对烟气进行冷却和洗涤，除去二氧化硫和氮氧化物等溶解性酸性气体，并且能够过滤掉烟气中的固体颗粒。离开燃烧室后，烟气露点温度降低，仅高于

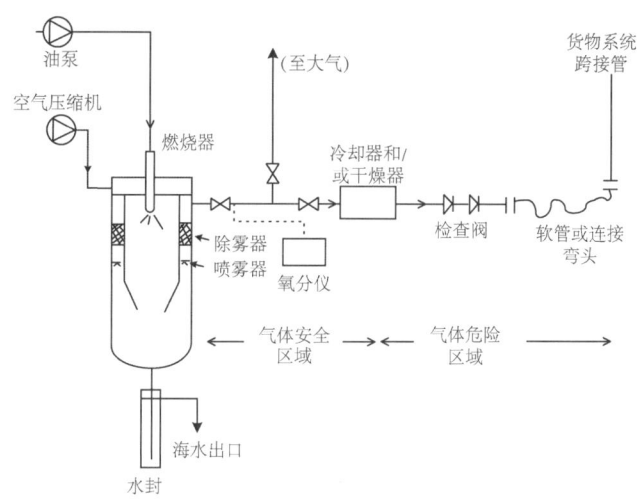

图 5-24　惰气发生器系统流程图

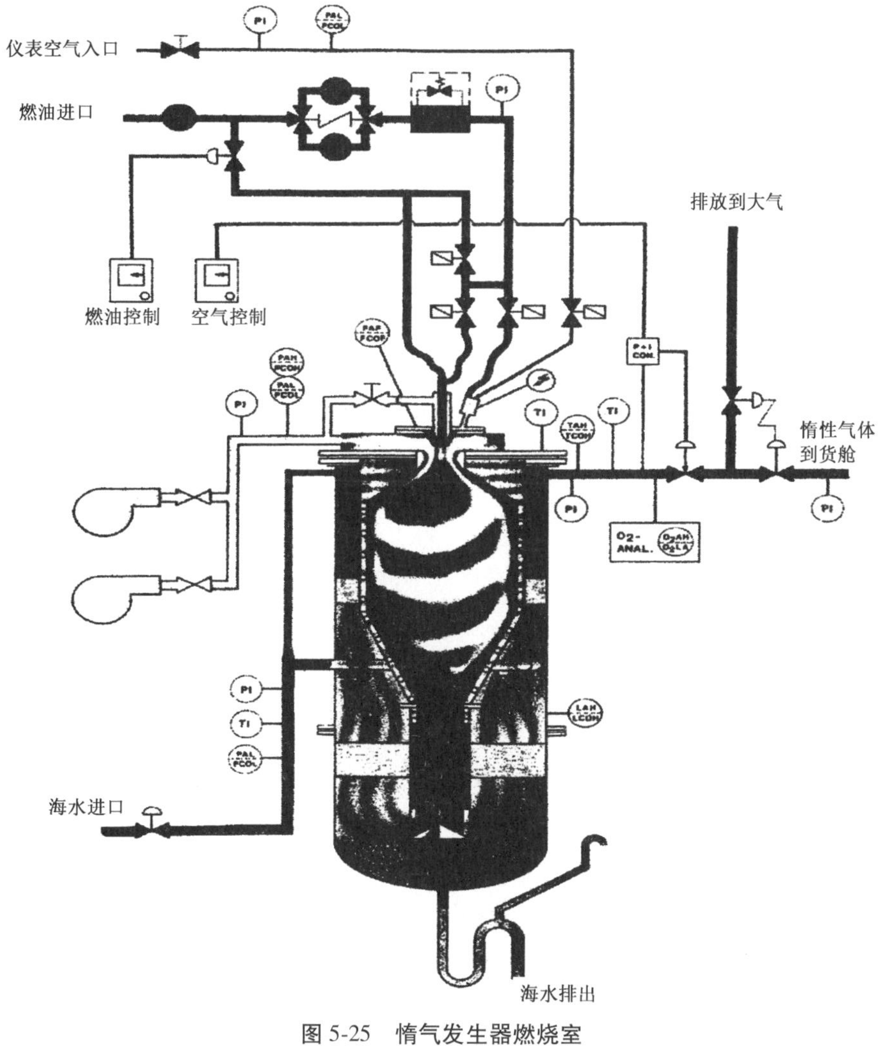

图 5-25　惰气发生器燃烧室

海水温度大约5℃。尽管燃烧室顶部的除雾器能够除去部分夹带在烟气中的水滴,但是烟气内依旧含有大量水蒸气,需要进一步冷却和干燥,然后才能送到液货舱使用。

质量合格的惰气经固定的惰气总管通至甲板,为了进行液货舱惰化操作,在惰气总管和货物系统之间提供了临时接头。正常航行期间不需要惰化操作的时候,这些临时接头断开,并用盲板封死。此外,惰气总管上装有两只止回阀,防止货物蒸气回流到机舱内。

2. 干燥器

惰气中的水蒸气会在货物系统的液货泵吸口、再液化装置的液位控制阀等处结冰。货物围护系统周围预留空间充注的惰气也应该减少潮湿,避免损坏液货舱绝缘层,同时有助于防止腐蚀现象的发生。燃烧室出来的烟气流经干燥器后能够使惰气中含有的水蒸气含量减少到最小。

干燥器通常分为制冷式和吸收式,使得惰气在大气压下的露点温度维持在5℃至-55℃之间。露点温度越低,惰气中携带的水分越少,露点温度为20℃时,水分含量为2.31%;露点温度降到-40℃时,水分含量减少至0.013%,如表5-6所示。

表 5-6　露点温度与含水量的关系

露点(℃)	水分(容量)
20	2.31%
0	0.60%
-20	0.10%
-40	0.013%
-60	0.001 1%
-80	0.53ppm
-100	0.014ppm

在制冷干燥器内,使用常规冷剂R-404A作为冷却媒介,冷却后惰气的露点从35℃下降到大约5℃,气体中大部分水蒸气被冷凝析出。

吸收式干燥器由两个装满硅胶或活性氧化铝的容器组成,其中一个容器用于干燥,另一个用于再还原。从制冷干燥器过来的含有水蒸气的惰气通过自动转换阀进入吸收式干燥器,由于压力降低,析出一部分水分。惰气通过干燥器中硅胶或活性氧化铝进一步吸收水蒸气,惰气在大气压下的露点温度降低到-55℃左右。

再还原空气经鼓风机抽吸后,送入蒸汽或电加热器加热,加温空气流经备用干燥器后,通过管路排放到大气中。通过不断地循环,备用干燥器工作过程中吸收的水分被不断蒸发,随着再还原空气排放到大气中,逐渐恢复干燥能力。再还原后的干燥器在投入使用之前,应先用干燥的惰气驱气。再还原的时间需要5~9 h,其中60%~70%的时间是用于干燥循环。吸收式干燥器布置如图5-26所示。

为了保证燃烧室内燃烧稳定,干燥系统中的压力应保持恒定。为此,惰气干燥系统中常装设压力控制阀。当燃烧器启动的时候,干燥器也要同时投入使用。制冷式干燥器能够即起即用,而吸收式干燥器需要提前大约12 h启动进行先期准备,尤其是在系统已经停用一段时间以后。

惰气发生器启动的最初5 min,由于惰气的质量还不是很大,离开干燥器的惰气经过排放

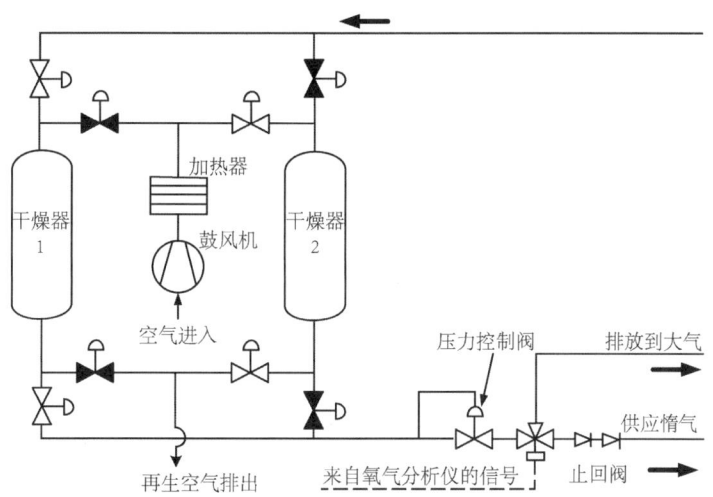

图 5-26　吸收式干燥器

阀排放到大气中。当来自氧气分析仪的信号表明惰气氧气含量合格并且露点温度降低到一定程度后,惰气供应阀打开,开始向液货舱供应惰气,排放阀自动关闭。整个惰气发生器运行过程中,如果惰气中氧气含量或露点超标,惰气供应阀关闭、排放阀打开,终止不合格的惰气向液货舱供应。只有经过操作人员处理,惰气中氧气含量和露点满足要求后,系统才能恢复液货舱惰气的供应。

二、氮气发生器

一些石化产品的气体会与氧气起作用,在这种情况下,要求氧气的浓度越低越好。当要求氧气的浓度低于 0.5% 时,必须使用纯的氮气。可以通过购买和贮存,贮存使用全压式气瓶或液态储存罐内;或在船上自行生产来获得氮气。购买并贮存氮气会明显增加船舶的运输成本,主要缺点就是不能保证任何时候都能获得氮气。而船上生产氮气的设备增加了船员的维护保养工作量,但是能够保证获得可靠的氮气供应。

LNG 船上氮气发生器产生的氮气主要用于:(1)输送到绝缘层处所,不仅能够维持绝缘处所内的干燥,防止腐蚀,也能避免屏壁层泄漏后在绝缘层处所形成爆炸气体。含有泄漏的天然气气体的氮气被抽送到固定式可燃气体检测仪后,系统会发出报警,这样就可以及时检测到任何泄漏的发生。(2)置换燃料输送管中的可燃气体。(3)置换液相管、气相管和透气桅中的可燃气体。(4)用于压缩机轴封的气密装置。

生产氮气有三种方法:空气分馏法,压力振动吸收法(PSA),薄膜分离法。

1. 空气分馏法

空气分馏法是将空气降温液化,利用氮气和氧气的沸点不同而分离。氧气的沸点较高,常压下约为 -183 ℃,氮气约为 -196 ℃。这种制冷方式得到的液氮温度很低,需贮存在特殊的真空绝热压力容器中。空气分馏法仅在生产大量氮气时才经济,因此这种方法不适合在船上使用。

2. 压力振动吸收法

压力振动吸收(PSA)法主要利用活性炭作为分子筛来吸收空气流中的氧气,而让氮气通过,从而产生高纯度的氮气。活性炭是多孔的,有很大接触表面,具有合适的尺寸来允许氧气分子渗透。

3. 薄膜分离法

在船上通常使用薄膜分离氮气发生器来生产氮气,这种系统在近几年得到了飞速发展,目前薄膜分离氮气发生器的生产能力高达到 5 000 m³/h。

薄膜分离氮气发生器是利用空气分离过程,如图 5-27 所示,把压缩空气通入中空的纤维薄膜分离成各组分气体。分离的工作原理是基于不同的气体具有选择性的渗透能力,每种气体的分离速度不同,氮气通过薄膜时渗透速度最慢,氧气、二氧化碳和水蒸气等其他气体渗透速度很快。薄膜把空气分成两股气流,一股气流本质上是氮气,而氧气和其他气体被排气口放掉。系统产生的氮气的纯度可达到 95%~99.9%。系统生产氮气的能力取决于薄膜管束的数量、进气空气的压力、温度以及需要的氮气的纯度。薄膜分离氮气发生器是个独立的装置,紧凑的结构可以使其在船上任何位置快速、容易地安装。薄膜分离氮气发生器一般应用在 LNG 船、海上浮式生产储油船(FPSO)、浮式原油储藏设备船(FSO)、成品油船和化学品船上。

薄膜分离氮气发生器中使用的薄膜纤维非常细,因此需要对进入薄膜纤维的空气进行细过滤。一般采用多级过滤,包括水分离器和活性炭过滤器,最后一级过滤设计成能过滤微小颗粒,包括从活性炭过滤器漏过来的任何炭灰。

为了确保薄膜分离器的性能,被加热的空气进气流控制在 50~52 ℃。

除了对压缩机进行定期维护保养以外,空气进口滤器的工作状况也应定期进行检查和清洁。因为清洁薄膜是一个复杂的过程,且费用昂贵,按制造厂家的说明来对滤器单元进行维护保养,能使薄膜的使用寿命延长到 10~15 年。

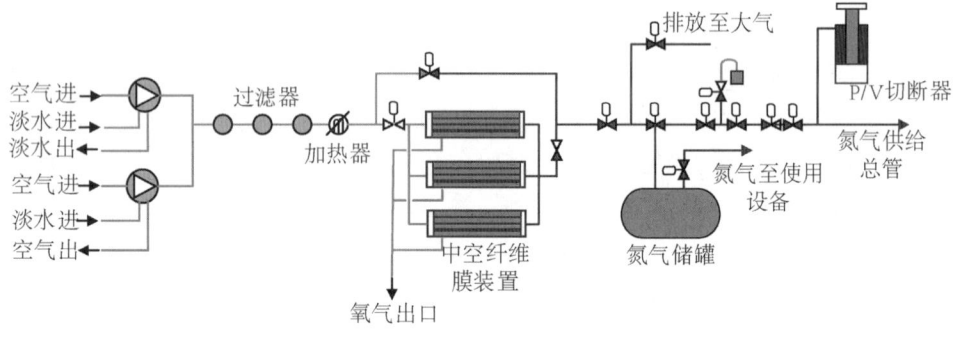

图 5-27　薄膜分离法制取氮气

早期的氮气发生器用来生产氮气的空气由机舱日用空气瓶提供,空气瓶的压力依靠机舱日用空压机维持。当氮气消耗量增多的时候会引起日用空气瓶低压,日用空压机的连续运转也会带来日用空压机高温等故障。新近的船舶上的氮气发生器配有独立的空压机,只为氮气发生器服务,不再争用机舱日用空压机。用来生产氮气的饱和空气先是经过三只过滤器,滤掉空气中残留的杂质、水分和油分,油分质量百分比最大不允许超过 0.08ppm;然后进入电加热器提升温度,电加热器设有高温报警,空气温度超过 120 ℃时会造成纤维薄膜的破坏;中空的纤维薄膜把加热过的空气分成两股气流,一股气流为氮气,余下的其他气体经过排气口放掉。氮气流经流量指示器、流量控制阀和背压调节器,最后流入氮气储存罐。系统中还设有氮气品质监控装置,监控氮气品质的指标通常是露点和含氧量。当露点温度高于-55 ℃、氧气含量达到3.5%(体积占比)时,系统就会发出警报,氧气含量达到4.0%(体积占比)时,氮气发生系统停止氮气供应,品质不合格的氮气排放至大气。

船上的两台氮气发生器容量应为所需最大容量的150%,通常情况下只使用一台氮气发生器,当需求量增大时,另外一台将自动投入工作。在出坞后进行的液货舱冷却操作过程中,氮气的需求量达到最大。此外,在装货期间,氮气需要量持续增加,一直到开航后两三天氮气需要量才趋于稳定,航行期间氮气流量变化情况如图5-28所示。两台氮气发生器并联运行期间,需要加强巡回检查力度,确保氮气发生器工作正常。

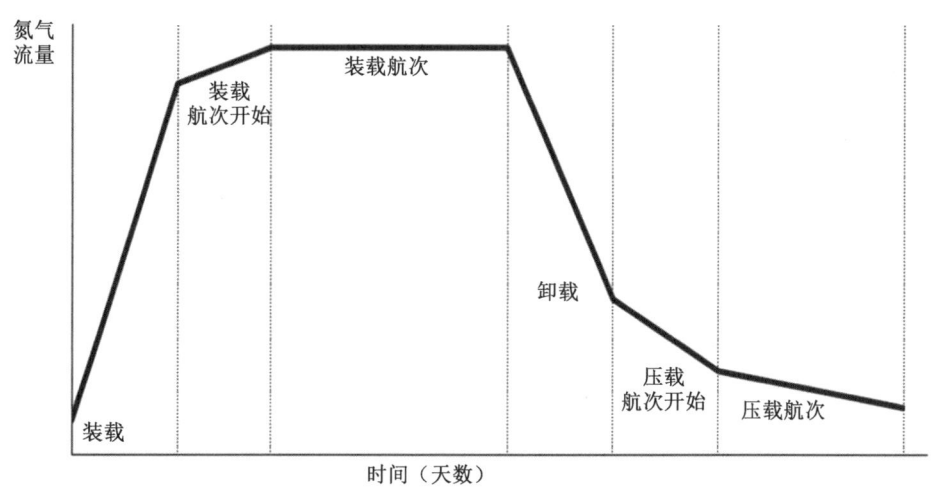

图5-28　氮气流量变化情况

需要特别指出的是,船舶在海上航行遭遇风浪等恶劣天气的时候,绝缘层空间内的氮气压力变化剧烈,需要值班人员密切观察压力变化情况,必要时手动进行调节。通常情况下,GTT No.96薄膜型的主绝缘层压力设定为0.4~0.6 kPa,次绝缘层压力设定为0.2~0.4 kPa,主绝缘层氮气压力应该时刻大于次绝缘层氮气压力。无论是绝缘层压力还是主、次绝缘层压差超过设定值时,系统都会发出警报。主、次绝缘层内氮气压力由氮气进口控制阀和氮气出口控制阀自动控制。绝缘层内压力降低时,进口控制阀打开,氮气由氮气储存罐,经由相应氮气供应管路送入绝缘层。当绝缘层压力超过设定值时,氮气出口阀打开,通过透气樯向大气排放。为了防止阀件失灵导致绝缘层内压力异常升高,绝缘层设有安全阀,压力设定值为1 kPa。

三、惰气系统管理注意事项

惰气所带来的主要危险是人员由于缺氧而窒息。进入惰化后的货物系统或是有惰气漏入的封闭处所均会出现窒息。这种处所应经过检测证实其气体环境适合人员安全才能进入。惰气发生器运转期间,工作人员需随身携带便携式气体探测器。由于氮气发生器属于连续运转设备,所以氮气发生器区域设有固定的氧气含量检测仪。氮气的密度略低于空气,检测氮气泄漏的氧气检测仪布置在氮气发生器的上方,负责的轮机员要定期检测氧气检测仪是否在正常状态工作。即使氧气检测仪显示氮气发生器区域空气质量良好,进入封闭的氮气发生器间前,也要打开氮气发生器间的风机进行通风。

惰气在 LNG 船上对维护船舶安全有着重要的作用,因此惰气系统必须保持良好的工作状态。惰气发生器必须定期试验,及时查明、纠正试验中出现的任何缺陷,做到随时可用。

第六节 货物紧急切断系统

从有 LNG 船运输以来,SIGTTO 就推荐使用船/岸紧急切断(Emergency Shut Down,ESD)系统,预防 LNG 船靠泊装卸货时紧急事故的发生。船舶和码头货物紧急切断系统,如图 5-29 所示,是通过携带货物紧急切断、电话通信和数据信号的船岸临时电缆连接。其作用包括 3 个方面:(1)使船岸之间实现电话通信(热线电话、公共电话和私人电话),保持装(卸)货期间的沟通及时、顺畅,保证安全操作;(2)实现缆绳张力监控系统的数据传输,监控屏幕中实时显示缆绳的张力变化情况,便于船上人员对缆绳进行调节;(3)实现 ESD 的作用,一旦 LNG 船或码头发生断电、爆炸、LNG 泄漏、起火或船舶发生快速漂移等紧急情况时,货物紧急切断系统可以立即关闭卸料臂双球阀(出现 ESD-2 时,卸料臂回收),迅速切断船岸连接的货物阀门以及相关的正在运行的货物操作设备,确保 LNG 泄漏量最少,将事故对人、船舶、码头以及环境造成的损害降至最低。

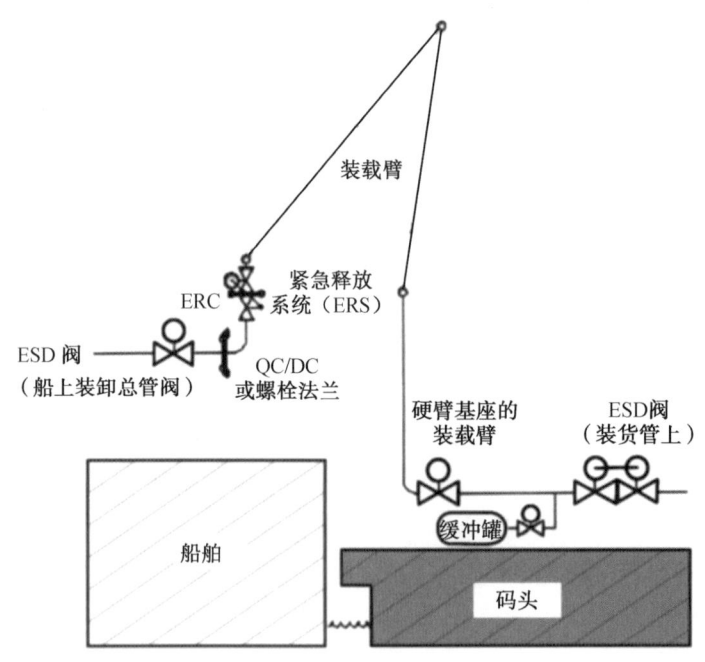

图 5-29 船舶和码头货物紧急切断系统

LNG 船靠泊完毕,码头工作人员布置供工作人员及海事官员、代理上下船舶的舷梯。布置好舷梯,船方人员和码头人员开始进行货物紧急切断系统电缆的连接。该连接一直保持到装卸货完毕船舶离开码头前。船岸连接通常有 3 种方式:电气连接、气动连接和光纤连接。在大多数码头,气动连接作为电气连接和光纤连接的备用连接。货物紧急切断系统信号能够双向传输,船舶不仅能够接收来自码头的信号,而且能够发送信号到码头。

一、船岸连接

1.气动连接

图 5-30 所示为一个典型的气动连接系统,由空气调节阀、针阀、压力开关、压力计、电磁转换阀等组成。气动连接系统工作压力为 2~7 bar,气体管路内空气由码头或船方自己供应。为了确保迅速跳闸动作,正常跳闸设定点约 80% 的气源供给压力。如果气源压力为 2.7 bar,那么系统压力降到 2.4 bar 时,紧急切断系统动作。

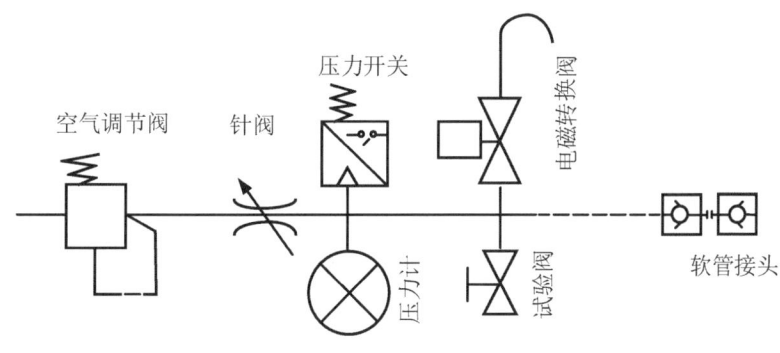

图 5-30　气动连接系统

在实际配置中,至少使用两种类型的连接头,最常用的是标准号为 MIL-C-51234 的快速连接头。该连接头源于 Snap-tite "H" 或 Nitta-Moore 系列。连接头的一个短节安装在船侧与软管连接的耦合器的固定管道上。在正常情况下,耦合器设置在软管的两端,以便在不使用时可与终端短节完全断开。

2.光纤连接

光纤连接的标准配置如图 5-31 所示,该图显示了连接器的光纤分配。光纤连接器设计有 6 个位置。4 个频道用来船岸双向传递通信信号,另外两个位置传送 ESD 信号。光纤连接传送的信号中包括来自岸方的有关缆绳松紧程度的信息,指导甲板值班人员随时调整缆车。光纤连接通常提供测试接头,测试接头带有内部回路,将船对岸连接信号送回到相关的接收器,光纤连接配合测试按钮使用,确保连接电路以及连接到船侧连接箱或码头连接箱的电缆的正常工作。光纤连接信号由于小的杂质和颗粒(例如盐等)的浸入附着在连接器内,导致连接不可靠,信号衰减。所以在每次抵港前都要进行测试并清洗连接器。测试完毕后,光纤测试接头移除,不允许长期连接在连接器内。

光纤连接器在大部分码头中采用,包括日本、韩国、印度尼西亚、澳大利亚、印度和美国,以及中东和非洲等国家和地区。

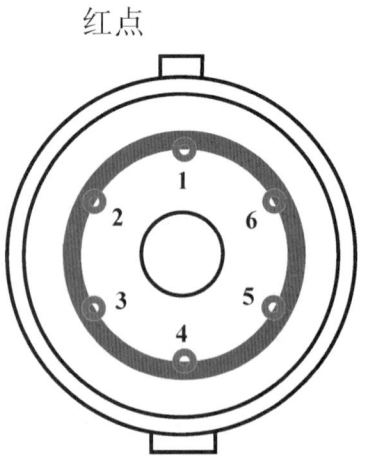

位置	方向	描述	
1	→	4 通道多用途数据	船对岸
2	←		岸对船
3	→	ESD-1 无源触点	船对岸
4	←		岸对船
5	→	备用/数字加密通信	船对岸
6	←	备用/数字加密通信	岸对船

CH1	MLM1 200 波特率现代通信
CH2	热线电话——仅支持岩崎 TS3 格式
CH3	终端公共电话音频信号
CH4	终端分机（内部）电话音频信号

图 5-31　船岸应急切断–光纤连接

3. 电气连接

因为电气连接工作在气体危险区域需要达到 CENELEC EEex "d" 的认证要求,2003 年,由日本龟冈(Miyaki Denki)制造的电气连接器进行了重新设计,如图 5-32 所示,当前标识是 21-EC-PT。该插座集成了一个开关,防止插头插入或移除时插头带电。任何采用该系统的新 LNG 项目都应遵循表中所示的插头布置,它与韩国和卡塔尔码头兼容,在那里该系统仍旧可以使用。根据这一标准,只需要两个连接器就可以,一个用于 ESD-1,另一个用于电话通信。使用该连接器的 LNG 码头应能双向传递 ESD-1 信号,以便在 ESD 动作时,船侧和岸侧的相关阀门均可关闭。

岸站连接器（块）

ESD-1 连接	指针	电话连接
ESD-1 船对岸	1	内部电话或热线电话
	2	
ESD-1 岸对船	3	分机电话
	4	
	5	公共电话
	6	

图 5-32　日本龟冈的 Miyaki Denki 制造的电气连接器

电气连接的制造厂商还有 Pyle 国家电力系统、ITT-Canon 电信连接、SIGTTO 电气连接。ITT-Canon 电气连接采用 11 孔设计,功能相对简单,除了紧急切断外只有电话功能,并且该款电气连接不具备气体安全证书,所以只能在船舶上的气体安全区域使用。该插头的一个标准配置和插口位置见图 5-33。

最初的 Pyle-National 控制连接头的电缆由 16 个经筛选的槽销组成,如图 5-34 所示。值得注意的是,所有后来使用 Pyle-National 类型船岸连接系统的 LNG 码头都基本遵循了该系统的

插口	标准连接
A	公共电话
B	
C	热线电话
D	
E	
F	
G	私人电话
H	
J	
K	
L	

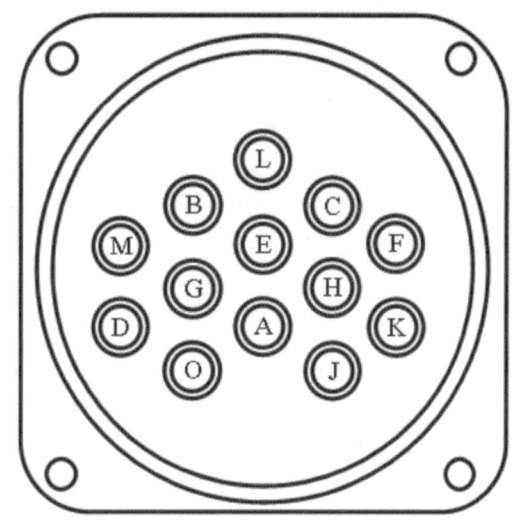

图 5-33　ITT-Canon 电信连接

工作原理,仅在电话通信方面有少量修正。为了充分利用这些槽销,很多码头将连接电缆芯的数量增至 18 对,通常将 29 针至第 36 针槽销用作额外的用途,比如缆绳系泊监控或水文气象监控。目前,中国台湾地区、印度尼西亚和日本的码头还在使用这种连接。SIGTTO 电动连接系统标准的岸侧配置由终端控制室安装的装置、码头装置和无插头的船/岸电缆组成。标准的船侧配置由船侧控制室安装的装置、船侧左舷和右舷歧管区域安装的国际固定插座配件组成。该系统的船/岸电缆由无保护膜的蓝色护套双绞线组成,若有潜在的火花风险,该护套可由岸上的接地物体切断。

二、紧急切断系统

IGC 规则要求,涉及货物装卸的货物紧急切断和报警系统应在装卸作业开始前测试。测试包括热态和冷态测试,确保 ESD 阀能够在启动 ESD 后 30 s 内及时关闭。ESD 触发信号有多种,装卸货前,只需测试一种即可。但是每次测试 ESD 的方法要有所不同,根据制订出的计划表格循环测试所有的 ESD 触发信号。ESD 触发信号包括:

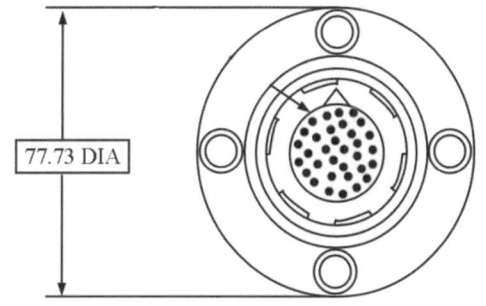

图 5-34　船岸应急切断-Pyle 电气连接

（1）货舱液位极高;

（2）蒸气总管压力低;

（3）主绝缘层氮气供应压力低;

（4）船岸连接失效;

（5）来自岸方的 ESD 信号;

（6）火灾时易熔元件融化;

（7）液压动力系统压力太低;

（8）全船失电；

（9）手动按钮；

（10）货舱和主绝缘层压差低；

（11）控制空气压力低。

船舶营运期间，测试某些传感器来触发 ESD 不太可能，需要采用模拟的方法来检查回路，例如断开传感器的电路连接。测试完毕后，系统一定要恢复到原来状态。浮子式高液位报警装置可以采用手动提高液位计拉杆升起浮子开关的方式进行测试。

紧急切断系统除了按照逻辑功能自动控制外，还包括手动按钮控制。手动控制按钮位于船上多个位置，便于紧急操作。手动按钮位置包括：

（1）货物控制室；

（2）消防站；

（3）驾驶台；

（4）货物装卸平台歧管处；

（5）货舱液穹；

（6）上甲板前、后；

（7）货物马达间；

（8）货物压缩机间。

除了手动按钮，甲板上紧急切断系统还包括易熔元件。在发生火灾的情况下，易熔元件在98 ℃和104 ℃之间融化，使紧急切断阀关闭。易熔元件安装在液舱气穹、液穹、货物装卸平台歧管处、货物压缩机间和货物马达间等区域。

ESD 阀装设在船舶左右舷货物装卸平台歧管处的液相管路和气相管路上，以及货物气体输送到机舱的燃气管路上。在任何工作条件下，紧急切断阀启动 30 s 之内应平稳关闭。ESD阀均为失效关闭型，并且能够就地手动关闭。为了限制阀门关闭时给装卸臂、相关船岸管系带来的压力冲击，装货速率要进行相应调整。ESD 被激活后，所有运行的货物泵和压缩机也都自动停止运行。

码头方也装有紧急切断系统，并且包括两个级别：ESD-1 和 ESD-2。当码头方 ESD-1 触发时，货物传输线路中断：液压执行器通过上、下阀操作杆关闭上、下卸料臂球阀；船侧 ESD 阀门关闭；船侧货泵、岸侧阀门和岸上相关的设备系统停止工作。ESD-1 在下列情况下自动触发：（1）全船失电；（2）气相总管压力低于预设值；（3）某一货舱压力低于预设值；（4）任一货舱出现极端液位；（5）货物阀操作液压低。ESD-2 触发时，除了发生第一阶段所有的 ESD 动作，另外还激活卸料臂上的紧急释放系统，如图 5-35 所示，紧急脱开接头脱开，解耦卸料臂，使船上和岸上的货物传输设备彻底分开。

货物紧急切断时，球阀和紧急脱开接头的动作存在先后顺序：上、下两个球阀先行关闭，接着才是紧急脱开接头脱开。下阀仍然留在货物装卸平台歧管处，装卸臂连同上阀从船上吊开。上阀和下阀的设置靠近紧急脱开接头也能减少漏出的液货。为了降低货物管路内由于阀门关闭引起的压力冲击，码头上所有货物作业设备和阀门应按照一定次序停止和关闭。

如果有紧急情况发生，ESD-2 可以由码头手动触发，也可能由于船舶移动位置超出装卸硬臂工作范围时自动触发。装卸硬臂通常在一定工作区域范围内活动，如果船舶前后、上下漂移范围超越应急脱开区域，装卸硬臂应该紧急脱开。无论在任何情况下，装卸硬臂工作区域不能

液压执行器

上阀

紧急脱开接头

下阀　上、下阀操作杆

装卸臂支架

图 5-35　紧急脱开接头

超越硬臂的最大工作区域,如果超越该区域会给连接硬臂带来实质性损坏。装卸硬臂工作区域如图 5-36 所示。

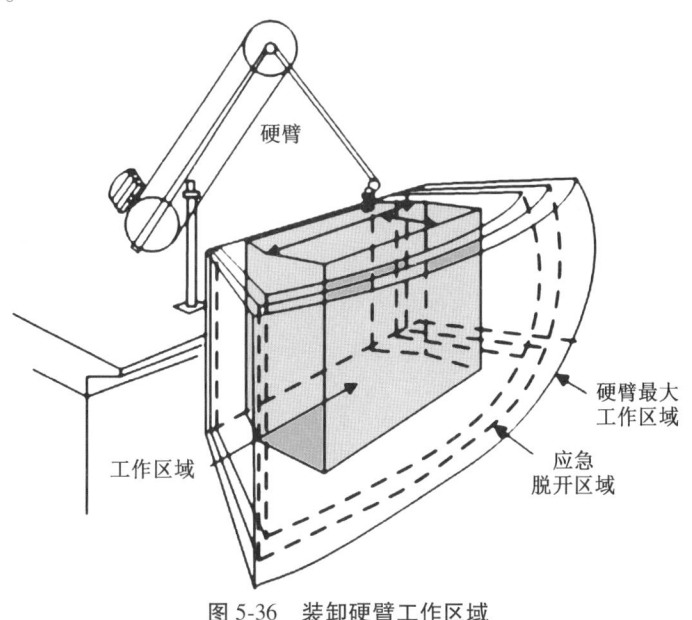

硬臂

硬臂最大工作区域

应急脱开区域

工作区域

图 5-36　装卸硬臂工作区域

第六章　LNG 船的主推进装置

第一节　主推进装置概述

在 LNG 船运输过程中,虽然液货舱有双层绝缘防护,但仍然无法完全阻隔外界的热量传入,总会有货物蒸发气的产生。如果不及时处理货物蒸发气,液货舱内的压力会越来越高,高到一定程度后液货舱安全阀起跳,货物蒸发气通过透气桅释放到大气中。这不仅带来大气污染、影响船舶安全航行等问题,而且造成货物损失、货物蒸发气内蕴藏的能量白白浪费掉等诸多问题。

处理货物蒸发气有两种基本方式:一种方式是 LNG 船推进装置采用货物蒸发气为燃料,货物蒸发气经由液货舱引出,输送到机舱燃烧,为推进装置提供动力;另一种方式是将货物蒸发气再液化返回液货舱,而推进装置采用常规的重油做燃料。选择哪种方式处理货物蒸发气,决定了 LNG 船推进装置选型的最初思路。传统上 LNG 船将货物蒸发气在双燃料锅炉中燃烧,而采用蒸汽轮机推进装置。最近几年,LNG 船开始采用不同处理货物蒸发气方式的其他种类推进装置:将货物蒸发气作为燃料的双燃料中速发动机电力推进装置;将货物蒸发气再液化的低速柴油机联合再液化装置的推进装置;此外,还有 ME-GI 等双燃料低速发动机和利用货物蒸发气作为燃料的燃气透平推进装置。

1959 年由一艘货轮改装而成的世界第一艘 LNG 运输船"甲烷先锋号"诞生,截至 2018 年 8 月 1 日,全球共有 481 艘 10 万方以上的在役大型 LNG 运输船,包括浮式储存再气化装置。它们的推进装置也从开始的柴油机,到蒸汽轮机,再到柴油机,以及现在的双燃料发动机,经历了半个多世纪的变化革新,呈现出如今多种动力装置并存的状况。研究发展的历程,不仅可以梳理出过去几十年 LNG 船动力推进装置的变化,也可以侧面反映航运业在过去半个多世纪的兴衰历程,对以后的船舶推进装置的发展也有指导作用。

一、柴油机作为动力

第一艘 LNG 船 Methane Pioneer"甲烷先锋号"是 1959 年由一艘第二次世界大战期间的货船改装而成的 LNG 运输船。在动力方面并没有做大的改进,它仍使用原来船舶的柴油机作为动力,这条船采用功率为 1 286 kW 的柴油机作为船用主机,长约 103.17 m,宽 15.24 m,吃水 5.49 m,装载约 5 000 m³LNG。"甲烷先锋号"的成功,标志着 LNG 海运的可行,它带来的冲击让能源商们下定决心要将 LNG 运输扩大到需要的规模。

二、蒸汽轮机作为动力

继"甲烷先锋号"后,作为"甲烷先锋号"的股东之一的壳牌公司向英国的两家船厂 Vickers-Armstrong 和 Harland &Wolff 各自订购了一艘 LNG 船,分别是 Methane Princess 和 Methane Progress。Methane Princess 长 189 m,宽 29 m,即使在现在也是艘大船,它采用蒸汽轮机推进,稳定航速可达 17.5 kn,装载量也达到 27 400 m³。这对姐妹船包括"甲烷先锋号"都开展阿尔及利亚至英国的 LNG 运输业务。如果说"甲烷先锋号"只是一艘过渡的船舶,那么它的两艘姐妹船则可以称作真正意义上的 LNG 船,也是从这两艘船开始,设计人员开始认真关注 LNG 船的动力装置问题。

在 LNG 船上,天然气重新液化的费用很高,并且 20 世纪 60 年代也没有船用再液化设备,因此,较经济、安全的方式是用作锅炉燃料,由锅炉产生的高压蒸汽推进汽轮机。而在同一时代其他类型的船舶上,由于柴油机效率比蒸汽轮机高 22%,柴油机开始取代蒸汽轮机作为推进动力装置的霸主地位,但由于上面所说的一些原因,蒸汽轮机一直作为 LNG 船的动力装置未被取代。而蒸汽轮机本身的单机功率大、工作可靠、维修费用低等优点也让它在高危险船舶 LNG 船上面成为不二选择,半个多世纪来,数百艘的蒸汽动力装置的 LNG 船没有发生过大型事故。

自此以后,蒸汽轮机便开启了它在 LNG 船上半个多世纪的应用。随后为了方便日本和阿拉斯加之间的天然气运输,1969 年在瑞士建造 2 艘 LNG 船 SCF Polar 和 SCF Arctic,至今仍在运营。SCF Polar 采用的蒸汽动力装置蒸汽轮机总功率 14 709 kW,其中高压级蒸汽透平功率 8 090 kW,低压级蒸汽透平功率为 6 619 kW。

在随后近 40 年的时间里,蒸汽轮机作为 LNG 船的推进装置几乎就没有改变过。而其他船舶的推进装置几乎全被效率高得多的柴油机取代,就全世界而言,超过 95% 的船舶采用柴油机作为动力。在这 40 年的时间里,虽然蒸汽轮机一直作为 LNG 船的推进系统,但研究人员还是在不断尝试在 LNG 船上使用其他主推进动力装置的可能性。

常规的 LNG 船蒸汽轮机作为推进装置的优点是:经过发展也可为大型 LNG 船使用,但由于使用高效率的减速装置的经验不足,使得实际使用率不高;同时可以使用重油或蒸发气,蒸汽轮机利用货物蒸发气便利,安全可靠,维护保养量低,振动低。缺点为燃料消耗大,这一点随着燃料价格的上涨以及 LNG 船尺寸的增大越来越突出;机器比较沉重,需要有可以容纳主锅炉的大机舱,并且今后很难找到经验丰富的能够操纵高压蒸汽设备的轮机人员,废气排放量大,污染严重。

三、多种动力推进装置并存

到了 20 世纪 90 年代,主机厂商开始寻求替代装置,各个厂商都提出了自己的解决方案。其中比较典型的是 Wärtsilä 的双燃料方案,MAN 公司的传统二冲程低速柴油机加上再液化装置的解决方案。该推进动力装置用在 LNG 船上,因为有再液化装置,所以允许将装载的货物全部卸载到接收站,燃油消耗低,燃料价格低,可以运送的 LNG 量大,缺点是虽然再液化装置在岸上已经是常规成熟设备,但对于 LNG 船来说是个新的概念,维护费用较高,废气的排放量很大,造成的环境污染很严重。

从 2004 年开始,双燃料主机开始应用在 LNG 船上,随后便开始广泛应用。四冲程的中速双燃料主机主要是 Wärtsilä 的 DF 系列等。四冲程中速双燃料柴油机作为推进装置可以燃烧货物蒸发气,并且有两个推进系统,所以有冗余。可以使用船用轻柴油和蒸发气,废气的排放量较少,可操作性强,货物的装载可以增加。同样因为实际的经验较少,维修保养的费用较高。

当然在出现了双燃料发动机和低速柴油机联合再液化设备推进装置之后,蒸汽轮机并没有就此退出历史的舞台,虽然它们的效率比蒸汽轮机高很多,但是由于各种原因,之后建造的许多船舶还是采用成熟蒸汽轮机技术作为推进装置。沪东中华为中国沿海的 LNG 项目建造的起初 6 条 LNG 船,均采用蒸汽轮机作为推进主机。这是因为此次建造是中国船厂首次建造 LNG 船,为确保万无一失,最终还是采用了蒸汽轮机技术。如果说中国船厂采用蒸汽轮机是由于技术和经验方面的不足不得已而为之,那么日本近几年有部分船舶仍采用蒸汽轮机,则说明蒸汽轮机由于其独特的优点,还有一定的市场。沪东中华拥有了之前的建造经验,于是 AP LNG 运输项目采用了效率更高的双燃料发动机电力推进装置系统。

由于四冲程双燃料机比二冲程机的发展时机早而且技术成熟,所以初期使用双燃料作为动力的都采用双燃料电力推进系统,直到 2012 末才有 ME-GI 机器作为动力出现在建造订单中,船东是加拿大的 Teekay 公司。2012 年以后更多的 ME-GI 运用到 LNG 船上面。同时根据以上对 LNG 船推进装置的分析比较,对于一定航线一定船型的 LNG 船而言,选择推进装置时,除要考虑可靠性和操作性能外,还应考虑排放性等,这些对于 LNG 船推进装置皆为最基本要求,在满足这几个要求的前提下,需要进行比较的最重要的因素就是推进装置的营运经济性了,多种 LNG 船动力装置对比如表 6-1 所示。

表 6-1　多种 LNG 船动力装置对比

	蒸汽轮机	中速双燃料发动机电力推进	低速柴油机再液化装置	低速双燃料发动机	双燃料燃气轮机电力推进
热效率	22%~35%	40%~50%	47%~60%	47%~60%	15%~25%
	高压透平;低压透平;低振动	多台发电机;增加灵活性;双机双桨;双舵	双机;双桨;双舵		
BOG 处理首选	锅炉(HFO/BOG)	双燃料柴油机	再液化装置	双燃料柴油机	双燃料燃气轮机
BOG 处理选	蒸汽 DUMP 系统	气体燃烧装置	气体燃烧装置	气体燃烧装置	气体燃烧装置
燃料	油+气	油+气	油	油+气	油+气
	低维护费用	高维护要求	高维护要求船上加装燃油多	高维护要求	高维护要求
BOG 压力	1 bar	5 bar		150~265 bar	
L/D	1 级 变速	2 级 预冷器、后冷器	BOG 压缩机	5 级	

续表

	蒸汽轮机	中速双燃料发动机电力推进	低速柴油机再液化装置	低速双燃料发动机	双燃料燃气轮机电力推进
优点	1. 常规 LNG 船常用的推进系统,经过发展也可为大型船使用; 2. 可以使用重油或货物蒸发气; 3. 低振动	1. 可以燃烧货物蒸发气; 2. 有两套推进系统,所以有冗余; 3. 可以使用船用轻柴油和货物蒸发气; 4. 废气排放少; 5. 可操作性增强; 6. 货物装载可增加	1. 因为有再液化装置,所以允许将装载的货物全部卸给接收站; 2. 消耗燃油低; 3. 推进系统有冗余; 4. 燃油价格低; 5. 可以运送的LNG 量大	1. 使用重油和货物燃烧气; 2. 低燃油消耗率; 3. 低燃油费用; 4. 可靠的系统	1. 使用船用轻柴油和货物蒸发气; 2. 降低排放; 3. 可操作性强; 4. 低振动; 5. 可以运送更多的 LNG
缺点	1. 燃料消耗比较大; 2. 机器笨重; 3. 需要容纳锅炉的大机舱; 4. 缺乏能够操作高压蒸汽设备的经验人员; 5. 废气排放多	1. 此推进系统对于 LNG 船是一个新概念; 2. 实际操作经验少; 3. 维护费用高	1. 虽然再液化装置在岸上已经是一个常用设备,但对于LNG 船是一个新概念; 2. 此推进系统对于 LNG 船是一个新概念; 3. 维护费用高; 4. 废气排放多	1. 此推进系统对于 LNG 船是一个新概念; 2. 在居住舱旁存在高压气体,因此需考虑解决的办法	1. 此推进系统对于 LNG 船是一个新概念; 2. 在居住舱旁存在高压气体,因此需考虑解决的办法

第二节　蒸汽轮机推进装置

　　传统的 LNG 船的推进系统是一个大型的蒸汽发生系统,它可以使用货物蒸发气为燃料,处理设备非常简单。设计第一批 LNG 船的时候,船用的再液化技术还不够成熟,再液化装置太大并且价格不菲。压缩机设计技术进步后,压缩机变小了很多,再加上天然气价格的上涨,再液化装置在经济上才变得可行。采用蒸汽机做推进装置的 LNG 船基本依靠货物蒸发气和重油作为混合燃料。自然蒸发的货物气体至少能送到两台锅炉中的一台内燃烧,这样的话有足够的冗余可以避免自然货物蒸发气在货舱内积聚,也不再需要再液化装置。

船用蒸汽装置技术在不断进步,但是热效率远远落后于柴油机技术、混合汽轮机推进系统。船员配置也很困难,因为整个行业已经转向使用更加高效的柴油机。使用柴油机可以把低速柴油机和螺旋桨轴直接连接,避免使用昂贵的减速齿轮。

目前,蒸汽动力推进装置在大型、超大型远洋商船中仍有运用,但随着柴油机单级功率的不断增大,蒸汽动力推进装置逐渐淡出商船领域,但在 LNG 船的动力推进方面蒸汽动力推进装置依然占有一席之地。自从第一代 LNG 船产生起,蒸汽透平装置就已在 LNG 船推进装置中占主导地位,原因之一就是蒸汽透平推进装置的锅炉提供了一种利用自然蒸发的货物蒸气作为燃料的简洁方式。蒸汽轮机的其他优点:蒸汽轮机输出功率高;在只燃烧货物蒸发气的时候也最为清洁;维护不是很频繁,费用也相对较低;可靠性较好。

一、蒸汽轮机工作原理

蒸汽轮机工作的初始形态在很久前就已出现,开始应用于船舶上是在 19 世纪末期。在商船上,蒸汽轮机动力装置应用在 20 万吨级以上的超级油船、高航速的大型集装箱船、破冰船和科学考察船等船上,LNG 船传统的推进装置也是采用蒸汽轮机动力装置。该动力装置主要由双燃料主锅炉、蒸汽轮机、减速齿轮箱及螺旋桨组成,其工作原理是液货舱内的 LNG 蒸发气/燃油在双燃料主锅炉中燃烧后产生高压过热蒸汽,驱动汽轮机,经减速齿轮箱后带动螺旋桨;工作后的过热蒸汽经主冷凝器冷凝后至凝水系统,作为锅炉给水进行再循环。蒸汽轮机动力装置工作原理如图 6-1 所示。

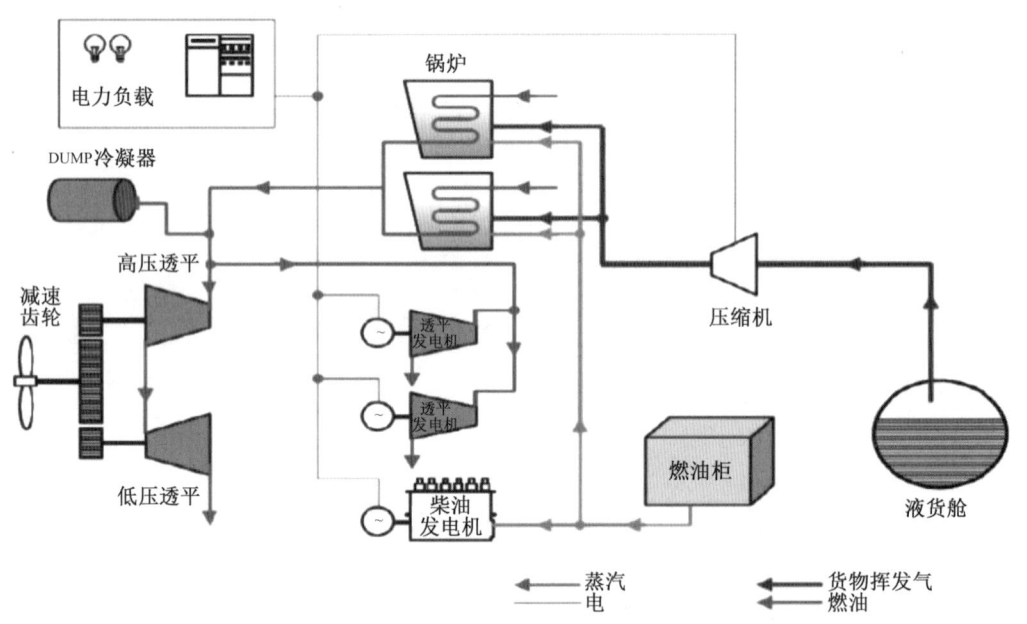

图 6-1 蒸汽轮机动力装置原理图

船舶蒸汽轮机动力装置是采用蒸汽为工质、汽轮机为主机的船舶动力装置。大型蒸汽透平和锅炉设备是应用在 LNG 船上的成熟的主要推进设备,以蒸汽轮机为主推进装置,能量的提供者是船舶主锅炉,能量的传送者为蒸汽。船用主锅炉为双燃料锅炉,可混合燃烧重油和天然气,也可单独燃烧重油或天然气。主锅炉产生的高温高压过热蒸汽分成三路传播能量:一路通过主控制阀进入蒸汽透平装置,主控制阀控制蒸汽流向正倒车透平,蒸汽透平的动力输出经由减速齿轮箱、传动轴驱动定距桨,从而推动船舶;一路进入透平发电机驱动发电机发电,与另外两台备用的柴油发电机组一起构成船舶电网。其中透平发电机为船舶动力系统提供主要动力;最后一路进入透平给水泵为锅炉给水系统提供动力。蒸汽做功结束后进入冷凝器冷凝为水,凝水泵抽吸凝水提供给除氧器作为主锅炉给水,透平给水泵再把水从除氧器中泵送至锅炉汽鼓蒸发成汽,形成一套闭环的汽液循环系统。

船舶汽轮机根据不同的分类标准,可以分成许多种型式。根据汽轮机级的型式,分别有纯冲动级、冲动级和反动级组成的纯冲动式、冲动式和反动式三种汽轮机。根据蒸汽初参数,可分为高压、中压和低压汽轮机三种。使用 6.0 MPa、450 ℃以上蒸汽工作的汽轮机,称为高压汽轮机。使用 3.0 MPa、400 ℃左右蒸汽工作的汽轮机,称为中压汽轮机。使用 1.0~1.6 MPa 的饱和蒸汽、低过热度的过热蒸汽工作的汽轮机,称为低压汽轮机。

二、主锅炉

船舶蒸汽锅炉是船舶动力装置中的重要组成部分,它的作用随着船舶种类和主机形式的不同而有所差异。在蒸汽动力装置的船舶上,蒸汽锅炉产生的高温高压蒸汽用于驱动主汽轮机运转,以推动船舶前进。该锅炉燃烧器可以使用燃油和货物蒸气来作为燃料,锅炉的主要构件包括:锅炉本体、锅炉套、过热器、经济器、空气加热器、油气点火装置及其他附件,如图 6-2所示。

锅炉左方为炉膛,炉膛内侧布置有后水壁管、侧水壁管,它们一直延伸至炉顶,水管遍布炉子底部、侧面、顶部、前部和后部。右方为蒸汽罐和水罐以及将两者连接在一起的发生管束。燃油或燃气燃烧后,高温火焰和烟气与炉膛水冷壁受热面和屏管受热面进行强烈的辐射热交换,接着烟气流向对流换热烟道。在进入过热管之前,烟气先穿过屏管适当降温,可使过热管免受炉膛高温火焰的直接照射。这样既可避免过热器管壁温度过高,又可使其具有对流和辐射两种传热工况,从而提高了过热器的稳定性和可靠性。水冷壁侧管、屏、发生管中的水蒸气吸热蒸发上行,发生管束中的后两排管和设置在烟道外直径较大且不受热的下降管自蒸汽罐引锅炉水下行,形成了锅炉的自然水循环回路。炉膛内部的所有水管两翼焊有两个方向相反的鳍状物,再将这些具有鳍状物的钢管拼焊起来,就在炉膛中做成了一个连续无缝的金属炉墙。这样炉子被 3 面包围,加上顶部和底部同样的设计,有效防止了气体泄漏到锅炉套内。

船舶蒸汽动力装置为提高循环热效率,采用较高的蒸汽参数。据统计,过热蒸汽温度每提高 20~25 ℃,动力装置效率将提高 1%。但是,过热蒸汽温度的继续提高,受到过热蒸汽管和汽轮机叶片的金属材料耐高温性能的限制,故常采用 450~470 ℃,少数可达 510~535 ℃,最高的可达 600 ℃。蒸汽过热器是将汽包中送出来的饱和蒸汽进一步加热,使其中的水分全部蒸发成蒸汽,并使蒸汽温度升高成为具有一定过热度的过热蒸汽。过热器的受热面是由小口径的无缝钢管弯制而成。有 U 形管和蛇形管两种,管距一般为管径的 1.5 倍。为了防止灰渣的堵塞,管壁之间至少保持 20 mm 的间距。而且在过热器周围或中间留有很大的空当,以便人能进入其中清除积灰。过热器管子与过热器集管的连接可以是扩接,也可以是球面压接或焊接。在汽温超过 450 ℃时,只能采用焊接法。目前焊接法都是在过热器集管上焊接管接头,再

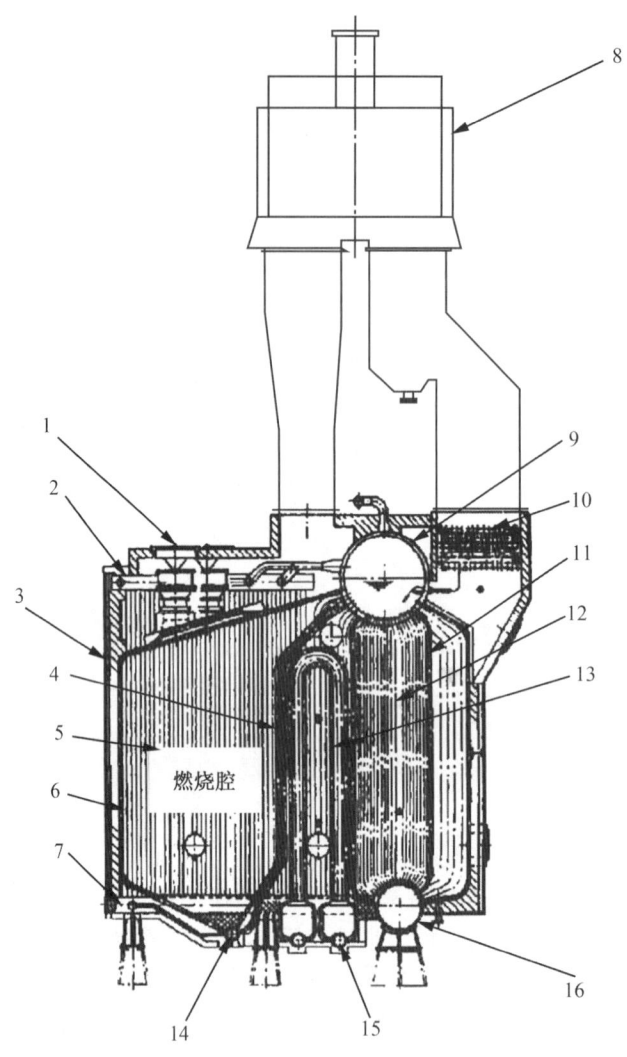

图 6-2　主锅炉结构

1—燃烧器;2—上集管;3—外壳;4—屏管;5—后水壁管;6—侧水壁管;7—下集水管;8—空气预热器;9—蒸汽罐;10—节能器;11—发生管束;12—吹灰器;13—过热管;14—炉底集管;15—过热器集管;16—水罐

将管子焊在管接头上。在焊接时,如果管子排得太密,焊接就会困难,而且对过热器集管的强度也有影响,因此采用分叉管结构,以减少管接头的数目。

过热器集管用来固定管子并分配和集合蒸汽。过热器集管放在炉外,其钢材质量比管子可低一些。过热器集管装置中的挡板可以使蒸汽在管中有一定的流速,并且将过热器管束分成串联几组。挡板下边开有小孔,再通过热器底部泄水阀放掉过热器集管里的残水。常用的过热蒸汽温度调节方法是利用锅炉水罐中安装的蒸汽减温器,如图 6-3 所示。从第四组回路中引出过热蒸汽进入减温器,自动蒸汽温度控制阀根据温度设定调节开度,控制经过减温器的蒸汽流量,过热蒸汽流经减温器后重又送回过热器,最终的蒸汽供主汽轮机、透平发电机和透平给水泵使用。

锅炉燃烧器有 3 组,使烟气在烟道之前能均匀分配到过热器和热水管内。每组燃烧器均

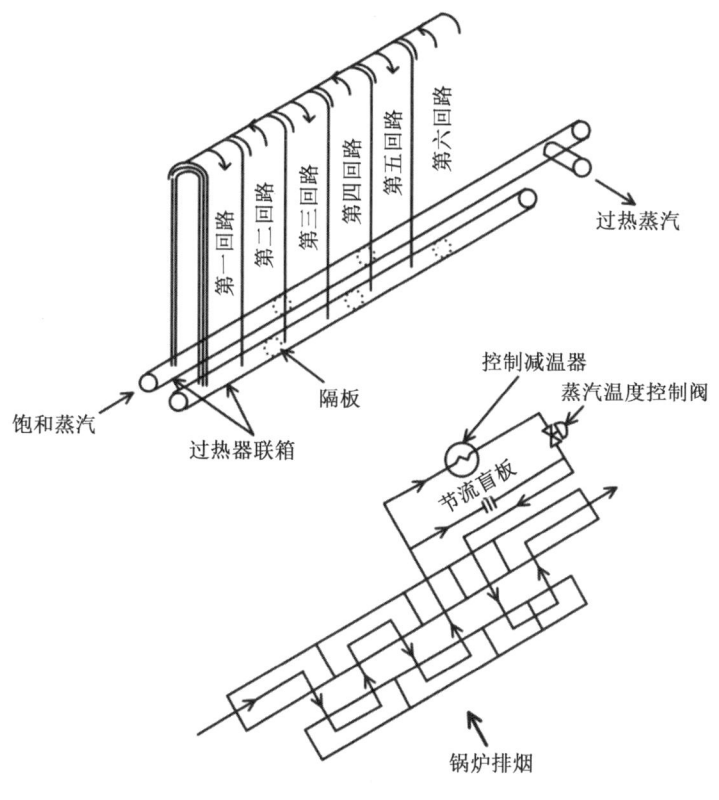

图 6-3　过热器

采用双燃料系统,而且可以快速地进行两种燃料间的切换。当进行不同燃料间的切换时,锅炉系统启动备用燃油来补充系统负荷的要求,从而保证船舶推进系统及电力系统不受影响。该系统还设有三台强力风机,其中两台强力风机分别为与其位于同一舷的锅炉服务。第三台强力风机作为备用,当在用风机发生故障时,备用风机可以通过转换供应任何一台锅炉。锅炉控制系统可以实现根据主透平蒸汽负荷的大小自动调节燃油或燃气的流量以保证锅炉压力和温度的稳定控制功能。

　　LNG 船蒸汽锅炉的主要制造商是日本的三菱和川崎两家,约占 LNG 船市场的 90% 以上,其中三菱的市场占有率更高,起主导作用。我国自行建造的第一批 LNG 船就是选用三菱双燃料锅炉作为主锅炉,其主要参数如下:型号为 MB-4E-KS2,形式为顶部燃烧双罐水管锅炉,最大蒸发量 65 000 kg/h,正常蒸发量为 55 000 kg/h,锅炉过热器出口温度和压力分别为 515 ℃和 60.8 bar,炉膛容积为 65.3 m³。

　　与普通锅炉不同,MB-4E-KS2 锅炉配备双燃料燃烧器是燃油和天然气结合的悬挂式火焰燃烧器,位于炉膛的顶部,该燃烧器可以单独燃烧燃油或天然气,也可以同时燃烧燃油和天然气。燃油燃烧器和天然气燃烧器分别采用蒸汽雾化式和多喷嘴式。双燃料燃烧器由燃油的雾化喷嘴、天然气喷嘴、强制通风旋转式配风器和空气活塞式风门组成。燃油和天然气通过燃油和天然气总管、支管输送到每一组燃烧器。双燃料燃烧器如图 6-4 所示,中心部位为螺旋状的燃油喷嘴,外围环绕着天然气喷嘴。

　　燃油喷嘴采用蒸汽式机械雾化器。当使用燃油作为燃料时,一定量的 14 bar 的减热蒸汽

图 6-4　双燃料燃烧器

从汽孔 8 中高速喷出,被加压至 24 bar 的燃油从油孔 7 中流出,如图 6-5 所示,与高速蒸汽相遇,被蒸汽吹成十分微小的油滴以 100°左右的锥角向炉膛喷射,点燃后形成了锥角为 100°左右的火炬。当冷炉点火时,没有足够的蒸汽供燃油雾化使用,此时使用压缩空气雾化燃油。燃油燃烧器的最大燃烧比为 15:1,而燃气则为 7:1。每一组燃烧器装有一套电点火器,通过遥控手动或自动操作,电点火器投入工作,点燃炉膛内雾化燃油与空气的混合物。当使用天然气作为燃料时,天然气通过燃油喷嘴周围的燃气喷嘴喷入,并通过燃油火焰点火。

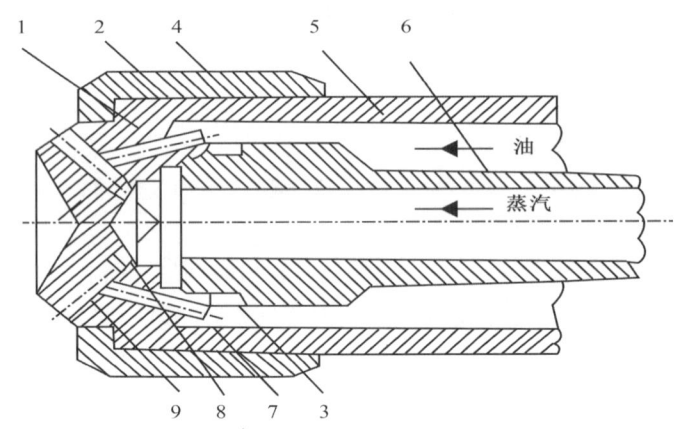

图 6-5　燃油油头
1—喷嘴头部;2,3—垫圈;4—螺帽;5—外管;6—内管;7—油孔;8—汽孔;9—混合孔

为了监测锅炉燃烧情况,每组燃烧器还配有 4 只火焰探测器,分别对燃油火焰情况、燃气火焰情况以及双燃料火焰情况进行探测。两个 CdS 型或 IR 型红外线火焰探测器用来探测燃油和双燃料火焰情况,而另外两个 UV 型紫外线火焰探测器用来探测天然气火焰情况。火焰探测器监测不到火焰时发出警报并切断燃烧器燃料供应。

锅炉燃烧有 3 种运行模式:燃油模式、双燃模式、燃气模式,如图 6-6 所示。与其他燃油锅

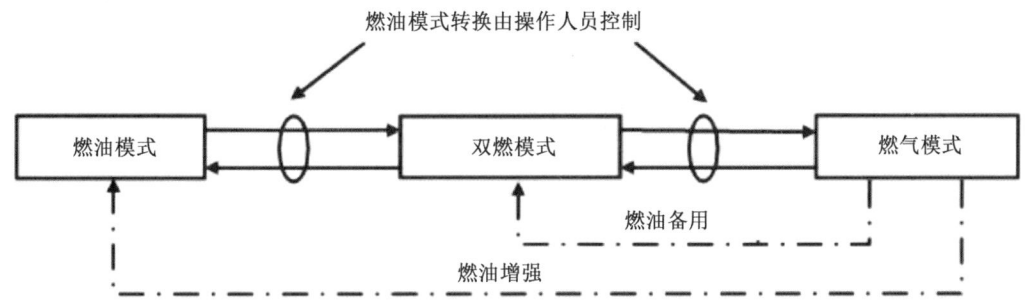

图 6-6　锅炉燃烧模式

炉一样,空气和燃油都是经过燃烧器供入炉膛。燃油喷成油雾并汽化,同时与空气混合成可燃气体,在达到着火温度且浓度合适时被点燃,这就是燃油模式。如果燃气供应系统正常,操作人员就可以手动按下燃气燃烧器启动按钮。锅炉燃烧控制系统接到燃烧燃气的命令后,自动运行燃气点火程序,管线压力自检、氮气吹扫后打开燃气供应管线(见图 6-7)上的主燃气阀,接着锅炉前所有燃气供应管路上的截止阀全部打开,燃气经锅炉燃烧器喷入炉膛,燃气被炉膛内的火焰点燃。此时,燃油燃烧器和燃气燃烧器同时工作,这就是双燃模式。如果燃气供应稳定并且燃烧良好,操作人员就可以手动停止燃油燃烧器,锅炉控制系统切断燃油供应,锅炉单独依靠燃气燃烧器运行,这就是燃气模式。为了安全,锅炉在运行燃气模式时,燃油系统处于循环备用工作状态,随时可以投入使用。增加或减少工作燃烧器的数目通过自动控制燃烧信号来操作,必要的时候也可以通过遥控按钮手动操作。

反之,锅炉在燃气模式运行时,操作人员也可以启动燃油燃烧器,运行双燃模式,还可以停止燃气燃烧器,单独运行燃油模式。除了手动转换锅炉燃烧模式之外,锅炉在燃气模式运行时,燃油备用程序或燃油增强程序被触发后将自动转换到双燃模式和燃油模式下运行。

三、主透平

LNG 船的主透平是由高压透平和低压透平组成的,由主锅炉供给的高温高压蒸汽驱动。蒸汽通过操纵阀和蒸汽滤网进入汽缸,首先流经喷嘴室,然后,依次流过各汽轮机级。当具有一定压力和温度的蒸汽连续不断地流过汽轮机时,首先在固定不动的、具有特殊截面形状汽道的喷嘴中膨胀加速,压力和温度降低,绝对速度增加,使蒸汽的热能转变为动能。然后,从喷嘴出来的高速蒸汽进入动叶栅汽道中,在其中使蒸汽的流动方向发生改变,产生蒸汽作用力推动动叶运动,将蒸汽的动能转变成动叶运动的机械能。动叶牢固地固定在转轮的外缘上,转轮又与机轴连接成一体。因此,动叶运动时获得的机械能通过转轮传递给机轴,带动从动机械做功。

高压透平属于单向推动模式,蒸汽进入透平产生动力后,又经过交叉管进入低压透平,最后排放到主冷凝器。

在紧急情况下,当要独立操作高压透平或者低压透平时,相关的膨胀接头必须移走,用交叉管线作为应急管线。

1. 高压透平

高压透平如图 6-8 所示,由二级 Semi Curtis 级和八级冲动级组成。高压透平壳体由上、下

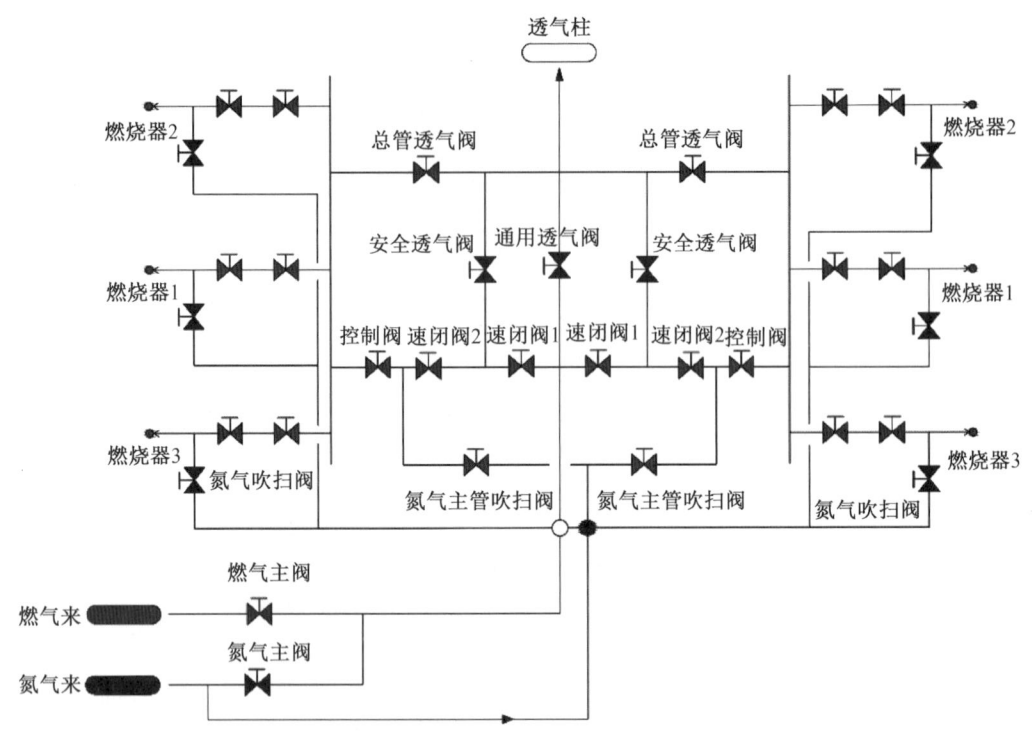

图 6-7　锅炉燃气供应管线

箱体组成,用螺栓连接。蒸汽腔位于下箱体。两个蒸汽进口通过焊接的蒸汽管与操纵阀相连。高压透平的喷嘴是装配型并与隔板相焊,每一隔板装有迷宫式密封环,以阻止蒸汽沿透平转子从一级泄漏到另一级。高压透平转子是实心坚固型,叶片叶根装配在转轮外缘的 T 形槽内。透平推力轴承位于高压透平的前端。推力轴承采用米切尔型的,推力块为一个扇形块,工作面上浇有白合金,每块推力块由一支点支撑。推力轴承内充满滑油,流量由调节器控制。

高压透平的特点:高效的冲动级且带 Semi Curtis 控制;整体围带型叶片有利于减少共振时的振动应力;有效的热力膨胀布置;带有泄漏控制的最优化间距设计。

2. 低压透平

低压透平属于冲动/反动式,如图 6-9 所示,由八级组成,倒车有二级。低压透平箱体由正车蒸汽腔、正车箱体、倒车箱体和气阀箱体组成。低压透平第一级的喷嘴是装配型,并与隔板相焊,第二至第八级喷嘴是浇注在隔板中,每一隔板都装有迷宫式密封环。带有倒车转轮的低压透平转子是整体实心型,第一到第六级和倒车级的叶片叶根装配在转轮外缘的 T 形槽内,而第七至第八级则是双 T 形。透平推力轴承位于低压转子的前端。推力轴承属于米切尔型的,结构与高压透平推力轴承相同。

倒车级汽缸与低压缸是同一个水平中分面,它由上、下两半部分组成。上、下两半汽缸采用锥形销相互定位,水平分面法兰采用耐热钢螺栓连接。倒车蒸汽经过倒车进气管、倒车隔离阀进入倒车汽轮中,做功后排汽进入主冷凝器。倒车第一级喷嘴分为两组,一组布置在汽缸上部,另一组布置在下部。

高、低压前汽缸与轴承箱采用活动连接,使汽缸受热时在水平、垂直和轴向自由膨胀,又保

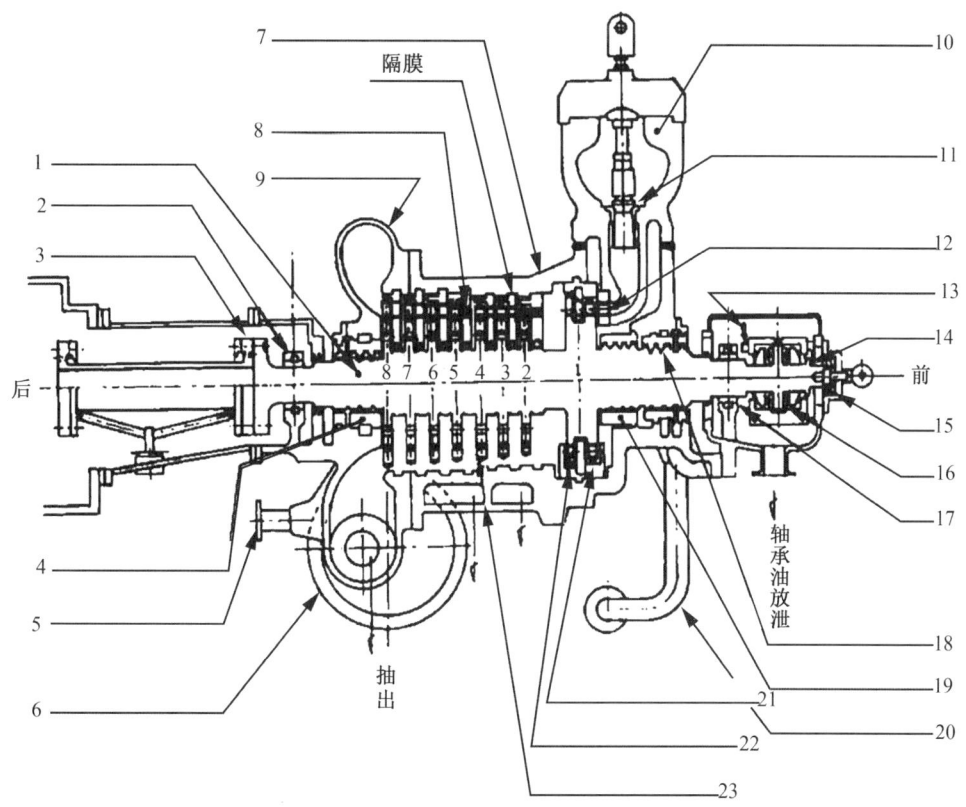

图 6-8　高压透平

1—转子轴;2—后轴承;3—柔性联轴节;4—后盘根套;5—后蒸汽密封;6—废气排至低压透平;7—高压侧外壳;8—第二到第八级喷嘴;9—低压侧外壳;10—喷嘴阀箱;11—正车喷嘴阀;12—第一级喷嘴;13—振动监视器;14—转子位置指示器;15—调速器叶轮;16—推力轴承;17—前轴承;18—迷宫式密封;19—前盘根套;20—前蒸汽密封;21—第一级、第一排叶轮;22—第一级、第二排叶轮;23—第二到第八级叶轮

证汽缸和转子间保持在正确的相对位置。它是通过下半汽缸进气端左右支脚、下部中央位置的垂直键槽及挠性支持板来实现的。汽轮机上有三级不调整抽气,分别在高压第五级后、容汽管和低压第五级后抽出,送至高压给水加热器、除氧器和低压给水加热器,各抽气管上装有止回阀。

为了满足船舶航行的要求,汽轮机根据航速的变化,需要相应地调节功率。为了改变汽轮机的功率,可以调节进入汽轮机的蒸汽量或改变蒸汽在汽轮机内的做功能力,或同时采取这两种措施。船舶汽轮机调节方式有:节流调节、喷嘴调节和混合调节三种。

3. 控制油路

船舶在进出港、靠离码头或浅水域航行时,航速、航向经常发生变化。但是,在某航速下远航时,要求航速相对稳定,不许有很大的偏差。所以,船舶汽轮机调速系统的任务是:能正确、迅速、平稳地改变汽轮机转速;在稳定工况下运行时,汽轮机转速与给定值之间的偏差值在允许的范围内。另外,船舶汽轮机检测装置时刻监视汽轮机的运行。当出现事故的预兆时,自动保护装置发出信号,当事故不可避免时,自动关闭速闭阀,使汽轮机停止工作。这些保护包括飞车保护、低控制油压力和盘车联锁保护。UV400型号的蒸汽透平机的这些控制是由控制滑

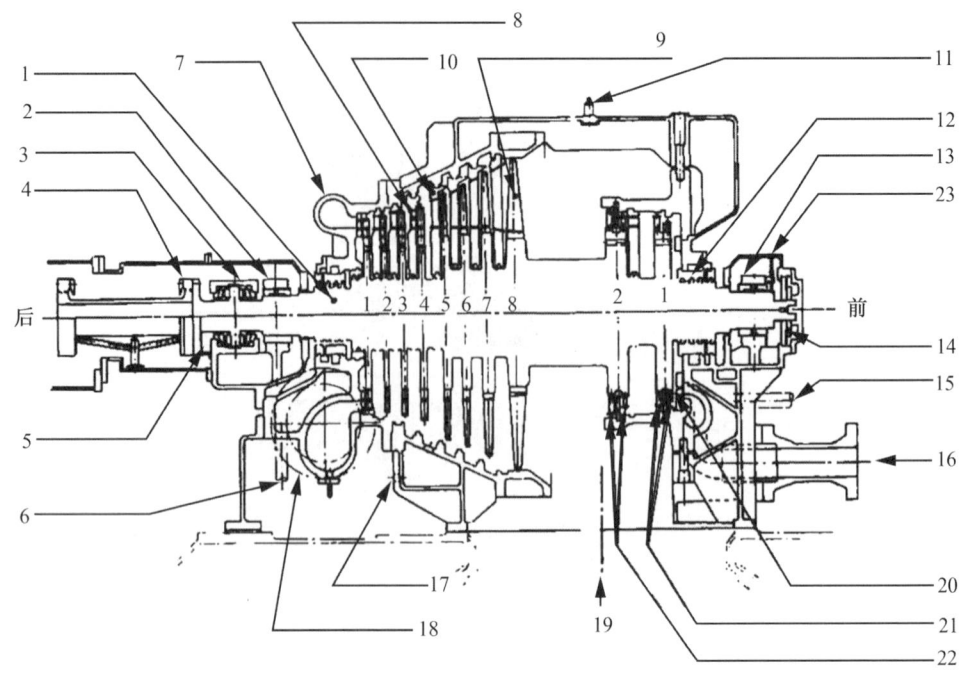

图 6-9 低压透平

1—转子轴承；2—后轴承；3—推力轴承；4—柔性联轴节；5—转子位置指示器；6—蒸汽密封；7—外壳；8—正车第一级到第八级喷嘴；9—正车第一到第八级叶轮；10—隔板；11—传送阀；12—迷宫式密封；13—前轴承；14—振动监视器；16—倒车蒸汽进口；17—抽出；18—正车蒸汽进口；19—排至主冷凝器；20—倒车第一级喷嘴；21—倒车第一级、第一到第二排喷嘴；22—倒车第二级、第一到第二排喷嘴；23—振动监视器

油来实现的，滑油的提供是由两台辅滑油泵（一台备用）和一台轴带主滑油泵，在开始的时候和主机低速时主机的滑油是由一台辅滑油泵提供的。当主轴的转速达到最大航行转速的90%的时候辅滑油泵自动停止，切换成主机自带的主滑油泵。排出压力是由压力控制阀来控制的。

主机的滑油存于主机滑油油底壳，经过泵后的压力达到 4 bar，进入滑油冷却器充分冷却后供给主机轴承润滑和齿轮喷淋，在未进入冷却器之前主管路上面分出一路支管作为控制滑油。控制滑油在进入控制油路之前先经过两个并联滤器（检修时互为备用），然后分成三路，一路进入紧急切断阀作为操作主控制阀的控制油，一路到盘车机的盘车拉杆位置，一路经过一个三通电磁阀进入高低压透平轴端的飞车保护装置和紧急切断阀作为紧急切断阀的控制油。滑油控制线路工作原理如图 6-10 所示。

当主机工作时，三通电磁阀的工作状态是 AB 位，即由油泵提供的油压供给主控制单元；当满足停车要求时，停车信号以电信号的方式传给三通电磁阀的时候三通电磁阀动作改变其连通的方式，AB 到 BC 连通，从而泄放三通电磁阀后面的油压，主控制阀在弹簧力的作用下回到中位停止位置，从而实现其控制主机停止的目的。

控制滑油到高低压透平一路的目的是实现飞车保护。滑油的油压顶在主机轴带的一个装置上面，当主机的转速过高且超过设定的转速时，滑油直接从保护装置中泄到主机油底壳中，导致主控制阀回到中位而主机供汽停止。

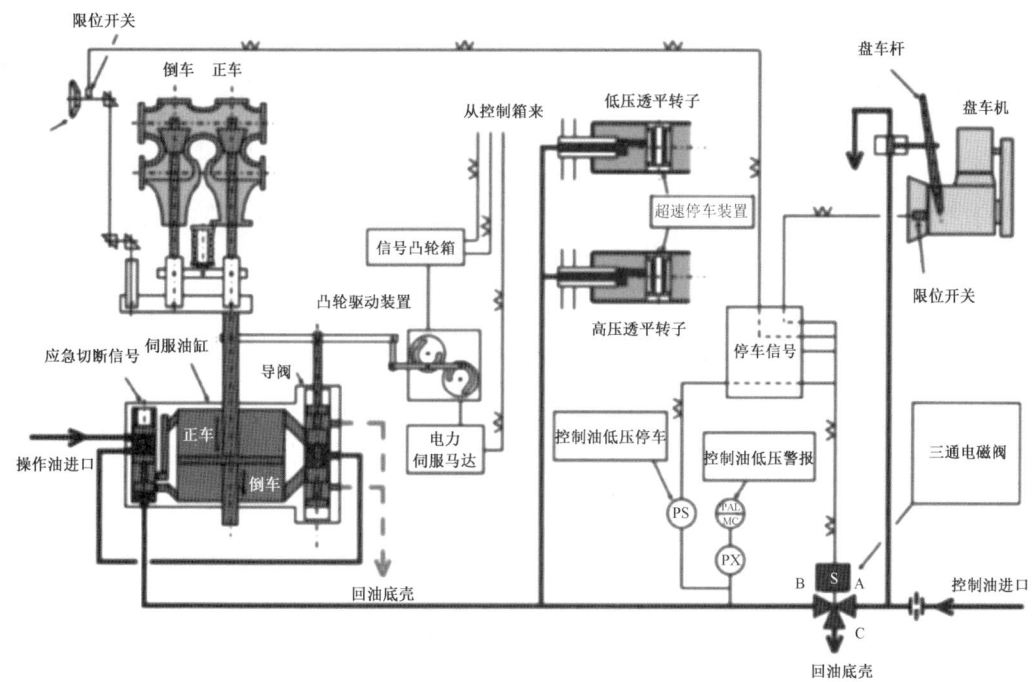

图 6-10　滑油控制线路

盘车机是在主机停止以后投入使用,为了使主机一直处于运转状态,但是当主机运转起来后就应当停止,因为主机的运转会损坏盘车机。盘车机脱开以后,这一路油压顶住盘车机的拉杆。当盘车机拉杆偏离脱开位置或者盘车机啮合时,此路油压释放,主蒸汽路闭锁,主机停车。

（1）滑油控制的原理

主控制设备的组成:主控制阀、倒车导阀、电动伺服马达、凸轮机构、反馈机构、控制箱、活塞、伺服油缸、拉杆、先导阀、紧急切断阀。

当油到了主控制设备后的工作情况如图 6-11 所示,活塞杆连接正倒车阀,活塞向上运动打开正车阀,向下运动打开倒车阀。凸轮机构接收到遥控信号时,如正车信号,凸轮带动拉杆向下移动带动先导阀打开,当反馈装置接收到凸轮拉杆到达相应的位置时伺服马达停止。控制油从下面进入主控制阀的下部分后,油压使得阀向上移动,凸轮的拉杆此时停止动作,所以只带动先导阀的阀杆运动,当到达先导阀的关闭位置时此动作结束,从而打开了正车的主控制阀,而实现正车。倒车隔离阀是倒车截止阀,此阀是由压缩空气控制的,当遥控系统出现故障的时候也能够手动操作。倒车操作时主控制倒车阀打开主蒸汽进入倒车隔离阀后,联锁装置打开隔离阀使蒸汽进入倒车透平。

应急操车设备安装在高压透平之前由主控制阀和应急停止齿轮装置组成。主控制阀开关由伺服油压来控制,其先导阀由驱动器控制,这个驱动器以伺服马达的形式由控制终端来控制。在应急的时候,主机通过应急停止齿轮来关闭主控制阀而快速停止。

当主控制设备之前控制滑油的油压泄放之时,紧急切断阀阀杆控制的油压立即释放,阀杆受弹簧力的作用回到原位,操作主控制阀的控制油供先导阀油路被截死,并且把主控制活塞的上、下两路连通。没有供油情况下,主控制阀在自身弹簧力的作用下回到中位关闭位置,从而截断蒸汽进入透平,达到停车的目的。

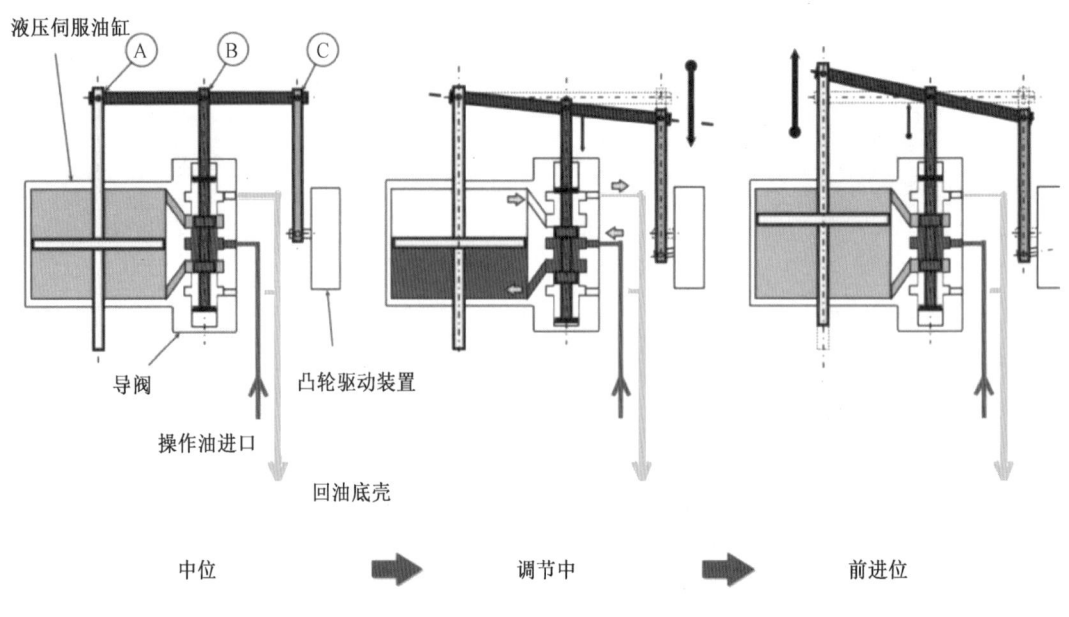

图 6-11 主控制单元

（2）飞车保护的原理

工作原理:此飞车保护装置是离心式机构,安装在高、低压透平末端转子上。如图 6-12 所示,控制油进入缸套的外围和基座形成的空腔里,芯轴通过弹簧底座和螺旋插销上的孔固定下来,只能够轴向运动,在弹簧力的作用下通过一光滑的 A 形斜面与缸套密封良好。在转轴的中心线上,芯轴被分成了两部分,上面粗,下面细,设计要求这两部分的质量不等,它们相差的大小由设计最高转速决定。

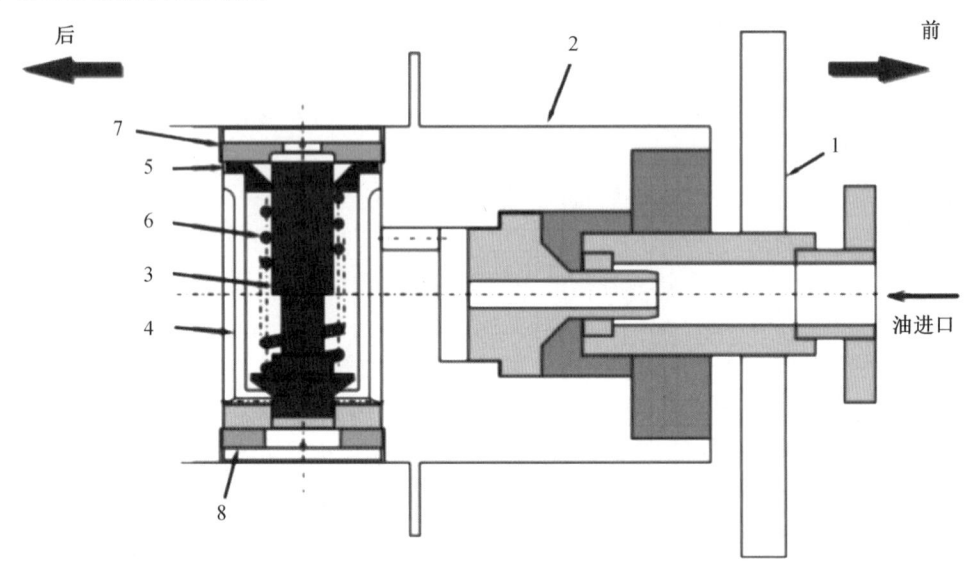

图 6-12 飞车保护装置示意图

1—挡板;2—透平转子;3—芯轴;4—缸套;5—弹簧座;6—弹簧;7—螺旋插销

当透平运行在设定的转速之内(即在小于飞车转速之前),控制油将被封在缸套和基座形成的油腔里。当转速过高时,由于阀杆两边的质量不一样,当受到离心力的作用,它就有向质量大的一方移动的趋势,当此力超过弹簧的张力的时候,芯轴偏离原来的位置弹簧被压缩,转速越大,离心力越大。当转速达到飞车保护的转速时,阀杆抬起,控制油泄压,主机停车。

（3）主透平的保护

主透平的控制信号:主机的保护系统提供给主机全方位的保护,通过主机紧急停止或减速的方式,避免主机本身和相关设备给主机带来损害。除了飞车保护和盘车机保护(实际上盘车机是有双重保护的,其中一重是上面介绍的油压泄放,还有一重是由三通电磁阀控制的,电信号来源于盘车机的接触器,如图6-10所示)之外,大部分的保护是由三通电磁阀和主控制装置来实现的。通过对一些表征设备状态的参数进行测定,再传给控制箱进行分析、处理,如果越限,控制系统就会发出电信号去控制相关设备。下面列出影响主机安全运行的主要因素:

主机停车方面:

①超速(主轴和低压透平);

②主冷凝器真空度低;

③主冷凝热水井水位极低;

④滑油压力低;

⑤控制滑油压力低;

⑥高低压透平振动超标;

⑦主止推轴承轴向窜动超标;

⑧高低压透平转子轴向窜动超标;

⑨左右锅炉水位过高;

⑩两台锅炉都熄火;

⑪主蒸汽压力低;

⑫过热蒸汽温度高或低;

⑬手动或紧急停止操作;

⑭自动旋转超速;

⑮应急操作手柄没有在中间位置;

⑯盘车机合上。

主机减速方面:

①主冷凝器热水井水位高;

②主冷凝器真空度低;

③主蒸汽压力低;

④一台锅炉熄火;

⑤锅炉水位高或低;

⑥主止推轴承温度高;

⑦尾轴温度高;

⑧中间轴承温度高;

⑨高压透平转子振动高;

⑩低压透平转子振动高。

4. 主机的暖机操作

暖机的目的是使汽轮机从冷状态安全地过渡到热状态。暖机过程就是用蒸汽加热汽轮机,使它接近工作状态的过程。备车之前需要暖机,主蒸汽阀被打开,盘车机脱开,主蒸汽抵达主控制阀前,转换自动自旋转为手动自旋转,该旋转开关位于集控室的控制台上,转动开关之前需要先按下限速按钮(当速度超过 12 r/min 时自动关闭主控制阀)。此旋转开关左位为正车,中位为停止,右位为倒车,开始手动自旋转后,正车的速度达到 6~8 r/min 时立即转动开关到倒车位,倒车达到 6~8 r/min 时,立即转为正车,进行正车—倒车—正车往复操作,无须停车,控制蒸汽源源不断地进入主透平,汽缸温度逐渐上升。暖机需要十多分钟的时间。暖机结束的指标有汽缸温度,或汽缸和转子的膨胀量是否达到规定值。

为了保证汽轮机能够随时或在规定时间内投入工作,汽轮机必须保持热状态,防止冷却过快或冷却不均而产生过大的热变形和热应力,保证汽轮机重新启动时安全可靠。所以主机在停车的时候实际上主轴和主透平都没有停下来,而是定期进行盘车,给主机持续地加热暖机,主机会一直保持持续停止时间很短的间隔性转动,这就是自旋转(Auto spinning)。当主机完车后合上盘车机,大约 2.5 min 以后转速不超过 2 r/min 时,主控制阀的倒车打开,自转动指示灯亮了以后进入了自转动程序,如果转速超过 2 r/min 时倒车阀关闭。正常情况下,正车阀在倒车阀关闭 3 min 后打开,当转速达到或超过 6 r/min 时,自旋转方向倒车变正车。自旋转操作大约 3 min 改变一次方向,一直到备车。

5. 汽轮机组的运行管理

当主汽轮机组增速时,蒸汽流量增加,蒸汽参数升高。这时,蒸汽与汽缸和转子等主要部件表面间的温差,及这些主要部件的内外温差相应增大。如果增速过快,汽缸和转子等主要部件内会产生过大的热应力和热变形,以及转子与静子间的间隙变化过大。因此,操作规程中对于增速分阶段进行,每阶段增速后需要稳定运行的时间都有严格的规定。

当操纵主汽轮机组增速时,要缓慢进行,以免操作过快而使主汽轮机组进气量突然增加,造成锅炉汽水共腾。

在主汽轮机组减速时,不会发生过大热应力和热变形问题,因此,没有时间限制。但是在采用混合调节时,应避免只有一组喷嘴投入工作,使调节级等熵焓降过大而超负荷,这时必须监视调节级后的压力不超过规定值。

主汽轮机组减速过快,会使锅炉汽压急剧升高,造成锅炉安全阀跑汽。

当主汽轮机组变速时,要仔细按规定疏水,保持冷凝器真空稳定和润滑系统正常工作,还要保持蒸汽初参数稳定。

当船舶短时间或长时间后退,或对主汽轮机刹车使船舶迅速由前进变为停止时,都需要倒车汽轮机投入工作。在船舶前进时,倒车汽轮机不进汽而被正车汽轮机带动倒转。一旦需要制动时,首先关闭正车操纵阀,使工作蒸汽不再进入正车汽轮机内。这时主汽轮机的转子在惯性力的作用下继续按原来的方向转动,船舶在惯性力的作用下继续向前滑行,但是,由于螺旋桨受到水的阻力,转速迅速降低。正车操纵阀关闭后,立即开启倒车操纵阀,使工作蒸汽进入倒车汽轮机级,在机动操纵前,需预先开启倒车隔离阀,发出一定的倒车功率,迫使正车汽轮机先停止运动,接着开始倒转,从而带动螺旋桨产生后退的推力,使船舶停止航行。这就称为回汽制动。回汽制动后,汽轮机必须稳定运行一段时间,然后才允许升高转速等,以免部分汽轮机内的温度过高,产生过大的热变形和热应力。

6. 主机的应急操作

主机在下列状态下要使用应急操作:

(1)当驾驶台与集控室里面的遥控设备出现问题的时候就要求应急操车;

(2)当在紧急用车情况的时候,控制滑油出现失压或者三通电磁阀出现故障的时候;

(3)在特殊情况下。

应急操作时的注意事项:

当主机在应急操作时是没有任何自动保护的,主机的控制滑油没有压力,此时三通电磁阀的位置是 BC 连通导致主控制设备的滑油失压而失去控制能力。所以一旦出现满足主机停车和减速操作的情况时,立即操作手轮使主控制阀回到中位停止位置,以停止主机而保护主机。在应急操车的时候一般要求三个人甚至以上协同操作,一个人操作手动控制手轮,一个人在倒车透平的喷淋阀前待命,一个人在面板上面观察所有的数据变化,三个人要相互配合,当上述状况发生时立即把手轮转回停车位置,从而保护主机免受损害。

应急设备的组成如图 6-13 所示:操纵手轮、锥齿轮传动单元、传动杆、执行单元(即控制主控制阀的开与关)。

手动控制的原理:根据车钟转动手轮,手轮把转动传给锥齿轮传动单元又传给传动杆,又经过一个锥齿轮,把旋转的运动转化成为上下运动,向下运动为正车方向,向上运动则为倒车方向,从而达到跟滑油控制同样的效果。

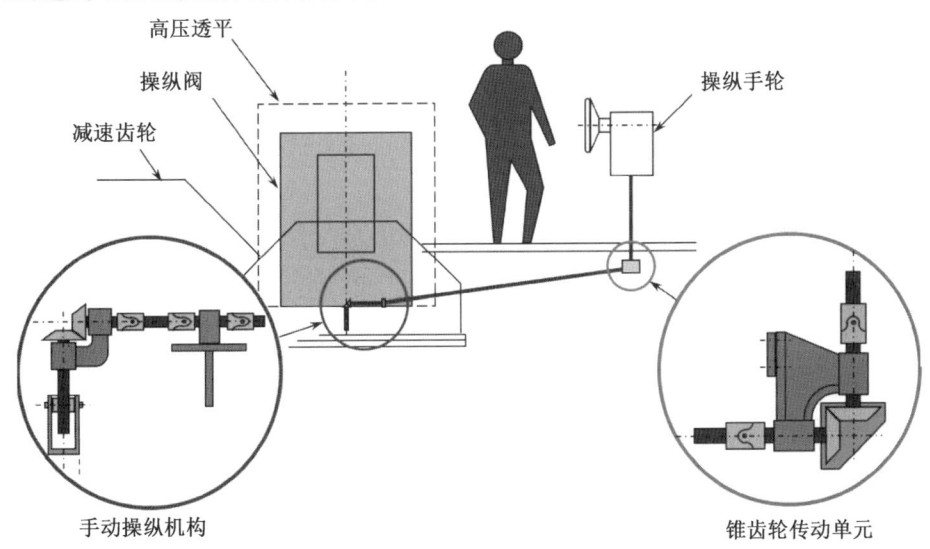

图 6-13　应急操作示意图

应急操作的步骤:

(1)与驾驶台取得联系,把遥控控制转到集控室;

(2)戴上对讲机,与集控室取得联系;

(3)转换控制到主机旁边的应急操作面板;

(4)等待驾驶台的车钟信号;

(5)一旦驾驶台给出信号,先通过控制面板上面的按钮来答复给出的车钟;

（6）拉出插销,转动手轮,转到要求的车钟的位置;

（7）正车时向右转动手轮,仔细看好指示器,当要到达要求的转速时要慢慢转动;

（8）倒车时,转动手轮之前要让站在喷淋阀旁边的人知道,倒车时立即打开喷淋阀;

（9）停止信号时,把手轮转到停止的位置即可,但是为了使主机快速地停下来,可以向相反的方向转动手轮后再转到停止位置,但是只要在倒车位置,都必须打开喷淋阀。

计算8: 初态为 $p_1 = 5$ MPa、$t_1 = 450$ ℃ 的过热蒸汽,进入汽轮机绝热膨胀,终压 $p_2 = 0.005$ MPa,求终态的干度、比熵和所做的比轴功。若汽轮机的相对内效率 $\eta_{oi} = 0.9$,求终态的干度、比熵和所做的比轴功。

解: 由 $h\text{-}s$ 图(见附录三)查得

$h_1 = 3\ 317$ kJ/kg $\quad s_2 = s_1 = 6.820\ 4$ kJ/(kg·K)

$x_2 = 0.801 \quad h_2 = 2\ 079$ kJ/kg

由此算得比轴功

$W_{t,s} = h_1 - h_2 = 3\ 317 - 2\ 079 = 1\ 238$ kJ/kg

当 $\eta_{oi} = 0.9$ 时,为不可逆绝热过程,实际比轴功

$W'_{t,s} = \eta_{oi} W_{t,s} = 0.9 \times 1\ 238 = 1\ 114$ kJ/kg

由 $\eta_{oi} = h_1 - h_3 / h_1 - h_2$

得 $h_3 = h_1 - \eta_{oi}(h_1 - h_2) = 3\ 317 - 0.9 \times 1\ 238 = 2\ 203$ kJ/kg

由 h_3 和 p_2 的数值,在 $h\text{-}s$ 图确定点3,可得

$x_3 = 0.852 \quad s_3 = 7.223\ 2$ kJ/(kg·K)

不可逆绝热过程的比熵

$\Delta s_g = s_3 - s_2 = 7.223\ 2 - 6.820\ 4 = 0.402\ 8$ kJ/(kg·K)

第三节 双燃料发动机电力推进装置

一、双燃料发动机工作原理

进气过程中燃气喷入燃气和空气一起被压缩喷入点火油,点燃混合气体电力推进装置配套的双燃料发动机一般是由普通的四冲程柴油机改装而成的,只是在进气阀处增设了燃气喷射设备,它能够利用燃气作为燃料。在燃气模式下,燃气喷射到空气进口,进气行程进气阀打开,吸入空气和燃气。压缩行程进气阀关闭后,燃气与空气一起被压缩。在压缩过程的后期喷射少量柴油到燃烧室点燃空气/燃气混合物,如图6-14所示。

在燃气工作模式,双燃料发动机根据奥托循环原理以稀薄燃烧发动机形式工作。稀薄燃烧是指汽缸内空气与燃气混合物中含有的空气比完全燃烧所需要的空气要多,以降低排烟温度。由于稀薄燃烧技术具有更高压缩比和优化的喷射定时,使得 NO_x 的排放减少,效率增加。与其他稀薄燃烧的气体发动机采用火花塞点火不同,而是通过喷射少量的柴油来点火,为吸入汽缸内大量的可燃气体提供高能量点火来源。这部分柴油称为点火油。喷入的柴油的数量极

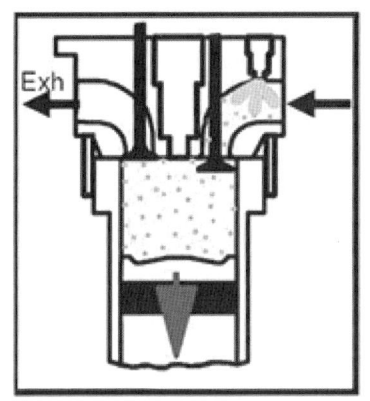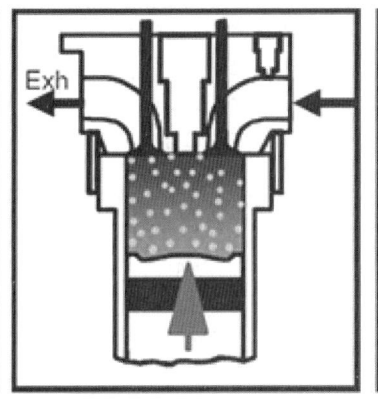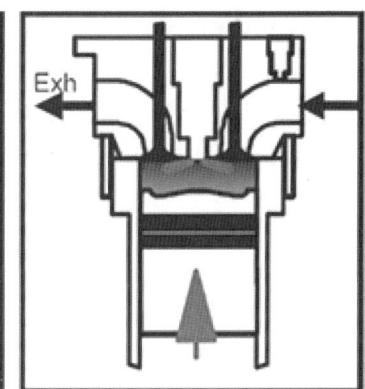

图 6-14　双燃料发动机工作原理图

少,通常小于正常负荷时喷射柴油的 1%,获得 NO$_x$ 的排放大约是标准柴油机排放的 10%。

在液体燃料工作模式时,双燃料发动机与其他任何柴油机工作原理一样,使用液体燃料例如重油或柴油,利用燃油喷射系统的高压燃油喷射泵,燃油在上止点之前以很高的压力喷入燃烧室。如果燃气被中断或发生其他任何警报时,双燃料发动机自动从燃气工作模式切换到备用的液体燃料模式。双燃料发动机切换到液体燃料模式时发动机的功率和速度都不会发生损失。

二、典型的双燃料发动机

目前应用于电力推进 LNG 船的双燃料发动机主要有 Wärtsilä 50DF 和 MAN B&W 51/60DF 两种机型。

1. Wärtsilä 50DF 双燃料发动机

Wärtsilä 50DF 是 Wärtsilä 公司推出的船用四冲程双燃料智能型内燃机,燃料以天然气为主,点火油为轻油,当采用液体燃料模式时使用重油。天然气和点火油的喷射都采用电子控制,即电喷技术。Wärtsilä 50DF 目前已拥有 6L 到 18V 系列机型,单缸功率为 950 kW,最大输出功率 17 100 kW,转速 500 或 514 r/min,最大热效率可以达到 47%。Wärtsilä 50DF 以低排放、高效率、高可靠性及灵活转换燃料类型等技术优势提供输出功率,广泛用于 LNG 船的电力推进,效果良好。

（1）运行模式

Wärtsilä 50DF 双燃料发动机的主要运行模式是气体模式,备用模式是燃油模式。

①气体模式

Wärtsilä 50DF 双燃料发动机的气体模式采用"天然气+点火油"的方案,低压天然气(小于 0.5 MPa)与空气在进气冲程同时进入汽缸;压缩冲程末期,高压点火油喷入汽缸。点火燃油量小于满负荷下燃油量的 1%。

②燃油模式

Wärtsilä 50DF 双燃料发动机的燃油模式,采用"HFO+点火油"的方案,此时就是一台柴油机。

③运行模式转换

无论是天然气模式还是燃油模式运行,Wärtsilä 50DF 都能提供相同的输出功率,系统的运行模式与负荷紧密相关。

系统启动时总是使用燃油模式,在所有的缸都已经稳定燃烧后,才启用天然气模式,以保证启动的安全和可靠。即使主机在气体模式下启动,若负荷在 15%以下,三分钟后仍会转换到燃油模式;在 15%~80%的负荷区域,Wärtsilä 50DF 可以自动地从燃油模式转换到气体模式运行。转换时间约为 1 min,天然气逐渐替代燃油;在 80%~100%的负荷区域,系统可以以气体模式或燃油模式运行,但是只能从气体模式转换为燃油模式,而无法从燃油模式转换到气体模式。如果发生天然气供应中断等故障时,Wärtsilä 50DF 可以在任何负荷下立即自动地从气体运行模式切换到燃油运行模式。

(2)燃料系统

燃料系统分为燃油和天然气两部分,如图 6-15 所示。

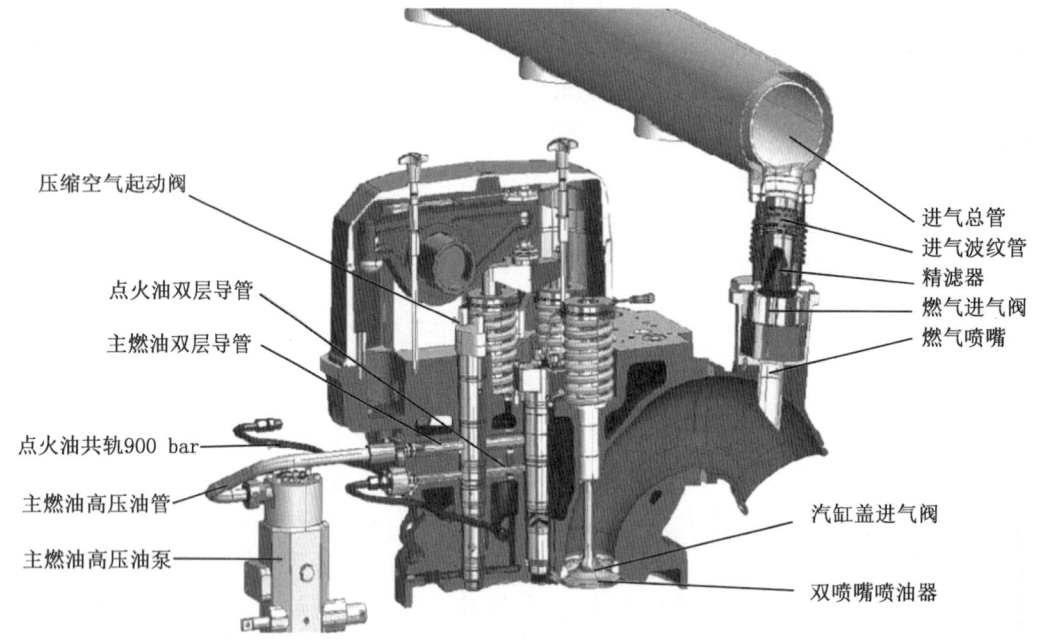

图 6-15　Wärtsilä 50DF 燃气/燃油系统

①燃油系统

燃油系统可分为点火油系统和主燃油系统等两个子系统,Wärtsilä 50DF 的燃油系统泵单元包括双芯滤器、机带的径向活塞泵、压力调节阀等。主燃油系统(即 HFO)采用传统方法,由凸轮轴驱动高压油泵产生约为 150 MPa 压力的高压油直接送至喷油器大孔。点火油则通过点火油泵单元升压至 90 MPa 左右,再通过小管径共轨管路,送至每个缸的喷油器小孔。

Wärtsilä 50DF 的喷油器采用双针阀,喷油器上,大孔用于燃油模式的 HFO 喷射;而小孔则用于气体模式的点火油喷射,点火油的喷射是由电磁阀控制的。气体模式运行时,通过电磁阀实现对每个缸点火油喷射的最佳定时和最佳持续时间控制,因此可以获得非常低的 NO_x 排放;燃油模式运行时,小孔和大孔先后喷射点火油和 HFO,二次喷射可以降低燃烧峰值温度,减少 NO_x 排放。

点火油泵是一个机带泵,接收来自控制系统的点火油压力输出信号,借以独立地设定并维持在所需的数值上。点火油泵出口的燃油压力信号传递给发动机控制系统。共轨管路采用带泄漏报警的双层管设计,将高压点火油送到每只喷油器,还具有蓄压和稳压功能,防止系统中压力的脉动。

②燃气系统

天然气经气阀单元 GVU(包括截止阀、调压阀、排放阀等),经过细滤器,再通过大管径的共轨管路,送至燃气进气阀,喷入空气进入管道。Wärtsilä 50DF 的燃气系统气体压力大小取决于天然气的最小低热值以及内燃机的负荷,通常小于 0.5 MPa。若低热值为 36 MJ/Nm³,满负荷时天然气进机压力为 0.39 MPa;若天然气压力较低,则必须提高天然气压力。燃气进气阀是一个直接动作型的电磁阀,每缸一个,由控制系统 WECS 根据负荷的变化等因素精确地调节进气量,确保完全独立地控制每个缸的燃烧。由于燃气进气阀的定时独立于空气进气阀,在汽缸里不会发生天然气直接被送到排气系统的危险。天然气单独进入汽缸,可确保正确的空/燃比,以及与效率、排放相关的最佳运行点,使得机组性能可靠,避免不必要的故障停车、敲缸或不发火等。当 Wärtsilä 50DF 执行停车程序(如停车、应急停车、故障停车)或由气体模式转为燃油模式时,天然气共轨上的泄放阀自动开启,将管路中的气体释放到规定的安全区域或焚烧炉。维修之前,天然气供气管路需卸压,并用氮气冲洗。

由于双燃料发动机具有更高的效率和更加清洁的燃料,其排放物比蒸汽轮机、柴油机和燃气–柴油发动机都要低。但是燃气的特性参数对发动机的功率有一定的影响,甲烷值每低于 80 一个点,发动机 MCR 就会下降一个点,Wärtsilä 50DF 发动机对燃气的要求如表 6-2 所示。双燃料发动机结合电力推进系统,能在任何负荷下获得更佳的性能和更高的效率。

表 6-2　Wärtsilä 50DF 发动机对燃气的要求

特性参数	单位	限制值
低热值	MJ/Nm³	28~36
甲烷值	—	80
燃气温度	℃	0~60

(3)排放控制

空气和天然气混合物的燃烧,从点火油喷入汽缸开始。控制系统 WECS 负责每个缸天然气进气阀和点火油喷油器的控制,确保在合理的空/燃比、先导油喷射量和正确的喷射定时下运行。在较高负荷下,敲缸和不发火之间的运行窗口范围是非常窄的。控制系统需要不断地调节点火油及空气–天然气的比例,以保持每个汽缸处于敲缸和不发火之间的运行点之上。上述控制可将每个缸都保持在最佳运行范围内,确保在所有工况下都能获得最高的效率和最小的排放。显然,采用天然气模式运行,NO_x 和 CO_2 的排放量较燃油模式要小得多。

对于柴油机而言,要减少 NO_x 的排放量,就必须控制产生 NO_x 的两个主要参数:燃烧峰点温度和滞留时间。Wärtsilä 50DF 的 NO_x 排放量低,完全符合当前严格的排放标准。一方面它的空/燃比高(典型值为 2.2),而且燃烧峰点温度低,排放 NO_x 就相应较少;另一方面,天然气和空气在进入汽缸时预混合,使得汽缸中的混合物均匀,可减少汽缸某些局部 NO_x 的生成。

2. MAN B&W 51/60DF 双燃料发动机

MAN B&W 51/60DF 四冲程中速双燃料发动机,是以 48/60B 重质燃料四冲程发动机改装而成的,只是在进气阀前进气管路上增设了燃气喷射设备。为适应 LNG 挥发气 BOG 作为燃料的需要,51/60DF 双燃料发动机的汽缸平均有效压力降至 19.05 bar,缸径加大到 51 cm,单缸功率降至 1 000 kW。51/60DF 双燃料发动机,低排放、高效,不同燃料工作模式转换灵活,按汽缸排列方式有 L 型和 V 型系列。自 2009 年 1 月西班牙船东在韩国 STX 船厂建造的安装有 5 台 8L 51/60DF 型机的 LNG 船成功交付以来,51/60DF 双燃料发动机逐渐得到了 LNG 航运公司的认可和欢迎。

(1)运行模式

51/60DF 发动机的运行,按燃料的不同,有燃气模式、燃油模式、油气混烧模式、备用模式等四种。

①燃气模式

按燃气模式工作时,燃油的高压油泵在凸轮轴的带动下运转,但油路旁通、主喷油器不喷油。进气冲程时,活塞下行,增压空气经进气阀进入汽缸;通过压缩的天然气通过汽缸的燃气进气阀进入汽缸,二者在缸内混合;压缩冲程中,燃气和增压空气混合并被压缩;爆炸膨胀冲程中,活塞接近上止点时,点火油共轨系统提供少量点火油,大约是燃油模式满负荷燃油量的 1%,经电磁阀控制的点火油阀喷入汽缸,遇压缩终点的高温燃烧,引燃缸内高压混合气爆炸,随后膨胀做功。排气冲程中缸内废气通过排气阀排出。

燃气进气阀引入 99% 的自然蒸发天然气和强制蒸发气,点火油头喷射 1% 的柴油。

②燃油模式

与传统柴油机基本一致,燃油的高压油泵在凸轮轴的带动下运转,主喷油器喷油;为了保持点火油阀的清洁并随时准备转换到燃气模式,点火油系统持续运行和喷油。主油头喷射 99% 的柴油或重油,点火油头喷射 1% 的柴油。

③油气混烧模式

LNG 船压载航行或货舱自然蒸发气不足时,双燃料内燃机同时燃用燃气和燃油,以便更有效控制货舱内压力,同时实现最佳节能状态。

双燃料发动机在油气混烧模式下运行时,燃气和液态燃油共同进入发动机汽缸,这就要求该双燃料发动机既要满足燃气运行的条件,又要满足液态燃油燃烧的要求。双燃料发动机在液态燃油模式工作的原理是基于狄赛尔循环,而在燃气模式工作的原理是基于奥托循环。工作原理的不同,以及双燃料发动机部件的机械性能和排放限制等要求,决定了油气混烧功能必然有一定的操作限制。MAN B&W 在进行大量试验的基础上,根据液态和气态燃料比以及机器的负荷对油气混烧模式的运行分为 A1~A6 六个区域,参考图 6-16。

图中下横轴为气体燃料占需求能量的百分比;上横轴为液态燃料占总需求能量的百分比,两者相加为 100%;竖轴为柴油机的负荷。可见,0~15%MCR 只能使用液态燃油;15%~100% MCR 可以持续运转,其中深色区域可以进行油气混烧。

图中 A1 区域为油气混烧推荐的运行区域:该区域位于双燃料发动机运行区域的中央,随着发动机负荷的增加可操作区域逐渐变宽。

A2 区域油气混烧可以运行,但不推荐的区域。该区域总体负荷大约低于 50%MCR,随着燃气在总能量的百分比逐渐增加,燃油百分比逐渐减少,区域也随之扩大;该区域油气混烧模式可以进行,但应尽量避免。在本区域发动机的负荷较低,燃气能量占的比例较高,液态燃油比例较小,会造成雾化不良而导致冒黑烟。

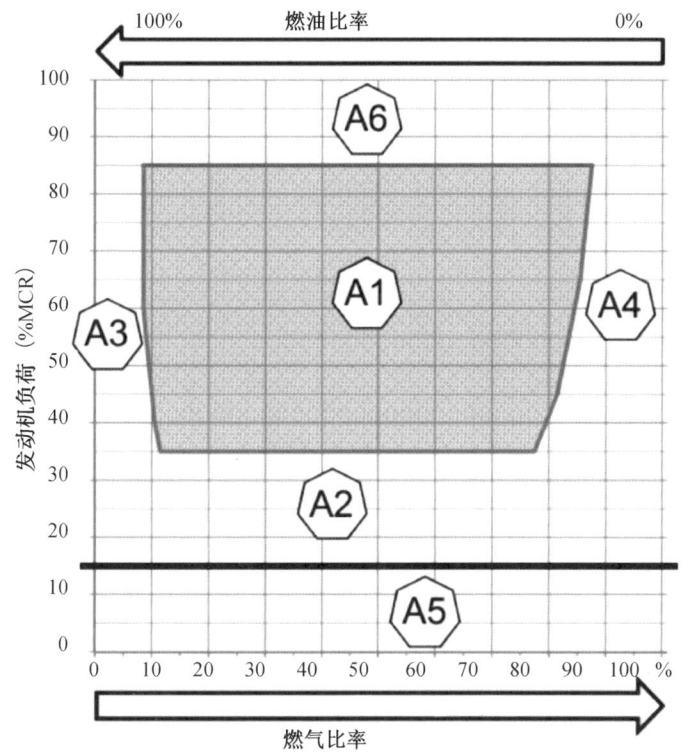

图 6-16　双燃料发动机混烧模式

A3 区域不能进行油气混烧:该区域随着负荷的增加逐渐减小,气体进气阀门需要最小的开关时间,气体喷射不能有效,只能采用燃油模式。

A4 区域不能进行油气混烧:该区域为了保证燃油的雾化质量,喷油嘴最小油量无法保证,从而无法进行气体混烧模式,只能采用燃气模式。

A5 区域不能进行油气混烧:出于柴油机运行安全考量,0~15%MCR 范围内,双燃料发动机的负荷低,会造成大量没有燃烧的燃气进入排气系统,不允许使用气体模式,而只能采用燃油模式。

A6 区域运行时发动机部件温度过高,不允许长时间使用。

双燃料发动机使用的燃油几乎和其他柴油机完全相同,包括柴油和重油。发动机燃气模式运行时,发动机燃油系统处于循环状态,保持随时可用。

④备用模式

备用模式,双燃料内燃机不仅停止燃气系统工作,而且停止点火油的供应和喷射系统工作。51/60DF 发动机运行过程中,若点火油故障或机舱跳电,无论原来处于何种操作模式,会立即自动转为备用模式运行。进入备用模式后,智能控制系统会默认点火油系统故障,必须停车排除故障后才能转换为其他模式。

（2）燃料系统

51/60DF 双燃料发动机,与传统的四冲程柴油机相比,结构和工作原理几乎相同。但使用的燃料有天然气、柴油和燃料油等,其燃料系统较为复杂。此外,因燃用天然气时的过量空气系数高,控制系统也为此增加了相应的功能。

双燃料发动机的燃料供给包括燃气和燃油系统(见图 6-17),关系到双燃料发动机的高效和安全可靠运行。在 LNG 船上,双燃料发动机还要充分利用货舱蒸发气,若燃气系统故障,会浪费大量的货舱蒸发气。

在柴油机中,燃油必须以适合的压力、黏度、质量和数量在压缩行程末期通过喷油设备喷入汽缸,经雾化、蒸发与空气混合成可燃混合气,才能发火燃烧。51/60DF 发动机燃油喷射系统与传统柴油机相同,主燃油(可使用重油或轻油,共用管系),经供给泵和循环泵以及滤器后,由凸轮轴带动的高压油泵升压经主喷油器喷入汽缸。燃气模式运行时,高压油泵动作但燃油旁通,主喷油器不喷油,由 SACOSone 控制系统实现。

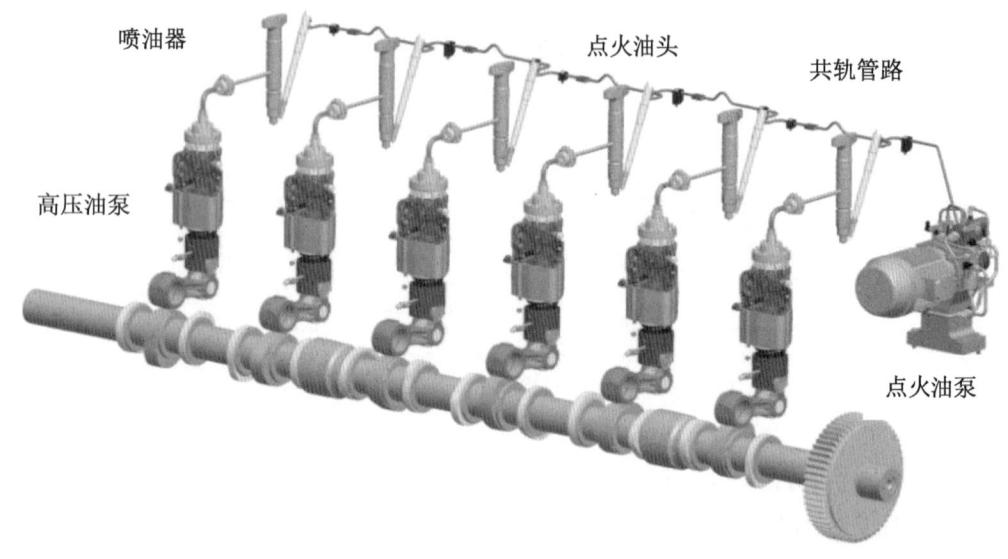

图 6-17　MAN B&W 51/60DF 双燃料发动机燃料系统

高压油泵柱塞的抽吸和压缩作用,使高压油泵燃油入口管和排出管处产生压力波动,进而影响燃油的喷射质量,还有可能造成喷油设备元件的损坏。51/60DF 发动机在高压油泵排出和回油管路上装有缓冲活塞,稳定燃油系统压力。

高压油泵装有止回阀,防止发动机停用时,燃气通过喷油器喷嘴进入燃油系统内。在任何情况下,燃气都不能进入燃油喷射系统。发动机运行的时候,因为高压油管内压力高于汽缸内压力,燃气无法进入高压油管。

用于气体燃料点火的燃油系统采用共轨系统,其主要组成部分包括一个点火油泵单元、共轨管路、供油管和喷射器,点火油使用 MDO。

点火油泵单元的作用是将点火燃油泵至所需的压力值。它可以采用电动或机械驱动的径向柱塞泵,内置高压旁通阀。此外,点火油泵单元还包括燃油滤器和压力调节器等。燃油滤器应保证点火油经过充分的过滤后,再供入系统使用。

高压点火油由点火油泵单元送至共轨管路,从泵到喷油器之间的所有的高压管路都是双层的。在双层管路的环形空间内发生的任何泄漏都会被收集,并导入到一个安装有液位传感器用以泄漏报警的收集罐中。共轨管路将点火燃油输送至各个喷油器。喷油器的喷油定时和喷射延迟时间是通过电磁阀来控制的。

为了保证点火喷油器的清洁,点火油系统大部分时间处于工作状态,即使发动机以燃油模式运行。只有发动机运行在备用模式时,才不需要使用点火油。

（3）燃气系统

燃气是来自 LNG 船货舱内的蒸发气,经过燃气系统升温增压后,供双燃料发动机使用,燃气系统包括燃气阀单元、发动机的喷射系统及其 SACOSone 控制系统。

燃气阀单元由速闭阀、透气阀、滤器、压力变送器、燃气调节阀和惰气吹扫阀等组成,主要功能是提供设定压力和清洁的足量燃气。使用燃气模式前,SACOSone 控制系统检测燃气阀单元的速闭阀和透气阀的开关状态,并通过压力变送器压力的变化检测系统是否漏泄;燃气模式运行时,SACOSone 控制系统按发动机负荷发送 4～20 mA 信号,经电/气转换后通过燃气调节阀控制燃气共轨总管压力。

燃气喷射系统,包括各缸的燃气进气阀和燃气流量控制管等,主要功能是根据发动机负荷,保证适当数量的燃气有效地进入汽缸。SACOSone 控制系统通过调节各缸燃气进气阀启闭频率、燃气流量控制管和扫气压力保持发动机转速。

控制燃气喷入汽缸的燃气进入阀是由电子控制的,结构如图 6-18 所示,位于发动机每个汽缸的进气管上。燃气进入阀的打开时间由发动机燃烧控制系统精确控制,与进气阀和排气阀的动作紧密配合,不仅可以使发动机获得良好的燃烧,而且避免燃气通过排气阀外溢,带来安全隐患。

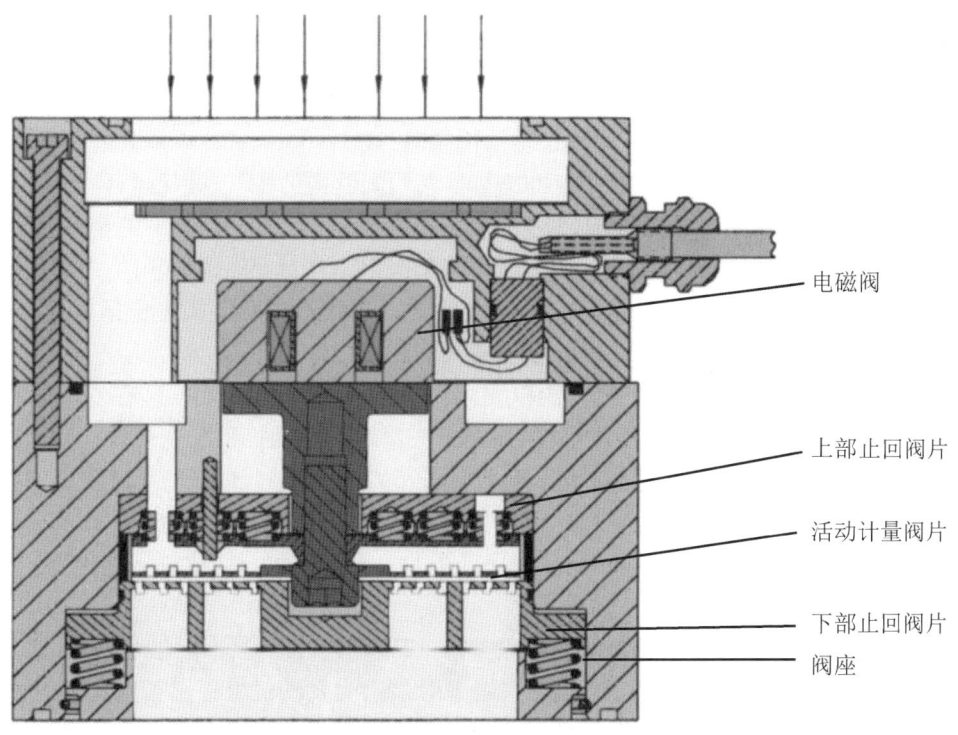

电磁阀

上部止回阀片

活动计量阀片

下部止回阀片

阀座

图 6-18　燃气进入阀

（4）燃烧控制

双燃料发动机以燃气为燃料时，因天然气成分均匀而易完全燃烧；最大的问题也是因易完全燃烧而易导致爆燃敲缸，或者因为着火点（650 ℃）高而不发火。若保持原机型 26.5 bar 的平均有效压力，则其安全工作区域非常狭窄，几乎不能正常工作。为避免双燃料柴油机燃烧敲缸和熄火，正确的空燃比非常重要。所以 51/60DF 机的平均有效压力由 48/60B 机的 26.5 bar 降到 19.05 bar，从而扩大其安全燃烧区域，改善其安全适应性并降低排放。

三、燃气安全保护设计

从低排量压缩机送来的燃气经过燃气阀单元（Gas Valve Unit，GVU）进入发动机双壁燃气管、燃气进入阀打开后燃气喷入进气道。燃气阀单元如图 6-19 所示。

GVU 具有如下功能：

（1）在发动机启动之前，由程序控制阀件动作，用压缩空气进行燃气泄漏测试；

（2）通过 GVU 内部的压力调节阀，根据发动机的负荷调节双燃料发动机燃气供给压力；

（3）在发动机模式转换时，可以通过 GVU 快速切断燃气供给；

（4）在紧急停止的情况下，可以通过 GVU 快速切断燃气供给；

（5）对燃气进行过滤；

（6）在系统维护时可以使用氮气进行吹洗。

手动截止阀 V-003 可以切断燃气的供应，滤器 FIL-026 的作用是保持燃气的清洁，防止杂质进入发动机。滤器的脏污通过滤器前后的压力传感器经压差控制器显示，当滤器前后的压差达到警戒值时会发出警报。

进气管路上的截止阀 1QSV-001、2QSV-001 与阀 2FV-002 形成互锁，互锁结构可以根据发动机需求有效地控制燃气的流通和截止。若发动机运行于燃气模式，互锁机构可以保证燃气正常平顺地进入发动机。当发动机运行于燃油模式时，1QSV-001 与 2QSV-002 处于截止状态，使燃气管路保持锁闭状态，并通过阀 2FV-002 排出两阀间管内的燃气，确保运行安全。

而在紧急情况下，还需要开启阀 2FV-002 加强系统排气效果，并通过开启氮气阀在 GVU 与主机之间添加氮气，保证运行安全。燃气压力控制阀 PCV-014 的主要作用是根据发动机的负荷调整进气压力，保证燃气系统管路内的压力处于正常状态。发动机停止运行后，GVU 室入口处手动截止阀 V-003 应该关闭，以防燃气进入下游管路。

每台发动机必须有自己单独的燃气阀单元，不能共用。燃气阀单元安装在专门舱室 GVU 室内。GVU 的设置应尽可能地靠近发动机，以便于快速地对发动机工况变化做出响应。整个 GVU 采用密封设计，GVU 外部设置排气风机，以保证 GVU 密封单元的压力小于发动机舱室和机舱外部。排气风机完成每小时至少更换室内气体 30 次的工作。GVU 的负压设计用于确保天然气发生泄漏时，不至于泄漏到机舱，从而保证机舱安全。GVU 入口处安装自闭式门，若该门持续开启超过 1 min 就会引起声、光报警。

由 GVU 通往发动机的燃气管路都采用双壁管，双壁管内外管之间由抽吸式通风系统进行通风，每小时换气 30 次。双壁管内布置有气体探测设备，当发动机处于燃气模式时，通风系统持续运转。

曲轴箱设有单独的透气系统，透气管通往远离火源的开敞区域的安全位置，并且透气管末

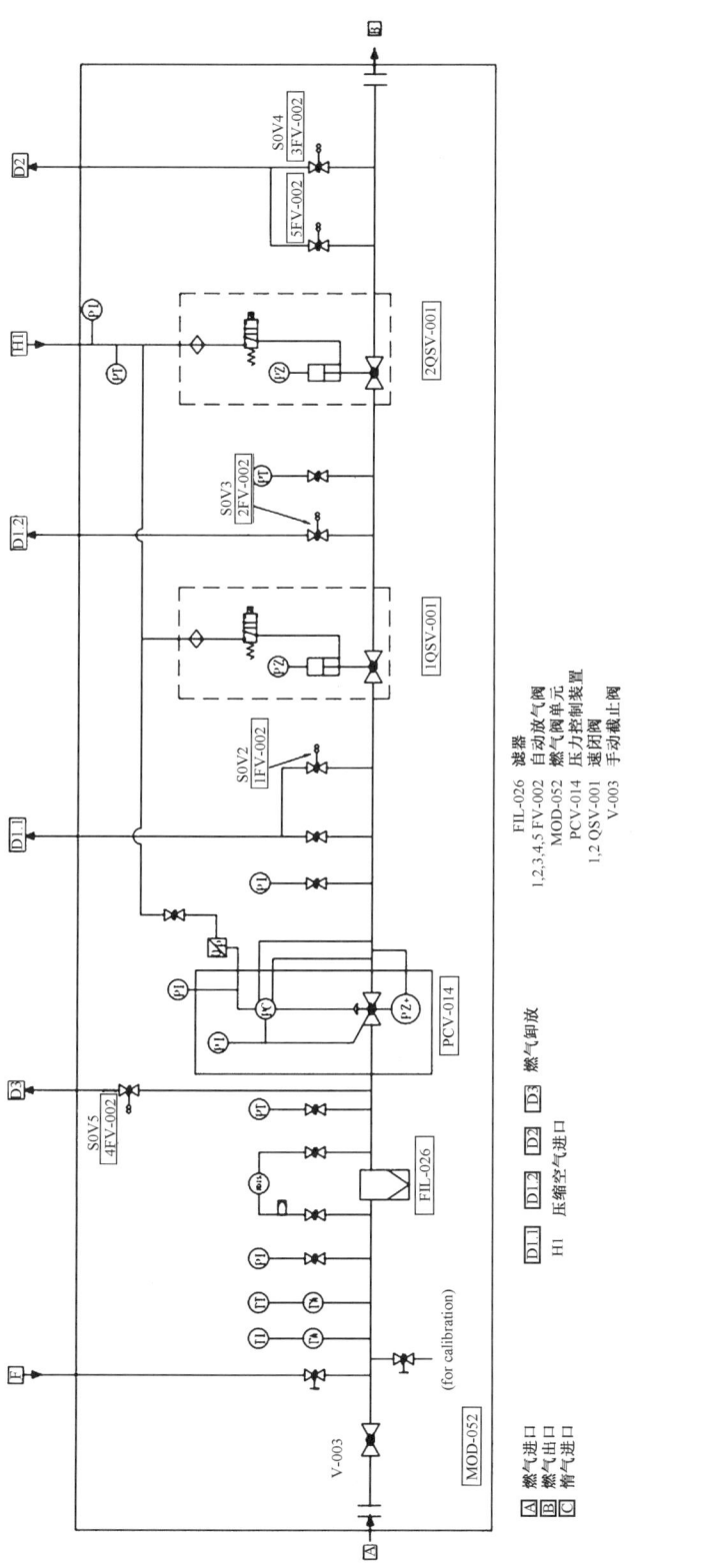

图 6-19 燃气阀单元

端装有火焰消除器。为了提高曲轴箱的通风效果,透气管路上装有抽气风机,使曲轴箱内适当保持负压。如果风机故障时发动机在燃气模式下运行,发动机就会自动转换到燃油模式运行。在风机故障期间也不允许发动机转换到燃气模式下运行。曲轴箱通风布置如图 6-20 所示。曲轴箱提供氮气吹扫接口进行惰化,以便于维修。曲轴箱透气管内布置有气体探测设备,气体探测设备吸口处装有油气分离器,防止探测设备被油污污染。

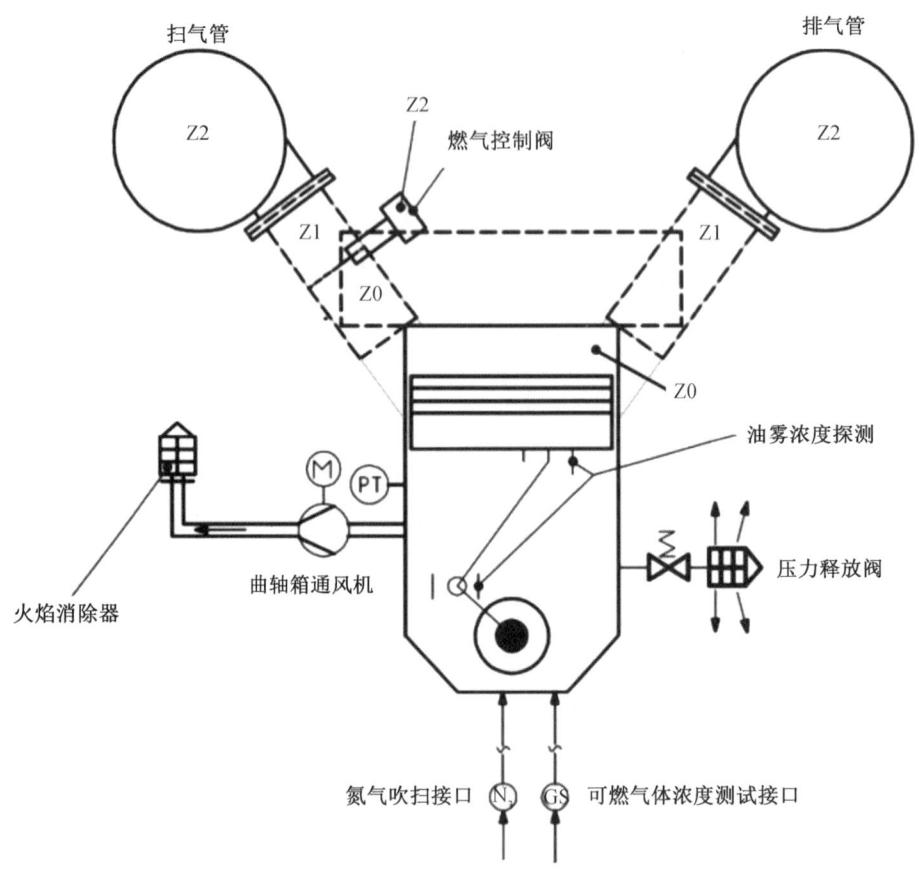

图 6-20　曲轴箱通风布置

　　51/60DF 双燃料发动机的排气管不与其他发动机或系统的排气管相连,排气管装有防爆安全阀,当发动机在燃气模式下停机时,排气管吹扫程序启动,扫除排气管内可能存在的可燃气体。

　　由于曲柄连杆机构的运动飞溅出许多滑油油滴,再加上油滴的蒸发汽化,在运行中的柴油机曲轴箱内充满着油气。但是这种油气与空气混合比例不一定是处于可爆燃的混合比。即便达到了可爆燃的混合比,如果没有高温热源的存在也是不会发生爆炸的。如果内部局部出现了高温热源,飞溅在高温热源表面上的油滴就会汽化,而滑油蒸气在离开热源表面后又被冷凝成为更多更小的油粒悬浮于空气中,使油气的浓度逐渐加浓,形成乳白色的油雾。当油雾的浓度达到某一范围时,它就成为可燃爆的混合气,并会在高温热源的引燃下着火。如果着火前已有大量的油雾存在,则一经着火就会使曲轴箱有限空间内的温度和压力急剧升高,并产生强烈的冲击波,造成具有破坏性的曲轴箱爆炸。51/60DF 发动机每一曲拐处都装有一个防爆安全阀。

在正常情况下,曲轴箱中不应出现高温热源。当两块金属直接接触时出现不正常磨损导致高温,如轴承过热或轴瓦烧熔、活塞咬缸、活塞环漏气导致燃烧室燃烧气窜入曲轴箱,它既能使滑油蒸发成油雾,又是可爆燃混合气的点火源。

四、LNG 船双燃料中速发动机电力推进系统

双燃料中速发动机电力推进装置(DFDE),主要是用多台双燃料中速发动机带动发电机组产生电能,供推进电动机驱动螺旋桨。电动机经减速齿轮箱带动螺旋桨,但也可用低速电动机直接带动螺旋桨或者吊舱式推进器。推进电动机由变频器进行无级调速,可优化螺旋桨的推进性能,发动机和推进电动机都具有至少 50% 的冗余度,可在正常运行时对双燃料发动机进行维护,双燃料发动机可 100% 利用燃气作为燃料,与使用重油作为燃料的发动机相比,其硫化物和氮氧化物的排放几乎可忽略不计,二氧化碳的排放量可减少 20%~25%。该装置的特点是多台双燃料发电机组不同组合可满足更大、更方便的使用需求,不需要另设发电装置,因此具有取得功率大、占用机舱体积小、重量轻的优点。中海油在沪东中华建造的 6 艘 17.4 万立方米的 LNG 运输船配置如表 6-3 所示。

表 6-3　17.4 万立方米 LNG 运输船 DFDE 电力推进系统配置

名称	型号规格	数量
双燃料发动机	8L51/60DF 8 000 kW×514 r/min	2
	12V51/60DF 12 000 kW×514 r/min	2
发电机	14 550 kVA	2
	9 700 kVA	2
推进电机	12 500 kW×520~600 r/min	2
减速齿轮箱	12 500 kW,减速比 8:1	2

DFDE 电力推进系统,双燃料中速发动机带动发电机组产生电能,电能通过配电板、变压器、变频器传输到推进电机。推进电机将电能再转化为动能输出到齿轮箱,最终由齿轮箱减速后传递到螺旋桨,如图 6-21 所示。这其中 2 次能量性质的转变加上电能的传输转化损失,其效率约为 87.6%。双燃料中速柴油机的功率为 14 296 kW,螺旋桨吸收到的功率为 12 523 kW。

五、双燃料中速发动机电力推进 LNG 船的特点

LNG 船电力推进系统的主要特点体现在以下几个方面:
(1)显著提高燃料的经济性:电力推进系统的总推进效率比蒸汽推进系统高;
(2)降低船只的装机功率:电站既可用于推进系统,又可用于货物装卸;
(3)提高船只的载货容量:通过对机械零部件有效地模块化配置和灵活性布置实现;
(4)增强船只的操纵性和紧急制动性能:变速变频器确保推进电机的输出转矩、转速和功

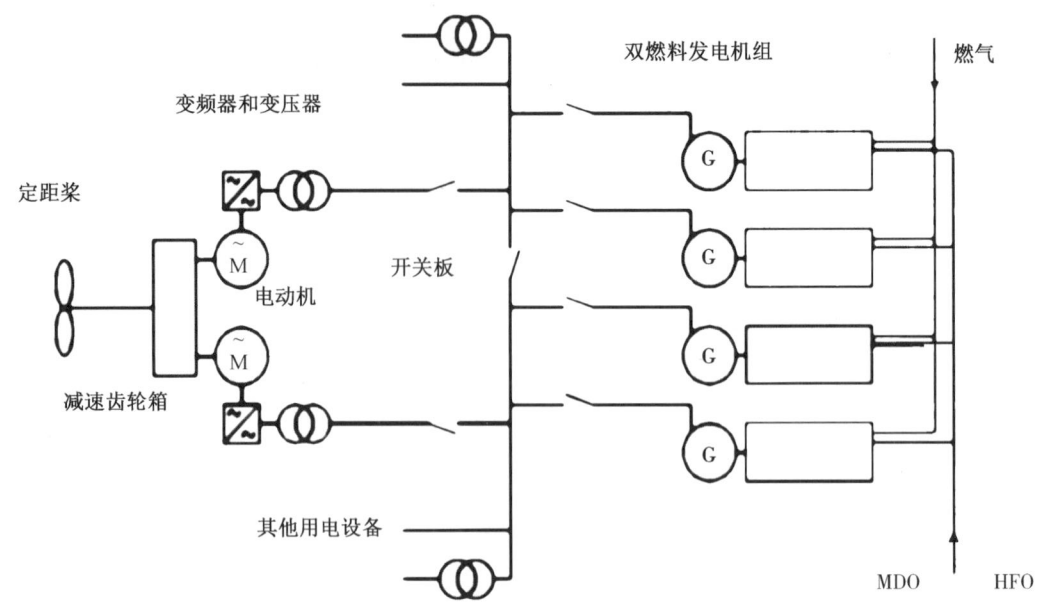

图 6-21　双燃料电力推进系统动力装置

率具有全面的灵活性;

（5）保障了船只的可靠性和可用性:采用高推进冗余和标准化的成熟技术。

与机械推进相比,电力推进还具有许多优点:采用电力推进系统,可实现船舶快速启动和倒车,能无级调速,低速稳定等优良的操作性能;简化了许多复杂的机械装置,如离合器和齿轮箱等。代之以几乎免维修并具有比机械系统大得多的冗余度的电气装置,使可靠性得到了很大的提高;可使机械装置和传动轴不相连,从而可优化船体的布置;可获得更大的功率和转速范围;在风浪条件下有利于充分发挥动力装置的效能等。

电力推进 LNG 船也有些不足之处,如初投资成本高、维护管理难度大等问题,但是伴随着电力电子器件的改进,电机控制技术和谐波抑制技术的发展,推进器和推进电机技术的不断成熟,相关人员该领域技能的不断提高,这些问题必将得到解决,电力推进 LNG 船未来的市场必将更加广阔。

第四节　双燃料二冲程低速发动机推进系统

燃油-天然气双燃料二冲程发动机是在电控二冲程柴油机的基础上发展起来的,是一种既可以燃烧天然气又可以用燃油作为单一燃料的发动机。使用天然气混合动力的船舶,比单独使用燃油作为动力的船舶可节约 25% 左右的燃料费用,而且尾气中的 CO_2 排放量减少约 25%,NO_x 排放量减少约 85%,SO_x 排放量减少近 99%,颗粒排放物减少近 98%。

此外,二冲程低速双燃料发动机热效率高,主机通过传动轴直接连接螺旋桨,降低了中间能量损耗,相比 DFDE,初始投资和营运成本降低,诸多优点使得二冲程低速双燃料发动机已逐渐应用在 LNG 船上。目前船用燃油-天然气双燃料二冲程发动机的主要代表机型有 Wärtsilä X-DF 系列和 MAN B&W ME-GI 系列。

一、典型双燃料发动机

1. Wärtsilä X-DF 系列

在 20 世纪 80 年代,Wärtsilä 公司开始了对双燃料二冲程发动机进行了试验,2011 年 2 月,有项目开始应用低速双燃料发动机。低速双燃料发动机能很好地满足国际海事组织 Tier Ⅲ排放标准,而无须对排气做另外处理。2013 年,Wärtsilä 和中国船舶工业集团公司(CSSC)合资成立的二冲程发动机公司 WinGD 开发出 X-DF(见图 6-22)发动机系列。燃气在低压下引入汽缸后被后续喷入的点火油点燃,X-DF 系列发动机一经投入市场,便引起航运界的广泛关注,它提供了全新的符合海事排放要求的标准。截至 2019 年 6 月,已有 91 条 LNG 运输船采用 X-DF 双燃料发动机。

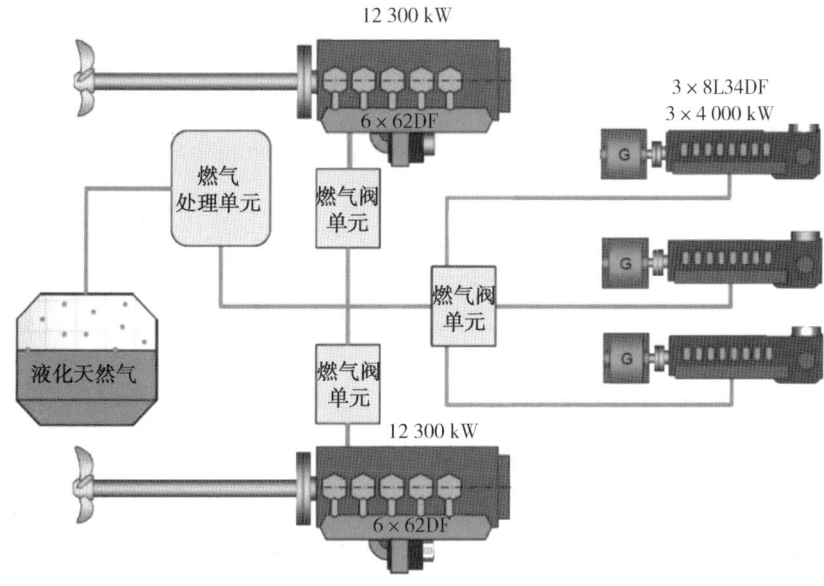

图 6-22　X-DF 双燃料发动机

(1)低压 X-DF 发动机的燃烧机理

低压 X-DF 技术建立在奥托循环稀薄燃烧技术的基础之上,此项技术已经在中速柴油机上得到了广泛应用。双燃料发动机采用缸内低压喷射式,即在活塞将扫气口关闭后,以较低压力向缸内喷入天然气,使天然气与空气混合。当活塞运动到上止点附近时向缸内喷射少量点火油,利用点火油的燃烧能量点燃缸内的天然气和空气的混合气,从而使燃料燃烧并完成做功过程。工作原理如图 6-23 所示。

(2)燃料系统

①燃气系统

X-DF 的燃气供应系统,其 16 bar/30 ℃/45 ℃的燃气可以由 LNG 经增压泵加压再经过低

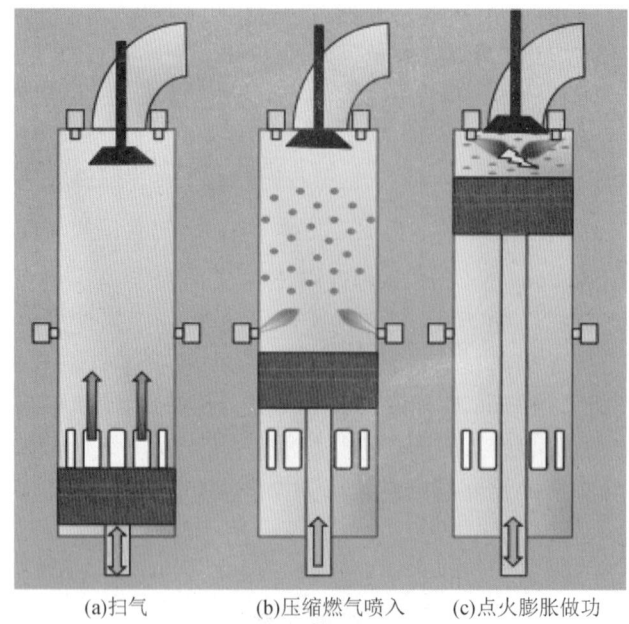

(a)扫气   (b)压缩燃气喷入   (c)点火膨胀做功

图 6-23　X-DF 低速柴油机工作原理图

压蒸发器和燃气加热器加热或者由 BOG 压缩机压缩获得。而双燃料四冲程发电机所需要的 6 bar 燃气则由 16 bar 的燃气经减压获得。

发动机每缸配有 2 个燃气进气阀 GAV，将燃气直接喷入汽缸内。进气阀设计简单，最大限度地保证可靠性。该阀由电液控制和驱动，阀杆润滑和燃气密封由密封油来完成。阀杆行程实时监控，提高了安全性。更换内部部件时无须拆除阀壳体，无须打开燃气管路，维护保养非常方便。

燃气输送到机舱后，采用双壁管，确保燃气不能泄漏到机舱。在机舱、燃气管路和活塞底部布置有燃气报警器，实时监测燃气泄漏，实现机舱燃气安全，使之与常规柴油机机舱设计标准相同。机舱内装有抽吸式机械通风系统，每小时换气 30 次。通风系统与发动机燃气模式运行联锁，风机开启 10 min 以后，发动机才能启用燃气模式。当风机故障时，发动机自动转换为燃油模式。

与以往设计不同，机带燃气压力调节装置取代了燃气阀单元。原来开放式设计 GVU-OD™，需要布置在专门的 GVU 舱室内。改进后的密闭式设计 GVU-ED™ 可布置在燃气安全的机舱内，这样使得船厂安装管系和电缆的工作减少，也降低了生产成本。X52DF 和 X92DF 两种机型率先采用这种装置，其他机型将陆续采用，与以往比较，这种装置调压功能更加灵敏。

X-DF 发动机燃气温度控制在 20~60 ℃，如果温度异常降低到 0~20 ℃，发动机只允许短时间运行。燃气供应压力最大为 15 bar，根据新技术的发展，部分机型包括 Flex50DF、X52/62/72DF，燃气压力降至 13 bar，发动机性能不受任何影响。对于降低功率使用的发动机，燃气压力甚至可降至 10~11 bar，低燃气压力使得压气机的级数减少，提升了发动机与压气机的匹配，并且降低投资成本。发动机在运行的时候根据实际需要改变燃气压力，发出燃气压力指令到 RCS，来控制压气机或 LNG 泵的运行，压气机低压运行还可以降低电力消耗，减少营运费用。

②燃油系统

X-DF 双燃料发动机除主燃油喷油器外,每缸设有单独的点火油喷油器,点火油来自电动点火油泵,主要采用"微点火"和"预燃室"技术。

点火油泵应用共轨技术,给各缸供油,用于气体燃料点火。点火油泵组采用电动或机械驱动的径向柱塞泵(内置高压旁通阀),此外,点火油系统内还包括滤器和压力调节阀等。点火油系统如图 6-24 所示,从泵到喷油器之间的所有管路都是双壁的。共轨管路将引火油输送至各个引火油喷油器,同时它还作为蓄压器,防止压力波动。每缸布置 2 只点火油喷油器,如图 6-24 所示。

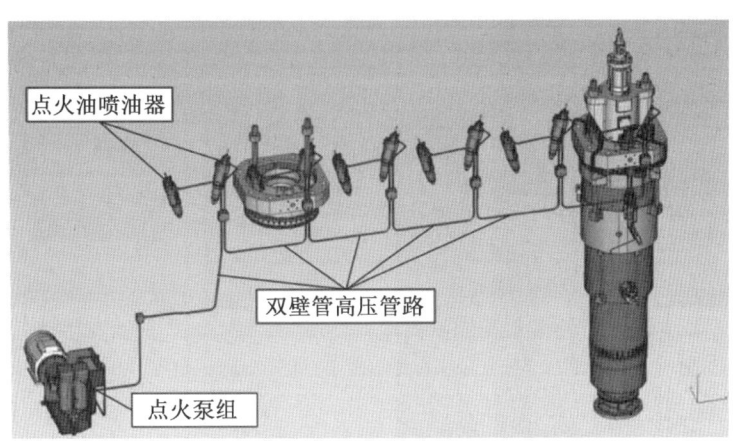

图 6-24　点火油系统

双燃料发动机采用"预燃室"(如图 6-25 所示)技术,"预燃室"空间较小,当燃油喷入时,在"预燃室"较小的空间内油气浓度较大,发动机容易点火。与 MAN B&W ME-GI 双燃料发动机相比,该双燃料发动机的点火油油量较少。双燃料发动机在 100% 功率时点火油油量约为 2 g/(kW·h),30% 功率时约为 8 g/(kW·h)。

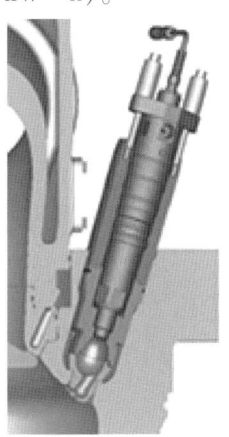

图 6-25　预燃室

(3)运行模式

X-DF 应用于 LNG 运输船上,除了启动、停车和机动操纵时采用燃油模式运行,其他均为 LNG 燃气模式,几乎 100% 的时间都在采用燃气运行。如图 6-26 所示,发动机从慢速一直到全负荷海速都可以运行燃气模式。当发动机运行燃油模式时,与其他柴油机无异,可以在全部功

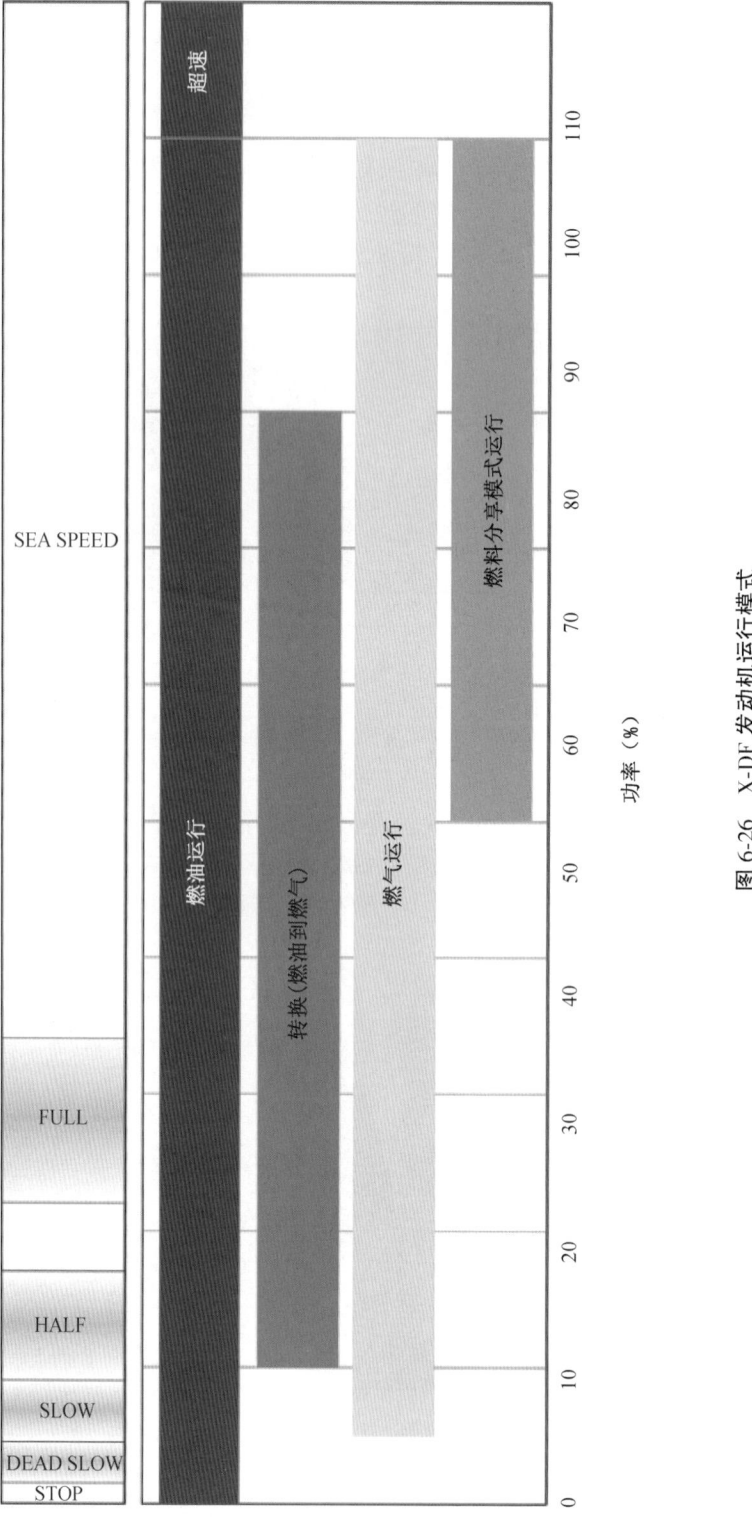

图 6-26 X-DF 发动机运行模式

率范围内正常运行。发动机燃料模式的转换从半速到 80% 功率范围内均可以实现。燃料模式转换时,发动机首先确认是否具备转换的条件,自检合格后,转换过程自动运行。发动机负荷减小时,燃气模式自动转化为燃油模式。X-DF 燃气模式采用预混稀燃的奥托循环,燃油模式采用热效率更高的迪塞尔循环。

发动机还可以运行燃油-燃气混燃模式,燃料选择上灵活性高,特别适用于大型 LNG 船。发动机混燃模式运行时,遥控系统给出液体燃料/气体燃料比率的信号至发动机控制系统,当发动机功率大于 50% 时,如果液货舱内自然蒸发气体不足,系统就需要补充燃油来达到高船速的要求,最高可达到 50% 的液体燃料比。

（4）燃烧控制

由于甲烷与空气混合物的燃烧延迟时间久于柴油,甲烷燃烧的火焰传播速度也慢于柴油,因此柴油-天然气双燃料发动机易产生爆振现象。

X-DF 双燃料发动机的工作过程可分为 2 个阶段,即点燃和燃烧。爆振有 3 种形式:①柴油爆振;②柴油燃烧后点燃天然气而产生爆振;③主燃料自燃所产生的不稳定爆振。爆振取决于负荷与转速、燃烧温度、点火油与天然气的比例以及缸内紊流情况等。X-DF 双燃料发动机的空燃比对燃烧的影响见图 6-27。为减少爆振发生,可采取以下措施:①适当增加点火油油量,减少天然气气量(低负荷运转时效果特别明显);②提高转速,加强燃烧室内气流运动,提高火焰传播速度,降低燃气终燃温度,减缓爆振;③选取较大的空/燃比,稀释燃气,冷却汽缸,阻止爆振。

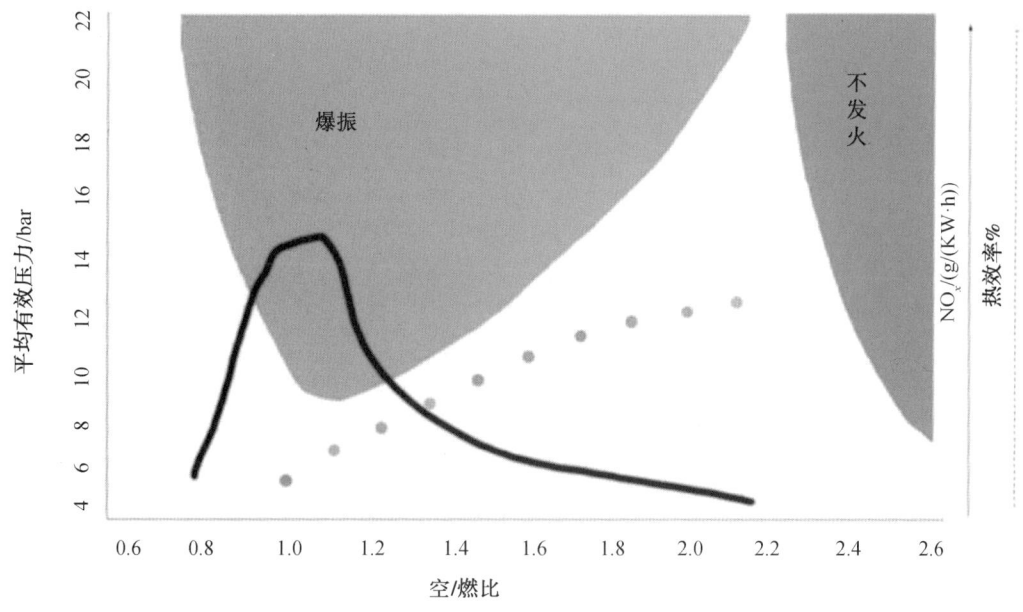

图 6-27　X-DF 双燃料发动机空/燃比对燃烧的影响

同时,对 X-DF 来说为了保证汽缸内燃料稳定燃烧,对甲烷值 MN(表征燃气抗爆性能的指标,以相同抗爆性能的甲烷和氢气混合标准测试气体中的甲烷体积比表示)要求必须在 60 以上。当 MN 在 80 以下时,燃料的 MN 每下降一个数值,发动机功率输出降低约 1%。类似地,燃气温度对发动机的功率也具有影响:燃气进气温度每升高 1 ℃,发动机功率输出将会下降

2%。

为了保证燃气模式燃烧充分和 100% 功率输出，X-DF 发动机引入了动态燃烧控制 DCC。通过监控汽缸压力经由一套特殊算法，自动激活 DCC 功能。高负荷时，高温、高湿以及低甲烷值会导致燃烧压力超过正常值，这时候 X-DF 发动机主油头喷入少量(3%~15% 能量)燃油，推动涡轮增压器提供充分的燃烧空气，维持预期的空/燃比 λ。此时 NO_x 排放仍然满足 Tier Ⅲ 标准。

预燃室点火稀燃奥托循环的燃烧机理，不仅使颗粒物排放非常低，而且氮氧化物排放水平大大低于 Tier Ⅲ 的排放要求。洁净的天然气燃料更使得硫氧化物的排放几乎为零。与常规燃油柴油机相比较，二氧化碳减排至原来的 15%~20%。总体来说，X-DF 发动机排放较任何柴油发动机均低，如图 6-28 所示。

全球变暖等气候变化与温室气体的大量排放有着很大的关系。以往只是关注 CO_2 的排放产生的温室效应，但对甲烷的温室效应问题常常忽视。其实甲烷气体的温室效应能力要比 CO_2 大得多(约 21 倍)。双燃料发动机排放的未燃烧的碳氢混合物，又称作"甲烷逃逸"，大部分采用奥托循环的双燃料发动机的甲烷逃逸率约 4~8 g/(kW·h)。因此，采用奥托循环的双燃料发动机对活塞环的密封性要求较高，需要监测和安全保护措施。奥托循环的双燃料发动机安装燃气进入阀传感器检查燃气进入阀的动作，当燃气进入阀误动作时，切断燃气供应，发动机切换到纯燃油模式，但仍有可能因燃气喷射阀阀面与阀座接触不良，致使发动机在活塞越过燃气喷射阀后燃气泄漏进入扫气箱，所以其危险性也高于 ME-GI 双燃料发动机。

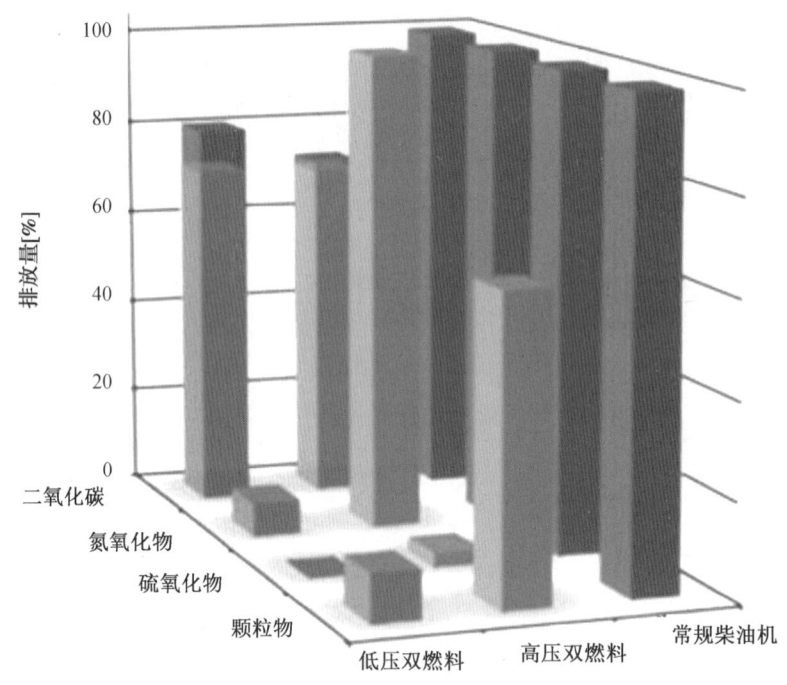

图 6-28　X-DF 发动机排放

总的说来，X-DF 发动机之所以广受青睐，是因为其具有与众不同的核心技术：(1)微型点火油共轨系统，低点火油消耗(低于 1% 的总能量)，低 NO_x 排放；(2)预燃室技术，低 NO_x 和甲烷逃逸，燃烧稳定性好；(3)燃气进气系统，安全可靠燃气进气，简单的低压燃气密封技术；

（4）发动机控制和自动化，集成在发动机控制和安保系统中。

除了 LNG 船，X-DF 系列柴油机在很多化学品和集装箱船舶上也得到了广泛应用，装备 X-DF 系列柴油机的这些船舶可以在全球，包括排放控制区域安全运营。

2. MAN B&W ME-GI 系列

MC/ME 型低速二冲程发动机凭借着良好的平衡性、可控性能、适应性以及低油耗等优势受到船舶领域广泛的赞誉，自 1982 年以来一直占据船用柴油机市场的主导地位。随着发动机研究的不断发展，代用燃料的研究也没有间断过。1994 年 MAN 公司制造的第一台天然气发动机 12K98MC-GI-S 用于电站，经过十几年的研究，技术也逐渐成熟。为了满足 LNG 船市场的需求，MAN 公司推出了 ME-GI 新型低速二冲程发动机（见图 6-29）。

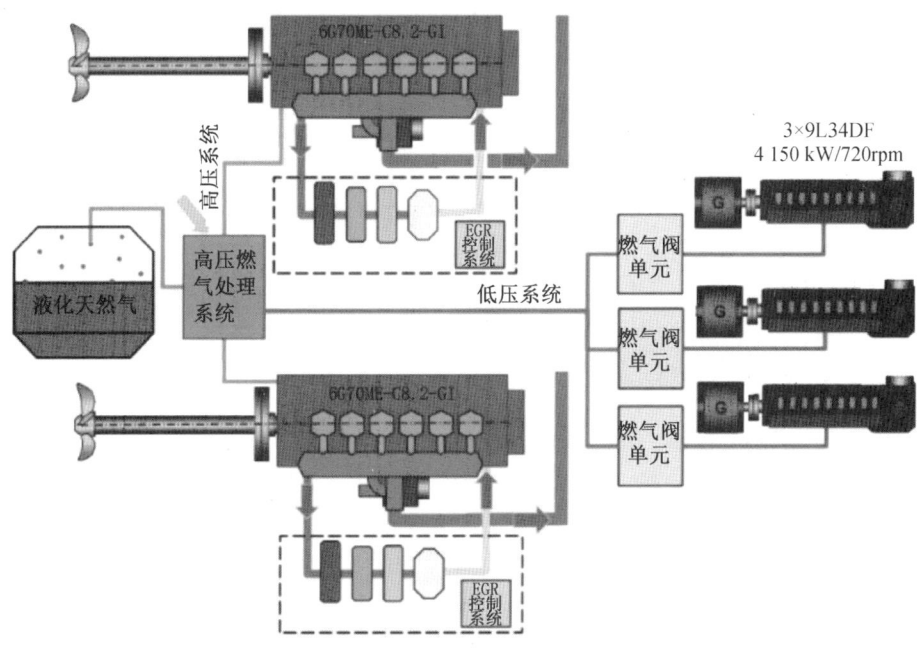

图 6-29 ME-GI 新型低速二冲程双燃料发动机

（1）燃烧机理

在电子控制的低速发动机的基础上，MAN B&W 为现代 LNG 船的推进装置也提供了新的选择，即 ME-GI 双燃料发动机。该款发动机是气体喷射、双燃料低速发动机，它能燃烧任何比例的天然气蒸发气和燃油，或仅在燃油模式下运行。这种发动机的工作原理如图 6-30 所示，和普通发动机一样，其在吸气行程中只吸入新鲜空气，在压缩行程中压缩纯空气，这样可以使发动机具有较高的压缩比和较高的热效率。燃气由专用高压往复压缩机压至 200~350 bar 以上的高压，当活塞到达压缩终点时，将高压燃气由燃气喷射阀喷入汽缸，同时，由于天然气燃点较柴油高，不能被发动机压燃，故需通过燃油系统提供点火油来点火，所以点火油也同时喷入汽缸，通过点火油的压缩发火点燃天然气，使其燃烧膨胀。近年来，随着电子控制技术进步，逐渐应用到 LNG 船推出的双燃料发动机。

（2）燃料系统

ME-GI 发动机的燃料喷射系统由气体和液体两套喷射系统组成，如图 6-31 所示，均采用

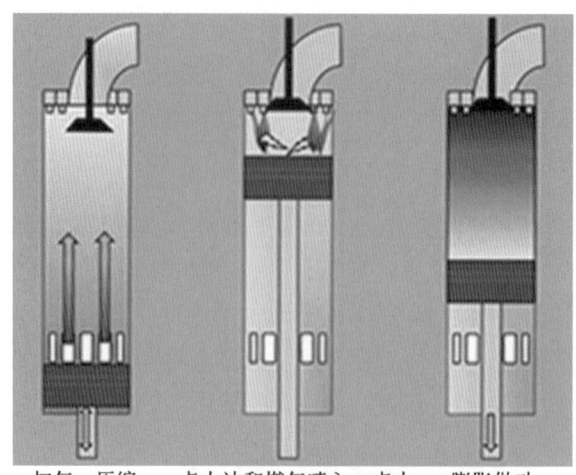

扫气、压缩　　点火油和燃气喷入、点火　　膨胀做功

图 6-30　ME-GI 工作原理

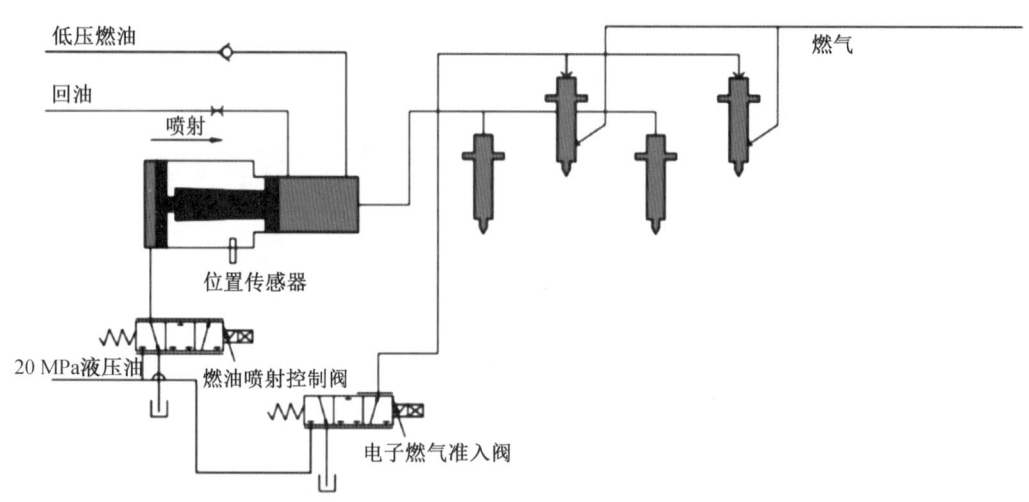

图 6-31　ME-GI 发动机的燃料喷射系统

共轨技术,可将两种燃料喷入燃烧室,气体燃料的喷射由电子燃气准入阀控制,气体喷射压力约为 25 MPa;燃油喷射控制阀控制燃油的喷射。ME-GI 柴油机的燃油增压泵增加了一个用于监测点火油喷射压力的压力传感器,而点火油的喷射量由位置传感器监测。喷射气体的喷射量是依靠电子燃气准入阀控制油流量的时间间隔来控制的。

(3)燃气系统

来自液货舱的货物蒸发气由高压压缩机抽吸、压缩,压缩机共有 5 级,第一级为低压级,输送 6 bar 压力的燃气供双燃料发电机使用;压缩机 2~5 级为高压级,根据柴油机负荷的变化,可以提供 150~300 bar 压力的燃气。发动机的燃气供应系统组件包括:

①高压气体压缩供给系统(包括一个冷却器),可把压力提升到 250~300 bar,作为发动机进口压力;

②振动/缓冲器箱,包括一个雾气分离器;

③压缩控制系统;

④安全系统,包括一个燃气检测仪,用于检查压缩机室空气及天然气双壁管内的燃气浓度;

⑤通风系统,完全给双壁管外管通风;

⑥密封油系统,将密封油输送到气阀,以分开控制油和天然气;

⑦惰气系统,可以通过惰气来净化发动机上的气体系统。

MAN ME-GI 和 X-DF 双燃料发动机的燃气管都采用双壁式设计,内管输送高压燃气;外管起保护作用,防止内管破裂时高压燃气喷出;内、外管之间有机械通风。内、外管之间的空间换气能力约为 30 次/小时,抽出的气体被排放到安全区域。由于采用抽吸式通风,双壁管中间空间的压力低于机舱压力。在通风管末端安装有 HC 传感器,一旦探测到燃气泄漏,立刻发出报警信号,并自动切换至柴油模式运行。MAN ME-GI 双燃料发动机的燃气管路上安装有惰气系统,在其每个工作循环中,供入每个汽缸的燃气可通过测量积聚器的压降检测出来。通过这种系统,无论是燃气喷射阀卡阻还是燃气阀堵塞,任何非正常的燃气流会被立刻检测出来,燃气供应将被停止,燃气管线被惰气吹扫;同时,发动机将切换到纯燃油模式。MAN ME-GI 双燃料发动机的燃气系统如图 6-32 所示。燃气管系的设计压力高于工作压力的 50%,用支架固定,防止振动;同时需进行防重物坠落的保护。到达各缸的支管必须有足够的弹性,以缓冲柴油机从冷态到热态的膨胀。

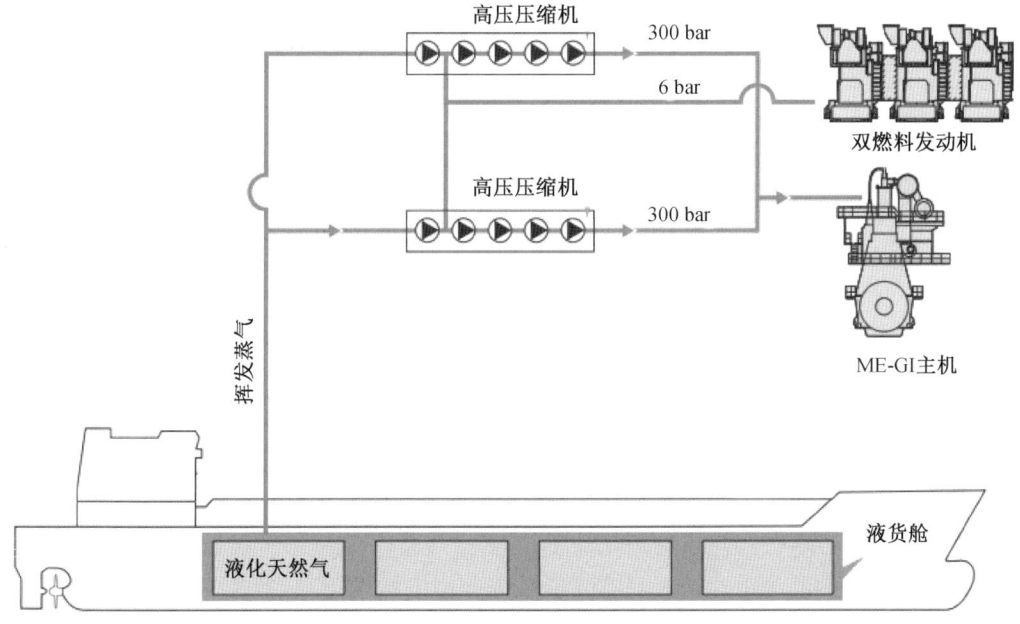

图 6-32　MAN ME-GI 双燃料发动机燃气系统

燃气喷射阀按照旋转对称部件的传统设计原理来设计,燃气通过缸盖上的孔进入喷射阀,为了防止气体泄漏可能引发的风险,在缸盖和喷射阀、喷射阀座和阀杆之间装有密封环。如果发生泄漏,气体从缸盖上的孔返回到燃气双壁管中,在那里将被燃气传感器检测到。燃气以大约 250~300 bar 的压力连续作用于阀杆,为了防止气体通过阀杆周围的间隙进入到控制系统里,采用高于燃气压力 20~50 bar 以上的压力向阀杆间隙引入密封油的方法来密封阀杆。燃气喷射阀结构如图 6-33 所示。

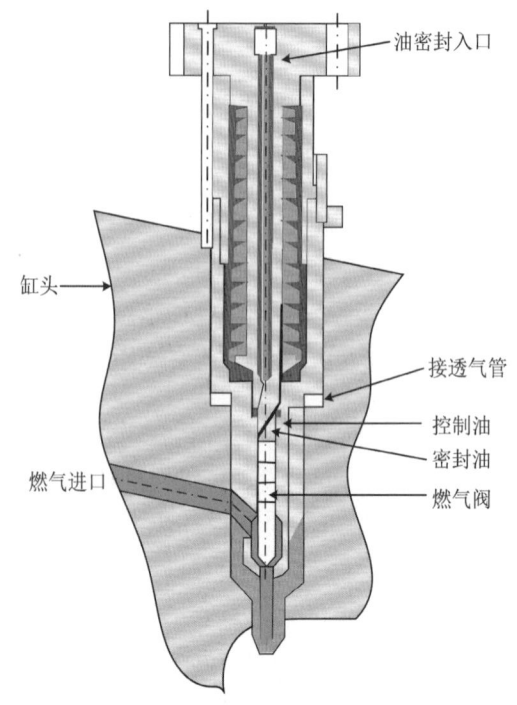

油密封入口

缸头

接透气管
控制油
密封油
燃气阀

燃气进口

图 6-33 燃气喷射阀结构

MAN ME-GI 双燃料发动机在缸盖上安装 2 或 3 个燃油喷射阀。燃油喷射阀的开启和关闭原理与普通 ME 柴油机相同,在纯燃油模式时做主喷油器,在燃气模式时兼做点火喷油器。

MAN ME-GI 双燃料发动机通过燃油喷射阀喷入点火油后,点火油压燃,然后高压燃气喷入。在 100% 的负荷时,点火油油量约为 8 g/(kW·h),燃料油和柴油都可作为点火油。MAN ME-GI 双燃料发动机在 30%~100% 负荷时,需要的点火油油量恒定;在 20% 负荷以下时,燃气模式不能保证稳定燃烧,此时发动机必须切换到纯燃油模式。MAN ME-GI 双燃料发动机点火油的功能类似于维持最低发火转速。

(4)燃烧控制

MAN ME-GI 双燃料船用柴油机保持 ME 机原有电控系统不变,如主操作面板(MOP X)、本地操作面板(LOP)等。MAN ME-GI 柴油机燃气模式下的操作都由集控室控制完成。这些控制系统分为装置控制、燃料控制和安全控制三部分。装置控制系统控制主机在燃气安全状态(仅重油)或双燃料状态下运行。只有安全系统允许的情况下,装置控制系统才会将主机运行在双燃料状态,否则主机只能运行在燃油状态。燃料控制系统监测不同模式下的燃气指数和引燃油指数。安全控制系统用来监测所有的燃气设备和相关的辅助系统、ME 安全系统的现有 shut down 信号、汽缸允许燃气喷射的条件。只要安全系统监测到上述情况中的一种,燃气供应系统中的 ELGI 电子燃气喷射阀就会失效,相关的截止阀就会关闭,放气阀打开,确保安全。另外,安全系统还装有一个气体分析仪,用来检测压缩机舱和双层管内的碳氢气体浓度。

MAN ME-GI 双燃料发动机采用狄塞尔循环,在压缩行程中只需压缩新鲜空气,燃气不参与压缩过程。在点火油压燃后,天然气高压喷入,直接燃烧,无须控制空/燃比来消除熄火和爆振问题,可采用与柴油机相同的压缩比。由于 MAN ME-GI 双燃料发动机已消除爆振问题,因此对燃气没有抗爆性能的要求,发动机对燃气的适应性好,可以使用低甲烷值的燃气,甚至可以使用液态石油气(LPG)作为燃料。

MAN ME-GI 双燃料发动机的燃油和天然气是在压缩行程的末端喷入的,天然气喷入汽缸内可直接燃烧,因此燃气穿过活塞环到达扫气箱的危险较小。而 X-DF 双燃料发动机是在压缩行程中间喷入天然气的,为防止压缩行程中燃气可能穿过活塞环到达扫气箱,X-DF 双燃料发动机对活塞的密封性要求更高。

MAN ME-GI 柴油机在降低有害排放物方面有很大的优势,可使 SO_x 下降 95%, NO_x 下降 12%~15%。同时,因大幅度降低燃油的用量,温室气体 CO_2 和粉尘的排放也会明显降低。MAN ME-GI 柴油机若与选择性催化还原(SCR)或废气再循环(EGR)系统结合,还能满足 NO_x 的 Tier Ⅲ 排放要求。

(5)运行模式

该机有 3 种运行模式:燃油运行模式(100% 燃油),最小燃油运行模式(点火油 + 天然气),定量天然气运行模式(点火油 + 定量天然气)。当按燃油运行模式工作时 MAN ME-GI 双燃料发动机便成为 ME 电控喷射柴油机。当 MAN ME-GI 双燃料发动机按其他两种运行模式运行时,如果天然气系统出现故障,天然气将被控制系统中断,发动机将转成燃油运行模式。由于发动机使用以上 3 种运行模式运行时其燃料的硫分不同,因此不同运行模式应使用不同总碱值的汽缸油。对于 MAN ME-GI 发动机来说,从 0 天然气、100%燃油到 95%天然气、5%燃油之间,天然气和燃油以任何比率混合都能在 25% 负荷以上使用。

由于大量减少了燃油的使用,因此船舶运营成本大幅度降低,经济性灵活性明显升高,并且废气排放量低。BOG 气体不足时,通过船上的强制蒸发器进行补充。BOG 气体富余时,过量的 BOG 气体可以通过气体燃烧装置进行燃烧或者通过再液化装置进行再液化处理。MAN ME-GI 柴油机的使用范围可以从 LNG 船扩展至 LPG 船以及集装箱船等远洋船舶。狄塞尔循环的热效率随压缩比的增大而增大,MAN ME-GI 双燃料发动机与 ME 发动机的压缩比相同,缸内平均有效压力几乎不变。因此,其在燃气模式下具有与二冲程柴油机相同的热效率(达到 50% 左右),经济性较好。

机舱里出现燃气也存在安全隐患的问题,在 LNG 船上尤其要注意。为此,对双燃料柴油机船舱室有着特殊的要求:每个双燃料机舱至少配备 2 套固定式气体探测系统,以连续监测燃气的泄漏。要求气体探测系统应有自检功能,一旦气体检测系统自我检测出现系统故障,该系统应能立即自动切断连接,以保证该故障不至于导致整个系统的应急切断系统动作;电气系统和照明电气系统由于能产生电火花,如电机启动器、配电盘等,要求其安装在双燃料机舱的外面;双燃料机舱的通风系统,每个双燃料机舱都要至少配备两台机械通风装置,如果由于某些原因一台停止工作,其他的通风设备至少能保证换气量 100%的要求。

第五节　燃气轮机推进装置

燃气轮机的制造业自20世纪30年代开始兴盛发展,第一批商船主机始于20世纪50年代。燃气轮机或称燃气涡轮发动机,属于热机的一种。燃气轮机可以是一种广泛的称呼,基本原理大同小异,包括涡轮喷射引擎等包含在内。而一般所指的燃气涡轮引擎,通常是指用于船舶、车辆、发电机组等的涡轮发动机。

燃气涡轮发动机主要由压气机、燃烧室、燃气轮机等三部分构成:

(1)压气机。压气机用来压缩进入燃烧室的空气。

(2)燃烧室。燃料在其中燃烧成燃气。

(3)燃气轮机。它将燃气的热能转变为推动轴系和螺旋桨的机械功。

新鲜的空气由进气道进入燃气轮机后,首先由压气机加压成高压气体,经过压气机压缩后温度升高到100~200 ℃,然后再送到燃烧室,与此同时来自液货舱的自然蒸发气与空气混合后在燃烧室进行燃烧成为高温高压气体,这时温度可达2 000 ℃左右。一般用渗入压缩空气的方法,即二次进风的方法降低燃气温度至600~700 ℃。燃气进入涡轮段推动涡轮,将热能转换成机械能输出,最后的废气由排气管排出。而由涡轮输出的机械能中,一部分会用来驱动压缩机,另一部分则经由传动轴输出,用以驱动我们希望驱动的机构,如发电机、传动系统等。传统的燃气轮机动力装置如图6-34所示。

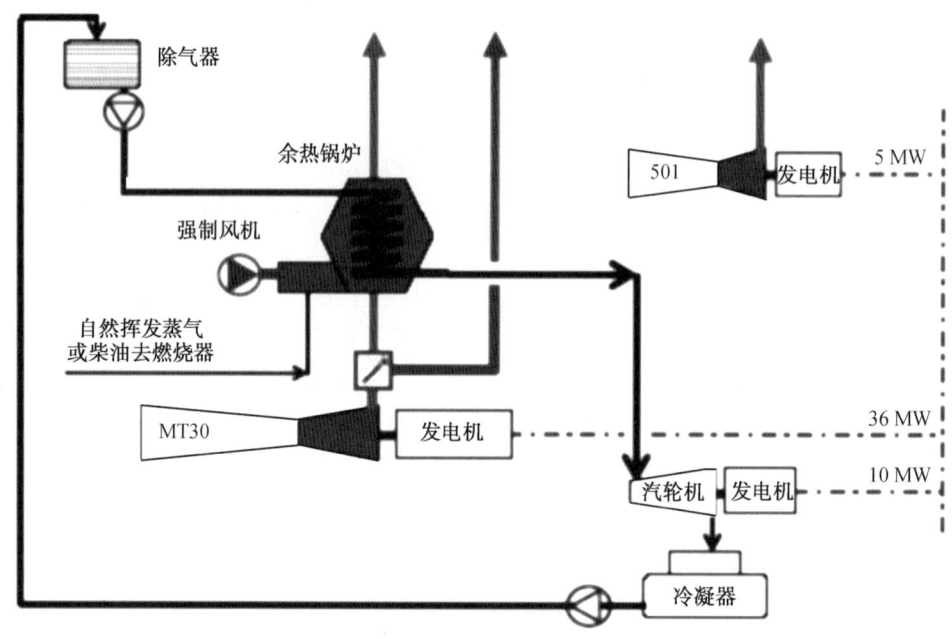

图6-34　燃气轮机动力装置

航空衍生燃气轮机在20世纪90年代进入商业船用市场。由于燃气轮机具有以下优点,使它在船舶上的应用越来越广泛,目前已经在高速渡船和豪华邮轮等船舶上得到了应用。燃气轮机由于具有功率大、成本低、结构简单和可靠性高的优点,越来越被 LNG 市场看好。

燃气轮机装置有如下优点:

(1)输出功率高;

(2)尺寸紧凑;

(3)重量轻;

(4)高扭矩;

(5)噪声和振动低;

(6)排放低;

(7)润滑油消耗低;

(8)维护保养成本低;

(9)燃气轮机模块能够快速安装和更换;

(10)良好的机动性,从冷态启动至全负荷的时间一般为 1~2 min,大功率复杂线路的燃气轮机装置也只需 3~5 min。

燃气轮机推进装置有以下缺点:

(1)主机没有反转性,必须设置专门的倒车设备;

(2)必须借助于启动电机或其他启动机械启动;

(3)由于燃料的高温,叶片材料的合金钢昂贵,工作可靠性较差,寿命短,如燃气初温在 750 ℃以上的燃气轮机,寿命为 500~1 000 h;

(4)由于燃气轮机工作时的空气流量大,一般为 16~23 kg/(kW·h)。因此进、排气管道尺寸较大,舱内布置困难,甲板上有较大的管道通过切口,影响船体强度。

英国罗尔斯-罗伊斯公司十分关注 LNG 船推进动力装置市场,于 2002 年推出了船用的 Marine Trent 30(简称"MT30")型燃气轮机。该机输出功率达 36 MW,与蒸汽轮机相比重量较轻,热效率超过 40%,这种燃气轮机可以节约运营成本 20%。MT30 型燃气轮机使用柴油和燃气两个燃料燃烧通道,能够在燃烧室同时燃烧两种燃料,这样可以确保在更换燃料或燃烧液体燃料和燃气混合物时维持燃气轮机输出功率不变。燃气轮机的主要部件封闭在一个隔音的安装包内,并固定在一个公用的底座上。如选用 MT30 型燃气轮机作 LNG 船主机,船的总长可缩短 19 m,而载重量却可增加 12%,这对提高船舶经济效益至关重要。MT30 型燃气轮机具有模块化结构等特性,可维修性好,这已成为用户选用船舶主机的重要条件之一。

法国阿尔斯通公司和美国通用电气公司也认为,LNG 船采用燃气轮机推进可以节省大量舱内空间和减轻动力装置重量。阿尔斯通公司已向 LNG 市场推出了输出功率高达 17 MW 的 GT35 型燃气轮机。该机是能使用柴油和天然气混合燃料的双燃料发动机,柴油和天然气的混合比为 2:8。目前,船东对这种燃气轮机很感兴趣。通用电气公司生产的 LM2500 型(见图 6-35)和 LM6000 型燃气轮机也适合于 LNG 船,这两款燃气轮机具有可靠性高、重量轻等优点。

为了满足对 LNG 船冗余度方面的要求,可以在一艘 LNG 船上安装两台燃气轮机或采用燃气轮机加余热锅炉或采用燃气轮机与柴油机联合动力装置。其中燃气轮机加余热锅炉方案,利用废气能量产生蒸汽,进而驱动蒸汽轮机。这种发动机的热效率较一般蒸汽机更好,而且排放的废气与蒸汽轮机同样是比较清洁的。从环保因素考虑,将来有可能会采用此种方案的推进系统。

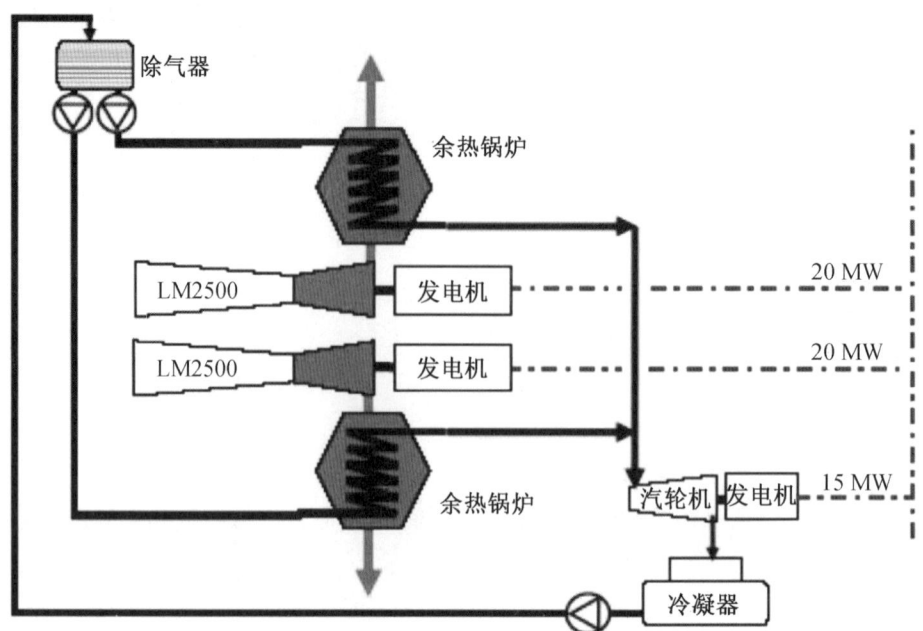

图 6-35　LM2500 型燃气轮机

第七章　天然气处理辅助装置

第一节　气体燃烧装置

当船舶进出港口机动航行或在锚地时,船舶需要的推进功率减少,这个时候虽然液货舱的压力能够保持在承受的范围内,但是这些蒸发气超过了推进系统的需要。为了处理这些蒸发气,避免液货舱内压力升高,通常采用以下两种方法:

(1)对于采用蒸汽轮机作推进系统的LNG船,从液货舱蒸发出来的过多蒸发气在锅炉内燃烧掉,锅炉产生的过量蒸汽卸放到冷凝器;

(2)船上安装再液化装置,把蒸发气液化后送回液货舱。

新一代LNG船多采用双燃料发动机电力推进或带再液化装置的低速柴油机推进。这些新型的推进系统在正常操作或备用状态下,当过多蒸发气不能以安全和环境友好的方式作为燃料使用或通过再液化装置处理掉的时候,就需要布置另外一种特殊设备——气体燃烧装置(GCU)来处理这些过多的蒸发气。从安全和环境方面考虑,天然气不能直接放到大气,因为甲烷气体的温室效应明显高于二氧化碳。

一、GCU在LNG船上的作用和布置

1. GCU在LNG船上的作用

GCU除了主要用来在正常操作时处理过多的蒸发气以外,它还必须用来燃烧在液货舱检查之前惰化操作时从液货舱内排放出来的气体。在这个惰化操作期间,液货舱被升温,残余的天然气蒸气被船舶上惰气发生器产生的惰气置换。这个置换过程是通过在液货舱底部喷入密度大的惰气,而在液货舱顶部排出密度小的天然气蒸发气来完成的。在这些操作期间,在液货舱底部收集的天然气蒸发气和惰气的混合物必须通过气体燃烧装置来处理掉,以避免产生任何的安全和环境危害。为了完成这些操作,气体燃烧装置必须能够兼容低功率燃烧指标燃料气体。

2. GCU在LNG船上的布置原则

GCU在LNG船上的布置原则主要满足以下几个方面:

(1)它必须靠近双燃料发动机舱或再液化装置的蒸发气供气管;

(2)它必须尽可能远离驾驶台和生活居住区,以避免接近热的排气尾流,同时避免燃烧室

本身和电动机的噪声;

(3)容易从外面吸进新鲜的空气。

基于以上几点,气体燃烧装置的首选位置是在船舶的尾部,位于主机舱之上,在发动机排气管箱能延伸的范围之内。为了满足以上这些原则,通常按以下几个方面来布置:

(1)气体燃烧装置排气管的长度到达烟囱的顶部的距离尽可能减少,以降低相应的成本和压力降;

(2)气体燃烧装置供气管直接来自双燃料发动机机舱或再液化装置的蒸发气供气管;

(3)有足够大的空间来容纳大的天窗,以低的压力降来供应燃烧和稀释空气;

(4)给驾驶室和船员生活区带来的噪声最小;

(5)气体燃烧装置热的排气尾流应远离驾驶台和天线,减少接触热的排气的危险。

二、GCU 的要求和结构

1. GCU 的要求

从船级社的观点来看,首先是安全方面的要求,避免产生受热点,以安全处理过量的蒸发气,如果在气体燃烧装置的排气口释放未经完全燃烧逃逸的天然气气体,这些受热点就变成点火源,天然气气体将在排气口处被意外点燃。

甲烷的最低点火温度为 $540 \sim 705$ ℃,据此,美国海岸警卫队首次提出气体燃烧装置最高温度要求不超过 535 ℃,这个温度后来被大多数船级社采用。为了满足船级社的该项要求,气体燃烧装置(见图 7-1)通常采用下面的方法:

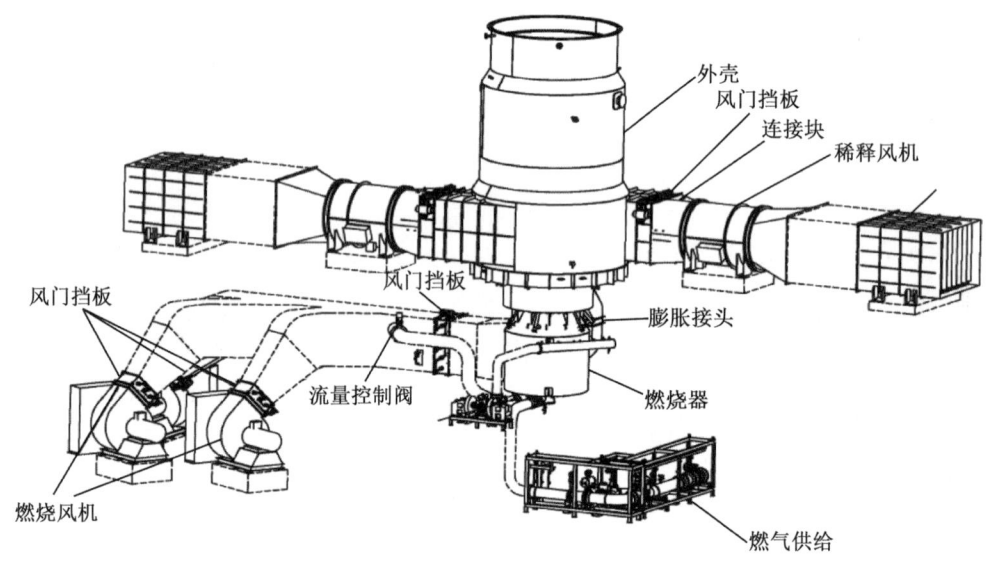

图 7-1 燃烧装置外观

(1)燃烧空气风机吹入高比例的过量空气可以让镶有陶瓷内衬的燃烧室温度低于1 200 ℃;

(2)稀释风机提供大量空气通过燃烧室与外壳之间的环形空间对排放过程中的燃烧产物

进行冷却。

依照上述方案设计且运行状态良好的气体燃烧装置排出的经空气稀释的燃烧产物温度最高不超过 450 ℃。

对于气体燃烧装置的第二个要求是气体燃烧装置的排气尾流不能污染大气或危害船员健康。因此,气体燃烧装置的出口必须远离驾驶台。

根据不同的船舶类型来考虑,船级社对冗余度提出了要求防止单台风机发生故障。其他安全要求通常涵盖在 IGC 规则或 IMO 的要求中,其中,风机的噪声限制是最主要的规定。

2. GCU 的结构

2018 年 5 月 31 日,随着"中能连云港"轮顺利交船,AP LNG 运输项目 6 艘姊妹船中能福石、中能青岛、中能北海、中能天津、中能温州已全部交付给租家联合石化。在该项目中 SAACKE 为全部船舶提供了容量为 5 200 kg/h 的气体燃烧装置。下面将以 SAACKE 为例,介绍气体燃烧装置的主要结构。

（1）主双燃燃烧器

涡流式燃烧器外观如图 7-2 所示,位于燃烧室底部预燃室内,预燃室炉膛由耐火材料包围。燃烧器还包括切向配风器、自然蒸发货物气体喷嘴、废气喷嘴和燃油雾化器等主要部件。

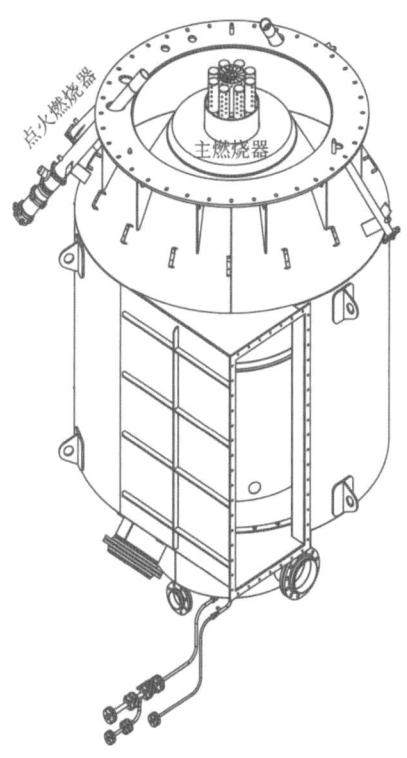

图 7-2　涡流式燃烧器外观

长矛型喷油器可以燃烧自然蒸发货物气体和液体燃料,最大燃烧能力分别达到 72 MW 和 7.2 MW。自然蒸发气体供应到燃烧室内与燃烧空气充分混合。液体燃料通过雾化喷嘴喷射到燃烧区域。

（2）点火燃烧器

为了保证主燃烧器正常工作,GCU 另外配有 2 只点火燃烧器。点火燃烧器使用 MGO,由 2 只单独的点火油泵供油,进入点火燃烧器的燃油压力经压力调节机构调节后保持在 5 bar 左右。点火变压器和火焰探测装置集成在点火燃烧器内部。

（3）燃烧空气风机

2 台燃烧空气风机如图 7-3 所示,从气体安全处所供应 GCU 燃烧时所需的空气。燃烧空气风机有两种工作模式:

①60% 负荷:单台风机运行,提供风量 106 500 m^3/h;

②60%~100% 负荷:2 台风机各按 50% 负荷运行,每台风机提供风量大约 88 700 m^3/h。

操作人员可以任意选择 2 台风机中的 1 台为工作状态,另 1 台风机放在备用工作状态。当 GCU 负荷超过 60% 时,备用风机自动投入工作。

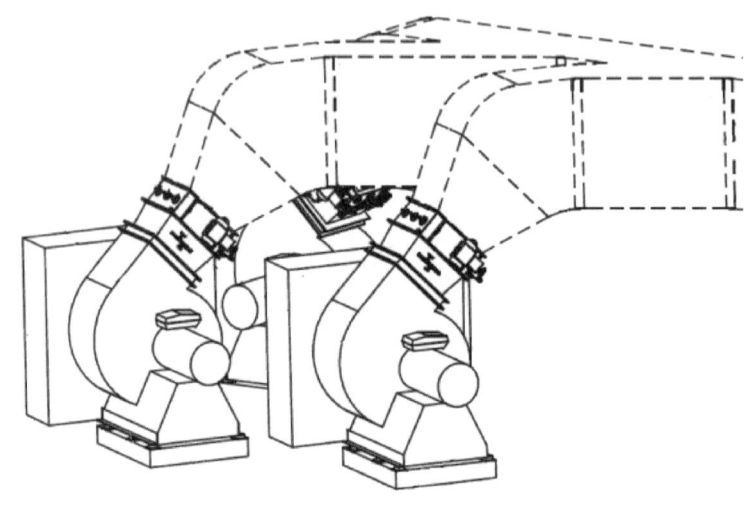

图 7-3　燃烧空气风机

（4）稀释风机

正常燃烧排气温度为 1 150 ℃ 左右,为了安全需要,GCU 配有 2 台排烟稀释风机,如图 7-4 所示,每台大约提供风量 312 000 m^3/h。稀释风机从两侧对应着将空气喷入排烟管路中,保证排烟排到大气中的温度不高于 450 ℃。

（5）燃烧设备冷却风机

燃烧室内火焰监测器以及先导燃烧器都工作在高温环境中,GCU 配有 2 台冷却风机专门用来冷却燃烧设备。每台风机均可在 100%GCU 负荷下工作,提供风量 2 500 m^3/h。

（6）密闭气体舱室排气风机

自然挥发气体供应到 GCU,所有的气体控制设备安装在单独舱室内。为了避免泄漏气体在舱室内积聚,确保该舱室空气环境处于良好状态,排气风机能保证每小时换气 30 次,排出气体到烟囱附近的安全区域。

（7）惰气供应站

燃烧器在启动前和停止后,都要对燃气供应管线进行吹洗净化操作,避免燃气与空气直接接触发生火灾爆炸的危险。吹洗净化操作就是用惰气通入燃气供应管线,把管线内残存的废

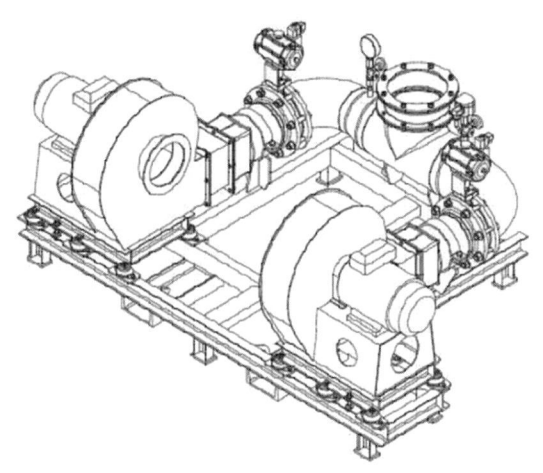

图 7-4　稀释风机

气排入安全区域。这里的惰气通常是指氮气。

（8）自然挥发货物蒸气供应系统

自然挥发货物蒸气供应系统布置在一密闭舱室内,如图 7-5 所示,包括管线、阀件、滤器、流量传感器。自然挥发货物蒸气由压缩机提升压力后,供应到自然挥发货物供应系统,进入到气体燃烧装置的燃气流量由燃烧控制系统通过流量控制阀 FV237、FV157 控制。流量控制阀 FV237 的开度由气体燃烧装置的负荷控制,而流量控制阀 FV157 只是用来限制气体燃烧装置启动时的气体流量和装置运行中的超负荷保护。管线上布置的安全截止阀 SDV151、SDV152 和 SDV251,由货物燃烧控制面板控制,用来紧急切断气体燃烧装置的燃气供应。此外,管线上还布置一道压力监测安全阀,当管线内气体压力低于预设动作值时,此阀关闭。管线上的压力传感器 PT122 监测管线内燃气压力,如果升高或降低到警报值,系统发出警报。如果管线内气体压力进一步降低,达到预设的压力值,压力开关动作,安全截止阀关闭,GCU 停止运行。如果系统压力异常波动或燃气供应阀突然异常关闭,管线上的放气阀 FV153 将动作,将气体释放到安全区域。管线上还装有温度传感器 TT123,检测管线内燃气温度。如果温度升高或降低到报警值,系统发出警报,如果温度继续升高或降低达到设定值,GCU 停止运行。管线上的流量传感器 FT121,送出流量信号到远程控制面板,操作人员可以监测到 GCU 燃烧货物蒸气的数量。

（9）点火燃烧器供油单元

2 台供油泵如图 7-6 所示,从柴油储存柜通过滤器把柴油输送到点火燃烧器。两台供油泵的工作/备用状态由操作人员指定。通过排出管路上的回油阀的调节,供油压力保持恒定。气体燃烧装置对点火柴油的质量要求较高,供油泵的滤器应定期清洗。

Snecma 公司和 Hamworthy Combustion 公司都能提供不同容量的气体燃烧装置。Snecma 公司的气体燃烧装置设计紧凑,整套装置能放在四层甲板之内:一层用于安装风机和密闭气体舱室的风机甲板;一层用于安装燃烧器、燃烧室、气体供应和控制系统的燃烧室甲板;两层甲板把排气管引到烟囱外壳的顶部。Hamworthy Combustion 公司也推出了 AMOxsafe 型号的气体燃烧装置。

2013 年阿法拉伐从 Snecma 并购气体燃烧装置技术,依靠更简约的设计,开发出更加可靠、经济、高效的设备——阿法拉伐紧凑型 GCU 装置。这款产品在 LNG 新造船市场上,逐步

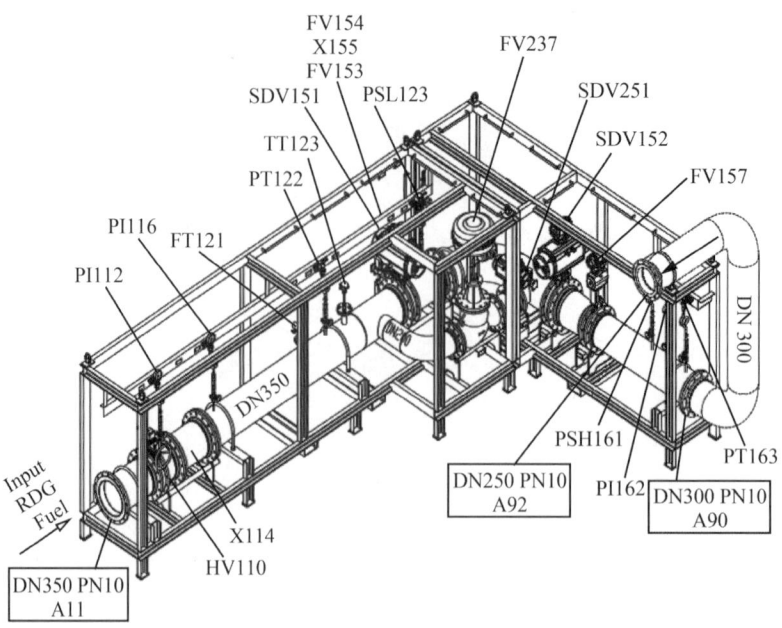

图 7-5　自然挥发货物蒸气供应系统

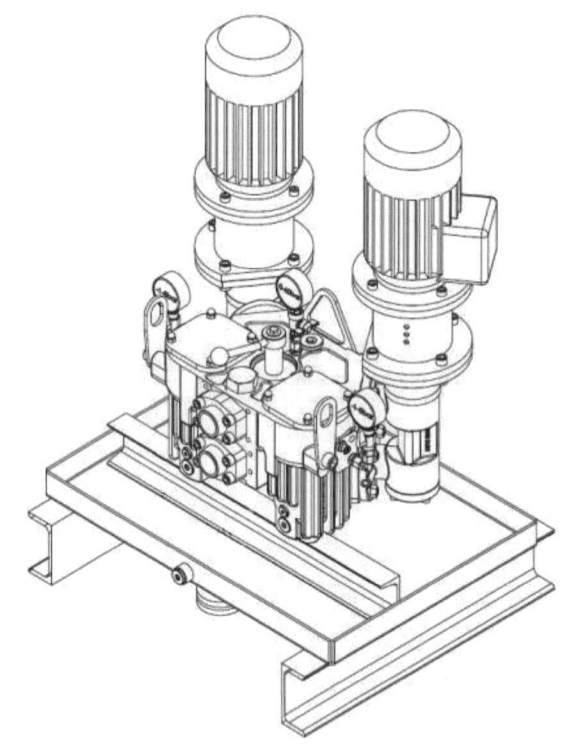

图 7-6　气体燃烧装置先导油供油泵

崭露头角,建立了一个持久的竞争优势。2018 年,阿法拉伐紧凑型 GCU 装置成为大部分 LNG 新造船项目的首选。该 GCU 装置仅包含燃烧器、燃烧室以及监控传感器,结构简洁、性能可靠、组件较少、接口和活动部件均较少。阿法拉伐气体燃烧装置共有四种标准尺寸,配有单、双两种燃烧室,分别对应 3、4.5、6、9 t/h 四种甲烷量。此外,阿法拉伐气体燃烧装置已经通过多家大型船级社的审批,其中包括:美国船级社、法国船级社、DNV-GL 以及劳氏船级社。

阿法拉伐气体燃烧装置具有一系列的特性:

(1)无须用油点火。

(2)零件数量少,安装面积小。

(3)无须透孔顶盖、耐火内衬及伸缩接头。

(4)该产品更易于安装,且安装位置极为灵活,便于船员操作和维护。

(5)配有两用低噪声风扇,该风扇既可用于助燃,也可用于排放尾气。这种双用途设计避免了冗余部件的使用,使得产品无须安装额外的管道、线路以及消声装置。

(6)装有电子点火设备,确保设备能够快速启动,进而降低了设备的运行成本。该设备无须使用船用柴油及馏分船用燃料系统,也无须安装油箱、导杆以及油管。设备中的自排式燃烧器设计巧妙,由于没有安装旋转部件,设备的维护费用进一步降低。同时,燃烧器能够在空气过量及惰气浓度较高的环境中使用,进一步提高了设备的安全性。

(7)阿法拉伐气体燃烧装置无须安装额外的风扇及油路系统,设备对不锈钢燃烧室整体空间需求小于其他同类产品。

2019 年,阿法拉伐迎来了一款更小型的气体燃烧装置。目前的 GCU 装置更适合大型船只,新款 GCU 装置更适用于对 100~1 000 kg/h 蒸发气体的处理。新款 GCU 装置非常适合小型 LNG 船、浮式储存再气化装置、LNG 船及以液化天然气为燃料的船舶。

三、GCU 运行管理

根据船舶的不同装载情况,GCU 存在多种运行模式:

1. 气体燃烧模式

气体燃烧模式全部由船舶综合自动化控制系统控制,并且可以细分为三种下级模式:

(1)挥发蒸气燃烧模式:挥发蒸气输送到燃烧器,主燃烧器工作燃烧。此时,1 台燃烧风机和 1 台稀释风机工作,当负荷超过 60%时,第 2 台稀释风机自动投入工作;

(2)货舱驱气时挥发蒸气燃烧模式:因维护或修理的需要,货舱驱气时,燃烧排放的混合气体;

(3)货舱驱气时挥发蒸气伴随主燃烧器燃烧模式:货舱驱气的最后阶段,燃气与惰气的混合气体中,燃气的含量太低时,需要启动主燃烧器。

2. 备用模式

燃烧器处于随时可以投入工作状态,也就是,主气体燃烧器熄火而保留 1 只燃油点火器燃烧,此时,只留 1 台冷却风机、1 台燃烧空气风机和 1 台稀释空气风机工作。

3. 备用经济模式

燃烧器处于随时可以投入工作状态,也就是,主气体燃烧器熄火而保留 1 只燃油点火器燃烧,此时为了节约能耗,只留 1 台冷却风机运行,而燃烧空气风机和稀释空气风机全部停止工作。

4. 手动氮气吹洗模式

可以按照操作者需求,用氮气对部分停用管线进行吹洗,避免混合气体聚集。

5. 维修模式

如果选择此种模式,气体燃烧装置所有的安全保护被暂时隔离,但控制箱继续保持供电状态。

GCU 的不同工作模式既可以在当地控制面板上,也可以在控制室远程自动控制系统中手动转换,如图 7-7 所示。

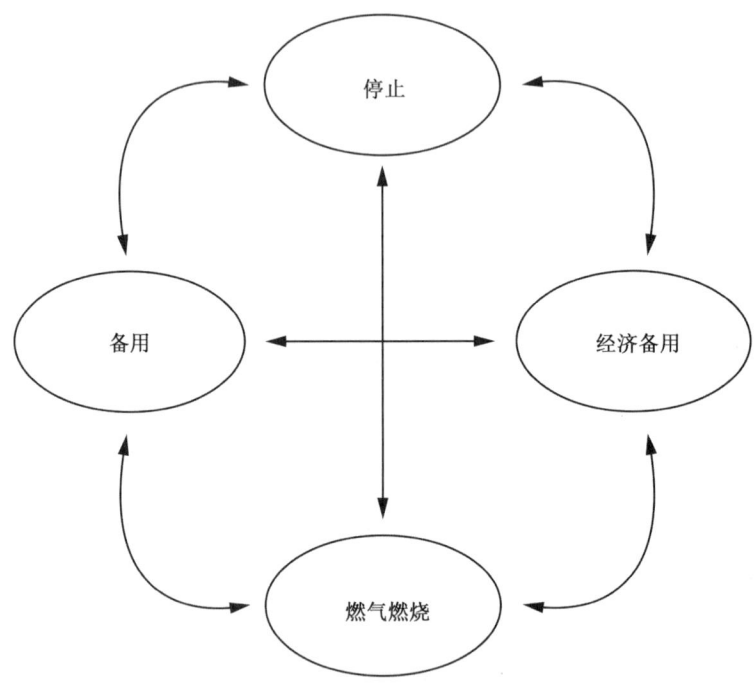

图 7-7　GCU 不同工作模式的转换

大多数情况下,气体燃烧装置操作在远程自动控制系统上完成。如果选择的是气体燃烧模式,按下启动按钮后,PLC 自动运行下列程序:

(1)按下"GCU Gas burning"按钮;

(2)PLC 检查 GCU 状态;

(3)GCU 不在备用状态时,冷却、稀释和燃烧风机先后启动;

(4)火焰监视器自检、泄漏自检、氮气吹洗后吹洗效果自检;

(5)成功自检后,燃油点火油头开始点火;

(6)燃油点火油头点火成功后,主油头启动限制解锁,主油头随时可以投入使用;

(7)启动主油头点火程序;

(8)主油头点火成功后,燃油点火油头停止燃烧。

如果没有系统故障或是手动停止运行气体燃烧装置,气体燃烧装置将持续维持该运行状态。在气体燃烧过程中,GCU 的负荷由燃烧管理系统持续监测,但控制过程是由船舶综合自动化控制系统来完成的。GCU 侧的控制阀不仅能保证燃烧器启动时的最小气体流量,也能限制 GCU 的最大流量,防止 GCU 超负荷。

进入 GCU 的气体流量与 GCU 的设计最大负荷有关。如果供应气体压力低于最大负荷时对应的压力,气体进口控制阀将完全打开。如果压力超过最大负荷时对应的压力,气体进口控制阀开度将自动关小。自动控制阀的开度在综合自动控制系统实时显示,方便操作人员监控气体燃烧装置的运行情况。图 7-8 中所示气体燃烧装置最小质量流量为 520 kg/h,最大质量流量为 5 200 kg/h。

无论气体燃烧装置以何种模式运行,操作人员都可以手动停止运行 GCU。与启动时一样,既可以在当地控制面板也可以在远程自动化控制系统上操作。只需按下停止按钮,系统将在 1 s 内熄灭燃烧器火焰,然后气体管路进行氮气吹洗。常规停止气体燃烧装置,推荐运行 GCU 备用模式,如果长期停用,要拉下控制箱电源。气体燃烧装置运行过程中出现任何相关安全问题或者气体燃烧装置室内燃气浓度超标,气体燃烧装置自动紧急停止。

需要注意的是,气体燃烧装置停止运行的时候,风机将继续转动 15 min。如果对系统进行检查或维修,为安全起见,要等到风机彻底停止转动后方可进行。

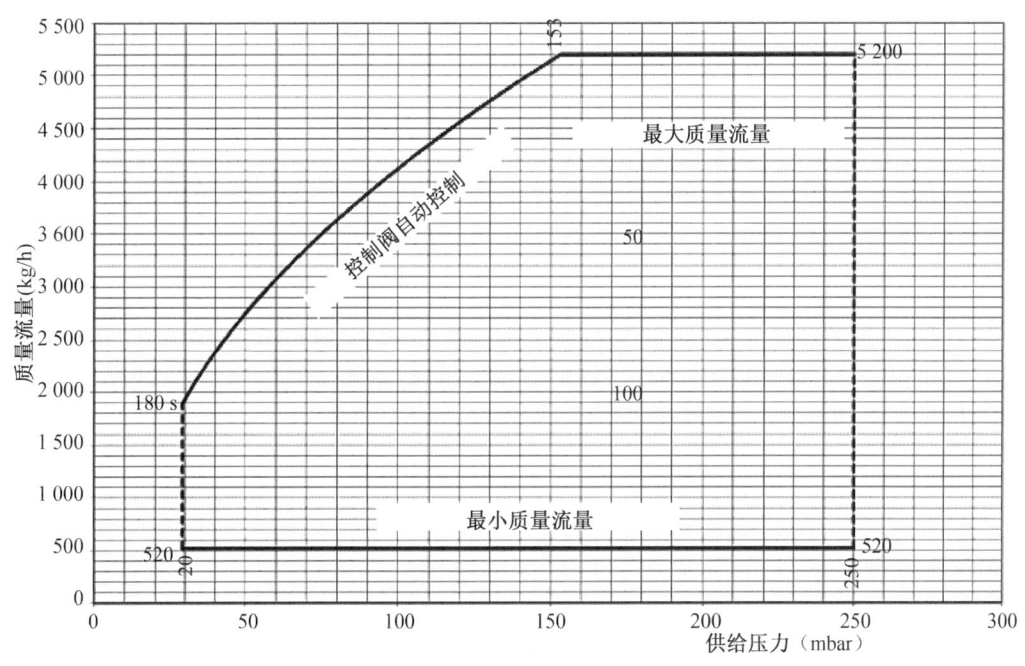

图 7-8　GCU 进口压力变化情况

航次结束后,燃油消耗是一项重要的内容需要统计。但是在双燃料船上,燃油消耗很少,消耗较多的是天然气气体燃料。在航次报告中,需要报告天然气气体燃料消耗的燃油当量,也就是消耗的天然气气体相当于多少燃油。

计算 9:以 125 000 m^3 的 LNG 船某一航次为例,燃油消耗 673 t,燃油低热值 9 700 kcal/kg 自然挥发气体消耗 3 624.78 m^3,低热值 13 000 kcal/kg,密度 461.6 kg/m^3。天然气气体与燃油的消耗比率是多少?

解：比率 $= \dfrac{\text{自然挥发气体消耗量} \times \text{密度} \times \text{低热值}}{\text{自然挥发气体消耗量} \times \text{密度} \times \text{低热值} + \text{燃油消耗量} \times \text{低热值}}$

代入数值

比率 $= \dfrac{3\,624.78 \times 461.6 \times 13\,000}{3\,624.78 \times 461.6 \times 13\,000 + 673 \times 1\,000 \times 9\,700}$

$= 0.769$

自然蒸发的货物气体消耗的比例为 76.9%，燃油消耗 23.1%

自然挥发的气体燃油当量的计算

燃油当量 $= \dfrac{\text{自然挥发气体消耗量} \times \text{自然挥发气体低热值}}{\text{燃油低热值}}$

$= \dfrac{3\,624.78 \times 461.6 \times 13\,000}{9\,700}$

燃油当量 = 2 242 t

燃料消耗成本对比

以 MMBTU（百万英制热单位）计算自然挥发气体 = 1 673×51.668 383（MMBTU/T）
= 86 441 MMBTU

自然挥发气体成本 = 以 MMBTU 为单位自然挥发气体消耗量×以 MMBTU 为单位气体价格
= 86 441 MMBTU×4.65 美元/MMBTU = 401 952 美元

燃油当量 = 2 242 t

燃油成本 = 燃油当量×燃油价格 = 2 242 t×600 美元/吨 = 1 345 440 美元

1 345 440/404 952 = 3.34

通过计算可以看出计算条件下的燃油成本是燃气成本的 3.34 倍。船东、船公司在选择燃油模式时需参考燃油与燃气的价格，节省船舶运营成本。船舶的营运状态不同，预期消耗的燃料也不同，见表 7-1。

表 7-1　燃料消耗表

营运状态	HFO 消耗 吨/天	气体燃料消耗 吨/天 燃油当量
码头、双燃料，DUMP 开	19.3	94.8
码头、燃油	23.4	
码头、装货、燃油	45.6	
码头、卸货、燃油	62.2	
装载航行、双燃、65 r/min	56.4	94.8
装载航行、双燃、72 r/min	73.9	94.8
装载航行、燃气、40 r/min		107.5
装载航行、燃气、65 r/min		141.0
装载航行、燃气、72 r/min		155.8
装载航行、燃气、81 r/min		172.6

续表

营运状态	HFO 消耗 吨/天	气体燃料消耗 吨/天 燃油当量
装载航行、燃油、25 r/min	92.8	
装载航行、燃油、40 r/min	128.4	
装载航行、燃油、56 r/min	149.2	
装载航行、燃油、65 r/min	166.5	
装载航行、燃油、72 r/min	183.8	
装载航行、燃油、81 r/min	203.5	
压载海试、燃油、65 r/min	163.4	
压载海试、燃油、72 r/min	180.8	

第二节　再液化装置

近些年,随着环保意识的逐渐增强,LNG 因其清洁环保等优势在我国能源格局中越来越占有重要地位。相应地,随着中国 LNG 能源消耗的稳步增长及 LNG 运输业的兴起,LNG 船建造技术也在近些年迅速发展起来。但是传统型的蒸汽轮机主机 LNG 船因其热效率较低,而逐步被配有再液化装置的传统的低速二冲程主机 LNG 船以及配备 DFDE 双燃料发电机的电力推进船舶取代。相应地,再液化装置在 LNG 船上的应用逐渐普及。

相比较而言,采用再液化装置的 LNG 船具有以下优点:

(1)货舱内挥发的 BOG 不必燃烧掉,可以提高所运输液货的量。

(2)不需要为处理货舱 BOG 而烦恼,机舱内部可以采用传统的低速二冲程主机或者电力推进主机。技术上比较成熟,相关的管理人员资源比较丰富。

(3)采用再液化装置的低速二冲程主机或者电力推进主机的动力装置整体热效率都要高于传统的蒸汽轮机主机。

(4)相对于传统的蒸汽轮机动力装置而言,可以节约机舱空间,相应提高货舱容量。

一、BOG 再液化装置

由于蒸汽轮机主机动力装置整体热效率只有 30% 左右,并且近些年来国际上节能减排的需求日益提高,热效率相对较高的传统的大型低速柴油机(动力装置总体热效率可高达近60%,减排近 30%)以及电力推进主机日渐流行。同时,随着 Q-Flex 和 Q-Max 大型 LNG 船的出现,货舱内的蒸发 BOG 总量也急剧增加。相应地,为了有效地处理货舱内的 BOG,在这些LNG 船上 BOG 再液化装置也越来越多地被应用。2008 年,HAMWORTHY 公司的 MARK I 再液化系统在 Q-Flex 船上得以应用;同年,CRYOSTAR 公司的 EcoRel 再液化装置在 Q-Max 船上得以应用,两种类型的再液化装置在船舶上的应用均属首次。

LNG 船上 BOG 再液化装置的功能是把货舱内蒸发出来的过量 BOG 通过制冷方式,将其温度降低到其沸点(-161.5 ℃)以下,它是一个从低温到更低温的制冷过程。再液化装置的基本应用如下:

(1)在装货前,冷却液货舱及有关管路,满足装货的要求;

(2)在装载货时,将引起超压的货物蒸气再液化并回输到液货舱;

(3)在航行途中,把货物的温度和压力控制在货物围护系统的设计限度内。

目前,LNG 船上应用的再液化方式主要有三种:

1. 全部再液化

其特点是:理论上不存在货损,可取消蒸汽动力装置而采用高效节能的大型低速柴油机。所谓全部再液化装置就是把 LNG 船的 BOG 全部做再液化处理。

全部再液化装置原理图如图 7-9 所示,压缩机抽吸液货舱内蒸发气,经过换热器冷却后,全部 LNG 返回到液货舱。从目前来看,全部再液化装置将会占主导地位,因为它比较彻底解决了 BOG 的液化处理问题。但是,在液化 BOG 的过程中需要消耗大量的电能,再液化装置的动力由发电机组提供。

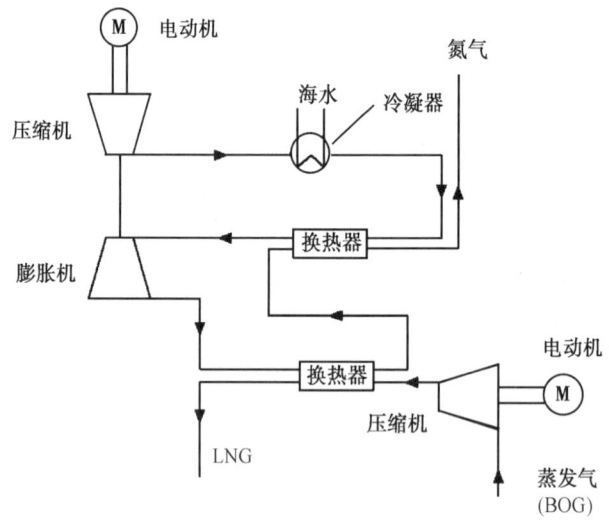

图 7-9　全部再液化装置原理图

2. 自持式再液化

其特点是:利用部分 BOG 来驱动燃气透平或者送入锅炉产生蒸气来作为再液化装置的原动力,不需要船舶电网提供电能,实现自持式再液化。自持式再液化工作装置工作装置原理如图 7-10 所示。

在该系统里用到的制冷剂为氮气,利用中间冷却的逆布雷顿循环。主要有 3 台氮气压缩机、换热器、蒸汽透平、膨胀机等设备组成,膨胀机和 3 台换热器(氮气冷却器、冷凝器和次级冷却器)全部放在冷箱里。

液货舱里产生的温度约为-100 ℃蒸发气体通过专门的气体集管送至预冷器,在那里冷却至-120 ℃。预冷后的蒸发气体在 1 台二级离心式压缩机中压缩至 450 kPa(绝对压力)。压

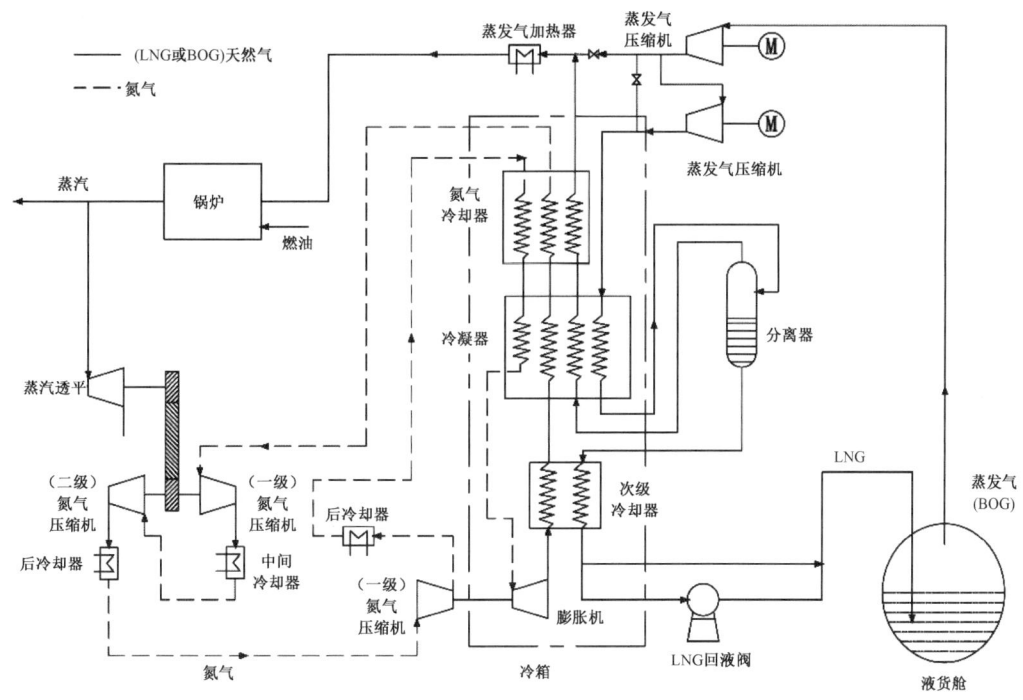

图 7-10 自持式再液化工作装置原理图

缩后的蒸气进入一台板式冷凝器,经低温氮气流降温和冷凝。在分离器中收集再液化后的-159 ℃蒸发气体,以去除可能存在的非冷凝气体。分离器中的压力迫使该液化的气体经次级冷却器后返回液货舱。非冷凝气体被送往锅炉燃烧或通往透气桅。BOG 的压缩是采用两台单级离心式 BOG 压缩机,其目的是给锅炉供应 BOG,同时两台 BOG 压缩机可以串联增压,以便给再液化装置供应 BOG,两台 BOG 压缩机均由电动机驱动。

对于氮气的压缩,采用三级离心式压缩机,第一、二级氮气压缩机由蒸汽透平驱动,第三级氮气压缩机由膨胀机驱动以回收膨胀过程中的能量。

氮气压缩期间,氮气由 1 台中间冷却器和 2 台后冷却器冷却至41 ℃。高压氮气通往冷箱顶部的"暖"部,在那里由低压制冷回路的低温氮气将其冷却至-110 ℃。预冷后的高压氮气被压迫至膨胀机。在膨胀机中,高压氮气膨胀,温度降低至-162.5 ℃,然后通往冷箱底端的"冷"部。低温氮气吸收蒸发气体和暖高压氮气的热量。氮气在返回一级氮气压缩机的吸入侧之前从冷箱的底部流动到顶部。

3. 部分再液化

其特点是将部分 BOG 再液化。剩余的 BOG 可以作为双燃料柴油机或者双燃料主机的燃料。此种方式适合于货物蒸发率高的 LNG 船,在货物蒸发率低的 LNG 船上要考虑其设备安装的经济性。LNG 蒸发气的再液化装置原理如图 7-11 所示。

液货舱被抽出的 LNG 蒸发气,其压力在 1 个大气压左右,经过热交换器 1 后进入压缩机 1进行压缩。

经过压缩机压缩后,其压力升高到 0.15 MPa 或锅炉需要的入口压力,其中约 55%的蒸发气被送入机舱的锅炉中进行燃烧。其余的 45%的 LNG 蒸发气被送入压缩机 2A(B)继续进行压缩,压缩到压力为 4.2 MPa;从主压缩机出来的高温高压 LNG 气体经过热交换器 1 被液货舱过来的液货蒸发气冷凝,冷凝温度约为 -90 ℃;被冷凝的 LNG 液体经过膨胀阀减压至 0.15 MPa,然后贮存在储存槽中,再送入液货舱。在膨胀减压过程中产生的闪蒸气体,也经由热交换器 1 升温后,作为锅炉燃料送入机舱;当膨胀减压过程中产生的闪蒸气体含氮量高时,可泄放入大气。

由该装置重新液化的液化气量,根据蒸发温度、气体组成及含量以及压缩机的数量等而有所不同,但可达 35% 以上。

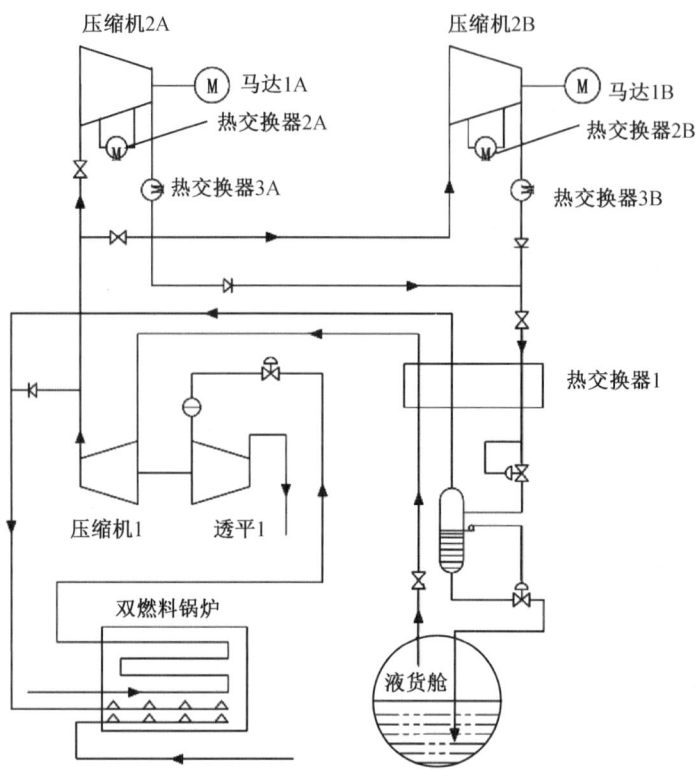

图 7-11 LNG 蒸发气的再液化装置原理图

二、LNG 船上再液化原理

所谓制冷是利用人工方法制造低温的技术。制冷的主要方法有三种:
(1)利用物质相变(如融化、蒸发、升华)的吸热效应实现制冷;
(2)利用气体膨胀的冷效应实现制冷;
(3)利用半导体的热电效应实现制冷。

在天然气的液化过程中广泛应用液体蒸发和气体膨胀来实现制冷。利用液体蒸发实现制冷称蒸气制冷。蒸气制冷又可分为蒸气压缩式、蒸气喷射式和吸收式三种类型,目前采用的是蒸气压缩制冷。气体膨胀制冷广泛采用透平膨胀机制冷,也有采用节流阀制冷和热分离机制冷。

蒸气压缩制冷也称为机械压缩制冷或简称压缩制冷,是天然气液化过程中最常用的制冷方法之一。

1. 低温工质的性质

在低温工程中,氮气是一种非常重要的制冷剂,因为它在使用时很安全,因此在 LNG 的再液化中是一种非常理想的制冷剂。

在常温常压下氮是无色、无味、无臭的气体,在标准状态下的密度为 1.252 kg/m³,比空气略轻。氮为双原子分子,由于组成氮分子的两个原子以三个键相联系,结合得很坚固,因此,在通常情况下氮的化学性质不活泼,故可用作保护气体。

氮的标准沸点是-196.8 ℃,液氮是无色透明的易于流动的液体,它既不爆炸也无毒性,是低温技术中最常用的安全冷却剂或预冷剂。液氮冷却至-210 ℃时,会变成雪状的固态氮。

2. 逆布雷顿循环原理

在 LNG 蒸发气的再液化过程研究中,广泛采用的是逆布雷顿循环原理,用氮气作为制冷剂。逆布雷顿循环理论是 19 世纪由布雷顿提出的,在氢、氦液化等低温领域得到广泛应用。逆布雷顿循环是由等熵压缩、等压冷却、等熵膨胀和等压吸热四个过程组成。这与蒸气压缩式制冷循环的四个过程相近,如图 7-12 所示。

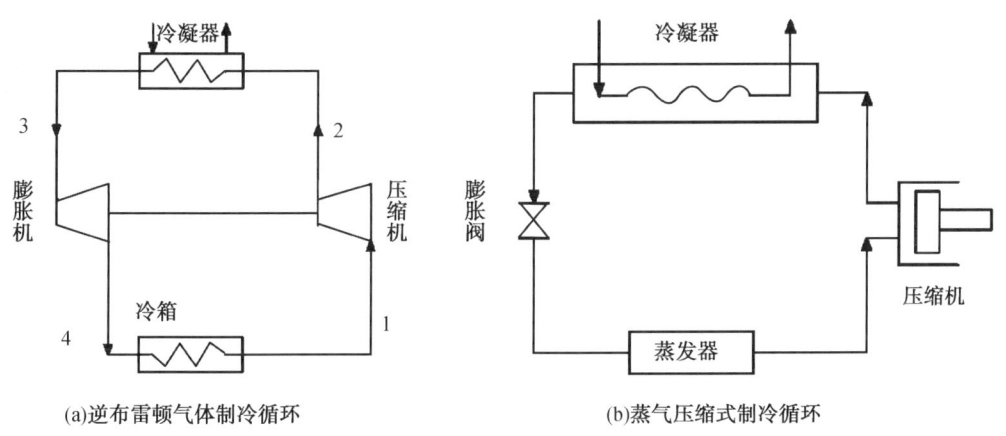

图 7-12　逆布雷顿循环原理图

对于简单的蒸气压缩式制冷循环,"降温"过程是在制冷剂通过膨胀阀的过程中进行的;"吸热"过程是靠制冷剂在蒸发器中通过液气相变的蒸发潜热来实现的;最后通过蒸气压缩机和蒸气冷凝器使制冷剂完成循环。对于简单的逆布雷顿气体制冷循环而言:其"降温"过程是在制冷剂通过膨胀机膨胀做功的过程中进行的;"吸热"过程主要是靠制冷剂在冷箱中通过温度升高的显热来实现的;最后,通过气体压缩机和冷却器完成循环。历史上第一次实现的气体制冷机是以空气作为工质的,称为空气制冷机,除空气外,根据不同的使用目的,工质也可以是二氧化碳、氮气、氦气等气体。

逆布雷顿循环制冷机是以氮气作为工作介质,利用压缩机气体在膨胀机内进行绝热膨胀并对外做功,从而获得低温气流来制取冷量,实现把热量从低温气体不断转移到高温物体。

三、LNG 船上应用的典型的再液化设备

1. 挪威 Hamworthy KSE 公司的再液化设备

Hamworthy KSE 公司的再液化设备已经发展到第三代 MARK Ⅲ（见图 7-13）。同其他主要再液化装置提供商采用的制冷原理一样,该系统采用氮气压缩膨胀原理来实现低温制冷。

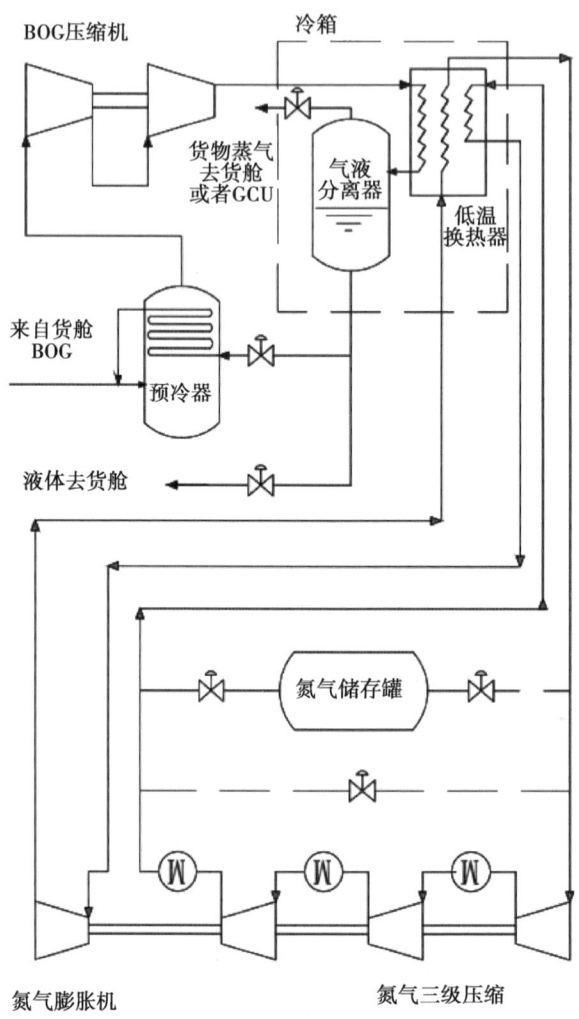

图 7-13　MARK Ⅲ 再液化装置

相对于 Hamworthy 公司的第一代再液化装置而言,其第三代再液化装置对 BOG 处理方面采用三级(增加一个压缩机级)压缩然后再送入冷箱中进行冷却液化。这样的结果是 BOG 在较高的温度和压力下冷凝,因此能耗可以降低近 15%。在此解决方案中,货舱来的 BOG 与再液化后的少量 LNG 在预冷器进口混合,这样可以对 BOG 在从货舱到预冷器之间的管路中吸收的热量进行补偿,同时预冷器中可以将 BOG 压缩机进口的残存液体有效分离,从而防止压缩机吸液造成液击。

预冷后的 BOG 在双级离心压缩机内被压缩至 4.5 bar。压缩后的 BOG 在低温换热器内被换热器另一侧的低温氮气冷却成液态。再液化的 LNG 送入气液分离器内,再液化后的 LNG 被送入货舱液体空间,不凝性气体会在这里被分离,并引回货舱蒸气空间或者气体燃烧单元。低温换热器和气液分离器集成在一个外敷绝缘的冷箱内部以减小外界热量漏入。13.5 bar 的氮气经过三级压缩后压力提升到 57 bar。压缩过程中产生的热量由冷却器带走。然后高压氮气在冷箱内部被预冷至 −110 ℃,预冷后的高压氮气在透平膨胀机内部膨胀至 −163 ℃ 以冷却货舱蒸发的 BOG。透平膨胀机的制冷量通过向系统中注入或抽出氮气来进行调节。此外,膨胀机进口设置有一个进口导向叶片 IGV。通过调整 IGV 的角度也可以调节进入膨胀机内部的氮气量,从而可以调节膨胀机的制冷量。

2. 法国 CRYOSTAR 公司的 EcoRel 再液化装置

法国 CRYOSTAR 公司的 EcoRel 再液化装置工作原理与 Hamworthy 公司的再液化装置相似,其原理为基于逆布雷顿循环的氮气压缩及绝热膨胀循环。

以氮气为工作介质的透平膨胀机产生冷量,在低温冷却器内部货舱蒸发的 BOG 被冷却成 LNG,然后送入液货舱。其最大的再液化能力为 7 t/h。货舱来的 BOG 由两级离心式压缩机进行压缩。每台压缩机进口配置有导流叶片(Deflector Guide Vane, DGV)。BOG 由低温氮气进行中间冷却。压缩后的氮气在 BOG 降温器(板式翅片冷却器)中进行预冷,然后在 BOG 冷凝器中被再液化。

这种设计的优势为不锈钢换热器可以有效缓冲系统内温度波动,保护铝质 BOG 冷凝器。在此系统中,如果 BOG 中氮气含量低,再液化的 BOG 有稍微的过冷度,因此再液化的液体可以直接返回液货舱而不必经过气液分离器;然而,在 BOG 中氮气含量高的时候,再液化的 BOG 需要被引入气液分离器内,不凝性氮气返回液货舱或者送入 GCU 中处理,而再液化的 BOG 返回液货舱。

氮气经过三级压缩后送入氮气冷却器内预冷,然后送入透平膨胀机内部等熵绝热膨胀做功。膨胀后的低温氮气在 BOG 冷凝器内部将 BOG 再液化。EcoRel 的制冷量调节机制与 Hamworthy 公司的 Mark I 类似,透平膨胀机设置有进口导向叶片 IGV 和膨胀机的旁通阀,以进行较小的制冷量调节。在没有制冷负荷的时候,氮气冷却器的旁通阀打开。在制冷量较大的时候,氮气循环回路内进行循环的氮气量随负荷增大而增加。

第三节　再气化装置

近年来,随着液化天然气(LNG)产业的不断发展,其相关的基础设施也获得了越来越多的关注。除了常规的 LNG 接收终端外,还涌现出了许多不同形式的 LNG 接收及再气化基础设施,浮式 LNG 再气化装置即为其中之一。

浮式再气化装置全称为"浮式储存及再气化装置",即 FSRU,英文全称为:floating storage regasification unit。它和传统的 LNG 运输加再气化工厂的模式相比,采用浮式再气化的方式接收和加工 LNG 要更加灵活方便,而且成本效益相对较高。有越来越多的小型新兴市场为满足

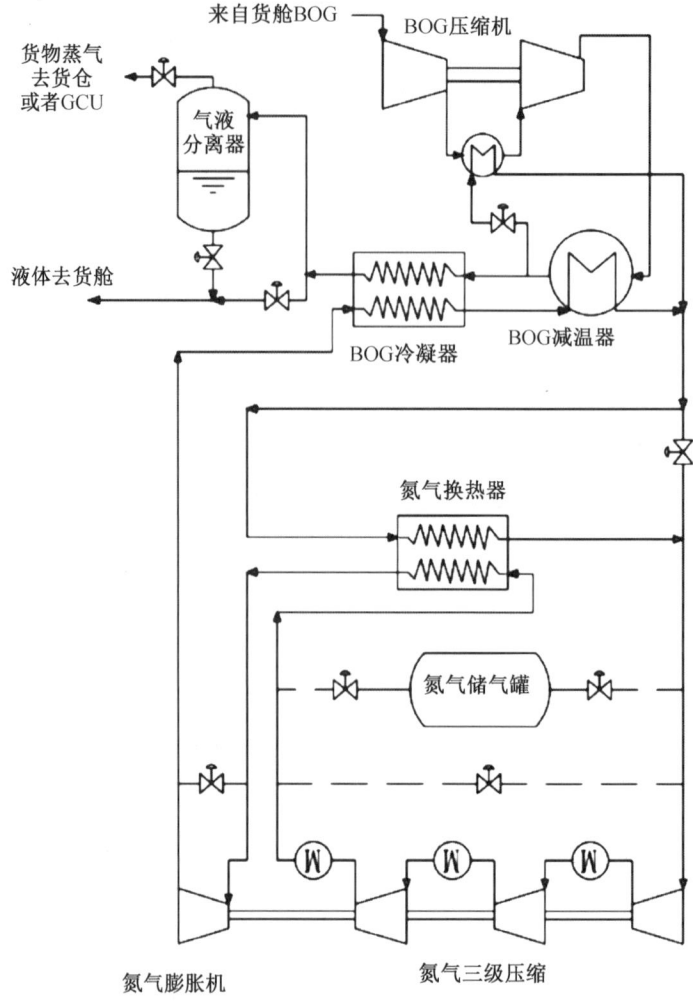

图 7-14　EcoRel **再液化装置**

天然气需求,不再花大价钱打造大规模的陆上再气化设施,转而选择建设浮式再气化装置来接收和加工进口来的 LNG。

顾名思义,一个真正意义的 FSRU 要具有以下基本功能:

(1)从其他 LNG 运输船上接收 LNG;

(2)储存 LNG;

(3)加压、再气化 LNG;

(4)向岸上管线系统计量和输送天然气。

然而 FSRU 根据其地理环境、用途,设计也有变化,有的省去其存储功能成为 FRU;有的省去再气化功能成为 FSU。一般来说,对于 FSRU,至关重要的两个问题是再气化装置和 LNG 船向其输送液化天然气相关问题。目前在使用的再气化技术基本上都是通过增压泵增压、汽化单元汽化,再通过升温单元进行升温的方式将−155 ℃,5 个标准大气压的液化天然气再气化成为 15 ℃、60~70 个标准大气压的天然气。

一、FSRU 工作原理

相对于传统 LNG 船及陆基接收站,FSRU 的关键技术包括:再气化工艺技术、适应船体运动的工艺设备、改建常规 LNG 运输船设计技术、液货舱晃荡及船体耦合分析技术、平衡液货舱晃荡对结构和总体运动影响的技术、液货输送及储存技术。工艺中的核心点为再气化的热源、热介质、整体工艺流程以及 BOG 回收工艺。一般来讲,气化装置是以模块撬装的方式布置在 FSRU 的甲板上的。FSRU 气化模块设备整体构成如图 7-15 所示。

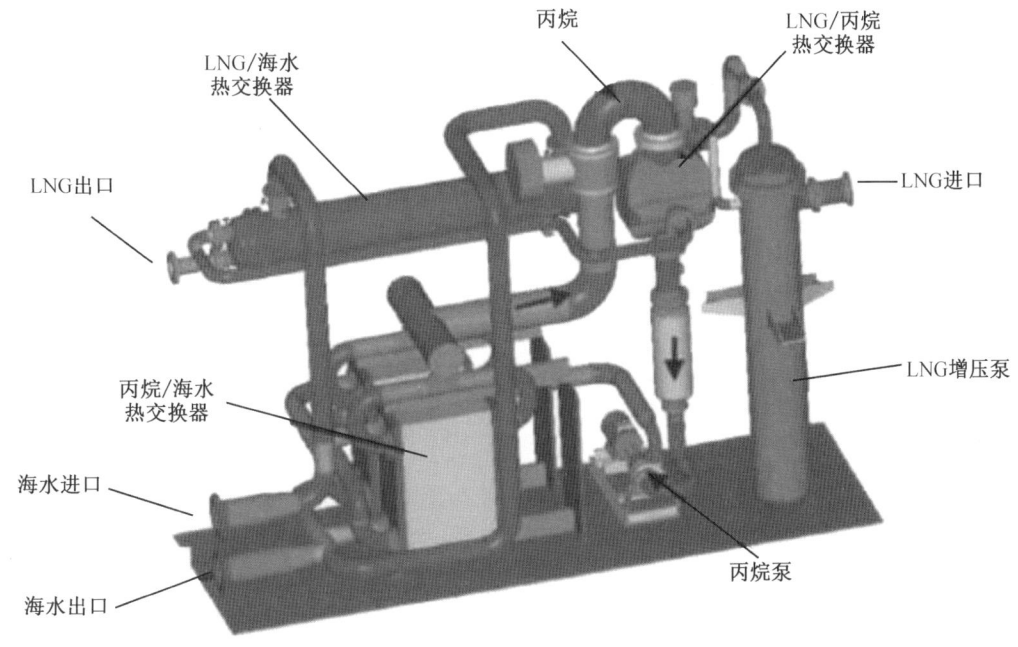

图 7-15　FSRU 汽化模块设备整体构成

汽化的主要方式为加热 LNG 蒸发形成高压天然气,使用的主要设备为 LNG/丙烷热交换器、LNG/海水热交换器、丙烷/海水热交换器、丙烷泵和液货增压泵,蒸发器一般使用管壳式换热器。丙烷在丙烷/海水热交换器中被海水加热后流入 LNG/丙烷热交换器对液化天然气预热,预热后的液化天然气流入 LNG/海水热交换器,被海水加热后使其蒸发汽化。Moss 船型的再气化装置一般会设置一到两台增压泵,增压泵从 LNG 缓冲罐吸入液化天然气,然后排入换热器,低温 LNG 不断吸收海水的热能蒸发,最终形成高压天然气连接管网进行外输。

二、FSRU 发展过程

FSRU 在市场中的应用和发展经历了三个阶段。

第一阶段,FSRU 被作为"具有 LNG 汽化能力的运输船舶"使用,往返于 LNG 液化厂及下游接收港口之间,平行服务于不同的市场。需要特定的"砖塔式"连接及系泊系统,且一次装载及储存 LNG 货量相对较小。

第二阶段,一些体积为 125 000～138 000 m³ 的 LNG 运输船被改造成为 FSRU,永久式坐落于 LNG 卸货地,只能接收其他 LNG 船卸载的 LNG 进行汽化。由于改装船舶的体积较小,这一阶段,FSRU 的存储及调峰能力仍然较弱,且运营维护成本高昂。

FSRU 发展的第三阶段,2014 年起,厂家新建的 FSRU 体积全部在 170 000 m³ 以上,存储能力明显上升,可以永久或半永久式地停泊于 LNG 卸货地。除 LNG 运输船之外,还可以接收其他来源的 LNG 进行存储及气化外输;同时,能效明显提高,整体投资、运营成本及生产工期大幅下降。

国际市场已经投运的 FSRU 来源分为两种:一种为对原普通 LNG 运输船进行改造而成,另外一种为专门新建的 FSRU。其中,全球现有的 27 艘 FSRU 中,有 5 艘为改装而来。在改装领域内新加坡厂商占据绝对优势,有 4 艘在新加坡完成,另 1 艘在迪拜干船坞内建设完成。

专门建造的 FSRU 占总 FSRU 总保有量的绝大多数。全球现有的 27 艘 FSRU 中有 22 艘为专门建造,韩国三大船厂大宇造船、现代重工和三星重工在全球 FSRU 制造业中占据统治地位,全球已经专门建造投运的 22 艘 FSRU 全部出自前述三大韩国厂商之手。目前,中国船厂刚刚试探性进入这一领域,2017 年年初,舟山太平洋海工接到一小型 FSRU 订单,沪东中华在 2017 年下半年承接了两艘 174 000 m³ 的大型 FSRU 订单。

三、液化天然气输送方式

除了部分的 FSRU 再气化装置是布置在码头,绝大部分的 FSRU 再气化装置直接布置在 LNG 船上或 LNG 驳船上或在驳船上直接加再气化装置。因此必须要考虑船与船间液化天然气的输送问题。

目前液化天然气的输送方式有两种:一种为船与船舷边并行输送,这种输送的稳定性非常依赖于水深和海况,通常要求海面风力不大于 1.5 级,并且两条船相对移动也有很高要求,因为大的位移有可能伤害船体结构。另一种为船与船首尾相连输送,该种作业方式要求在液化天然气运输船上需要安装特殊的卸货设备,当然相对来说其对海况要求不那么苛刻,海面风力不超过 3 级即可。

FSRU 的接收终端则根据其接卸货作业地点不同,分为全海式方案和近岸式方案两种。

全海式方案,是指将 FSRU 停靠在远离港口的外海,一般采用单点系泊或建造靠泊平台的方式,汽化后的天然气通过海底输气管线送至陆上管网。该种布置一般适用于 FSRU 离海岸较远、吃水比较深的情况。它承受着风力、洋流、海浪的压力,并且需要船体结构能够为了使用该种布置而做相应改变,在其水下有气体管线。因为结构复杂,所以该类建造工期一般要花 2 年时间。

近岸式方案(见图 7-16),是指将 FSRU 停靠在港口的专用码头,接收、储存和再气化 LNG,汽化后的天然气再通过陆上输气管线进入城市管网。其可以分为:

1. 码头系泊式

这需要船舶舷边对舷边进行气体输送。该类布置方式结构最简单,技术也最为成熟;方便船舶停靠,并且可以在其他项目中重复使用。

2. 通过墩头的码头系泊方式

这种方式是码头系泊式的补充,一般在海岸因为水深等情况不适合直接建接收码头而通

图 7-16　近岸式方案 FSRU

过墩头在更远水面建立码头接收站。

3. 岛式码头系泊方式

这类结构相对来说结构简单,但是对船舶停靠要求比较高且要求有海底气体输送管线将气体输送到岸上。

需要看到的是,FSRU 在具有成本低、工期短、灵活性高、安全性佳、审批便捷等一系列优势的同时,由于是船体体积限制造成的与传统 LNG 陆基接收站罐区存储量的巨大差距是不容忽视的。比较低的舱容造成 FSRU 的 LNG 存储及中转能力存在一定缺陷。

相信随着我国经济结构进一步转型升级以及对清洁能源需求的不断增长,FSRU 装置凭借各项自身优势,必将在国内受到越来越多用户的关注,进入推广和发展的黄金期。

计算 10:货舱内压力初始状态为 10.0 kPa,−113.9 ℃,当压力升高到 13.0 kPa,−113.9 ℃时货舱内自然挥发的气体的量增加数量? 如何操作才能降低货舱内压力?

解:理想气体密度计算公式:$D = M_m/I = $气体摩尔质量/气体摩尔体积

$M_m = 16.04$ kg/mol 甲烷的摩尔质量

$I = 23.64$ m^3/mol 理想气体在 15 ℃时,标准大气压下的摩尔体积

$I = 22.40$ m^3/mol 理想气体在 0 ℃时,标准大气压下的摩尔体积

$D_{15℃} = 16.04$ kg/mol/23.64 m^3/mol$= 0.679$ kg/m^3

$D_{0℃} = 16.04$ kg/mol/22.40 m^3/mol$= 0.716$ kg/m^3

根据理想气体状态方程和气体密度计算公式可以推出任意压力和温度下的理想气体的密度

$$Density = \frac{T_S}{T_V} \times \frac{p_V}{p_S} \times \frac{M_m}{I}$$

式中:T_S——标准温度 15 ℃,273.15+15=288 K;

　　　p_S——标准大气压力 101.325 kPa;

　　　M_m——自然蒸发气体的摩尔质量,根据成分计算所得 18.50 kg/mol;

I——理想气体在 288 K,101. 325 kPa 的理想体积 23. 64 m^3/mol;

p_V——自然蒸发气体压力;

T_V——自然蒸发气体温度。

代入各项数据,计算得出

$$D_{10 \text{ kPa}} = 1.555 \ 7 \ kg/m^3$$
$$D_{13 \text{kPa}} = 1.597 \ 7 \ kg/m^3$$

已知货舱内气体容积为 125 000 m^3,可以计算出压力变化后货舱内自然挥发的气体的量从 194.462 MT 增加到 199.712 MT,增加数量为 5 250 kg。

为了降低货舱压力,需要从舱内移走这部分自然挥发的气体。根据船舶设计的不同,可以把燃料送入锅炉、气体燃烧装置、再液化装置或者双燃料柴油机。如果各种装置的最大处理能力 5 000 kg/h,当前自然蒸发的气体的消耗量 4 000 kg/h,那么为了降低货舱压力移走更多自然蒸发气体需要的时间 5 250/(5 000-4 000)= 5.25 h。

第八章　LNG 船的营运

LNG 船由于 LNG 的特殊性质,货物操作较为复杂,需要船舶工作人员具备相应的理论知识和管理能力。具有典型代表意义的货物操作主要有以下几种:

一、出坞后装载

(1)绝缘层惰化:使用干燥惰气置换绝缘层内湿气。
(2)货舱干燥:清除液货舱和管路等的湿气,防止货舱预冷过程水合物生成或结冰。
(3)货舱惰化:降低货物系统中的含氧量至 2%,防止在装货过程中形成可燃气体。
(4)货舱驱气:用待装的货物蒸气把液货舱中的惰气排挤出去。
(5)货舱预冷:在装货前降低液货舱温度,以便尽量减少热应力和装载时的过度蒸发。

二、循环航次

(1)装货:液化天然气从岸站码头充装到液货舱内,注意液货舱压力和液位的控制。
(2)载货航行:船舶装货后驶往卸货码头,需进行货物状态控制。
(3)卸货:液化天然气从船舶液货舱内排到岸站码头。
(4)压载航行:船舶卸货后压载舱压水驶往装货岸站码头。

三、进坞前操作

(1)暖舱:向液货舱内灌入加温后的货物气体,使舱内液货蒸发并加热舱体。
(2)货舱惰化:用惰气置换液货舱内的天然气气体。
(3)货舱通风:用干燥空气置换液货舱内的惰气。
LNG 船典型货物操作如图 8-1 所示。

第一节　LNG 船出坞后装载

天然气是一种易燃气体,在一定温度下,如混入一定量的空气就可能会引起爆炸。对于一条刚交付船东使用的新船来说,舱内充满未经任何处理的空气,不能直接引入液化天然气,要经过一系列的准备处理。由于舱内温度为环境温度,在装载液化天然气前,也要对液货舱进行降温处理,以保证顺利安全进行装载。下面以 14.72 万立方米 No.96 薄膜式液货舱为例,介

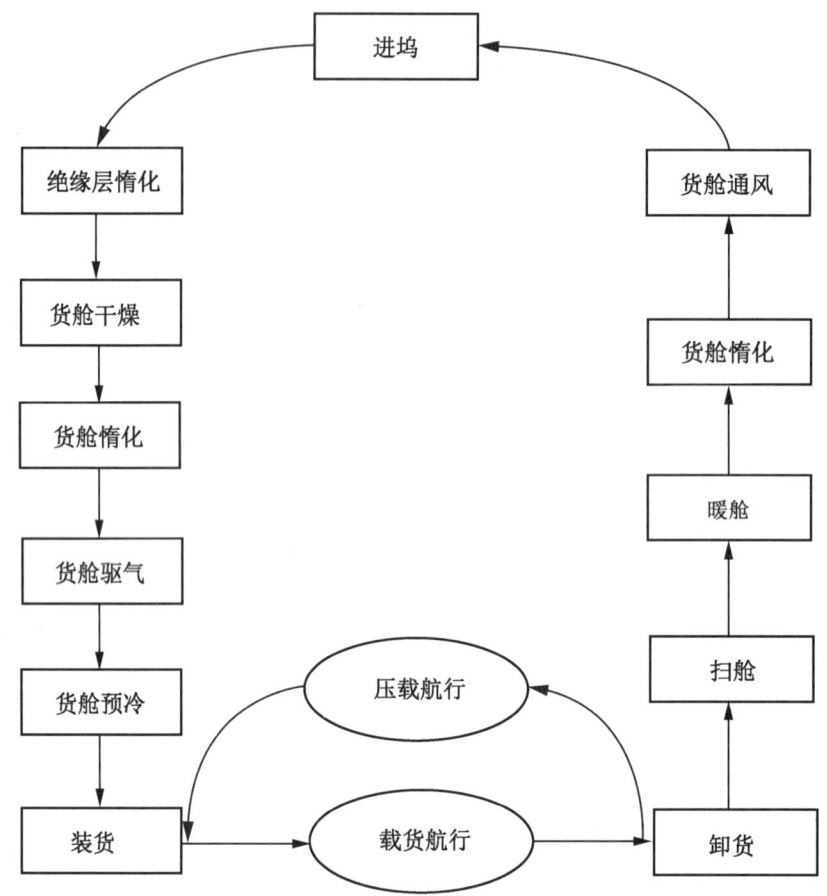

图 8-1　LNG 船典型货物操作

绍 LNG 船装载及装载前的液货舱处理过程。

一、液货舱干燥

　　LNG 船出厂或进坞修理后,将开始正常营运,这时货舱内充满潮湿空气。液货舱内空气中的水蒸气在低温下凝结形成固态冰对液货泵、阀门等产生破坏作用;另外,惰气中可能含有硫和氮氧化物,遇到潮湿的空气后会形成腐蚀剂。所以,投入运营前必须对液货舱进行干燥处理,即降低露点,尤其是在夏季较潮湿的季节。惰气发生器能产生露点为-45 ℃的干空气,供应能力可达 14 000 m³/h。干燥过程是将惰气发生器中产生的干燥空气充入液货舱,而干湿混合气体由船首主透气桅排出。

　　液货舱内气体干燥过程见图 8-2,流程如下:干燥空气—液相管路—液货舱—湿空气—气相管路—透气阀—前大桅。

　　货舱可以逐个干燥或所有舱同时干燥。从每舱取样管及气体穹顶取样管中取样,使用手提式露点检测仪进行检测。当舱内空气露点达到-20 ℃时干燥过程方告结束。干燥过程中要监控、调整货舱压力,一般不超过 10 kPa。连接货泵和货物压缩机的卸货管线含有潮湿空气,在货舱干燥时也应用干燥空气对这些管线进行净化。应急货泵泵井使用船上氮气进行干燥和

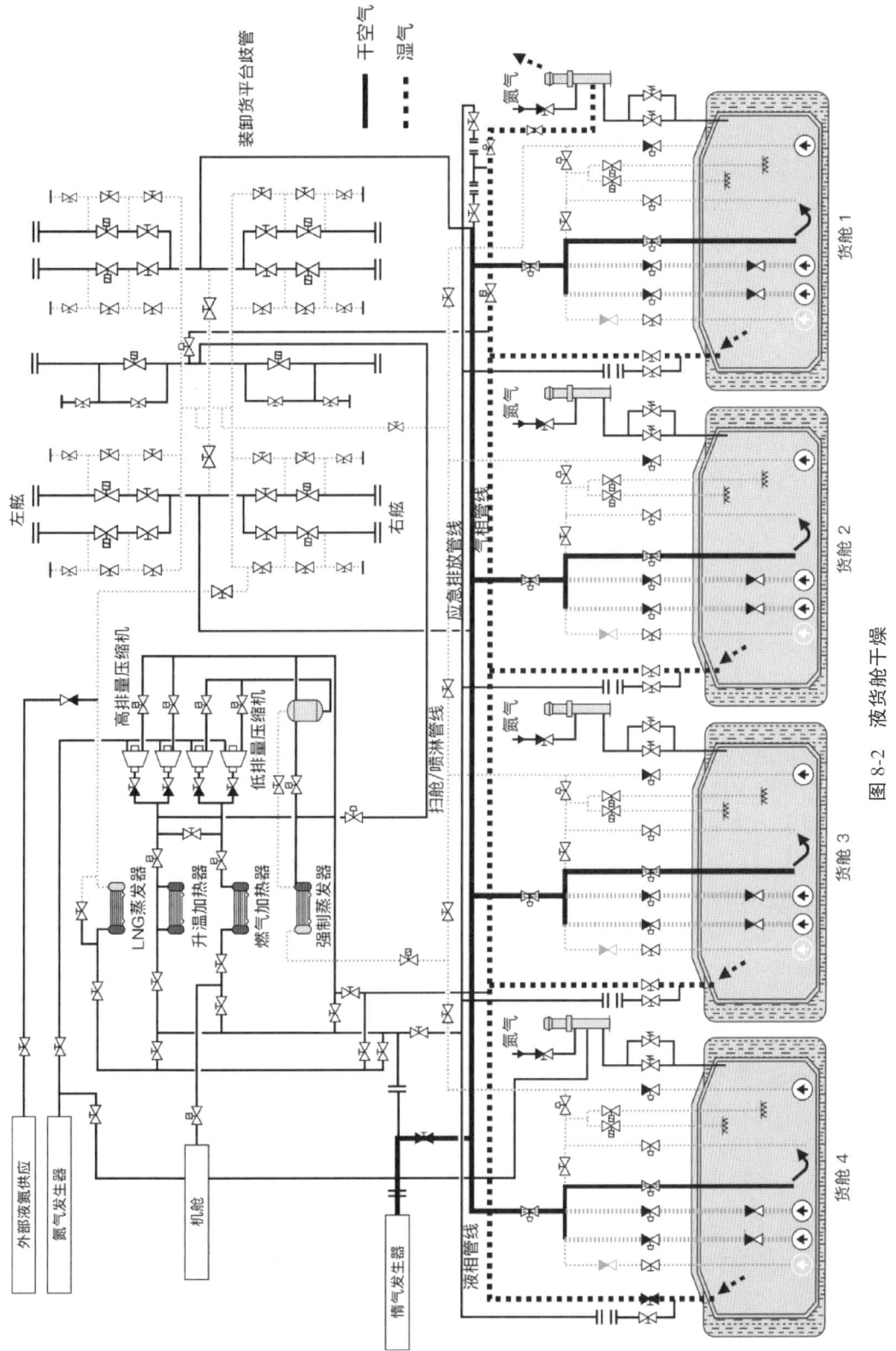

图 8-2　液货舱干燥

惰化。货舱干燥操作耗时约 20 h。

二、液货舱的惰化

为了减少液货舱内、压缩机房和管路内气体中的含氧量，以避免货物蒸气进入后产生的混合气体发生爆炸，必须在货舱内和管路内充满惰气。货舱惰化需在货舱干燥完成后立即进行。惰气发生器产生含氧量低于1%、露点温度为−45 ℃的惰气，通过装货管线通入货舱，置换舱内干燥空气。

常用的惰化置换作业有两种方法：

1. 连续充气混合稀释法

持续大量的惰气高速充入液货舱内，与舱内气体充分混合减少气囊，然后液货舱内的混合气体连续排走。只要混合得好，气体从液货舱上部或下部进出并不重要。当有许多货舱要惰化时，把这些货舱串联起来惰化可能减少所用惰气量。这样做也可把管路和设备同时惰化。当然串联会把惰气的流速降低，从而影响混合效果，具体根据实际情况与需要决定是否串联作业。

2. 分层推移排挤法

当液货舱内的空气或货物蒸气与使用的惰化或净化气体的密度差别较大时，可以使用此法。密度大的气体在液货舱底部进入，推挤密度小的气体在液货舱顶部排放。用这种方法惰化或净化所需的气体量较其他方法少。理论上用一个舱容的气体充进去就可以把原先液货舱内的气体置换掉，但实际上总会有些混合，所以可能需要 1.25~4 倍舱容的气体量。注意气体的引入须控制速度以防形成紊流而扰乱分界层。这种方法适用于各种类型的液货舱，尤其对液货舱内构件较少者效果更好。

要想确定一种气体是从液货舱底部进入还是从液货舱上部进入，我们可以通过查询热力学表格，准确比较出相关气体在特定温度下的密度的大小。但在实际工作中，我们通常借助MAIL 这个词汇来比较相关气体密度的大小。

M—Methane(甲烷)

A—Air(空气)

I—Inert Gas(惰气)

L—LPG(液化气)

甲烷、空气、惰气和液化气的密度依次递增。涉及甲烷操作时，一定要考虑它的密度受温度的影响。甲烷温度低于−112.5 ℃时，甲烷密度会比空气大。

如果我们采用分层推移排挤法进行置换，因为惰气比空气重，从惰气发生器产生的惰气由液货总管经装货管进入液货舱的底部，而空气和惰气的混合气体通过每舱 LNG 蒸发气排出管进入蒸发气总管由船首主透气桅排出。

惰化过程见图 8-3，流程如下：惰气发生器—液相管路—液货舱—气相管路—透气阀—前大桅。

在每舱的取样管及气体苍穹穹顶处取样管取样，各取样管连接货舱内不同液位处。依次用手提式含氧量探测仪和露点检测仪测取舱内样品，核实从下到上不同取样点处测量数值的

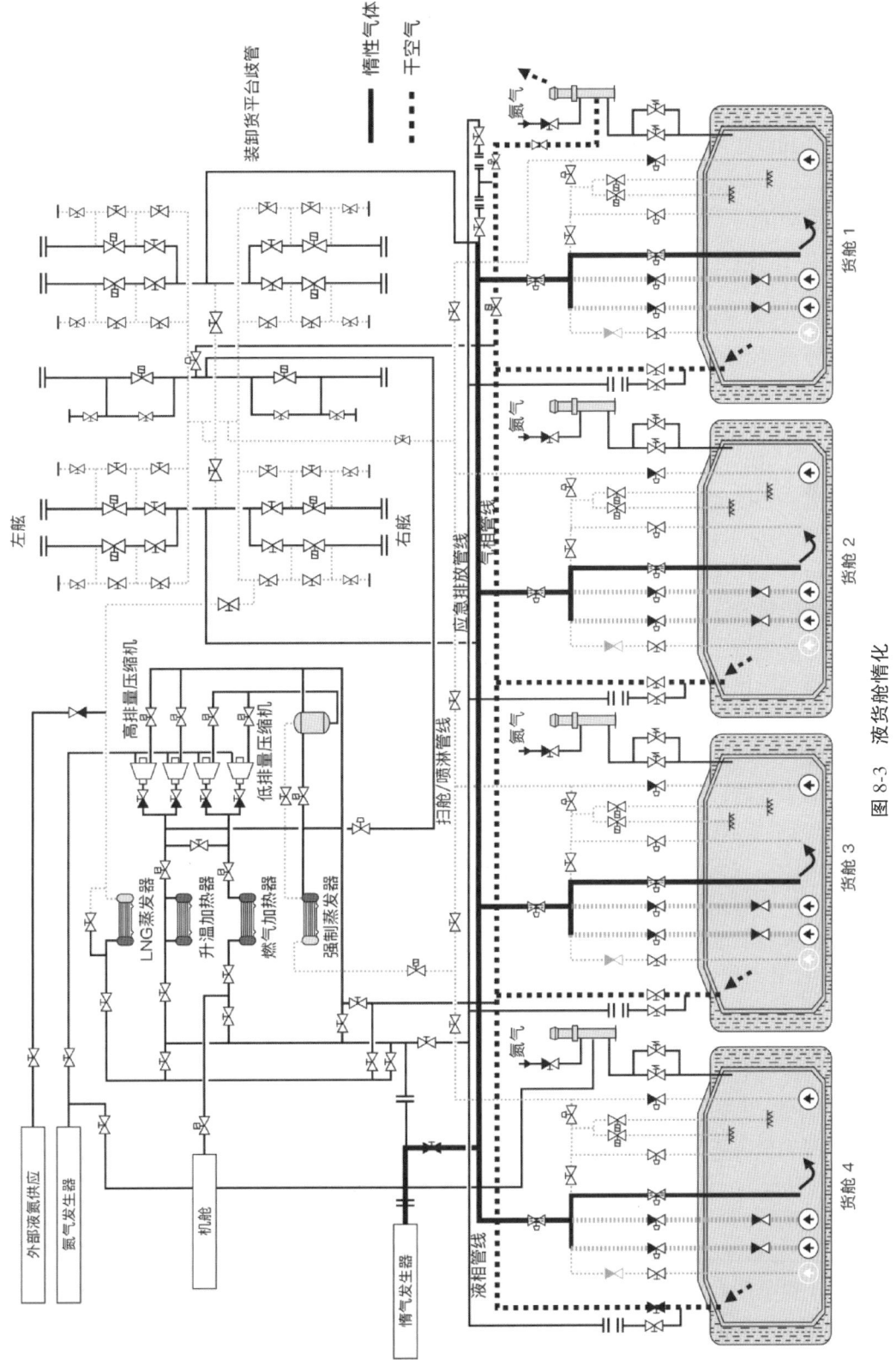

图 8-3　液货舱惰化

差异,从而确认置换过程的良好进行。当测得舱内含氧量小于等于 2%,舱内露点小于等于
−40 ℃时,表明惰化过程结束,惰化过程需要 20 h。惰化过程中要监控货舱压力,必要时通过
透气阀进行调整。

为了节省液货舱处理时间,前面的两个过程可在船厂或在航行过程中进行。惰气发生器
产生的惰气和纯氮气都不能维持生命,避免由于缺氧而窒息。

三、液货舱驱气

LNG 船出坞后,货舱会被惰化。惰气中含有 15% 的 CO_2,而 CO_2 气体在温度低于−60 ℃
时将变为粉状,容易堵塞阀门、喷嘴和滤器。为此在货舱冷却之前,用环境温度货物蒸气来置
换舱内的惰气是必须的,液货舱驱气过程分为第一阶段和第二阶段。

液货舱驱气第一阶段时,液态货物由岸上供应,经过 LNG 蒸发器加热后,蒸发成 20/25 ℃
的货物气体,由于 LNG 气体比惰气轻,所以货物蒸气通过气相管线引入到货舱上部。运用分
层推移排挤法,惰气从液货舱底部装货管线经由前大桅排放到大气中。

驱气第一阶段过程见图 8-4,流程如下:岸供液化天然气—LNG 蒸发器供入管路—LNG 蒸
发器—气相管路—液货舱—液相管路—透气阀—前大桅。

当排放气体中甲烷含量达到 5%(或港方允许值)时表示第一阶段结束,第二阶段开始。
第二阶段由于排放气体甲烷含量增加,不允许将液货舱舱内排出的气体直接排放大气。该阶
段需要启动高排量压缩机,将液货舱内的排放气体返回到岸站码头上的火炬燃烧掉。

驱气第二阶段见图 8-5,流程如下:岸供液化天然气—LNG 蒸发器供入管路—LNG 蒸发
器—气相管路—液货舱—液相管路—转接弯头—气体管路—高排量压缩机—回气管路—岸站
码头。

液货舱驱气的目标是使液货舱内碳氢含量≥95%;CO_2 含量≤1%。测量通过装货下舱管
线取样点、液货舱取样点和透气桅取样点取样,使用手提式可燃气体检测仪进行检测。全过程
大约需要 20 h。为安全起见,液货舱操作前应将船岸连接一侧的水幕开启。

此过程中要确保 LNG 蒸发器的工作状态,注意温度控制阀的开度,必要时手动进行调节,
使得货物蒸发气温度稳定在设定值允许变化范围内。高排量压缩机在启动之前,也要经过运
转测试,确保其工作正常。

四、液货舱和液货管路的预冷

预冷是利用 LNG 液货通过货舱内的喷头喷洒到整个货舱以达到逐步降温的效果。这样
做是为了避免在装载期间:(1)过快的汽化在舱内产生过压;(2)给第一绝缘层带来热力冲击;
(3)泵塔应力过大。因此在装载之前,必须对舱内进行冷却。

船舶出坞后的第一个航次,货舱预冷是利用装货岸站码头的 LNG 液货来进行;在正常运
营过程中,货舱预冷是用本船存留液货进行。单舱操作时也可以由其他舱内货物进行。

从岸上供给的 LNG 液体通过扫舱/喷淋管,经布置在舱顶的喷淋管直接喷至舱的中心。
因 LNG 液体的汽化吸收周围的热量而得到对液货舱的冷却。这些冷却气体通过对流同时冷
却屏壁和绝缘层。期间液货舱内蒸发产生的货物蒸气由高排量压缩机送回岸上。

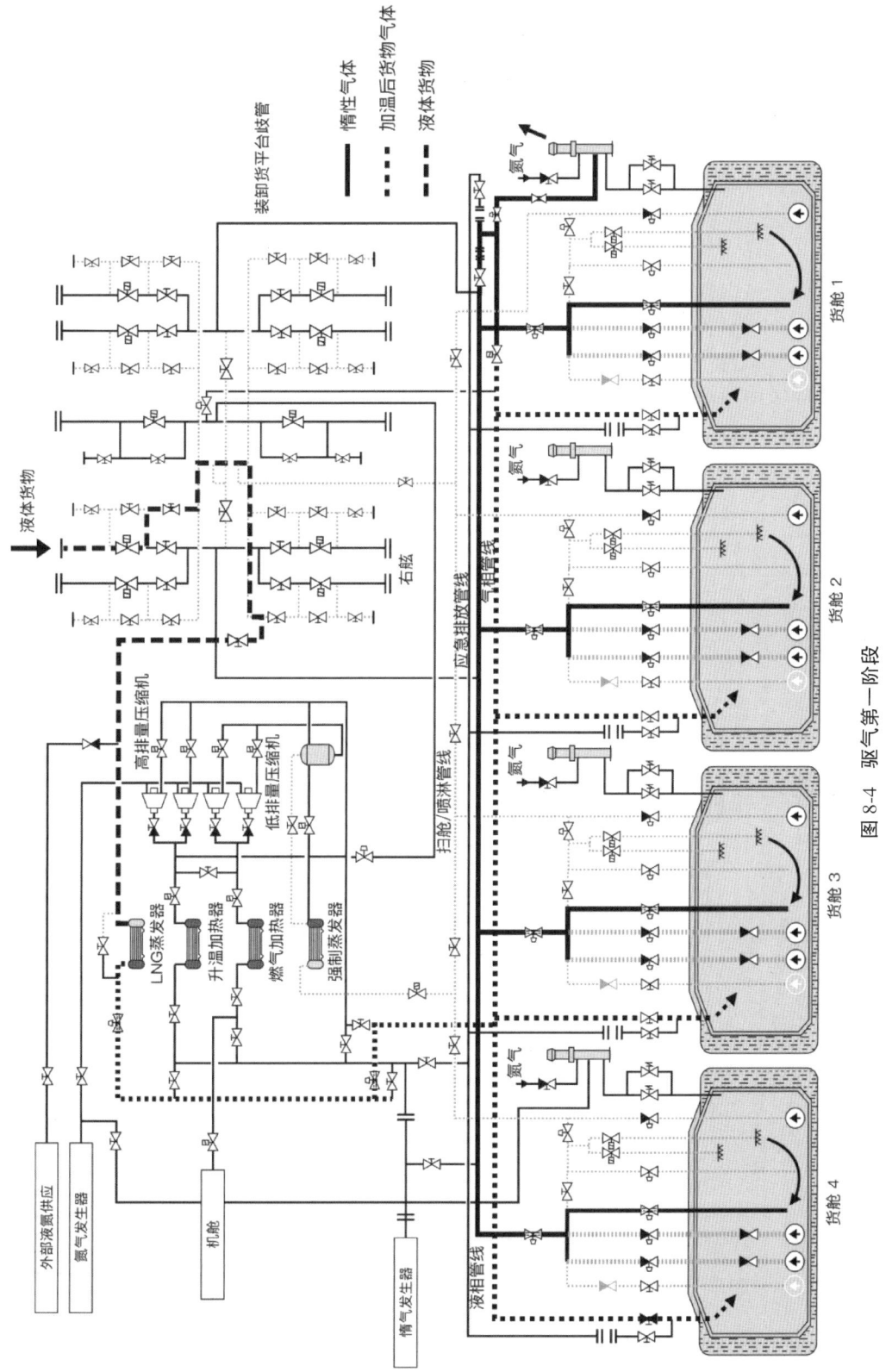

图 8-4　驱气第一阶段

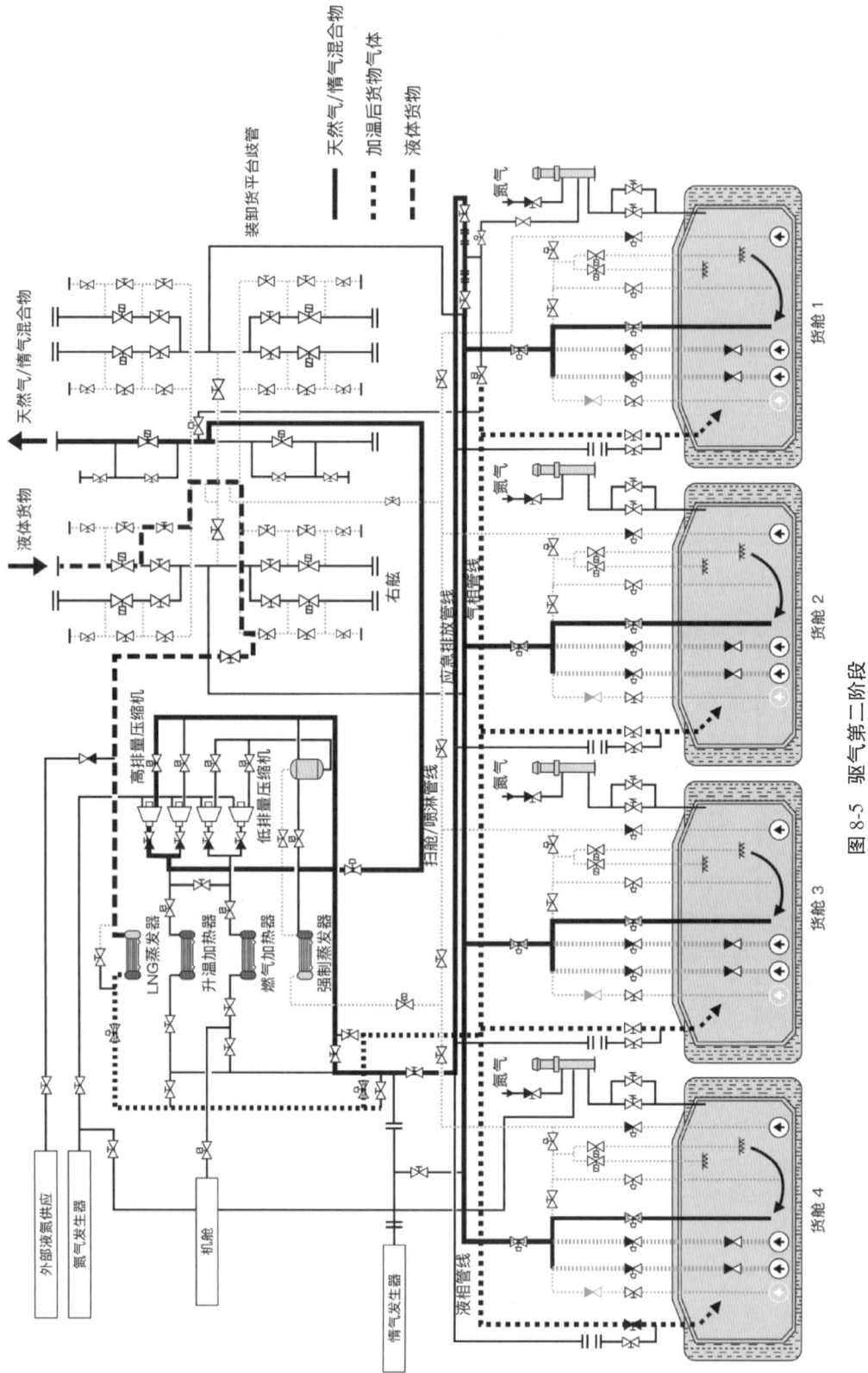

图 8-5　驱气第二阶段

预冷过程见图8-6,流程如下:岸供液化天然气—扫舱/喷淋管路—喷淋管—气相管路—高排量压缩机—回气管路—岸站码头。

当测得液货舱底部温度达到-130 ℃时,装载条件满足,就可以进行LNG的装载程序了。利用岸上LNG液货舱预冷耗时约10 h,利用本船预留的LNG液货预冷耗时约8 h。冷却速率前5 h控制在每小时20 ℃左右,此后每小时控制在10~15 ℃。如果每小时降温幅度超过20 ℃,系统将报警。

预冷前要确认干隔舱加温系统处于正常工作状态。

货舱预冷前要主动提高主绝缘层N$_2$压力至8 mbar,用以补偿因为液货舱温度降低造成的绝缘层压力降低。

当LNG通入温暖的货舱后,货舱压力先是降低,经过一段时间后再逐渐升高。压力降低程度取决于原来货舱温度和货舱大小,但通常不超过2 kPa。喷淋结束后,货舱压力会上涨3 kPa。

五、LNG的装载

为保证装载安全有效地进行,装载前岸上工作人员与船上工作人员之间要召开一次安全会议。会议之后岸上与船上的所有安全、通信均需连接。气动连接作为主光纤或电气连接失效的情况下的备用连接。在装载前和装载后所有的货舱的液位、温度和压力均需测量。

一般来说,4个液货舱同时装货,连接2个或3个装卸臂、1个气体回收臂。按照装货速度为12 000 m³/h计算,装货时间约为12 h。装货臂和回气臂连接前后,需要先做WARM ESD测试,然后是货物管线利用岸上货物进行预冷,货物管线预冷结束后再做COLD ESD测试。一般岸泵通过3条装卸臂将LNG液体经液货总管由固定在泵塔上的装货管注入至舱底,而在装载期间产生的蒸发气由气体穹顶上的气相管通过液货系统货物压缩机室内的高排量压缩机经气体回收臂送回岸上接收装置。

液化天然气装载管路见图8-7,流程如下:岸供液化天然气—装卸臂—液相管路—液货舱—气相管路—高排量压缩机—回气管路—气体回收臂—岸站码头。

在开始装载时,装载速率应适当控制,以便有足够的时间检查货物管线是否存在泄漏情况,待各项检查工作完成均确认无误后,才能把装载速率提高到满负荷。如果在装载过程中出现舱内压力上升应通过提高高排量压缩机排量或降低装载速率来控制,以达到液货舱内的压力平衡。每一个液货舱的最大装载容积不超过该舱容积的98.5%,最后一个液货舱要预留一定空间接纳装货后扫线时液货管路中的残液。一旦岸泵停止,残留在船上管路内的液体通过重力或氮气压力卸放至已预留空间的液货舱内,通常为No.4液货舱。极限高位、高高位报警和紧急切断作为应急设备,都不该用来常规平舱作业。在装载货物的同时要排出压载水以维持船的平衡和吃水,同时避免船舶结构产生额外的应力。

完货后,装卸平台歧管处的阀门应小心地除冰、加温和充惰气,并由码头的人员拆卸装卸臂。货物轮机员配合码头工作人员进行拆管、扫线:首先要达到管内没有液货状态(Liquid free),然后再经过2~3次氮气吹洗,使用可燃气体探测仪进行检测,直至管内没有LNG气体(Gas free),之后码头人员才可以拆卸装卸臂。船上液货管中原来处于打开位置的阀,完货后不要立即关闭,待这些管系已经温热以后才能关闭,这样可以保证阀门和法兰上不会有冰冻

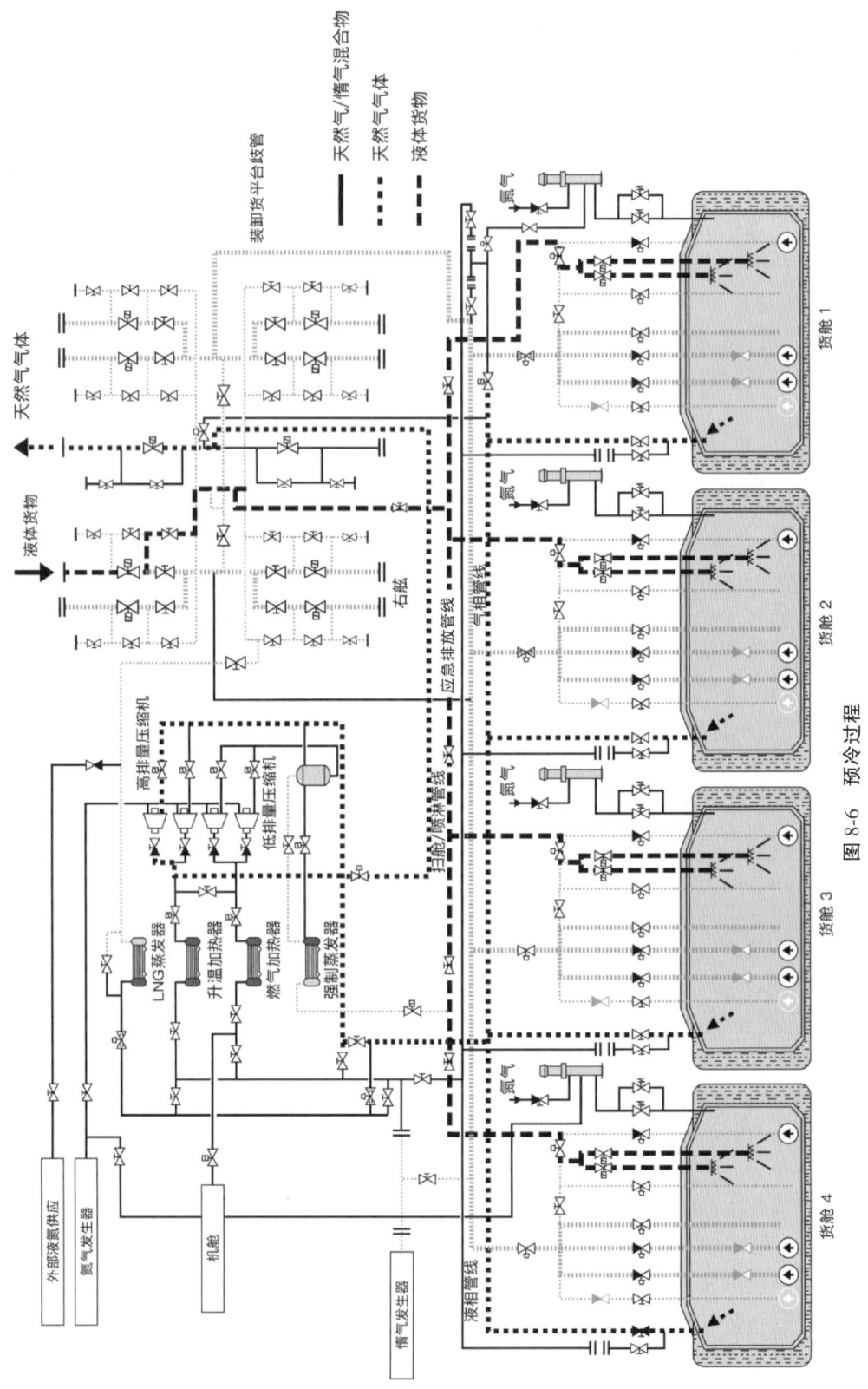

图 8-6　预冷过程

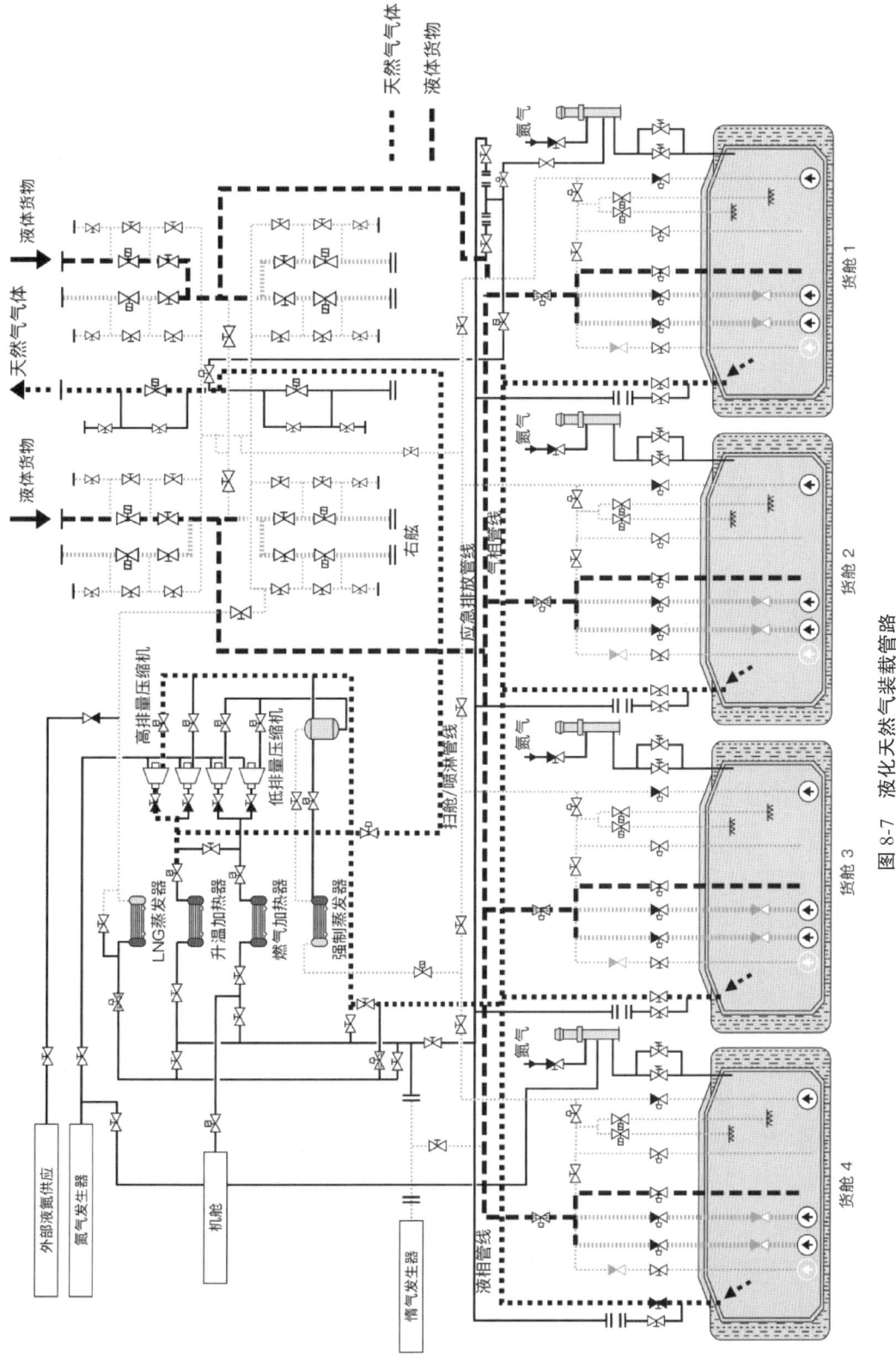

图 8-7 液化天然气装载管路

发生。

在整个装载过程中,可以通过 IAS 系统和当地仪表监视液货舱内的压力和温度、液货总管的压力和温度、装卸平台歧管处的压力和温度。相关的阀门均能在 IAS 系统内进行控制,防止由于流量突然改变产生压力剧烈波动从而造成设备损坏。为防止在液货舱内压力升高过快,所有装卸臂上的遥控阀均设有应急关闭系统。应急关闭系统的功能是在第一时间内在遥控和当地位置通过按钮迅速地关闭所有装卸臂上的遥控阀,以达到保护液货舱的目的。所有液货舱也通过压力释放阀保护,压力释放阀除在装载中起保护外,在航行过程和卸载过程中也发挥同样的作用。通过气体穹顶和每个舱的主透气枪,每舱均有两只压力释放阀把液货舱和大气连通。可能在整个使用过程中,始终不会开启压力释放阀,但它却是保护液货舱的最后一道屏障。装货期间,货舱压力保持在 70~100 mbar。

为防止在装载过程中因汽化等原因而导致液货管管内压力升高,在液货管路任何两只隔离阀之间均设置压力释放阀。液货管路的压力释放阀为弹簧式,其排量由管路内的容积计算而确定。所有压力释放阀的排出口均接至箱型凸起甲板上压力释放阀总管上,总管的通径为DN100。压力释放阀总管在就近位置通过气体穹顶卸放到液货舱。

第二节　循环航次

装载结束后,船舶起锚向卸货岸站码头进发,到达卸货岸站码头后一边卸货一边压载,卸货完毕后,压载航行至装货岸站码头装货,周而复始。

一、载货航行

从装货岸站码头驶向卸货岸站码头的航程中,由于货舱的绝缘不足以阻止绝热层温度的上升,液货舱内的 LNG 吸热汽化。尽管液货舱的结构能够使得液货舱自然蒸发率不大于0.15%。但是仅在正常设计条件下(环境温度为 45 ℃,海水温度为 32 ℃),液货舱每天自然蒸发的气体依然有 5 000 kg 左右。为有效利用这部分能源,在蒸汽动力装置的船舶上,应尽可能多地将自然汽化的气体代替燃油作为锅炉的燃料,产生的蒸汽作为汽轮机、涡轮发电机和涡轮给水泵的动力;在双燃料发动机动力的船舶上,液货舱自然蒸发的货物气体被送到双燃料发动机燃烧,为船舶航行提供动力。

蒸发货物气体供应到机舱燃烧的管路见图 8-8,流程如下:液货舱自然蒸发气体—气相管路—气液分离器—低排量压缩机—燃气加热器—燃气管路—机舱。

航行过程中,燃烧模式有下列几种:

1. 最小燃气/最大燃油

这种模式是为了减少燃气消耗,余下的动力不足部分,由燃油来补充。

2. 最大燃气/最小燃油

这种模式是尽可能多地消耗燃气,燃油保持最小量燃烧。

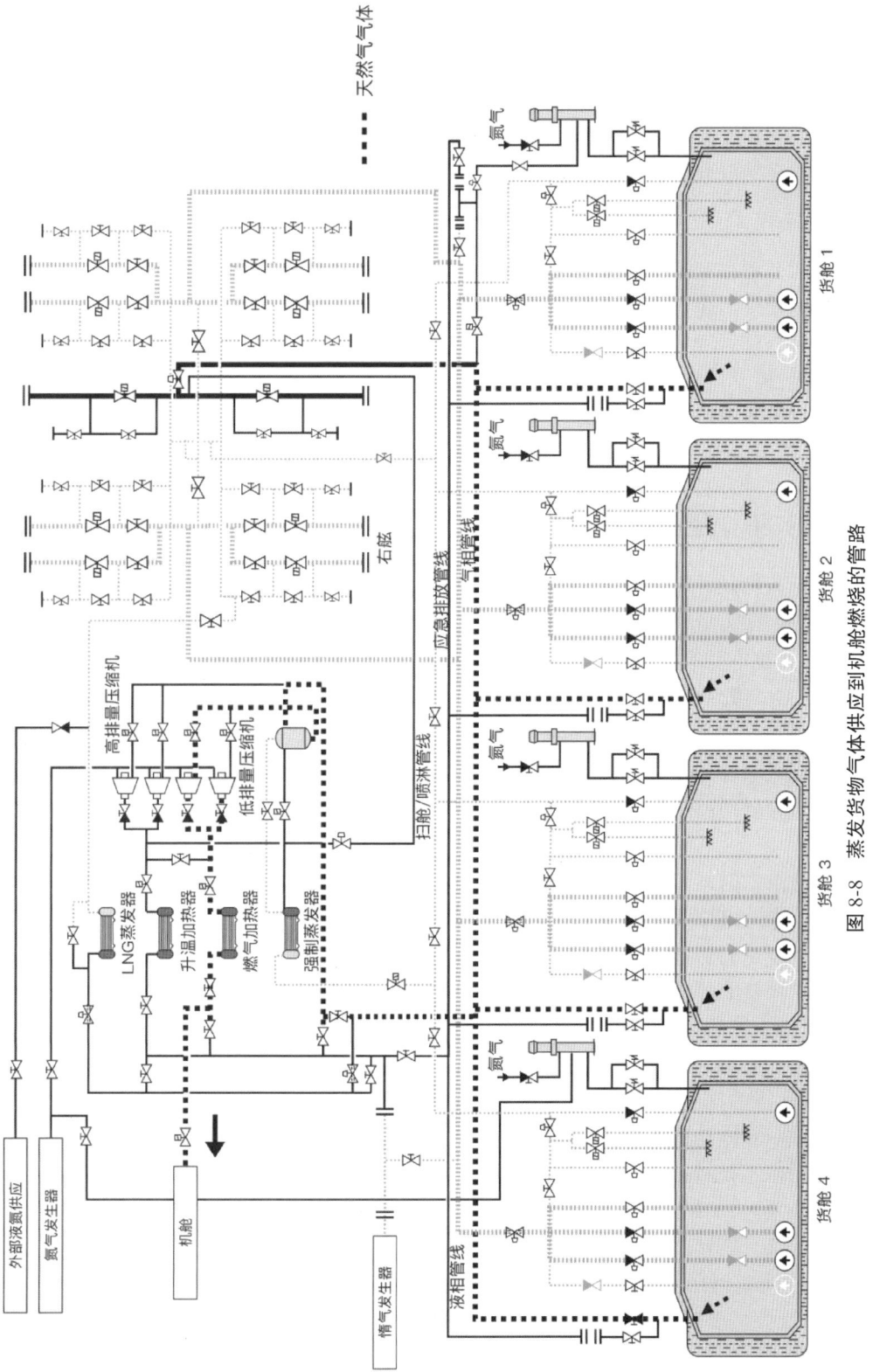

图 8-8 蒸发货物气体供应到机舱燃烧的管路

3. 强制蒸发气燃烧模式

运行这种模式,除了燃烧自然挥发的货物蒸发气外,余下的动力不足部分,由强制蒸发器蒸发液货来补充,全程不消耗燃油。

使用强制挥发气体管路见图8-9,流程如下:喷淋泵—喷淋管路—强制挥发器供入管路—强制挥发器—气液分离器—低排量压缩机—燃气加热器—燃气管路—机舱。

4. 燃油模式

如果船上不存有液货,或是在进坞修理前惰化/除气航次。

自然挥发气消耗与货舱压力的保持有很大关系。如果增加自然挥发气的消耗,货舱内压力降低;如果自然挥发气消耗降低,货舱压力就会慢慢上升。所以在操作的时候,注意调节燃气的消耗量,控制其与货舱的蒸发量平衡,维持货舱压力稳定在正常工作范围。

如果货舱压力得不到良好的控制,货物气体还可以通过前大桅透气管系释放。在恶劣天气下,货舱压力会因为船舶剧烈摇晃而快速升高。

二、LNG 船卸载

在船舶达到卸货岸站码头后,应马上进行卸载的准备工作。同装载一样,卸载前岸上工作人员与船上工作人员之间要召开一个安全会议。会议后岸上与船上之间的所有安全/通信均需连接,装卸臂也要连接,WARM ESD 测试成功后,货物管线利用舱内的货物进行预冷,预冷结束后做 COLD ESD 测试。在卸载前和卸载后所有货舱的液位、温度和压力均需测量。

同装载不同的是,卸载是通过船上的液货泵将 LNG 泵送至岸站码头的,卸载时每舱的两台液货泵同时启动,通过三根卸货硬臂送至岸站码头的液化天然气储罐内。一般来说,四个货舱同时卸货,在卸货过程中按计划压入压载水。按照卸货速度为 10 000 m³/h 计算,卸货时间约为 15 h。

启动货泵的时候,无论运用 4 步法或 8 步法启动,都要严格参考厂家的指导说明。所谓4 步法,就是同一液货舱内的两台卸货泵相继启动完毕后,再按计划启动下一个液货舱的两台泵。所谓 8 步法,就是按顺序先启动所有液货舱同一侧的卸货泵后,再启动另一侧的四台卸货泵。操作时要注意卸货泵并联工作时的系统特性,如果并联运行的两台泵,若其性能并不完全一致,或者以不同的速度运行,较高流量的泵将在较低流量的泵处产生背压,这将导致货物回流到液货舱。有时,当三台泵并联运行时,第三台泵可能并没有起作用。所有这一切可能意味着,三台泵运行的排量可能不会大于两台泵的流量。

货泵轴承和电动机需要液货润滑和冷却,启动货泵时货舱内有最低液位限制。货泵启动次数每小时也不要超过 4 次,防止热量在货泵内积聚,烧毁电动机或轴承。

启动货泵后,如果工作正常,就可以按预先制定好的加速计划增加卸货速率,船上习惯称之为 Ramp Up。加速时应参照离心泵的性能曲线:泵的排量是该泵压头的函数,排量通常以体积流速 Q,按 m³/h 的形式给出。该泵产生的压头值 H 的值表示为"米液柱"。

卸货时,我们要时刻监视货舱的液位、压力以及从岸上返回货气的温度。货舱压力时刻保持在 7~13 kPa,理想的从岸上返回的货气的温度在 −125 ℃ 左右。卸货过程中,应监视船舶稳性、剪力和强度,保证其处于允许范围内。

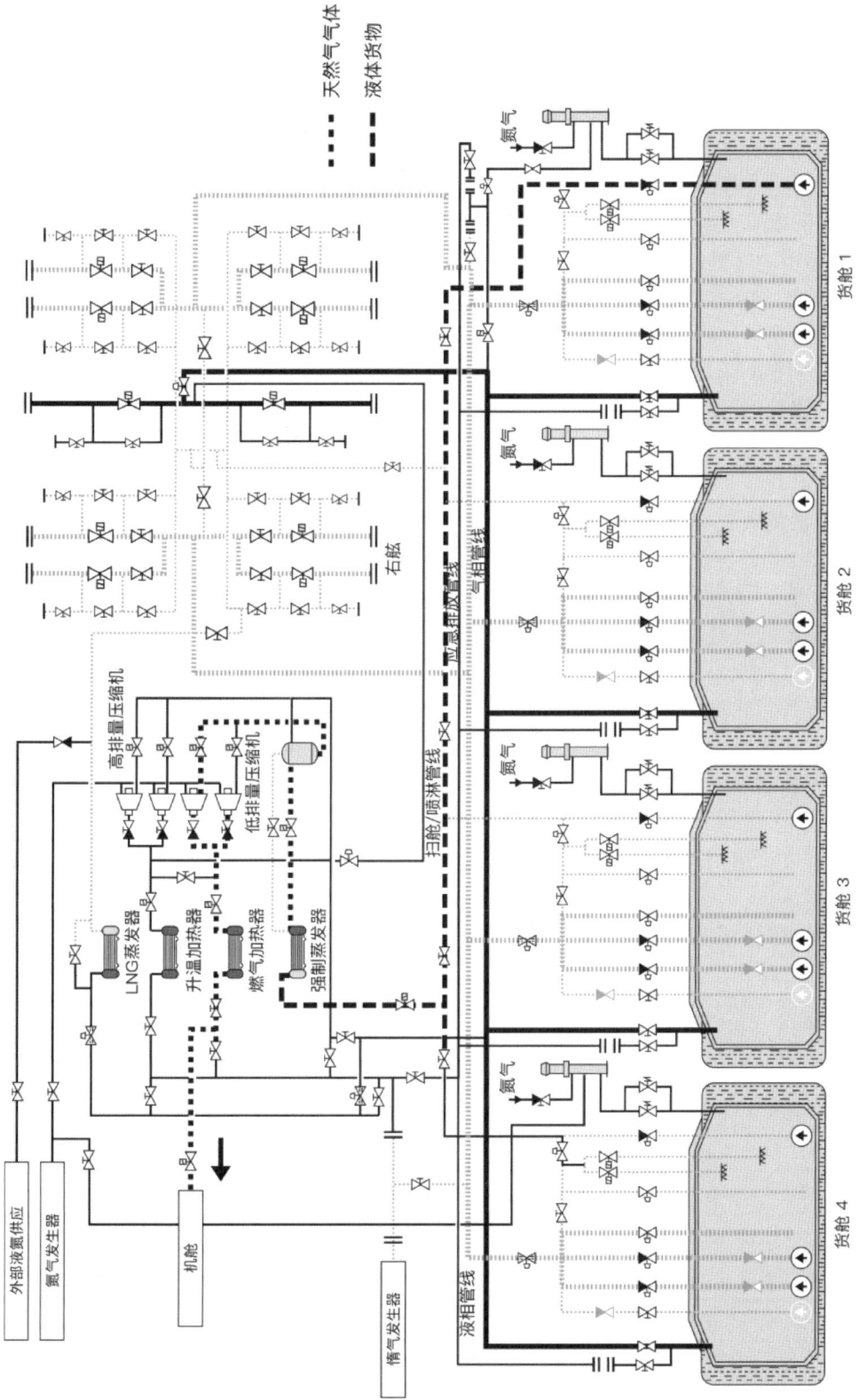

图 8-9 强制挥发气体管路

卸货时管路见图 8-10,流程如下:液货舱内液化天然气—卸货泵—液相管路—装卸货物平台歧管—装卸硬臂—岸站码头;回气—装卸硬臂—装卸货物平台歧管—气相管路—液货舱。

在卸货的最后阶段 Ramp Down 时,卸货泵的负荷维持在 60%左右。要注意到在对卸货泵排出阀的调节的同时卸货泵的效率会降低,允许气蚀余量也会降低。

装卸货期间,是否允许燃烧自然蒸发货物蒸气,要遵照租家和码头的规定进行。

卸货后,船上要留存一些货物,这是为了保持货舱的冷状态,以便下次到港时就可以立即装货。另外,如果在航次命令中允许接下来的航次燃烧货物气体,那就需要留存更多的液货。计划留存尾货的时候通常要考虑:

（1）预计到港时间;

（2）液货蒸发率;

（3）预期燃料消耗;

（4）喷淋降温消耗量;

（5）该船或姊妹船的尾货留存的历史数据;

（6）留存尾货货舱的位置和尺寸;

（7）航次的天气情况。对于薄膜型货舱来说,尾货的留存还要考虑到晃动极限,不允许位于 15%~75%的舱容范围内。

表 8-1 是以中海油 DFDE 双燃料电力推进、Mark Ⅲ 薄膜型货舱为例,介绍尾货留存时的计算方法。离开卸货港后,距离下一受载日大概有 14 天的时间。航次计划中通常是前 3 天全速前进以进行货舱压力控制,前三天 LNG 消耗总量为 759 m³;之后 6 天降速行驶,货舱自然蒸发率也会下降到满载时的 45%左右,LNG 消耗量 680 m³;抵港前 5 天气体燃烧装置投入使用,货舱自然蒸发率仍维持满载时的 45%左右,LNG 消耗量为 567 m³;三项燃料消耗共计 2 005 m³。为使货舱到港时可以立即装货,冷舱用 LNG 需预留 606 m³。由于气体燃烧时需要喷淋泵持续工作,为了确保喷淋泵在异常停止后能够再次启动,抵港时货舱内仍需存有不少于 889 m³ 的液货。三部分数量相加,就是在卸货计划中需要留存 3 500 m³ 的液体货物。

表 8-1　货舱尾货留存计算

①为了控制压力全速前进 3 天		
航行持续时间	3	天
到达状态	随时受载	
速度设定	20	节
预计燃油消耗量	149.5	吨/天
燃油当量	1.3	
液化天然气消耗量(149.5 吨/天)/1.3	115.0	吨/天
液化天然气比重	0.454 8	吨/立方米
液化天然气体积	252.9	立方米/天
需要液化天然气总量	759	立方米

续表

①为了控制压力全速前进 3 天			
②降速航行,预期货物蒸发率降至全速航行的 45% 左右			
航行持续时间	6		天 货物蒸发率控制在 45% 左右
速度设定	10		节
预计燃油消耗	67		吨/天
燃油当量	1.3		
液化天然气消耗量	51.54		吨/天
液化天然气密度	0.454 8		吨/立方米
液化天然气体积	113.3		立方米/天
需要液化天然气总量	680		立方米
③船舶抵达锚地,预期货物蒸发率 45%(货物燃烧装置投入使用)			
航行持续时间	5		天 货物燃烧装置投入使用
预计燃油消耗	67		吨/天
燃油当量	1.3		
液化天然气消耗量	51.54		吨/天
液化天然气密度	0.454 8		吨/立方米
液化天然气体积	113.3		立方米/天
需要液化天然气总量	567		立方米
(1)14 天需要全部货物蒸发气数量①+②+③　2 005　　立方米			
(2)货舱冷却需要液化天然气数量　　　　606　　立方米			

喷淋泵				
货舱尾货	再启动液位		正常启动液位	
1 号液货舱	0.40 米	299.1 立方米	0.63 米	456.5 立方米
4 号液货舱	0.40 米	589.9 立方米	0.63 米	944.9 立方米
(3)总计		889 立方米		1 401 立方米

(4)尾货总计(1)+(2)+(3)	3 500	立方米

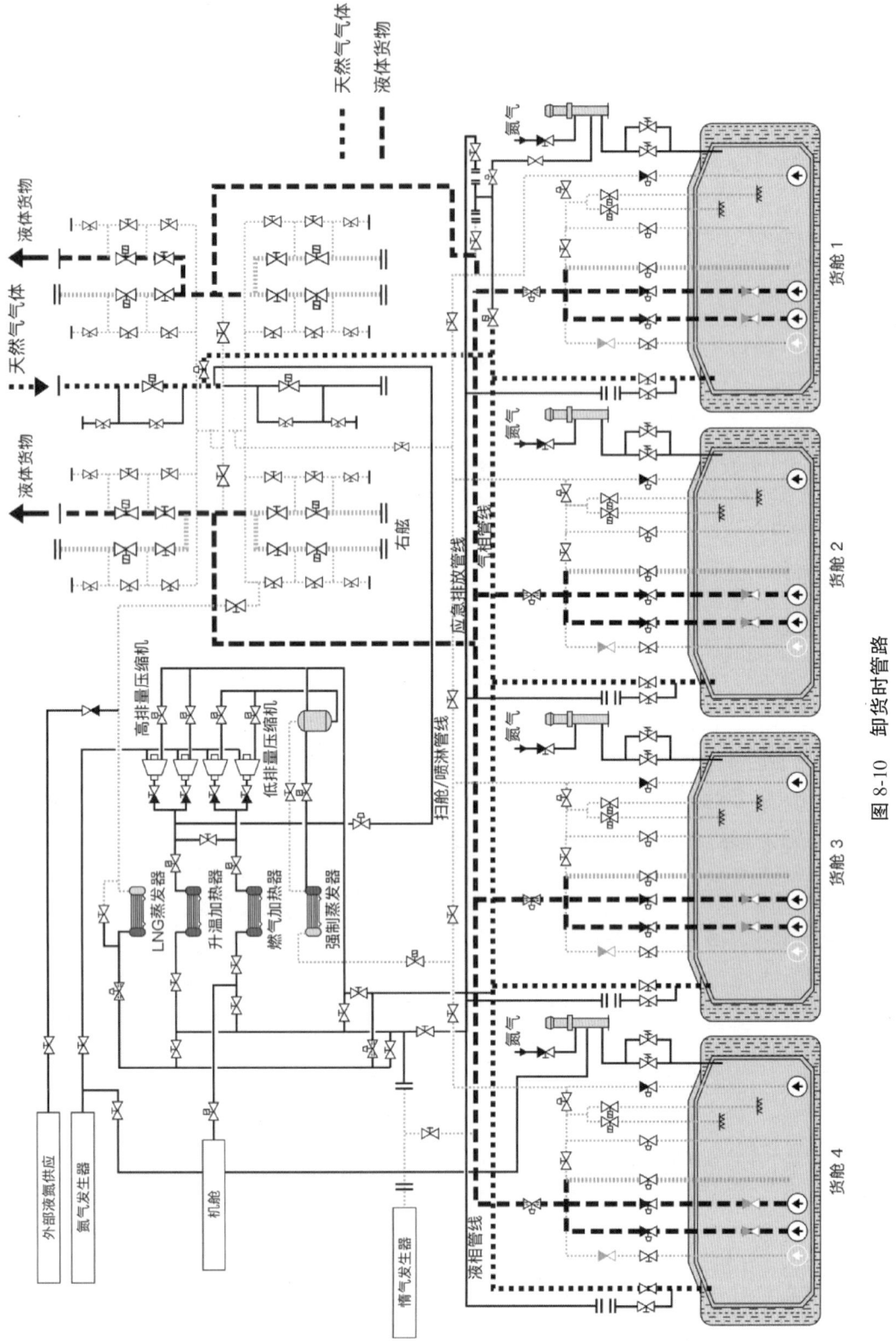

图 8-10 卸货时管路

三、LNG 船压载航行

为了保证船舶的结构强度和安全要求,LNG 船和其他船舶一样,边卸货边进行压载。在压载航行航次,按照租家要求和航次命令在抵达装货港前准备好货舱。大副要按照租家要求和货物操作手册相关内容准备货舱冷却计划。

制订计划时,有关冷舱时间、动力装置燃烧模式以及混合燃烧模式时货物气体燃料的燃烧占比,要征求船长、轮机长和货物轮机员的同意。管理级船员需要相互配合,动力装置尽可能多地燃烧货物蒸发气,将燃料油的消耗降到最低。

货舱冷却计划中应该指明留存尾货的数量、位置和有效喷淋的程序,确保货舱的温度在抵达装货港前满足租家的要求,避免船期延误。卸货时要留足尾货,但货舱液位绝不能处于晃动限制区间之内。

制订货舱冷却计划时还需要考虑:

(1)为达到理想的货舱冷却速率,需要遵照货物操作手册中的要求合理使用货物喷淋管线上喷嘴数量;

(2)货舱冷却时液货舱压力要保持在 5~20 kPa;

(3)预留尾货液货舱冷却后的液位要高于喷淋泵的最低启动限制值;

(4)船舶抵达引水站之前,货舱冷却应该准时完成。货舱的压力和温度需要满足要求。

货舱冷却主要是为了减少装货的初始阶段液货的蒸发速率和避免泵塔结构接触冷的液货时产生的热应力。GTT 要求装货前货舱底部 4 只温度探头检测到的平均温度不能高于−130 ℃,货舱上部温度的大小不影响正常装货。

压载航次货舱冷却见图 8-11,流程如下:液货舱内液化天然气—喷淋泵—喷淋管—气相管路—低排量压缩机—燃气加热器—机舱。

整个预冷过程的温度变化可以大致分为三个阶段:

第一阶段从预冷开始,温度从初始状态呈直线下降趋势,降温速率明显。因此为了防止液货舱承受较大的温度应力,必须严格控制降温速率,降温速率应在前 5 h 控制在每小时 20 ℃左右,很显然改变喷淋供液速率即可使这一阶段的降温梯度发生变化。

第二阶段温度下降较为缓慢,降温速率在每小时下降 10~15 ℃。

第三阶段温度下降极慢。这表明此时喷入液货舱进行冷却已经不能使液货舱内温度再有效地下降了。这是因为随着温度的下降,液货舱内外壁的温差进一步增大,从外界漏入的热量也变大。供入的液货的能量逐渐抵消外界渗入的热量,使得舱内的温度不再发生变化。

同载货航次一样,由低排量压缩机根据货舱压力变化情况输送货物蒸发气到机舱动力装置燃烧。货舱喷淋冷却时,货舱压力上升,需要启动货物处理辅助装置,控制液货舱的压力稳定在规定的范围内。如果货物受载时间推迟,需要控制液货蒸发速率,动力装置尽可能多地燃烧燃料油,节省使用货物蒸发气。如果货舱压力持续下降,可以停止燃烧货物蒸发气。

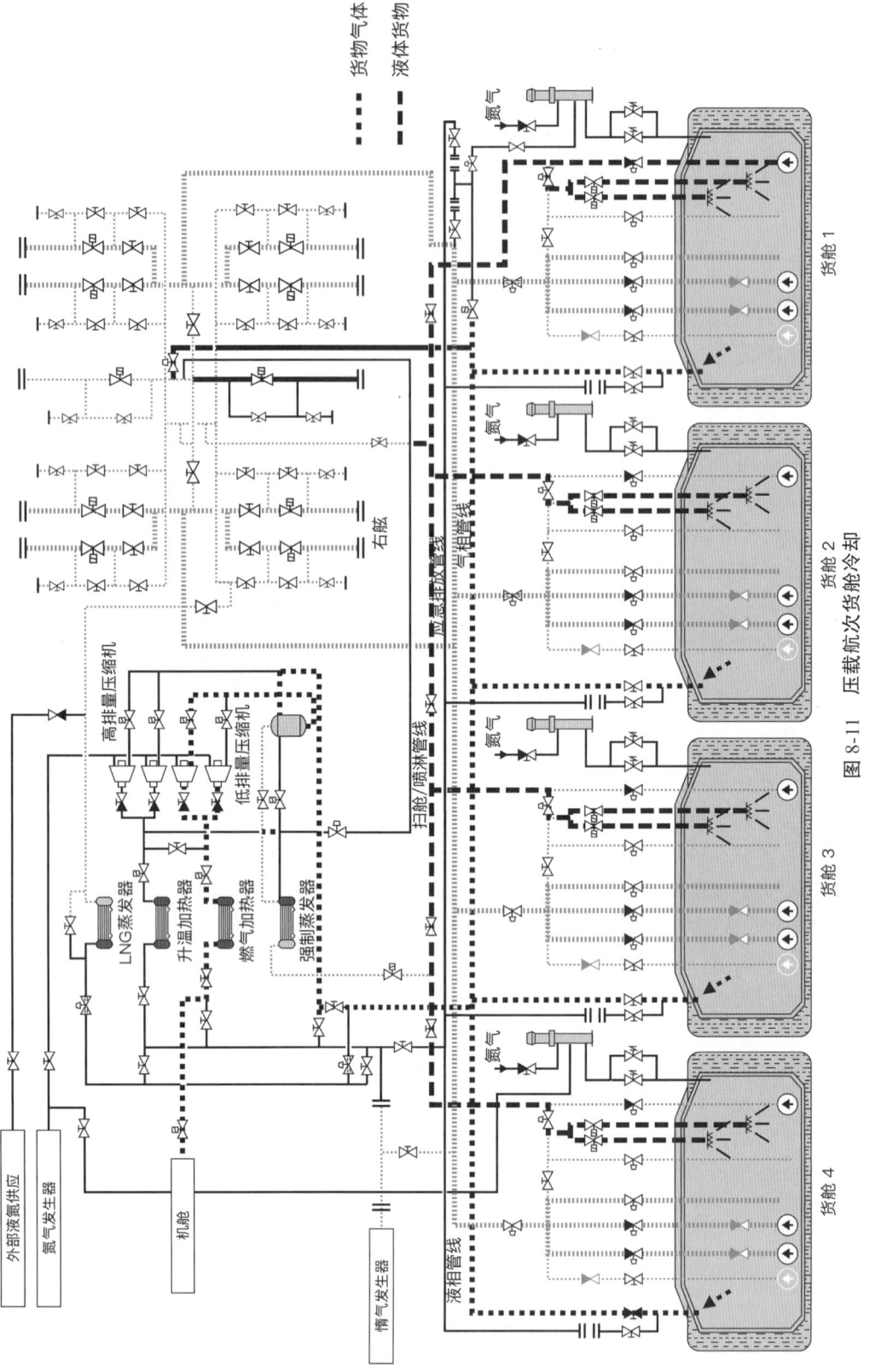

图 8-11　压载航次货舱冷却

第三节　LNG 船进坞前操作

如果船舶需要大修,在卸载过程最后阶段货物液位 1 m 时应启动每舱的扫舱泵,而不应该等到液位过低(低于 380 mm)时才启动。尽可能多地把 LNG 泵出舱外,对于不能泵出的液体,应通过暖舱进行汽化,然后依次对液货舱驱气、惰化及通风。货舱通风期间,使用干燥空气。驱气、惰化和通风这几个过程同装载前的操作过程基本相似,只是先后顺序刚好相反,不再赘述。

在进入封闭液货舱前应遵守有关安全操作程序,对封闭场所进行测氧测爆。在船舶进坞前船厂技术人员会登船亲自测量,舱室内气体检测合格后,才允许船舶进坞修理。货舱检验项目通常包括:

(1) O_2 = 20.9%vol;

(2) HC<1%LEL;

(3) CO_2<0.5%vol;

(4) CO<50ppm;

(5) 露点<−40 ℃。

加热液货舱的目的是防止之后的作业引入惰气出现冷凝。加热货舱的方法是使用 HD 压缩机和蒸发气加热器,循环液化天然气货物。最初,热蒸气通过下舱管引入到液货舱底部,使得留在液货舱内的所有液体蒸发;第二步,当温度趋于稳定时,热蒸气经由蒸气管线从液货舱顶部引入。

暖舱第一阶段时的管路设备布置见图8-12,流程如下:液货舱内液化天然气货物—气相管路—高排量压缩机(低排量压缩机)—暖舱加热器(燃气加热器)—热气管路(机舱)—转接弯头—液相管路—液货舱底部。

当在海上航行时,液货舱升温作业期间产生的多余蒸气被排放到大气中,或在锅炉中燃烧。当靠泊时,则可将之送回到岸上。

最初,当进行货物蒸发时,液舱温度上升缓慢,伴随着大量的蒸气产生和排气。一旦蒸发完成后,液舱温度会迅速上升,排气速度亦将下降。

继续升温,直到次屏壁最冷点温度达到 5 ℃。暖舱大约需要 48 h。

加温操作最为关键的是,液舱温度应保持在之后被引入的惰气的露点以上。如果不能,惰气中的水分将会冷凝腐蚀液舱舱壁。

计算 11:如 LNG 货舱数量 4 个,全部货舱面积 29 059 m^2,冷却前货舱内气体温度 40 ℃,压力为 8.675 kPa(表压力),全部货舱容积 167 637 m^3。冷却货舱需要多少 LNG?

解:此时货舱内货物气体

T = 40 ℃ = 313.15 K(热力学温度)

p = 8.675 kPa(表压力) = 110.000 kPa(绝对压力)

甲烷的摩尔质量 = 16.04 kg/mol

通过理想气体状态方程 $pV = nRT$ 和密度公式 $\rho = m/V$ 计算可得货舱内货物气体密度为

（288.15 K／313.15 K）×（110.0 kPa／101.325 kPa）×（16.04 kg/mol／23.645 m³/mol）=0.677 kg/m³

货舱内货物气体的质量为 $M=\rho\times V$ 代入数据 $M=0.677\times167\,637=113\,490$ kg。

货舱冷却时需要移走两部分热量：（1）货物气体温度从 40 ℃降温到−130 ℃；（2）冷却过程中外界环境温度持续的热量侵入。

首先计算第一部分，货物气体从 40 ℃降温到−130 ℃。

从 R50 的 $p\text{-}h$ 图查得 1.1 mbar 时 40 ℃比熵 s 为 7.37；−130 ℃比熵 s 为 5.77

$\Delta S=\Delta s\times\text{Mass}=(5.77-7.37)\times113\,490=-181\,584$ kJ/K

$\Delta S=Q/T_{开始}$ $Q=\Delta S\times T_{开始}=-181\,584\times313.15=56\,863\,030$ kJ　　①

再计算第二部分，冷却过程中外界持续的热量侵入

根据公式 $Q=U\times Area\times\Delta T$

通过 $U=\dfrac{1}{\dfrac{\chi_1}{\lambda_1}+\dfrac{\chi_2}{\lambda_2}+\dfrac{\chi_3}{\lambda_3}}$ 热力学计算，代入下列数据可得 $U=0.11$ W/m²K

序号	层级	厚度×（米）	导热系数 $\lambda W/(m\times K)$
1	胶黏剂和气体层	0.012 5	0.16
2	胶合板层	0.012	0.1
3	聚氨酯泡沫塑料层	0.15	0.025
4	聚氨酯泡沫塑料层	0.068	0.025
5	胶合板+主屏壁层	0.012	0.1

$A=29\,059$ m²

ΔT：由于外界热量持续侵入，从降温开始到结束，每一个温度对应一个热量传入。所以总的热量传入应是每一个温度对应的热量传入的总和。

$Q=UA\Delta T_1+UA\Delta T_2+\cdots=UA(45-40)+\cdots UA[35-(-145)]$

代入数据 $Q=177\,040\,795$ kJ　　②

货舱冷却时需要克服总热量①+②=233 903 825 kJ

液化天然气的汽化潜热查得 505 kJ/kg

货舱冷却需要液货质量=233 903 825/505=463 176 kg

−162.7 ℃时液化天然气的密度为 450.5 kg/m³

货舱冷却需要的液货体积=463 176/450.5=1 028 m³

计算 12：某 LNG 船液货舱 162 749 m³，自然蒸发率为 0.125%。蒸汽轮机动力装置 100% MCR 时需要能量 118 554 kW，载货航次锅炉燃烧模式为全气燃烧时，计算需强制蒸发多少 LNG？

解：100% MCR 时锅炉需要能量=118 554 kW=118 554 kW×3 600 s=426 794 400 kJ

LNG 热值为 54 340 kJ/kg

需要供应 LNG 数量=426 794 400 kJ/54 340 kJ/kg=7 854 kg/h

自然蒸发的货物蒸气体积=货舱容积×自然蒸发率=162 749 m³×0.125%=203.4 m³

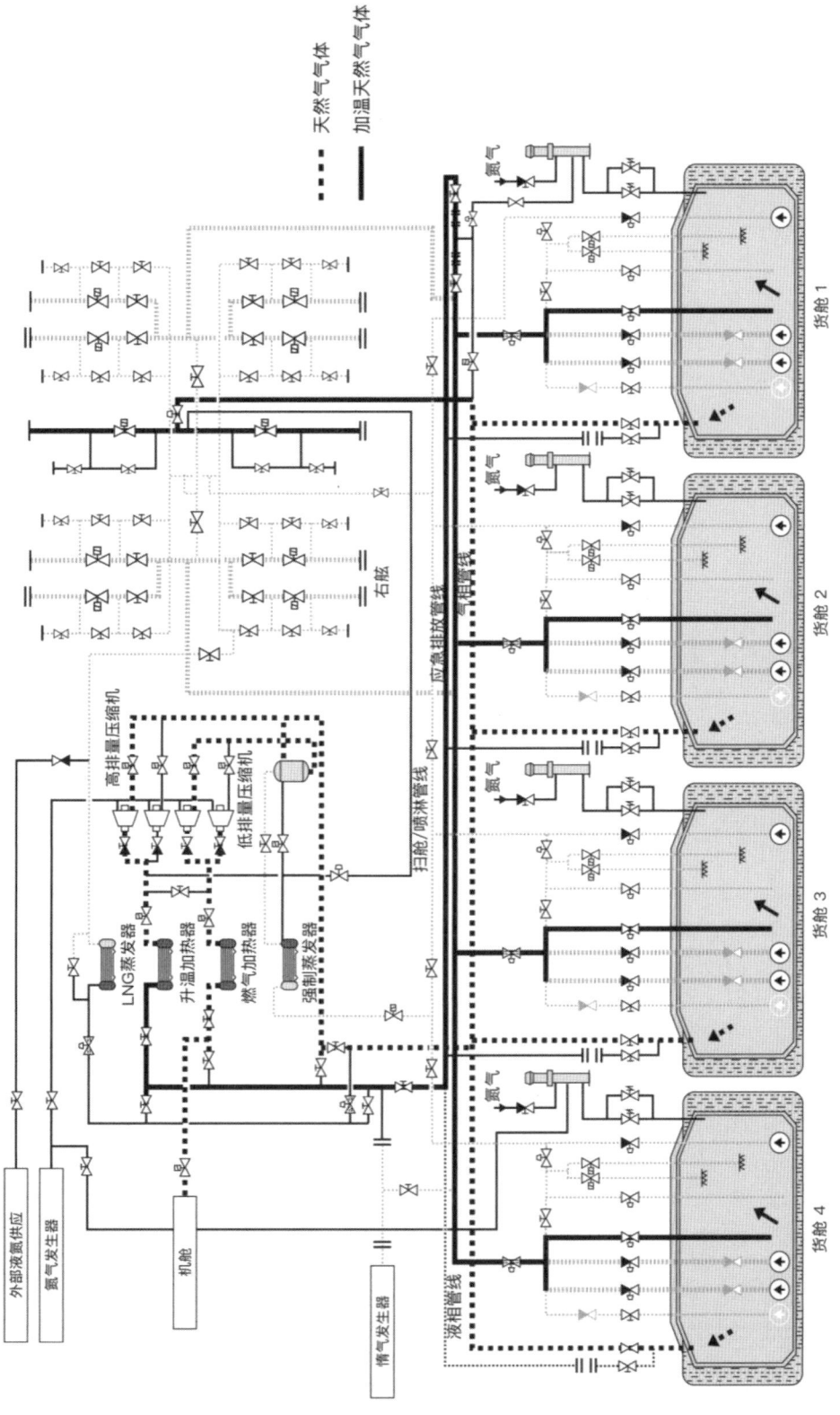

图 8-12　暖舱第一阶段时的管路设备布置

自然蒸发的货物蒸气质量＝体积×密度＝203.4 m^3×425 kg/m^3＝86 445 kg/24 h＝3 602 kg/h

强制挥发的货物蒸气质量＝7 854-3 602＝4 252 kg/h

强制挥发的 LNG 体积＝质量/密度＝4 252/425＝10 m^3

第九章　LNG 船的应急操作及安全管理

第一节　LNG 船的危险区域

《国际散装运输液化气体船舶构造与设备规则》(以下简称《规则》)为散装液化气体和某些其他物质的海上安全运输提供了一个国际标准。在考虑到货物性质的情况下,规定了这类运输船舶的设计和建造标准及其所应装配的设备,以便使其对船舶、船员和环境所造成的危险减至最少。

每一种货物可能具有一个或多个危险特性,包括易燃性、毒性、腐蚀性和反应性。由于液化天然气在低温下进行运输,有可能进一步产生其他危险。

《规则》中,气体危险处所或区域(见图 9-1)定义为:

(1)在货物区域内,未装置或配备认可设备的处所,因而不能确保该处所内的空气在任何时候均处于安全状态的处所;

(2)货物区域以外含有液体或气体货物的任何管系通过或终止的围蔽处所,但装有认可的装置能防止货物蒸气逸入该处所内空气中的处所除外;

(3)货物围护系统和管系;

(4)要求设置次屏壁的货物围护系统的货舱处所;不要求设置次屏壁的货物围护系统的货舱处所;

(5)以单层钢质气密周界与要求设置次屏壁的货物围护系统的货舱处所相隔离的处所;

(6)货泵舱和货物压缩机间;

(7)在开敞甲板上或在开敞甲板上的半围蔽处所内,离液货舱出口、气体或蒸气出口、货物管系法兰或货物阀门,或离开货泵舱或货物压缩机间的入口或通风口 3 m 范围内的区域;

(8)在货物区域内的开敞甲板上和在开敞甲板上货物区域前后 3 m 内直至露天甲板上 2.4 m 高度范围内的处所;

(9)距该货物围护系统露天表面 2.4 m 范围内的区域;

(10)内部含有货物管路的围蔽或半围蔽处所,但利用蒸发气体作为燃料并符合本规则要求设有符合本规则要求的气体探测设备的处所,应不认为其是气体危险处所;

(11)储存货物软管的舱室;

(12)其开口直接通向气体危险处所或区域的围蔽处所或半围蔽处所。

气体危险处所以外的处所被认为气体安全处所。

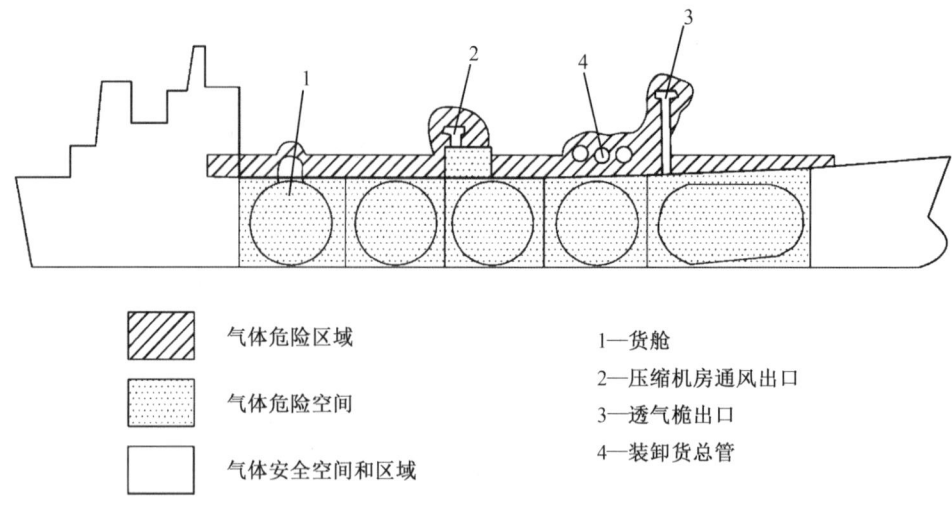

气体危险区域

气体危险空间

气体安全空间和区域

1—货舱
2—压缩机房通风出口
3—透气樯出口
4—装卸货总管

图 9-1　LNG 船的气体危险区域

第二节　液货舱安全监控装置

由于货物操作和安全管理的需要,LNG 船的货物检测和监控项目很多,包括液位、温度、压力、货物气体和氧气浓度、货物参数和安全参数等内容。对这些内容一般都设有现场检测显示仪表,并有相应项目的安全监控报警装置和远距离集中显示监视装置。其中,液货舱安全监控装置包含以下设备:

(1)温度监控、报警、控制设备;

(2)压力监控、报警、控制设备;

(3)液位监控、报警设备;

(4)气体泄漏探测、报警设备;

(5)应急切断系统;

(6)综合监控系统。

综合监控系统包含多种功能,能远程监控货舱的压力、温度和液位等情况;还能监控货物围护系统的工作情况,一旦有泄漏发生,相应位置的温度、压力和液位随之改变,船舶操作人员可以立即采取应急措施进行处理。

一、温度监控系统

IGC 规则规定每个液货舱至少要装有 2 只温度探头,一只位于液货舱底部,另外一只位于液货舱顶部,但位置要低于最高允许液位处。

实际船舶上通常每个液货舱配有 5 套温度探头,远远高于 IGC 规则的要求。5 套温度探头分别位于底部、25%、50%、75%、99.9%液位处,如图 9-2 所示。每套配有 2 只温度探头,一主一备用,操作人员可以随意选择其中一个探头进行使用,但不能同时工作。温度探头和货舱液位计安装在一起,计量货物时提供温度数据,货舱转接法兰处装有两只温度探头连接箱,温度信号从那里向外输送。在货物计量时如果需要,还可以手动输入温度数值。货物值班人员要时刻注意货舱温度的变化,装卸货期间,装卸货物平台歧管处的温度也要随时检查。

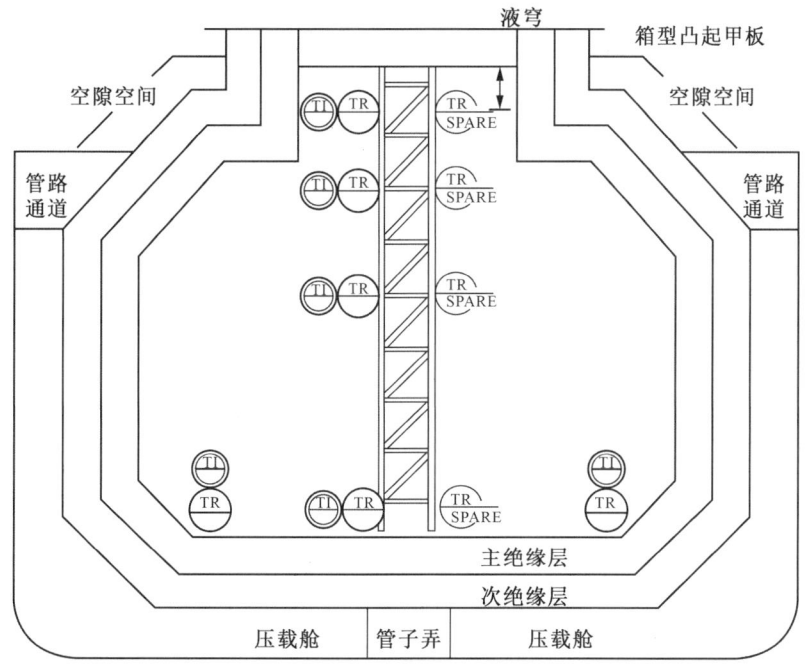

图 9-2　液货舱温度探头

货物控制室内综合自动化系统还能监控绝缘层和船壳内板的温度变化情况,一旦 LNG 漏入绝缘层空间,系统会发出警报。对于船壳内板和干隔舱/压载舱的温度测量,每个舱装有 14 只温度传感器。1 只位于舱底部,3 只位于箱型凸起甲板,其余传感器分装在干隔舱前后舱壁上,各 5 只。除此之外,干隔舱前后舱壁上还装有 2 只温度表和用来控制乙二醇加热系统的温度传感器。

监控绝缘层和船壳内板的温度传感器为电阻型,温度测量范围为 $-200 \sim 100$ ℃,精度为 ± 3 ℃。监测第一屏壁泄漏的温度探头纵横交错地布置在绝缘层温度探头小盒子内,同一个位置上通常都布置 2 个温度传感器,互为备用。正常情况下,a 探头工作,b 探头备用。如果 a 探头故障,b 探头自动投入使用。监测次屏壁泄漏的温度探头安装在船壳内板上。温度报警值次屏壁设为 -120 ℃,内层船壳报警温度为 0 ℃。绝缘层温度探头布置如图 9-3 所示,其中红色温度传感器监测主绝缘层温度,蓝色温度传感器监测次绝缘层温度,白色温度传感器监测货舱壁温度。

二、压力监测和控制

1. 货舱压力

为了控制货舱压力和温度,IGC 规则允许向大气排放,无论 LNG 船是在航行途中,还是靠泊在港口内。如果在港口内排放大气,首先要征得有关当局的同意。很多港口是禁止排放大

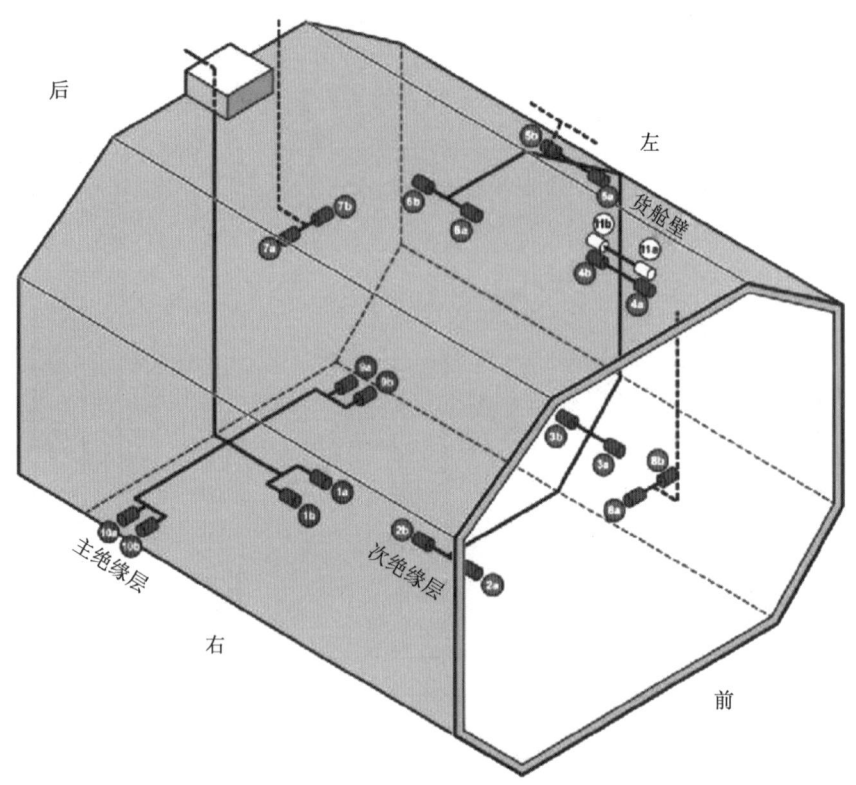

图 9-3 绝缘层温度探头分布

气的。IGC 规则同时规定:货物系统应当能够承受最高设计环境温度下的压力或者具有其他方法控制货舱压力在最大允许释放压力(MARVS)以下。这些规则建议当船舶载有液货的时候,货舱压力一定要维持在设计蒸气压力以下,并且维持天数最少不能低于 21 天。货舱压力的控制根据船舶设计的不同而不同,通常有再液化的方法和使用自然蒸发的货物蒸气为动力装置燃料的方法。

IGC 规则要求货物系统全部进行监控,监控位置包括:

(1)液货舱;

(2)货泵和压缩机排出管线;

(3)横向液相管;

(4)横向气相管。

此外,货物系统还多处装有压力开关,货物系统异常时,压力开关发出警报或者停止系统运行命令,以保护操作人员和设备的安全。每一个液货舱至少配备一套绝对压力测量装置,测量装置的精度为±0.5%,液货舱通常保持在 80~140 mb 的压力范围。

IMO 规则规定每个货舱配备 2 只压力/真空释放阀,薄膜型货舱压力高警报设定为220 mb,货物蒸发气总管压力控制阀释放压力设定在 230 mb,如果压力继续上升,压力达到250 mb 时,先导型压力释放阀动作。货舱压力控制如图 9-4 所示。

液货舱先导型压力释放阀结构如图 9-5 所示。释放阀安装在每个液货舱的顶部,通过管路与气穹连接,由压力监测管线将货舱压力信号送到压力释放阀内部,当压力释放阀达到动作

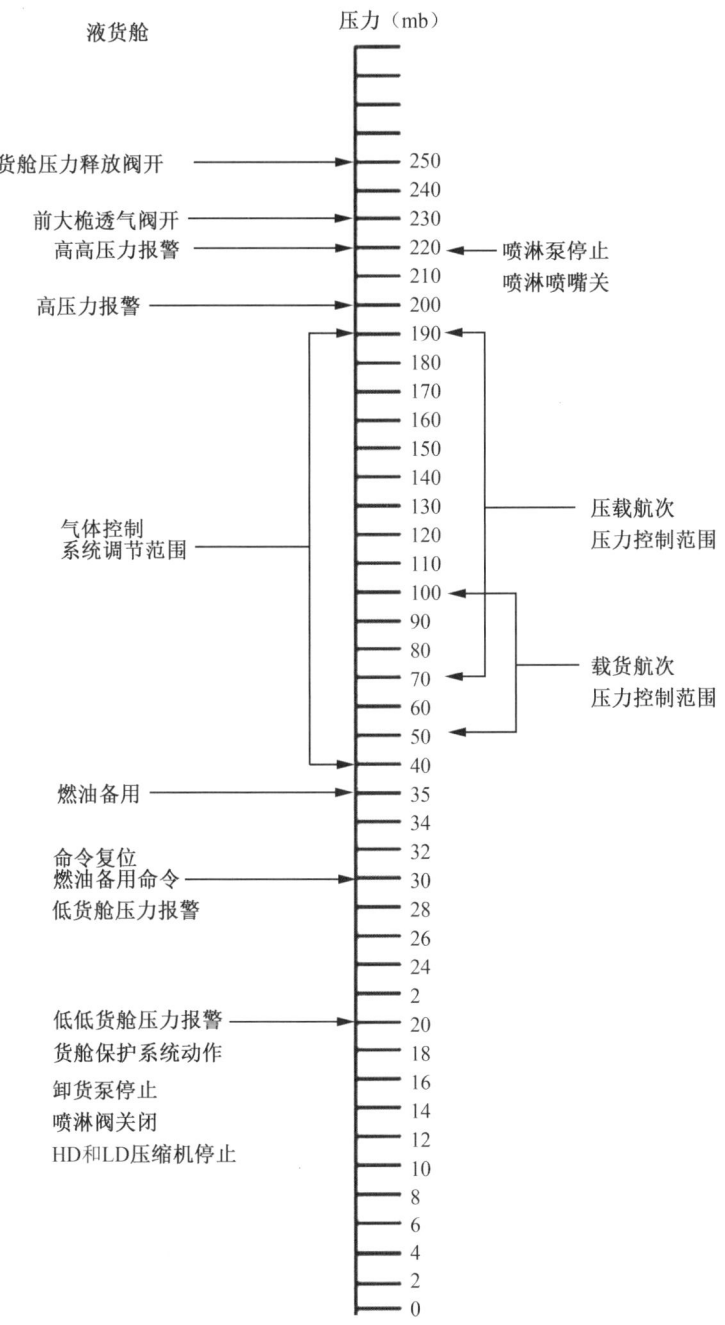

图 9-4　货舱压力控制图

值时,压力释放阀打开,将货物压力通过连接的透气桅释放。在日常工作中,我们要定期对透气桅进行检查,尤为重要的是释放透气桅内积聚的残水,如果残水流到压力释放阀,将会影响压力释放阀的动作。压力释放阀由专业厂家在船检部门的监督下调定,如果在工作中压力释放阀出现故障,船上人员自行拆检,拆检后一定要将压力恢复到原来的调定值。

为了减少货物管线上的热应力,货物管线上除了装有膨胀接头和部分管线设计成 U 形状之外,管路上还装有压力释放阀,压力通常设定为 100 kPa。

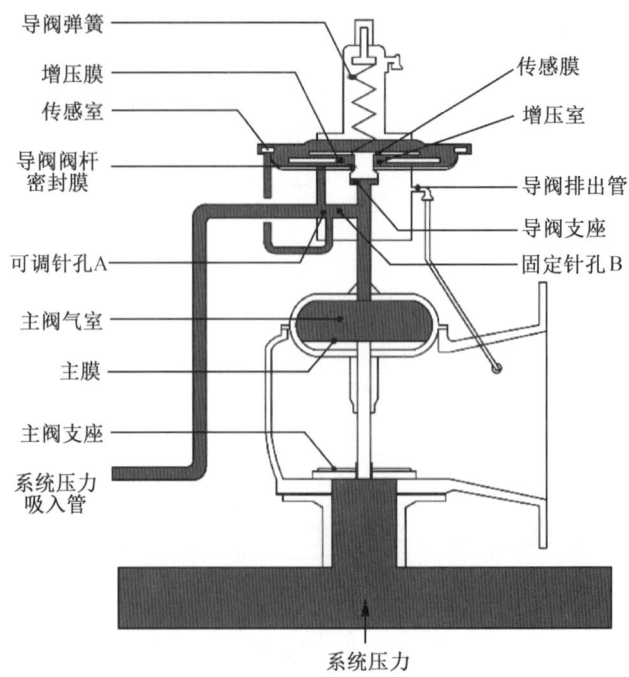

导阀弹簧
增压膜
传感室
导阀阀杆
密封膜
可调针孔A
主阀气室
主膜
主阀支座
系统压力
吸入管

传感膜
增压室
导阀排出管
导阀支座
固定针孔B

系统压力

图9-5 液货舱先导型压力释放阀结构

2. 主绝缘层和次绝缘层压力控制系统

绝缘层空间充入氮气不仅可以有效地防止腐蚀,还可以防止主屏壁和次屏壁泄漏后形成易燃易爆混合物。一旦发生泄漏也能够第一时间被固定式检漏系统检测到。

当任何货舱的压力降低到大气压力时,自动切断系统会停止货物压缩机、卸货泵、喷淋泵、惰气发生装置、应急切断阀、喷淋进口阀和燃料气体供应主阀。

主绝缘层和次绝缘层根据不同的结构,保持不同的压力。Mark Ⅲ型货舱主绝缘层压力为 $0.5 \sim 1.0$ kPa。次绝缘层压力比主绝缘层高 $0.2 \sim 0.7$ kPa。而 No.96 型货舱主绝缘层压力为 $0.4 \sim 0.6$ kPa,次绝缘层压力为 $0.2 \sim 0.4$ kPa。主绝缘层和次绝缘层的高压警报分别设定为 2.5 kPa 和 1.3 kPa,低压警报分别设定为 0.3 kPa 和 0.2 kPa。主绝缘层和次绝缘层还设有压差保护,高低压差警报分别设定为 1.2 kPa 和 0.0 kPa。

氮气由氮气发生器通过储存柜、相关管线、压力控制阀分别输送到主绝缘层和次绝缘层。当绝缘层压力降低的时候,进口压力控制阀打开,向绝缘层内补充氮气。直至绝缘层压力符合要求时,进口压力控制阀关闭。当绝缘层压力超过设定值时,绝缘层出口压力控制阀打开,多余压力经过绝缘层透气桅排放到大气中。由于系统控制异常或特殊天气的原因,绝缘层压力会失去控制,升高到一定值时,绝缘层压力释放阀开启,通过透气桅排放到大气中。绝缘层压力释放阀比货舱压力释放阀尺寸要小,并且没有真空保护的功能。

主绝缘层和次绝缘层压力控制系统如图9-6所示。每一货舱液穹和气穹处各自装有主绝缘层和次绝缘层压力释放阀。1 只气体泄漏监测管线分别从主绝缘层和次绝缘层引出,主绝缘层和次绝缘层气体连续不断地输送到固定式气体检测装置中,进行时时监测。主绝缘层压力释放阀通过透气管线连接到透气桅,次绝缘层压力直接释放到甲板上。需要特殊引起注意的是定期对透气管线放残,如果积水倒流到压力释放阀,会改变压力释放阀的动作值。压力释放阀应该由专业技术人员调定,船员在自行修理后,压力释放阀一定要仔细检查,确保压力设定恢复到原来的数值。

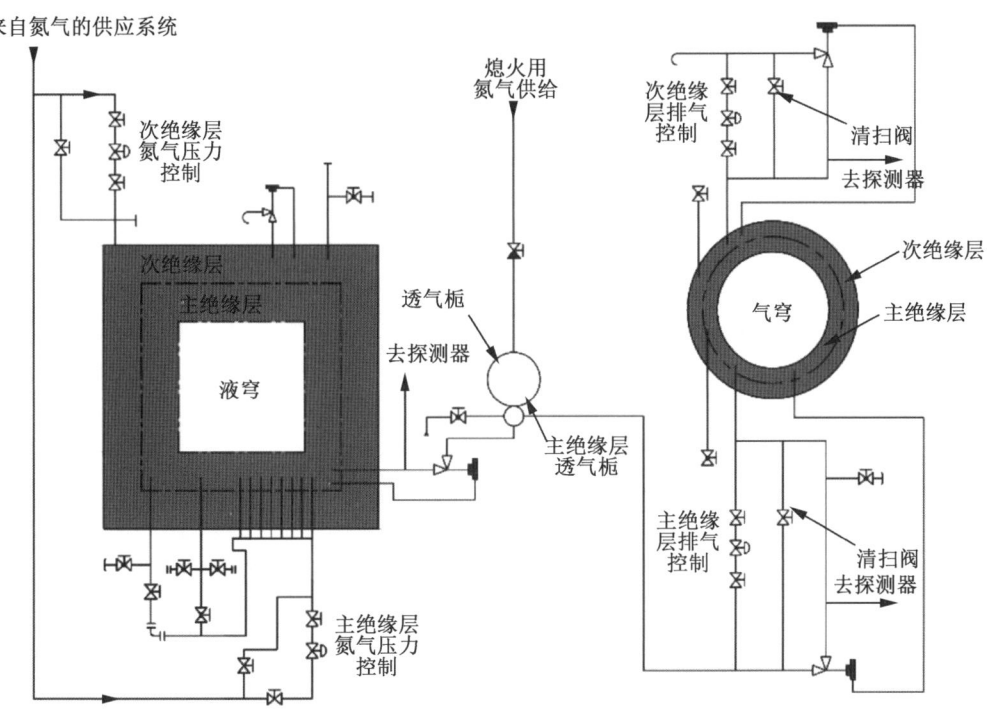

图 9-6 绝缘层压力控制系统

三、干隔舱加温系统

每两个货舱之间都由干隔舱来间隔,干隔舱的温度受压载水、空气和货舱内低温液货的影响,其中低温液货的影响最大。由于干隔舱前后舱壁面积较大,干隔舱温度有降低到零下的危险,甚至最低会降到-100 ℃。如此低温要求使用耐低温钢板以减少船舶结构热应力,但出于船舶整体造价的考虑,干隔舱使用的是 A 级低碳钢,使用设计温度不能低于-5 ℃。为了保证船舶结构的优良性能,干隔舱内的温度应该保持在 5 ℃以上。为此,干隔舱舱内布置 2 套加温系统,正常情况下一套运行,另一套备用。干隔舱温度低于 5 ℃时,加温系统工作,干隔舱温度达到 8 ℃时,系统运行自动停止,干隔舱温度由三通阀和节流阀控制。除非必须,位于乙二醇回流管路上的节流阀调定后不要随意调整。

干隔舱加温系统由 2 台乙二醇循环泵、1 个膨胀柜、1 个储存柜、1 个混合柜、1 台气动膨胀柜加液泵组成,如图 9-7 所示。干隔舱加温管路由碳钢制造。加温管路盘旋布置在干隔舱内,乙二醇(凝点-30 ℃)和水以一定比例混合加热后,在加温管路里循环,加温系统半封闭式,膨胀柜允许管路里循环液体受热膨胀。备用乙二醇单独存放在储存柜里,系统里乙二醇需要添加的时候,将乙二醇释放到混合柜里与水混合,比例通常是 45%的乙二醇和 55%的水,混合后通过气动泵添加到膨胀柜里。

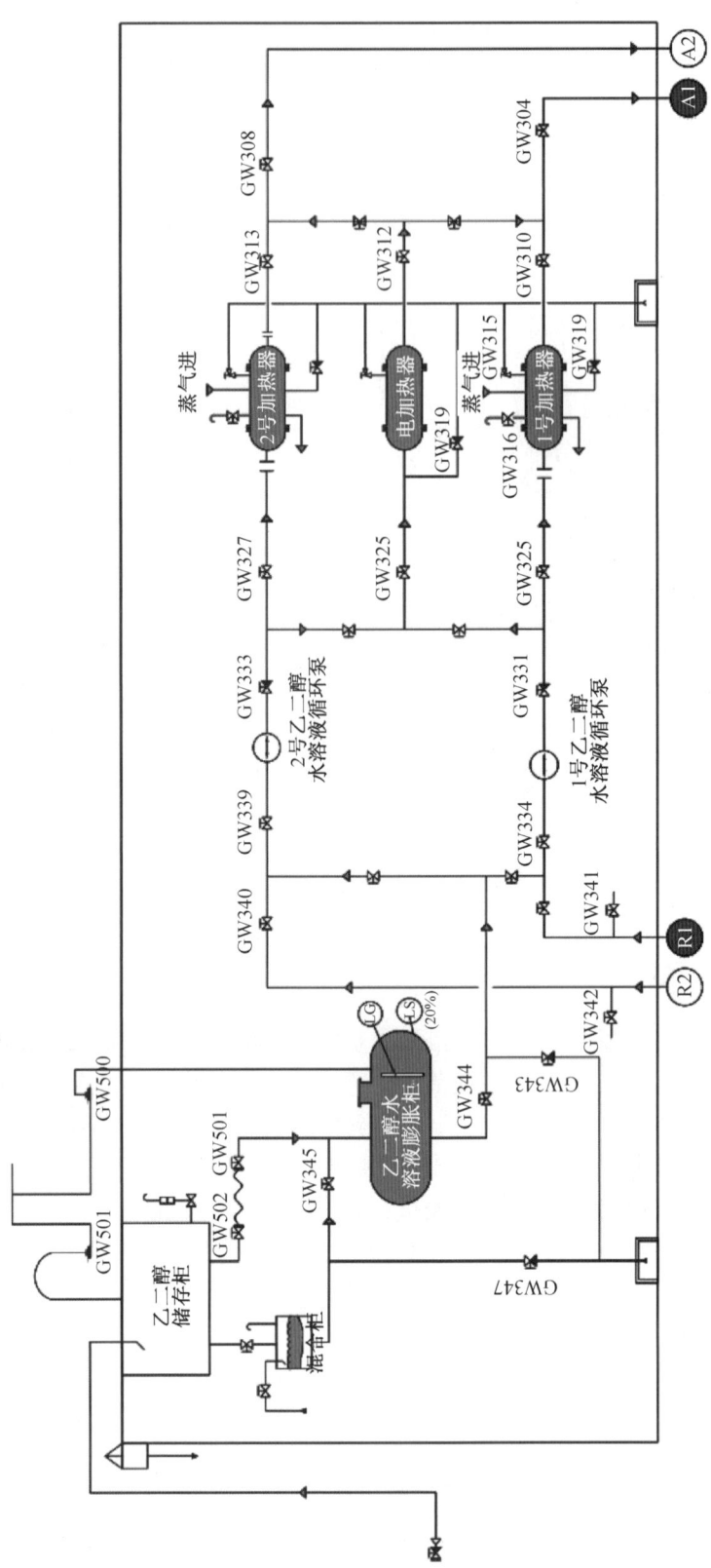

图 9-7　乙二醇加热系统

加温系统的加温能力应符合极端条件下的要求:大气温度为−18 ℃;海水温度 0 ℃。在压载航行的航次,货舱里面液货少,对干隔舱的影响小,干隔舱加温系统基本处于备用循环状态。

每套加温系统都配有一台壳管式加热器,加热介质为机舱供应的饱和蒸汽,另外还备有一台电力加热器供应急情况下使用。正常情况下,乙二醇被加温到 80 ℃,加热温度由蒸汽加热器进口温度控制阀控制。紧邻机舱的干隔舱温度较高,加热时间短。同样道理,最前端干隔舱由于只与后面一个货舱为邻,很少需要加热。

另外,干隔舱加温系统异常会影响到货舱自然蒸发速率。干隔舱加温系统泄漏或者出现异常,操作人员要高度重视,应立即抢修。GTT 要求系统停用时间不能超过 48 h。干隔舱内的污水通过独立的喷射泵排到舷外。

为防止冷凝,干隔舱内充满干空气,露点低于 5 ℃时,干空气需要全部换新,为此干隔舱都装有自上而下的通风管道。

在主绝缘层泄漏的紧急情况下,干隔舱内温度会急剧降低。为了提高干隔舱温度,乙二醇加温管路上的动态自动平衡阀的带弹簧的流量调节芯要拆除,使乙二醇流量增加到最大值。动态自动平衡阀如图 9-8 所示。

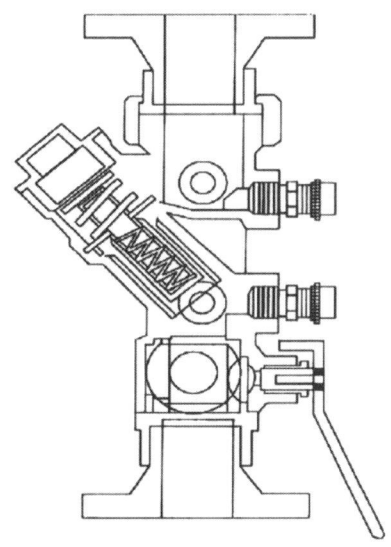

图 9-8　动态自动平衡阀

四、气体泄漏监测系统

天然气船上装载危险货物,有泄漏的危险。为了安全,气体泄漏监测系统是必不可少的。IGC 规则规定,对于可能产生气体泄漏和聚积的处所,船上必须装有固定式气体泄漏探测系统。气体泄漏时,驾驶台、货物控制室、气体泄漏监测设备室都能接收到声、光报警。气体泄漏监测探头如图 9-9 所示,安装位置与货物气体的密度有关,密度比空气大的货物气体泄漏,积聚在泄漏空间的低处,所以探头安装在空间中的较低位置。反之,探头应安装在空间的顶部。

图 9-9　气体泄漏监测探头

气体泄漏监测系统可以分为两大类:

(1)危险区域取样检测;

(2)非危险区域当地连续监测。

危险区域气体通过取样泵循环抽吸到检测设备,取样点遍及货物区域,气样经阻火器分送到气体泄漏监测装置总管前。检测装置内装有定时开关,按预定程序在固定时间间隔内唤醒和控制每个取样点:由电磁阀控制循环接通每个取样点送来的气体,再经过滤后送至气体成分分析元件,监测是否存在货物气体泄漏情况。取样检测系统工作原理如图 9-10 所示。取样泵

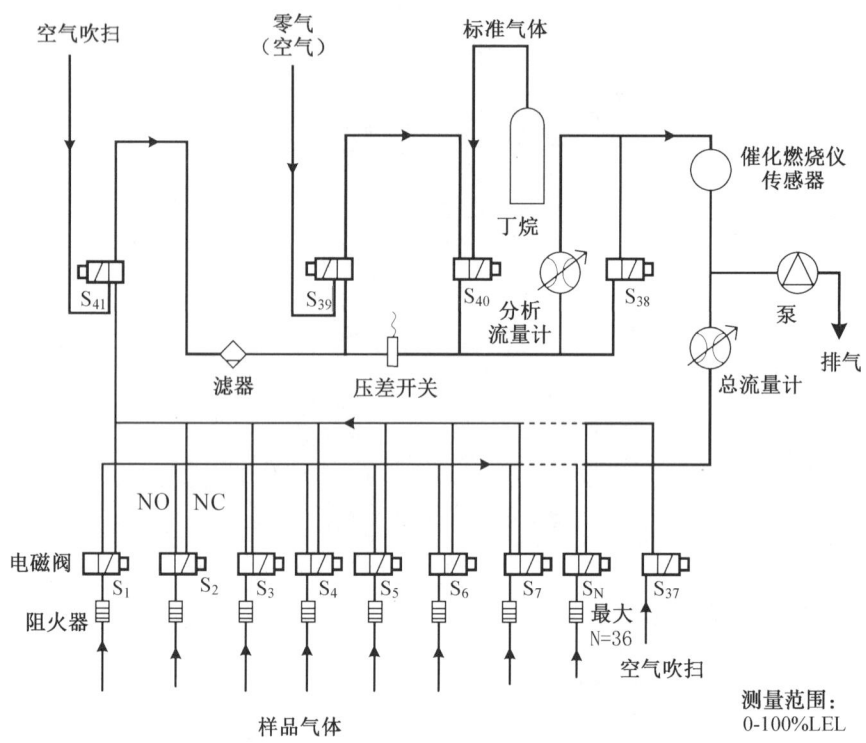

图 9-10　取样检测系统工作原理图

有 2 台,一台抽吸气体用,另外一台分析化验使用,2 台泵配合工作,从而确保循环采样每个循环不超过 30 min。从探测器排放的气体应在安全位置排向大气。当可燃气体浓度达到在空气中的可燃下限的 30%等效值(30%LEL)或达到主管机关根据特殊货物围护装置认可的其他极限值时,报警装置应被触发。其中,货物围护系统主绝缘层安装的永久性气体泄漏检测系统,

气体浓度以体积百分比为单位,测量范围 0~100%VOL,警报值设定在 30%VOL。

非危险区域,包括生活区和机舱处所直接装有探头,连续监测相关空间内空气成分,将信号直接输送到气体泄漏监测装置。监测到异常情况时,发出声、光报警。气体泄漏监测装置如图 9-11 所示。根据 IGC 规则第 16 章规定,机舱燃用货物蒸气的时候,泄漏危险大增,此时必须能连续监控相关空间内的气体,所有的监测点都应该被监测到。

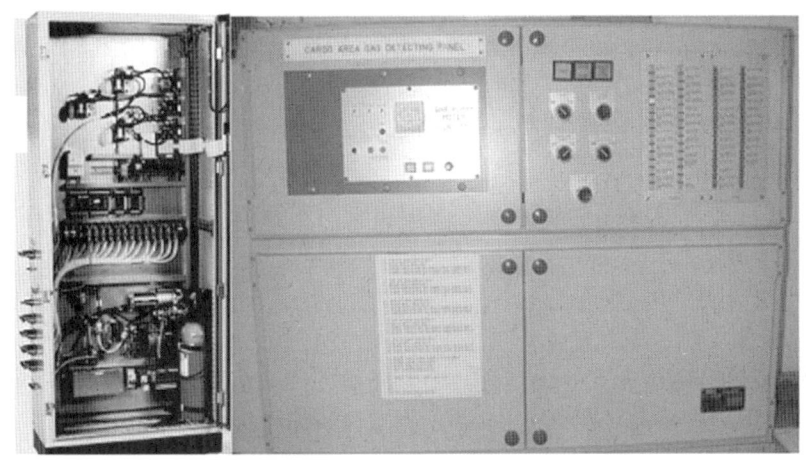

图 9-11　气体泄漏监测装置

通常情况下,气体泄漏监测探头应该装设在下列位置:

(1)货物压缩机间;

(2)货物马达间;

(3)货物控制室(如果位于货物危险区域);

(4)干隔舱;

(5)货物马达间进口处;

(6)锅炉气体燃烧器平台;

(7)双燃料柴油机房间天花板;

(8)机舱内货物气体供应管路,包括通风系统。

以中海油 DFDE 船为例,除另有明确规定外,对于机器处所内的双壁管(通风导管)内外管之间的气体浓度报警极限设定在 30%LEL,当可燃气体浓度达到 30%LEL 时,应有听觉和视觉报警,警报布置在驾驶室和机舱有人值班的地方。达到 60%LEL 时,保护系统动作,货物燃料供给设备紧急停止,双燃料主动力装置终止气体燃烧模式。可燃气体浓度达到 60%LEL 时会引起气体燃烧模式停止的处所还有:燃气阀单元、燃气阀单元通风管道、气体燃料压缩机室、气体燃烧装置处所、气体燃烧装置处所通风管道。

为了保证货物检测系统的正常工作,探头需要用标准气体定期进行校验,如果存在误差,需要按照生产厂家提供的指导说明来校正。

所有船员应该熟悉气体探测设备和它的基本工作原理,遵照厂家的指导说明,对设备进行保养和维护。

除了固定式气体泄漏探测系统外,船上还需要备有 2 套手提式气体泄漏探测仪表供船员对舱室可燃气体进行检查,每次使用前都要试验装置的有效性。

惰气易聚积的空间,需要安装测量氧气含量的设备,以防由于缺氧造成人员窒息。

五、货舱液位显示系统

IGC 规则和船级社规范都要求每个货舱都至少装有一种液位计,并将其设计成能在不低于液货舱的压力释放阀的最大允许调定压力下以及在货物操作温度范围内的温度下进行工作。由于液货舱是密闭型的,不可能开舱测量液位,因此如仅安装一套液位计,则将其布置成在液货舱处于营运状态下对其任何部件均能进行维修。

IGC 规则将液化气船所用液位测量装置分成以下四种类型。

(1)间接式

管道流量计或地磅称重等。此种液位计存在较大误差,主要用于岸上储存库,船上很少采用。

(2)贯通舱密闭式

这类液位测量装置要穿入液货舱内并直接与液货接触。但测量系统是封闭的,测量过程不会释放货物液体或蒸气,如浮子式、气泡式、磁性探头式和电容式液位计等。如果闭式测量装置不是直接装在液货舱上,则应在尽可能靠近液货舱的位置设一道截止阀。

(3)非贯通舱密闭式

这类液位测量装置不必穿入舱内与液货接触,它在测量过程中也不会释放货物液体或蒸气。这类液位测量装置包括超声波式和放射性同位素式液位计等。

(4)限制式

此种装置需要穿透液货舱,而且在使用时允许有少量的货物蒸气或液体逸入大气,如固定管式和滑动管式液位计即属此类装置。在不使用时,这种装置应保持完全关闭。

在液化气船上常用密闭式和限制式液位计,而在 LNG 船上的液位计都采用密闭式,其分为电容式、浮子式和雷达式等。

①电容式液位计

电容式液位计的原理如图 9-12 所示。它将两根电容探测器装在一根开口的保护管中并贯穿整个液货舱的全部深度。浸在液体内的两根探测器之间的电容值与液位高度有关,若空舱时电容值为 A,满舱时电容值为 B,则差值就可以与整个液货舱高度相对应。仪器对液体在所有液位时的电容均能连续显示,图示中电容值为 $(B-A) \times d/D$,它通过测量浸在液体内的两根探测器之间的电容来确定液位值。液位读数需经吃水和横倾修正。精度限定在±5 mm。

还有一种类型的电容式液位计,是使用一个固定的与液货舱绝缘的探测传感器。它可通过检测舱顶蒸气与液体之间的电容变化来确定液舱内的液位值。它可以只设一个传感器测量整个液舱,也可以在不同的液位高度处设置多个传感器。

这种液位计的电路是本质安全型的。由于无活动部件,因此比较可靠,但必须保持干净,否则尘土和铁锈等杂质会使读数不准。特别要小心防止电容传感器及电路部分接触水,由于水的介电常数比液化天然气货品高得多,稍微有一些水分就会引起液位读数不准确。

②浮子式液位计

浮子式液位计广泛应用于 LNG 船上,它是由浮子、浮子导管和测量读数装置组成的,可在现场或远距离读数。图 9-13 所示为一般浮子式液位计,浮子通常装在圆形竖管中或装在引导

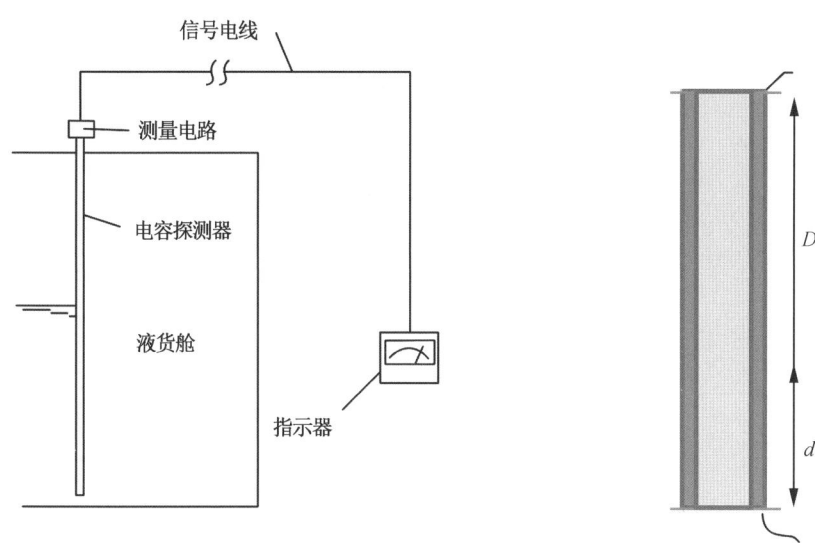

图 9-12　电容式液位计的原理

钢索上,配有闸阀作隔离用,以便浮子能够在安全的环境下操作和维护。

浮子式液位计工作时,浮子随着液位的高低只能沿着竖管上下移动。浮子由按照一定间隔开有孔洞的不锈钢带吊挂着,浮子的升降带动与钢带上洞孔啮合回转的链轮,液位变动量转换成链轮的旋转角度,便可通过齿轮结构把液位高度显示在仪表盘上。

钢带尺被卷在钢带轮上,通过卷带轮上的涡卷弹簧输出固定弹簧力,使钢带尺总是保持一定的收紧力,同时钢带尺在固定间隔处穿孔,与链轮密切啮合,从而保证了浮子与钢带尺移动的同步,链轮的旋转角度与钢带尺通过的距离不产生差异。

在航行过程中,为了防止舱内液面摇荡损伤钢带尺及其他计量部件,必须将浮球卷起并固定。在需测量时再将浮子放回液面并使其正常动作。若液面晃动剧烈,应尽量缩短测量时间。

钢带如因扭曲需调换时,应用挂钩钩住浮子,并记下液位的读数,然后更换钢带,更换以后如液位读数有变动,就需要将钢带从链轮上取下,然后用手转动链轮,使读数与原来一致。如读数变动不大,也可在与测量值比较后,作为固定误差。

吊挂浮子的金属杆件与钢带的连接处,由于受到机械应力和有害气体的影响,容易折断,所以常规检查中若发现该处有折断的征兆,应尽早进行修理。若舱底附近积有油泥等,常会使浮球下降时不能完全落到底部,导致计量误差;收紧浮球时要小心谨慎,防止浮子被卡阻或折断。

由于浮子本身有一定形状、高度,所以当液位值低于浮子浸入液货的深度时,就无法判断正确的液位。浮子浸没的深度取决于液货的密度,测量液位时应注意对它的修正。如更换卷尺或浮球等,应测出浮子起浮时的液位修正量。浮子式液位计通常不能测量离舱底小于 10 cm 的液位读数。

如果浮子式液位计装有传感器,液位还能传送到生活区电气设备间,在那里装有一微型接收器,通过微处理器处理过后,液位能够显示在接收设备正前面的 LCD 显示屏上。液位信号还能传送到货物控制室的综合控制站上,操作人员可随时查看液位的变化。

在使用过程中还需注意的是随着液货温度的变化,钢带尺会收缩,从而影响液位的准确

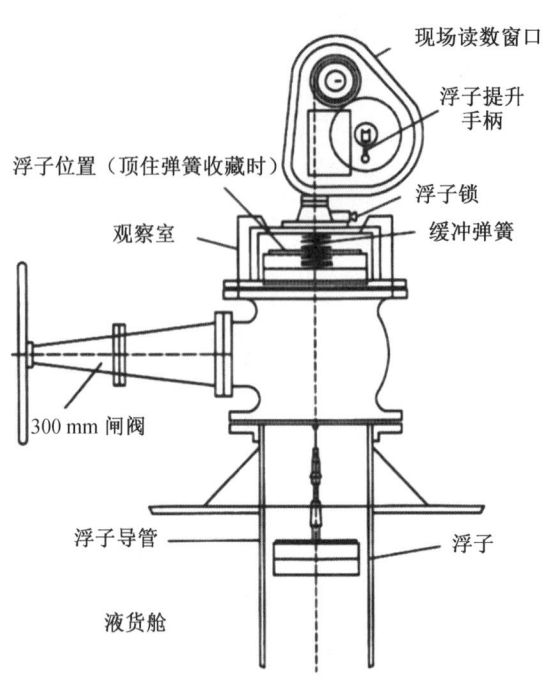

现场读数窗口

浮子提升
手柄

浮子位置（顶住弹簧收藏时）

浮子锁

观察室

缓冲弹簧

300 mm 闸阀

浮子导管

浮子

液货舱

图 9-13　浮子式液位计

性。精度应该控制在 4~8 mm。

浮子式液位计结构简单，但是需要手动操作，往往在 LNG 船上作为备用液位计参考比对使用。

③雷达式液位计

雷达式液位计属于封闭式液位计，在测量液位的时候，没有液体或气体逸出。雷达式液位计使用频率调制的连续波来测量到液货表面的距离。雷达液位计大约在 11×10^9 的高频下工作。雷达式液位计主要由电子箱、锥形天线和静管组成，如图 9-14 所示。电子箱产生并处理雷达信号，静管用来防护雷达波以防止液面波动或表面沸腾干扰测量。液货舱顶部电子箱内的雷达发射器发射微波，通过一个锥形天线的引导到达液货舱液货表面。发射信号的频率随时间而减少，锥形天线挑选从液货表面反射回来的反射波，发射信号与反射信号的频率差与被测量的距离成正比。LNG 船上用的雷达式液位计还设有一个锥形天线作为转接器，布放在液货舱内整个高度的钢管内。每个液货舱还在雷达式液位计上附带了如前所述的温度传感器和一个蒸发气压力传感器连接到液位计内的一个电缆终端，蒸发气压力传感器位于液位计里。在不释放液货舱货物蒸发气到大气的情况下可以更换发射器和温度传感器。

六、液位报警、超装自动关闭装置

IGC 规则规定除了容积小于 200 m^3 的压力式液货舱或是设计成能经受装货作业期间可能出现的最大压力（该压力小于液货舱压力释放阀的开始释放压力）的液货舱外，其他所有液货舱都必须配置高液位报警装置和液货舱充注的自动关闭装置，防止液货舱超装。另外，根据液货泵的需要，液货舱内往往还设有低液位报警装置和自动停泵装置，防止液货泵空转受损。

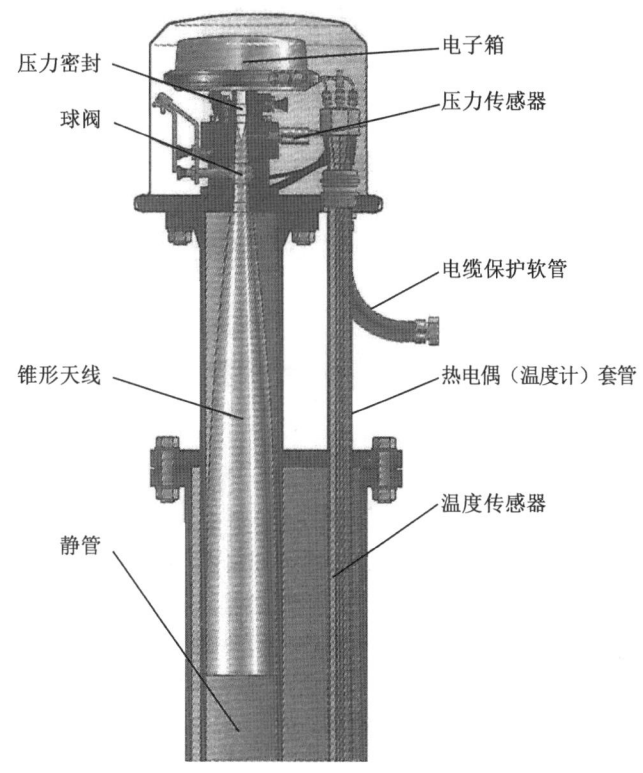

压力密封

球阀

锥形天线

静管

电子箱

压力传感器

电缆保护软管

热电偶（温度计）套管

温度传感器

图 9-14　雷达式液位计

除上面的规定外,对每个液货舱均应装设一个独立于其他液位指示器的高液位报警装置,如图 9-15 所示,并在动作时发出声、光报警信号。对于独立于高液位报警装置的另一传感器,应能自动控制一个截止阀,以避免装货管路中产生过大的液体压力,以及防止液货舱内被注满液体。对于应急截止阀的关闭时间,应能加以调节。通常控制溢流而设的装货阀自动关闭传感器与液位指示器组合在一起。

这类液位报警装置、超装自动关闭装置或低液位自动停泵装置的动作电信号是由一个独立的并且是准确安装在预定液位的探测传感元件所发出的,这类探测传感元件,包括浮子、电容、超声波、放射线或温度传感器等检测到预定液位信号与各报警装置或其他联锁装置的设定位置值相一致时,电路开关或其他限位开关就开始动作,发出警报信号或自动关闭或自动停泵。自动停泵装置也可以是利用液货泵马达的电流变化作为动作感应信号。显然,以上这些报警装置或联锁装置的动作设定值可能会受到货物性质(密度、介电常数等)的影响,应注意随时校准调整。

一般情况下,当液货舱内的液货液位达到舱容的 95%～97% 时,高液位报警装置发出声、光信号报警;当液位达到舱容的 98% 时(球型液货舱可适当放宽至 99%),不仅高高液位声、光报警,还通过传感信号自动关闭应急截止阀,停止液货继续注入液货舱。当液位达到舱容的 99.5% 时,发出非常高液位声、光报警,全船应急切断系统 ESD 被触发。液货舱液货液位报警具体数值,不同 LNG 船设定可能有所不同。

使用上述超装自动切断装置时,必须小心防止压力冲击的破坏,它一般是设计成自动切断接岸总管处的应急截止阀。应极其小心保证启动点的准确设定。如果船和岸的应急切断系统是可联动的,应在货物作业开始前进行试验。如不能联动,应将船上应急截止阀的关闭速率通知岸站,以便采取适当措施,防止快速切断可能产生的破坏。

液位报警、超装自动关闭装置应定期试验,特别是在检修后重新投入使用前,应专门对该装置进行模拟试验。模拟试验时用扳手打开装置上部的保护帽,缓慢向上提拉测试提升按钮,被测试舱将会发出高高液位警报;如果继续将测试按钮向上提拉,就会触发非常高液位警报。模拟测试前需要对全船紧急切断 ESD 系统做好相关屏壁设置,避免模拟测试时机舱动力装置的燃气供应系统被中断。

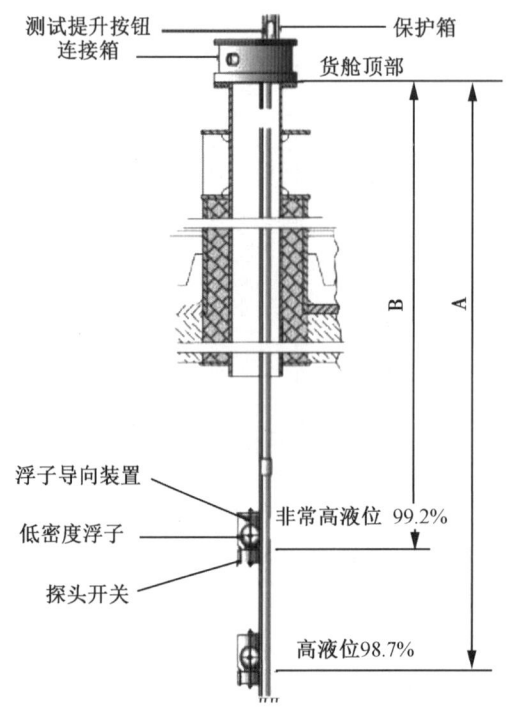

图 9-15　独立液舱高液位报警系统装置

第三节　　LNG 海运安全管理

在 LNG 海运早期,无论是一般安全事故还是 LNG 特有事故,发生的数量和频率都相对较高,而自 1985 年以后,随着 LNG 海运技术及相关规范的发展和完善,事故发生的数量和频率均大大下降。

一、LNG 海运主要风险

运用特定的方法,对可能发生的风险予以识别、认定,并对已认定的风险进行评估,针对这些风险采取有效措施以减少或避免风险、危险事件发生。风险评估对正常操作引起的危害进行监督,以便确定防范措施是否得当,防止对财产或环境的损害,并尽可能防止造成损失,确保船舶和人员的安全。

通过事故案例分析知道 LNG 海运主要风险发生在港区航道航行和靠泊装卸货过程中。在港区航道航行过程中的主要风险:LNG 船发生碰撞、搁浅、触损,以及由此引起的火灾、爆炸;靠泊装卸货过程中船岸之间的主要风险:LNG 装卸发生泄漏、溢出及由此引起的火灾及(接收站)爆炸。

LNG 装卸作业过程中一旦发生 LNG 泄漏事故,将随泄漏孔径的不同而造成不同程度的泄漏。一旦大量 LNG 泄漏出来,将首先在码头面、水面迅速蒸发,而后四处流淌并根据不同的气象条件向下风向扩散,蒸发气扩散范围很大。如果发生火灾,LNG 池火火势猛烈,事发现场的人员和设备直接陷于火海之中,遭受致命伤害和破坏。而且,码头面管道、后方接收站内均为 LNG 储运设施,在码头遭受 LNG 火灾破坏后,极易引发多米诺效应,造成更大规模的火灾爆炸事故。码头蒸气云爆炸事故危害非常严重。LNG 船本身将被冲击波破坏,码头及船上人员将遭受致命伤害,爆炸时产生的金属或砖石碎片,也会给周围人员及设备带来危害,导致事故升级。

二、LNG 海运主要风险控制措施

1. 靠、离泊风险控制措施

(1)为保证大型 LNG 船的安全靠、离泊作业,按规范要求配置拖船,并尽量选择无流或缓流时机靠、离泊。要实现大船掉头,拖船尽量配置在大船的首尾位置,并选择无流或缓流时,采用拖船协助平拉开一定横距后迎风掉头。

(2)LNG 船靠泊时,船首应朝向宜逃离方向,并不得下锚。如因风力、流速影响必须下锚时,应于靠妥后将锚收起。LNG 船靠泊后,首尾应备强度足够、长度适宜的应急拖缆。台风警报发布后,LNG 船应采取快卸快装为原则,完成装卸作业后,快速驶离港口。

(3)各国对 LNG 船靠泊速度与靠泊方式的规定:壳牌要求一般速度为 15~20 cm/s,靠泊用拖船至少 3 条;日本运输省规定:最大靠船速度为 15 cm/s,靠泊角度 0°~6°;我国《液化天然气码头设计规范》(JTS 165-5—2009)规定:LNG 船在靠泊时可配置 4 艘拖船协助作业,单船最小功率不应小于 3 000 kW。各港口应根据水域实际情况就船舶靠、离泊码头建立安全操作标准,并充分考虑风、浪、流、潮的限制,对拖船的大小及艘数予以规定。

2. 装卸货风险控制措施

(1)船方和作业单位应负责各自安全装备的检查,作业前确认其维持良好状态,作业单位代表及船方大副或负责卸货作业的高级船员应于装卸前举行卸货前会议,以确认管线连接及拆离方案,并在完成检查及确认无安全疑虑后方能开始作业。作业时,消防拖船在附近警戒待命。

(2)恶劣天气时,船方及作业单位应相互协商,经商讨认为,继续作业将有危险时,应立即停止作业,必要时脱离卸货臂,并决定离码头的时间和方法,但下列情况下应立即停止作业:平均风速大于 15 m/s 时;雷雨天气正逼近时;LNG 管线有泄漏情形或泄漏意外事件已发生时;发现 LNG 管线有不正常压力波动时;船上或附近发生火灾时;装卸器械不正常,认为影响卸货安全时;有不明船舶靠近并可能对 LNG 船造成危险时;作业单位、LNG 船或主管机关要求停止时。

3. 货物溢漏后应急程序

(1)停止所有货物作业,必要时船岸双方关闭所有的液体管路中的阀门,发出警报并关闭生活区所有入口和所有通风口。

(2)船上所有地点禁止吸烟和裸露灯光,尽可能少用电气开关。

(3)收集适当的灭火设备和呼吸器以供应急使用,应急队穿戴好呼吸器和防护服。

(4)如果发生液体泄漏,应使用消防软管或水喷淋将之从甲板驱散到舷外,保持钢板温度,以避免脆性断裂;也可以用软管喷水驱散气体云。

三、LNG 船安全检查

LNG 运输作为整个 LNG 链中的一个承上启下的中游环节,自商业运行以来,LNG 安全和稳定运输一直得到业内人士的极度重视。国际海事组织及国际行业组织先后在 LNG 船建造、海上运输、LNG 船及码头港内作业等项目制定了大量的相应法规、行业标准和作业指南。从管理模式上看,IMO 通过船旗国、港口国和行业组织控制船公司、船级社和船舶的安全管理状态。相比港口国监督、船舶安全监督,石油公司检查是对 LNG 船的最高标准、最高级别的检查。

1. 港口国监督

港口国监督(Port State Control,PSC),亦称港口国控制、港口国管理或港口国检查,是指世界各地的港口国当局根据有关国际公约规定的标准,对进入其港口的外国籍船舶实施的以船舶技术状况、操作性要求、船舶配员以及船员的生活和工作条件为检查内容的,以确保船舶和人命财产安全、防止海洋污染为宗旨的一种监督与控制。

PSC 被公认是消除低标准船舶、保证海上安全和保护海洋环境的有效手段。近年来,随着相关国际公约修正案的生效,全球范围内的 PSC 力度明显加强,得到了更广泛的认同。随着ISM 规则和 ISPS 规则的生效,PSC 程序已不再只是针对船舶硬件,也开始对船舶操作和管理进行相应的检查,这表明港口国检查已在更广泛的领域内得到应用。

2. 船舶安全监督

船舶安全监督管理遵循依法、公正、诚信、便民的原则。交通运输部主管全国船舶安全监督工作。国家海事管理机构统一负责全国船舶安全监督工作。各级海事管理机构按照职责和授权开展船舶安全监督工作。船舶安全监督,是指海事管理机构依法对船舶及其从事的相关活动是否符合法律、法规、规章以及有关国际公约和港口国监督区域性合作组织的规定而实施的安全监督管理活动。船舶安全监督分为船舶现场监督和船舶安全检查。

3. 石油公司检查

世界石油组织和石油公司,对其租船、停靠其码头、载运其货物以及载运与其利益相关的货物时,均要对第三方的液货船进行检查。石油公司对液货船的检查,不仅涉及船舶设计、建造等方面,而且还与液货船公司要求、船舶要求密切相关。因此,石油公司检查内容对船舶安全管理工作具有重要的指导意义。

石油公司国际航运论坛组织（Oil Companies International Marine Forum, OCIMF）建立了船舶检查报告体系（Ship Inspection Report Programme, SIRE）。SIRE 的内容涵盖 SOLAS 1974 公约、MARPOL 73/78 公约、STCW 公约、ISM 规则以及 ISPS 规则和其他一些国际公约和规则。SIRE 已经过几次改版，内容不断完善，标准也在不断提高。在 LNG 船上工作的船员必须熟悉石油公司检查的有关程序、要求和注意事项，以便充分做好检查前的各项准备工作。

SIRE 包含两个部分：一个是船舶规范问题表，即 VPQ（Vessel Particular Questionnaire）；另一个是船舶检查问题表，即 VIQ（Vessel Inspection Questionnaire）。检查前，首先要配合船长认真修改、填写好本船的 VPQ 有关项目，以便检查时提交给检查官。VIQ 是检查官系统地对船舶各方面进行检查的依据和标准，此表由检查官填写完成。VIQ 是石油公司检查的具体内容，共有 13 章，船上所有船员都应逐条研究、落实。本书附录六收录了 VIQ 液化天然气部分的相关内容，请感兴趣的读者自行查阅。

第四节　LNG 海运应急操作

一、液货漏到绝缘层

正常情况下，货物围护系统主绝缘层和次绝缘层空间都持续充满氮气，如果货物气体泄漏，气体泄漏监测装置将会在第一时间发出警报。对于日常无法到达的部位，LNG 船一般使用危险气体取样检测系统。例如第一绝缘层，对这个空间的危险气体检测就是使用取样检测的方法，从空间内部引出一根取样管，连接到取样检测系统的分析单元进行检测。对于主绝缘层的检测，与其他处所 LEL% 探头检测不同，通常会设置 VOL%（体积百分比）检测，因为一旦主屏壁泄漏，即使非常小的量，也可能迅速达到一定的体积比，显然再使用 LEL% 探头检测已经无法准确显示出浓度信息。

货物围护系统严重损坏时，就会发生大量泄漏。液货将会从货舱流到主绝缘层，直到液位达到平衡为止。在发生大量泄漏时，同时会伴有下列现象发生：

（1）泄漏区域可燃气体含量迅速增加；

（2）绝缘层氮气供应总管压力增加，压力释放阀动作，连续向大气释放多余压力；

（3）绝缘层下部空间所有温度探头低温报警；

（4）影响区域内层船壳温度下降；

（5）影响区域发出气体泄漏警报；

（6）主绝缘层压力释放阀可能会打开。

当发现泄漏时，立即将手提式液位测量仪连接到相应的泄漏区域，记录泄漏空间液位、压力增长情况，同时检查泄漏货舱液位、压力变化情况。每小时测量一次并记录，分析液货泄漏速度。

按照货物手册应急程序排放主绝缘层泄漏液货，也可以转移泄漏货舱液货，泄漏绝缘层内液货随同货舱内液货一同排出。为了防止在排出液货时，绝缘层内空间液货排出得慢，以至于绝缘层内液货液位高于货舱内液货液位,船上配有应急设备——冲孔器,如图 9-16 所示。冲孔器由浮子液位计套管内释放,大约 30 kg 重的冲孔器会穿破货舱底部,形成一个直径 50 mm 左右的孔洞。经此,货舱与主绝缘层良好连通,同时在排放泄漏货舱液货的时候,控制速度 0.4 m/h 左右,主绝缘层的液货就会连同主货舱的液货同时排出。使用冲孔器之前要征得 GTT、船级社、船东的一致同意后方可进行。

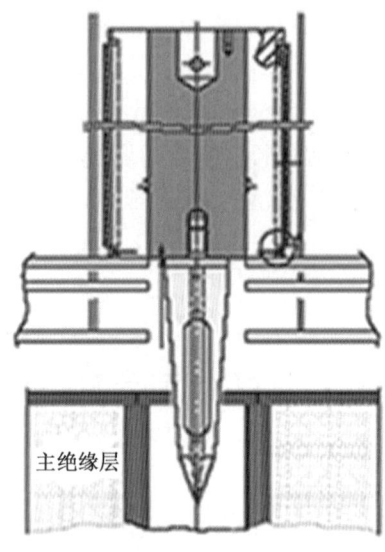

主绝缘层

图 9-16　绝缘层冲孔器

另外,绝缘层空间氮气要保证持续供应,确保混合燃气浓度低于 10%LEL,无论如何也不能高于 30%LEL。为了防止货气泄漏到次绝缘层,要将次绝缘层压力调节到高于主绝缘层压力至少 2 mbar。

通常绝缘层牵引式冲孔装置需安装到浮子式液位计的位置,即在使用该装置时,需要先将浮子式液位计的浮子收到顶部,然后关闭截止阀,将液位计头部拆下,将牵引式冲孔装置安装上,再将隔离阀打开即可进行操作。浮子式液位计导管下部的货舱主屏壁是特殊设计的,提供了一个可被分裂穿孔的基础,简单说就是该处的屏壁及绝缘箱都是使用较薄的材料,以易于被冲头打穿,在货舱与主绝缘层之间形成一个较大的孔洞连接,这样就可以避免在卸货时绝缘层内压力大于货舱内压力进而造成主屏壁塌陷入货舱的情况出现。

二、压载水漏入绝缘层

如果船舶发生碰撞或者营运过程中内层船壳钢板破裂,压载水舱的水就会流入次绝缘层,如果泄漏未被及时发现,水就会在次绝缘层内积聚、结冰,就会引起次绝缘层结构变形、损坏。漏水在绝缘层空间积聚也会引起绝缘层空间内压力高于货舱内压力,有引起整个薄膜结构向内塌陷的危险。

为此,每个货舱底部都设有绝缘层污水检测系统,如图 9-17 所示,包括污水井以及污水井内液位报警设备。每口污水井装有 4 套报警装置,2 套工作,2 套备用。另外,污水井装有气动泵,用来排出绝缘层污水井的水,这个气动泵的驱动空气阀一般都设在箱型凸起甲板上,污水排出管线也同样设置在箱型凸起甲板上,有些可能需要额外连接一下驱动空气,有些是已经连接好了的。总之,一旦出现绝缘层污水井高位警报,为避免低温结冰损坏绝缘层,应尽快使用气动泵将污水排出,排放到舷外。然后再进行相应的检查,确认污水来源,进而进行相应的修理工作。

污水检测设备定期试验,以确保工作可靠性。污水井还配有氮气填充管路和手动测量液位管道。

图 9-17　绝缘层污水检测系统

三、单舱操作

LNG 船的营运期间有时会由于某些原因必须进行单舱的维修工作,这时候就要求将某一个货舱进行隔离来准备单舱的维修。

在卸货时应尽可能做到把要进行维修的货舱的货物卸干净,必要时使用应急卸货泵。船舶的存货要求保留在其他不需要维修的货舱内,而且要求在完成维修工作后到达下一个装货港之前完成维修作业的货舱要保证有足够的驱气和冷舱作业。维修工作不管是由专业工程师还是由船员自己来完成,都要对货舱进行规定步骤的处理。

单舱操作包括下列步骤:

1. 应急卸货泵排出液货

如果货舱卸货泵故障,需要启用应急卸货泵卸空故障货舱内的液货,安装应急卸货泵时遵照相关的安全程序如图 9-18 所示程序进行。

2. 海上暖舱

单舱暖舱的程序和四舱暖舱作业的程序相似,这个过程大概要 30 h。区别在于因为是单舱操作,在操作的同时还需要对其他货舱的舱压、舱温进行必要的控制,并持续供应燃气给机舱使用,所以就不能够使用气相总管。要将某一个货舱气相管隔离出来单独进行操作,需要使用单舱操作总管,这根管比较细且外面无绝缘材料包裹,是和气相总管及液相总管一样在甲板上并行纵向排列的,可以连通全部四个货舱从气穹引出的气相管线。

该管的主要作用是可以将某一舱的气相出口管与高排量压缩机的进口相连通,那么在第一步暖舱的时候,高排量压缩机可以单独从这一个舱抽气,经过加热后通过液相总管送回到这个舱的底部,对存留的液货进行汽化,进而继续对这一个舱进行暖舱,需要注意的是单舱操作同样是需要使用后部可拆弯头连接的,并且该弯头需要连接到压缩机出口与液相总管的方向,因为操作的时候可以将其他货舱的液相阀全部关闭,所以不会影响其他货舱,而同时燃气压缩机可以继续通过气相总管从其他货舱抽气送给机舱作为燃气使用,所以单舱操作的时候也不会影响到燃气系统。

暖舱同样分为两个步骤:第一步,用热的货物气体通过装货管进入舱底来蒸发舱底余存的液货。第二步,当舱压稳定后且货舱内已经没有液态货物的时候,将热的货气连接到货舱上面的气相总管,在暖舱过程中多余的货物蒸发气可以通过前透气桅排放大气,或者在港时送至岸罐接收装置。当所有的液货都被蒸发掉后,货舱内的温度将发生变化,冷的气体从舱底被吸走,热的气体送到舱顶部,这样暖舱加热器就可以最大限度地发挥作用了,暖舱作业要持续到当各舱次屏壁的最冷点温度达到 5 ℃时,暖舱作业完成。单舱暖舱操作如图 9-19 所示。

在开始暖舱之前,把 4 个舱的压力通过低排量压缩机控制在 5 kPa,当货舱进行暖舱的时候,应使用自动气体燃烧控制系统来控制货舱压力。

3. 海上惰化

在暖舱操作完成之后,货舱内的气态天然气就应用惰气置换掉,以减少舱内碳氢化合物的含量,为用空气通风做好准备。惰气来自设在机舱底部的惰气发生器,通过装货管进入货舱,天然气就从货舱顶部的气穹进入单舱操作气相管线,然后通过前大桅排到大气中或者在港时排放到岸上,如图 9-20 所示。货舱的惰化是为了降低货舱内可燃气体的含量,以防止在通风过程中发生爆炸危险,货舱的惰化过程大约要 10 h,当货舱内碳氢化合物的含量低于 2%时认为惰化作业完成。

4. 海上通风

通过使用干燥空气置换货舱内惰气的作业,使货舱内的氧气含量达到 20%,甲烷含量低于 0.2%舱容,露点低于-40 ℃,时间大约需要 10 h,此时将货舱压力的释放阀设定值调节至 1.2 kPa。通风操作(见图 9-21)可以选择将干空气通过单舱操作总管以气相送入货舱顶部,将惰气通过液相总管从货舱底部压出,通过船头前大桅排出的方法来操作。

进厂前,液货舱内气体经检验合格后,方可进厂维修。维修后,货舱需要为装货做好准备,还需要进行下列操作:

(1)海上干燥/惰化;

(2)海上置换;

(3)海上冷舱。

操作程序与四舱作业程序相似,不再赘述。

四、船靠船驳货

船对船的驳载作业是指将液化天然气从一艘船舶输送到另一艘船舶所进行的一系列

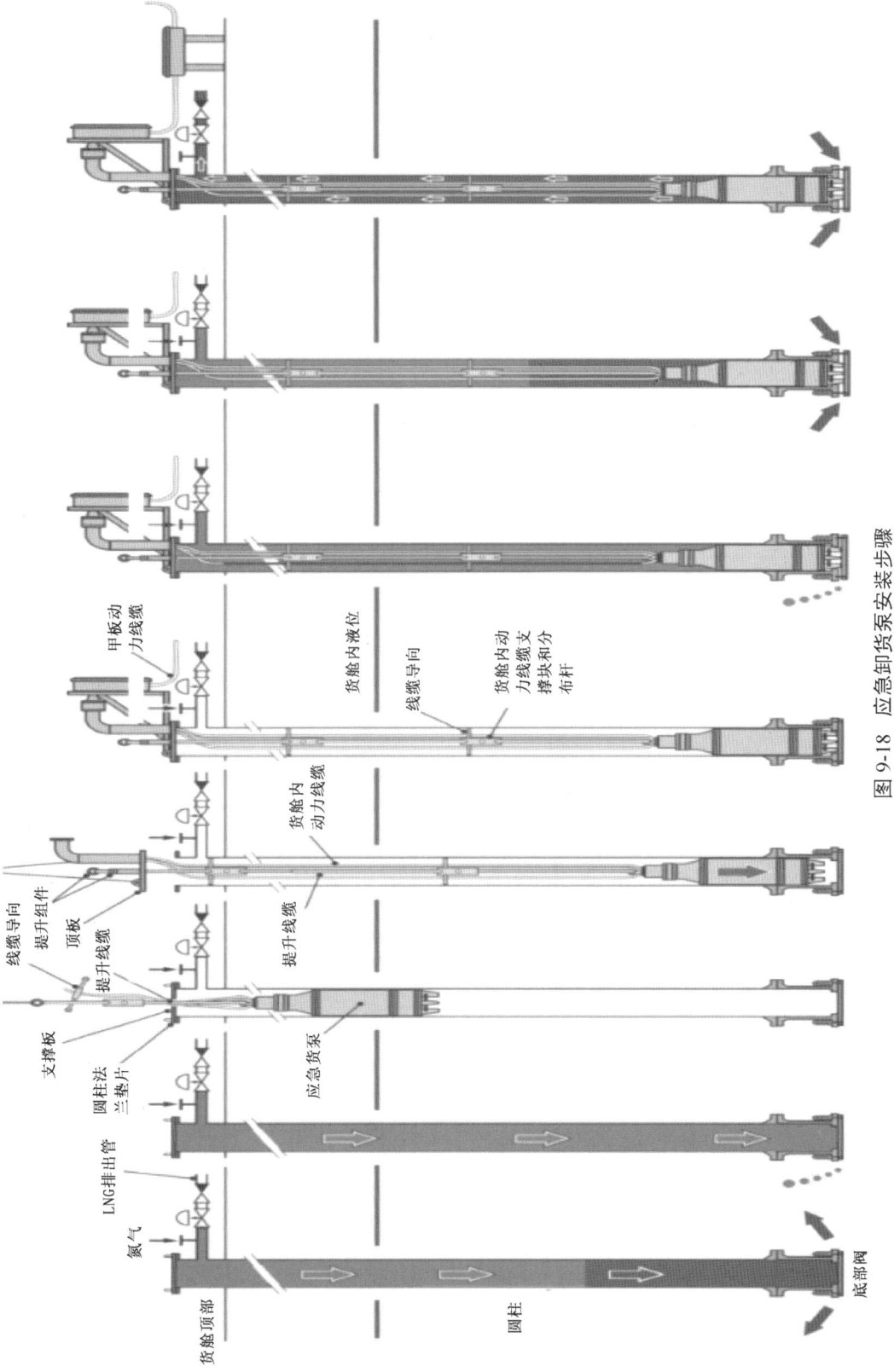

图 9-18 应急卸货泵安装步骤

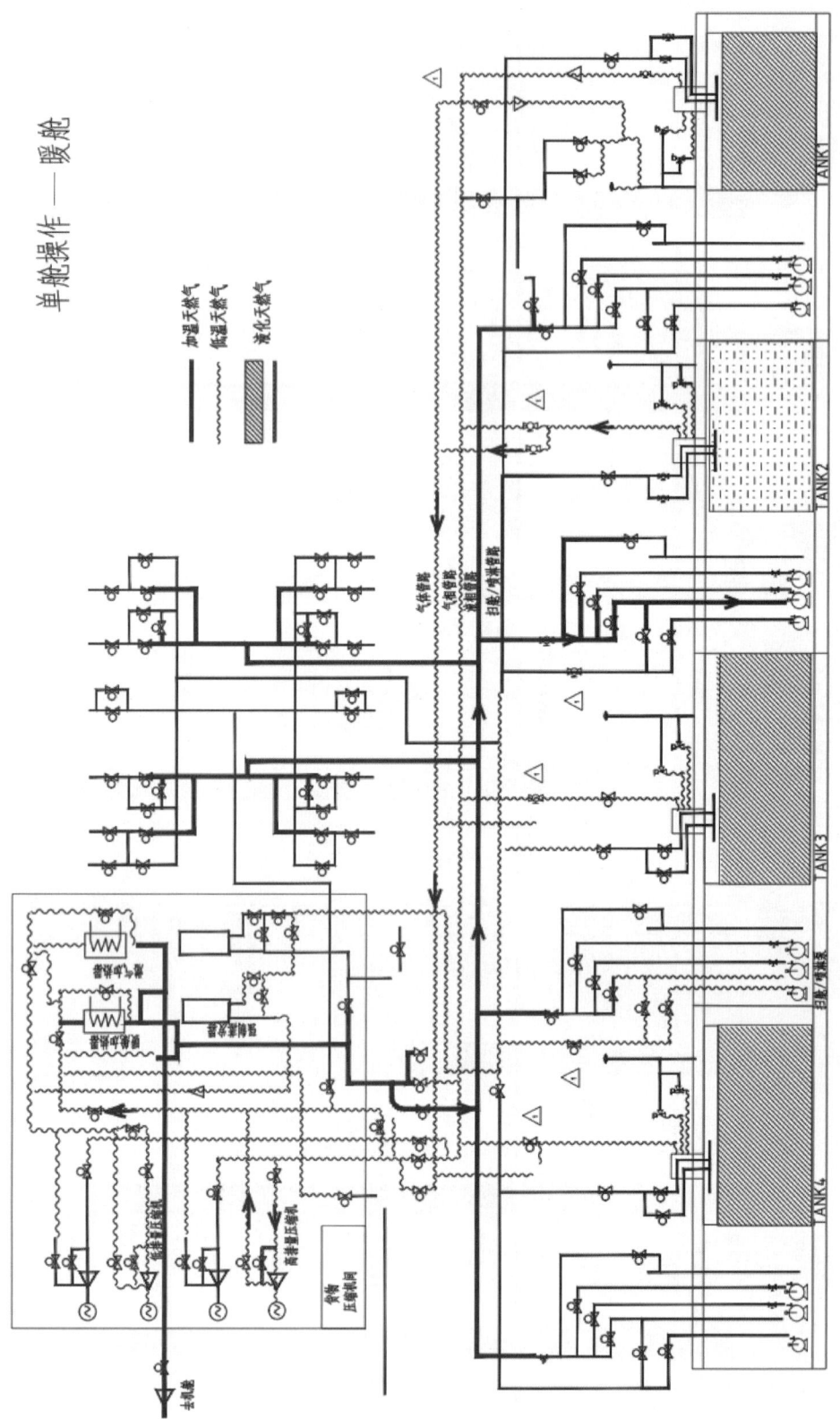

图 9-19　单舱操作——暖舱

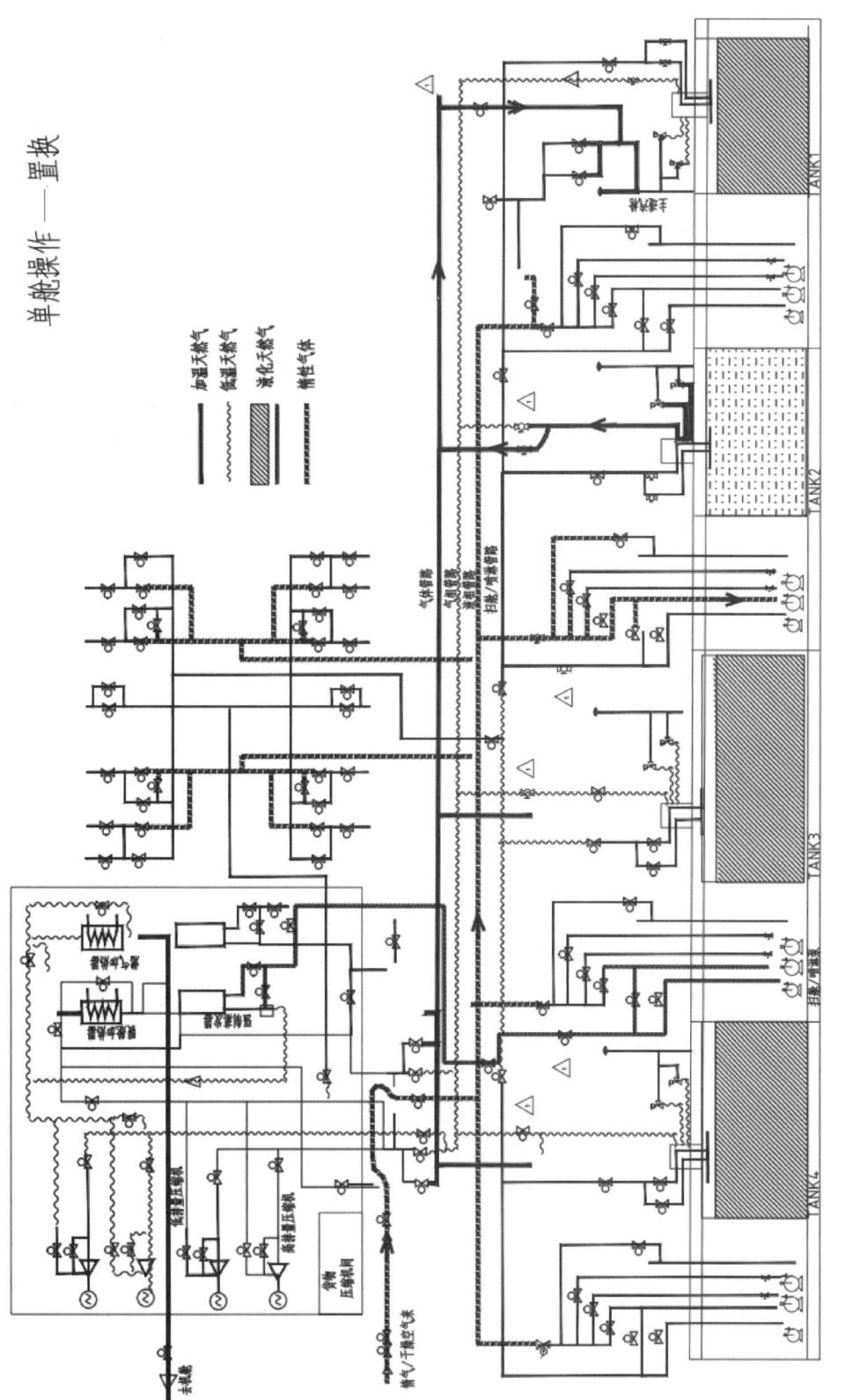

图 9-20 单舱操作——置换

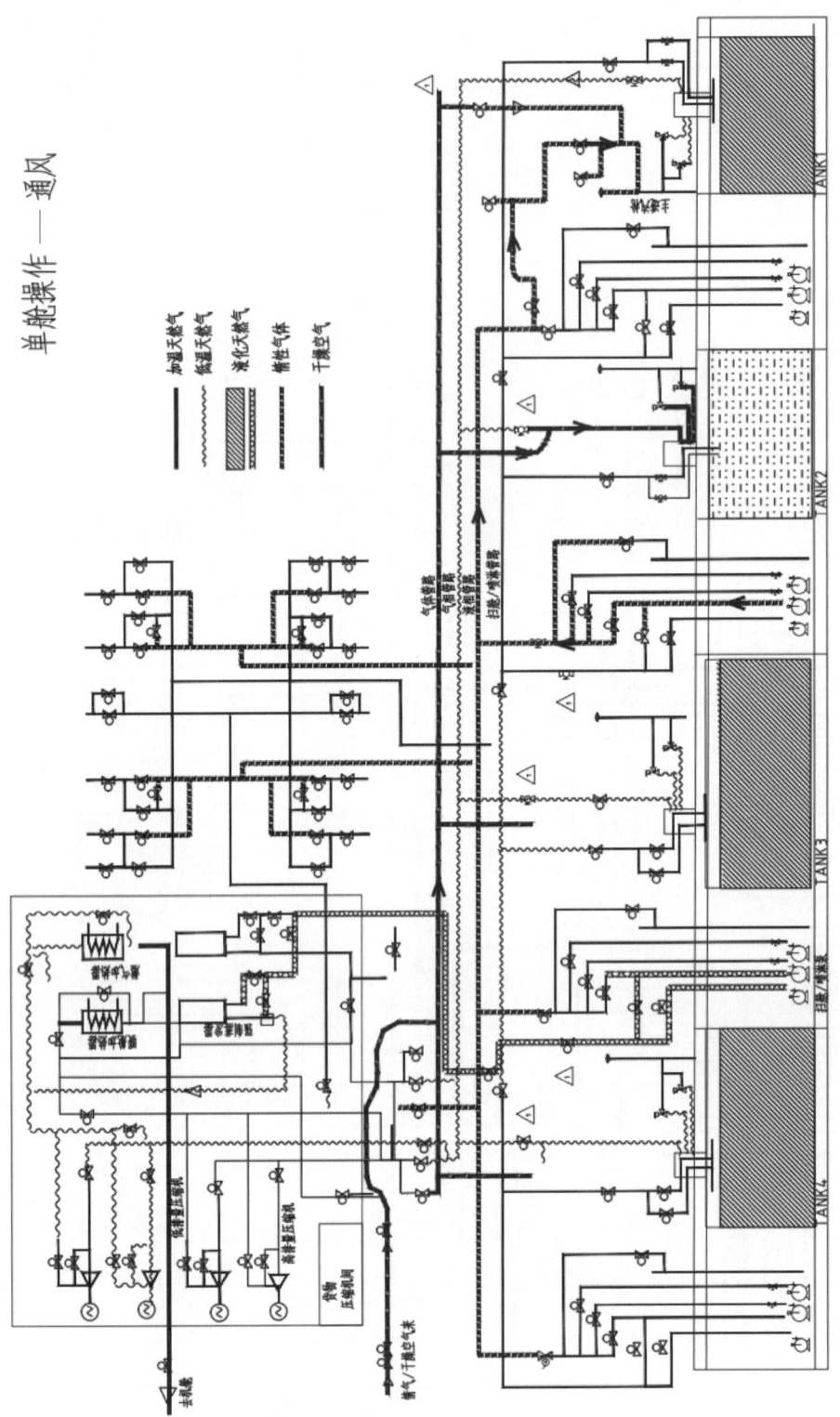

图9-21 单舱操作——通风

作业。

船靠船驳货时,需要参考下列规则:ICS 液化天然气船货舱安全指导手册、ICS 液化天然气船船靠船驳货指导手册和船公司船靠船驳货安全管理手册。

带缆前,需要进行可行性分析,包括:

(1)带缆最优化研究:系泊缆绳由前来靠泊的船舶提供,但被靠泊的船舶至少准备艏、艉缆各一根;若使用钢缆应加上软尾索,软尾索应由绝缘的合成材料制成,长度大于 10 m,与钢缆的强度相当;指定专人经常检查系泊缆绳的松紧度,视两船干舷差的变化进行调整;前来靠泊的船舶至少应在外舷艏、艉处各准备一根应急拖缆。

(2)碰垫、辅助碰垫的布置:碰垫的配备应足以保证两船在整个过驳作业期间不会导致直接碰撞的情形出现;碰垫的位置除考虑船长、货物操作平台歧管位置及船体各部位强度外,应使靠泊时的碰撞力均匀地分散于两船船体,具体位置由双方船长商定;碰垫的位置应能随时进行调整;在过驳作业期间应指定专人检查碰垫,确保其正常使用;但在确定使用何种碰垫时,应查阅碰垫制造厂家的产品证明书和使用说明;除上述碰垫外,船舶还应准备好靠离泊时所需的辅助碰垫。

(3)过驳作业的水文天气情况:过驳作业应考虑涌浪对不同尺度和干舷的船舶造成的两船相对位移,以及潮汐和气象对两船移动的综合影响。进行靠泊作业时必须有保证船舶安全操纵和满足避碰要求的良好的能见度;如果在锚泊时驳载,要考虑潮水和天气对两船的影响,作业前应取得该区域的气象预报和气象传真资料;只有双方船长都认为水文气象条件许可,过驳作业才能进行。

(4)货物操作平台歧管处接头和管路位置:货物操作平台歧管接头中心至舯、艏、艉的距离;船的平行舯体距货物操作平台歧管接头中心的前后长度。

(5)两船的货物操作平台歧管处高度:有关安装软管的资料,如货物操作平台歧管的接头法兰尺寸、两舷货物操作平台歧管的预计最大高度差等。

(6)船舶靠泊之前,双方船舶都要完成船靠船检查单,并建立起安全可靠的联系。靠泊前两船应在甚高频 16 频道建立联系,随后转到一个商定的工作频道保持联络。两船船员应能使用相互理解的语言,否则应配备翻译人员。两船之间必须保持良好的通信联系,任何一船的通信工具发生故障而无法保持联络,应停止过驳作业。参与货物输送操作的值班人员应随身携带防爆型手提式对讲机。货物输送期间,除甚高频 VHF 和超高频 UHF 之外,禁止使用其他无线电频率发送信号;若雷达的辐射波在 10 m 内不辐射到他船的货物甲板上,则作业期间可谨慎使用一台 3 cm 波长的雷达。

(7)船舶靠泊妥当后,完成所有的驳货前检查单和船靠船驳货检查单,双方船舶货物控制室应建立起可靠的联系,并约定好遇有下列紧急情况应立即发出商定的紧急停止作业信号,停止货物输送并采取相应措施:

①遇有雷电、火灾或烟囱冒火星;

②发现液化气体泄漏;

③系泊缆绳已断或有挣断可能;

④任何一个碰垫失效;

⑤临近水域出现可能危及货物输送安全的船舶或情况;

⑥双方船舶任一船长认为有危险时。

驳货时,应急脱开接头应能保证在意外发生时紧急脱开。脱开时,双方船舶驳货接头和软管都能自动关闭,软管回收装置将软管垂放到船舷侧,并能确保软管不与海面接触。从脱开到垂放的时间大约为50~60 s。双方船舶船侧水幕提前开启,以防驳货时意外泄漏发生,损毁舷侧钢板。

五、货物作业期间操作系统故障应急程序

1. 紧急切断系统故障

如果配有备份紧急切断系统(通常气动紧急切断系统作为备用),可以禁用发生故障的光学紧急切断系统。如果两种紧急切断系统均发生故障,需要停止货物作业,并尽快进行修理。紧急切断系统故障未解决前,不得恢复货物作业。

2. 气体检测系统故障

如果采取适当的风险评估和以预先确定的固定的时间间隔使用便携式仪器,大多数的岸站码头允许货物作业;一旦液化天然气岸站码头要求停止货物作业,需尽快解决问题,然后重新开始货物作业。

3. 高排量压缩机故障

及时通知岸站码头两台高排量压缩机发生故障,然后采取自由流动的蒸气回流方式并减慢装货速度。密切注视液货舱的压力增加情况,及时调整装货速度。如果液货舱压力不能通过减少装货速度控制,停止装货作业。

4. 液压系统故障

(1)停止货物作业。

(2)通知码头故障的性质。

(3)尽快修复液压系统:检查液压油箱液位,注意检查是否有泄漏损失;检查滤器。

故障解决后方能恢复货物作业。

5. 货物阀门故障

(1)停止货物作业。

(2)通知码头故障的性质。

(3)尽快修复故障货物阀门。

故障解决后方能恢复装货作业。

6. 液货舱的安全阀故障

(1)停止货物作业。

(2)通知码头。

(3)立即采取行动将液货舱压力降至最低。

(4)评估故障原因。如果控制阀故障,应及时更换。

(5)如果安全阀需要进行检修或更换,离开码头,完成修理工作后再返回到码头。

（6）必要时液货舱除气,以进行修理。

7. 水幕故障

水幕在装卸货期间必须开启,它对安全作业必不可少。如果装卸货作业期间发生故障:

（1）停止货物作业。

（2）恢复水幕。

（3）与码头协商,连接岸管至水幕管线的一端。

8. Moss 型液货舱货泵故障

如果一个货泵发生故障,可以用液货舱的另一台泵维持卸货。当一个液货舱的两台卸货泵都出现问题时,需要进行紧急卸载。通过向这个液货舱加压,使液体进入其他一个或几个液货舱进行卸货,加压时必须参考液货舱安全阀的压力设置。减小接收液货舱的蒸气压力,有利于提高转移速度。由于对液货舱加压和转移液体需要较长时间,船舶通常不得不离开码头,到海上转移液体。

通常使用喷淋泵和 LNG 蒸发器增加卸货所需压力。作业开始前应仔细研究相关的船舶操作手册,并全程与船舶主管保持联系。

9. 薄膜型液货舱货泵故障

如果液货舱内的两个主卸货泵发生故障,则必须使用应急卸货泵。应急程序参考船舶货物操作手册,并全程与船舶主管保持联系。

第十章　LNG 海运技术应用新趋势

近 60 年来,世界 LNG 运输船的建造市场经历了从欧美到日本再到韩国的转移过程,并奠定了现今韩、日、中三国瓜分市场的基本格局。关注韩、日近年来建造的 LNG 项目,可以梳理出 LNG 海运技术应用新趋势,对于我们国内 LNG 海运技术的发展具有指导意义。

第一节　节能技术

船舶节能已成为世界各国造船界和航运界研究的重要课题,它关系到节约燃料资源和费用、环境保护以及船舶运营经济效益等问题。

随着 LNG 船数量的增加,大型化船舶的不断使用,能源的消耗、废气、废热等排放也不断加剧。节能减排已经成为 LNG 海运技术应用新趋势。

一、"LNG Fukurokuju 号"LNG 船

"LNG Fukurokuju 号",是日本川崎重工于 2016 年交付的一艘 164 700 m^3 型 LNG 船,该船适用于新拓宽的巴拿马运河。

该型船采用 LNG 标准船型,能够在全球主要 LNG 终端停泊,但是货舱容量更大。该船总长 293 m,型宽 48.9 m,型深 27 m,设计吃水 11.9 m,满载吃水载重量 80 400 t,结构吃水载重量 87 200 t。采用 4 个独立的 Moss 货舱,最大舱容达到 165 134 m^3。LNG 货舱的热绝缘系统由川崎重工自主开发,隔热性能极佳,日蒸发率约为 0.08%。货舱部分由双壳和双层底设计保护,即使船壳破损,LNG 货舱仍保持安全而不破损。

节能方面,该船的船体结构进行了优化,减轻船舶总重,达到更优的水下线型设计,实现了推进性能的最优。该船还配备有川崎开发的先进再加热涡轮装置作为主机,这种再加热蒸汽轮机可以确保该船与 147 000 m^3 LNG 船相比,运输效率提高幅度超过 25%。

此外,该船桥楼采用先进的电子导航设备,集中在一个位置便于操作,全景窗户能够实现 360°瞭望视野。

二、"Hoegh Gannet 号"LNG 船/FSRU

挪威 Hoegh 公司一艘 LNG 船/FSRU"Hoegh Gannet 号",由现代重工 2018 年交付。该船总长 294.7 m,型宽 46 m,型深 26 m,设计吃水 11.6 m,船型尺度属于现代重工的标准设计。

该船的特点是优良的再气化能力,它具备每天 10 亿万立方英尺的再气化能力,远远高于常规 LNG 船的每天 7.5 亿万立方英尺的再气化能力。据了解,就舱容而言,"Hoegh Gannet 号"是目前在建的最大 LNG 船/FSRU。舱容 170 000 m³,安装有 4 个 GTT Mark Ⅲ 薄膜型货舱,配备有 8 台 Shinko 货泵,处理能力为 1 000 m³/h,4 台喷雾泵的单泵能力为 50 m³/h,每个货舱设有 1 台能力为 550 m³/h 的再气化给料泵。

该船采用双燃料电力推进,安装有 4 台 7 800 kW(单机)Wärtsilä 50DF 柴油机,以及 4 台 5 850 kW(单机)的 6L50DF 柴油机。

与其他 FSRU 工作时,该船在每套再气化装置中设有 1 台再冷凝器,用于将多余的蒸发气输入到 LNG 货舱,能够在开环模式运行时节省费用。

三、"Marvel Falcon 号"LNG 船

日本邮船公司一艘 174 000 m³ 的 LNG 船"Marvel Falcon 号",由三星重工于 2018 年交付,用于三井公司在美国路易斯安那州 LNG 输出终端运输天然气。

该型船共 3 艘,"Marvel Falcon 号"为第二艘。船舶总长 293.3 m,型宽 45.8 m,设计吃水 12 m,采用 2 台 Win GD 6X62DF 型双燃料低速两冲程柴油机,单机功率为 12 540 kW,螺旋桨转速为 90 r/min。推进和操舵布置采用三星重工自主开发的节能设备,包括全铲形舵、三星斜削翼尖、三星非对称舵球艄,共计节能 3%。服务航速为 15 kn。主机可以使用来自液货舱的蒸发气,也可以运行重油或轻柴油。采用 GTT Mark Ⅲ 薄膜型货舱,可以将日蒸发率降至 0.09%,之前建造类似的船型的蒸发率达到 0.15%。

第二节　创新船型

船舶节能的关键是节能船型的优化设计。一般而言,降低船舶阻力,从而降低主机的配置功率,通常可采用如下方法以达到优良的船型和良好的船舶阻力特性:(1)改进船型等设计,减小航行阻力;(2)改进适航性能,减小船体运动阻力。具有优良船型和良好阻力特性的船舶就可以选用耗油量较小的主机,使总体协调匹配,以达到船、机、桨、舵的最佳配置,从而提高船舶的推进效率,减少运营费用。

一、豌豆荚货舱 LNG 船

"Seishu Maru 号",是由三菱重工于 2014 年向 Trans 太平洋航运公司交付的一艘 LNG 船,该型船共订购 8 艘。采用三菱重工自主的豌豆荚型设计,具有环保特性,能够减少运营和维护成本。

该船垂线间长为 275.0 m,型宽 48.94 m,型深 26.0 m,设计吃水为 11.55 m,舱容为 155 696 m³,拥有一个连续货舱盖,内置 4 个球形舱,由三菱重工和 aker 北极公司共同开发。该货舱盖为船体加强部分,具有更高的总强度,并减轻了船重量。此外,该型设计使得该船比

一般的 147 000 m³ 船舶的舱容大 8 000 m³,而不需增加船宽。采用纵向延伸的球型货舱可以保持相同的货舱直径。通过这种创新设计,可获得更大的货舱容量,同时满足巴拿马运河最新要求。

为提高环保性,该船对船形进行了环保优化设计,减少了燃料消耗,通过优化设计可以减少船舶 5% ~ 10% 的重量,采用连续货舱盖和高效率的超蒸汽轮机推进装置可以减小纵向风阻,提高推进效能。UST 具有燃料选择灵活性,可以降低成本。三菱重工称,该船采用豌豆荚设计后,CO_2 排放量相比于常规的 147 000 m³ LNG 船有望减少 25%。

由于球形舱系统具有良好的特性,热绝缘厚度可以进行改变,因此自然日蒸发率从常规船舶的 0.15% 下降到 0.08%。其他船型设计包括独立型货舱系统能够承受局部冰块冲击,总纵强度加强可以使得该船能够承受总的冰载荷冲击。

二、破冰型 LNG 船

"Christophe de Margerie 号",是由大宇造船于 2017 年向俄罗斯 SCF 公司交付的一艘破冰型 LNG 船,该船模试验是在 AARC 和 SSPA 开展的。

该船是亚马尔 LNG 项目中 15 艘破冰型 LNG 船的首艘。其能够在极具挑战环境的喀拉海和鄂毕湾全年运输 LNG,堪称"亚马尔最大型"LNG 船,该船荣获 2017 年度普氏全球能源奖。该船的冰级符号为 Arc7,是目前全球商船最高冰级,能够独立破 2.1 m 的厚冰。该船总长 299 m,型宽 50.0 m,型深 26.5 m,设计吃水 11.7 m,舱容 172 600 m³。采用 4 台 12V50DF 柴油机和 2 台 9L50DF 柴油机,总功率为 45 MW,相当于一中型破冰船。配备有 3 个吊舱,具有极优的破冰能力和操纵性。

三、新巴拿马型 LNG 船

"British Partner 号",是由大宇造船于 2018 年交付给英国 BP 航运公司的一艘 LNG 船,该船的模型试验在 KRISO、SSPA 和 Force 技术公司完成。这是 6 艘同型船中的第一艘。

该船总长 294.9 m,型宽 46.4 m,型深 26.5 m,设计吃水 11.5 m,舱容 173 400 m³。相比于 BP 公司之前的 LNG 船,该型船充分按照巴拿马运河新尺度进行设计。这意味着该型船能够在大多数的 LNG 港口和浮式设施进行装卸货。

该船配备有 2 台 Doosan 制造的 MAN B&W 5G70ME-C9.5-GI 发动机。该型船安装有 1 台五级压缩机,当采用气体运行时(非蒸发气),可以将气体从标准气压提高到 300 bar,然后将其注入发动机作为燃料,或者注入货物再液化系统。在使用再液化装置时,压缩机排出的最多 70% 气体被冷却、液化和泵送回货舱。

船体的设计经过优化改善了燃油效率和操纵性,燃油效率相比之前的船舶可以提高 25%。其他环保系统包括一套复杂的垃圾处理系统,可以尽量减少船上各种垃圾。

四、双工作模式 LNG 船

"Golar Nanook 号",是由三星重工于 2018 年交付给英国 Golar LNG 公司的一艘 LNG 船/FSRU,该型船既可以作为 LNG 运输船使用,又可以作为储存和再气化船舶使用。该型船将用于1份长达26年的合同,为巴西电力项目提供能源。

该船是Golar公司第八艘FSRU,同时也是技术最先进的一艘。该船总长305.8 m,型宽43.4 m,型深26.6 m,设计吃水12.9 m,拥有4个GTT Mark Ⅲ货舱,总舱容为170 000 m³。拥有一个海水直接型的再气化系统,最大能力为750 mmscf/d,流量变动24%~100%,运行压力为50~100 bar。

作为FSRU使用时,该船配备有1套刚臂系泊系统、1个快速释放钩、4个护舷,用于船对船进行LNG输送,以及牵引设备。该船采用4台Wärtsilä 8L50DF型四冲程发动机,单机功率为7 800 kW,虽然该船拥有2个螺旋桨可以自航,但大部分时间保持固定。

五、智能型LNG船

"Marvel Eagle号",是由川崎重工于2018年交付给商船三井的一艘LNG船,这是4艘同型船舶中的首艘。该船配备有一套高性能船舶运营数据搜集系统,将用于商船三井自有船队优化控制统一系统项目的基础。

该船总长299.9 m,型宽48.9 m,型深27 m,设计吃水11.05 m,舱容156 059 m³。采用4个标准型球形Moss货舱,用于三井支持的美国路易斯安那州的LNG项目。采用4台Wärtsilä 50DF双燃料推进系统,两对9缸和8缸直列模式,每17缸可以提供15 900 kW动力,驱动1台11 980 kW GE电动机。每台电动机驱动自制的螺旋桨,双桨布置使得该船航速达到19.5 kn。

据了解,商船三井FOCUS项目是三井造船和Weathernews公司联合项目,计划搜集和应用船舶运行数据,确保航行安全和更环保。预计150艘船舶将加入该项目。详细的航程、发动机数据将在运营时进行搜集,储存云平台,用于开发先进船舶运营监测和推进性能分析的应用软件。该数据还可以用于状态监测,将船舶运营的语音和视频信息传输至岸基中心,并通过人工智能技术优化运营,通过数字双胞胎技术优化船舶管理,进而实现"海上视觉化"。

第三节 自主创新系统

随着LNG海运技术的不断发展,动力电力系统、围护系统、液化装置、输转模拟器等方面不断推陈出新。通过独立的研究开发活动,拥有自主知识产权的独特核心技术并在此基础上开发出新产品,从而摆脱对外部技术的过分依赖。

一、动力电力系统创新

根据IHS统计,全球从20世纪至2018年全球共订购了754艘LNG船,其中40%的采用蒸汽轮机驱动,31%采用柴油机直接驱动,24%采用柴电驱动,如图10-1(a)所示。

但是如果从近十年(2010—2020)新建造或未来将建造的LNG船看,采用蒸汽轮机动力的只有7%,45%的LNG船采用柴油机直接驱动,39%的LNG船采用柴电推进,见图10-1(b)。为何出现这种巨大的差异呢,这就是LNG船动力电力系统的创新,2004年荷兰Bijlsma Lemmer

船厂建造世界首艘柴电推进 LNG 船和 2006—2007 年法国大西洋船厂建造 3 艘柴电推进 LNG 船之后,韩国船厂全力建造柴电推进 LNG 船,建造了世界上 78.6% 的柴电推进 LNG 船,日本船厂仅建造 10.1% 的柴电推进 LNG 船。大批双燃料和三燃料发动机 LNG 船订单结束了过去三十年蒸汽推进时代。而现在,双燃料和三燃料 LNG 船正被 ME-GI 全部再液化系统或者 X-DF 低压推进系统取代。例如大宇造船采用 ME-GI 发动机和完全再液化系统的推进方式,建造的 174 000 m³ LNG 船的蒸发率仅为 0.035%。

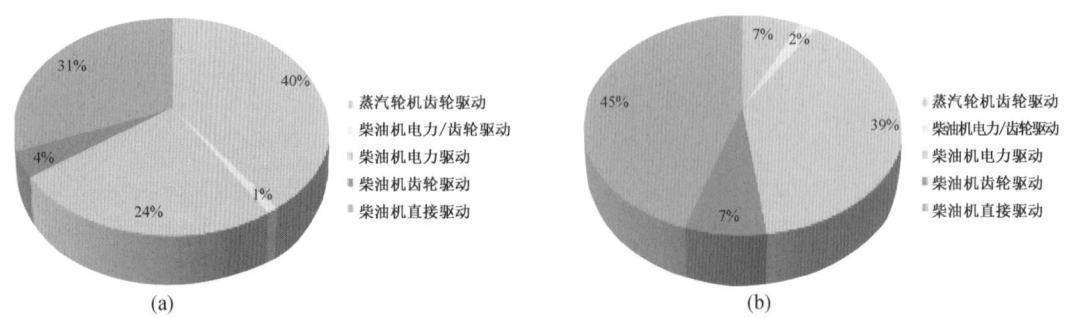

图 10-1　世界 LNG 船的主要动力装置类型

二、围护系统创新

法国 GTT 公司是全球围护系统研发的最核心力量。GTT 公司带有纵向和横向槽型不锈钢板主屏壁的 Mark Ⅲ 薄膜舱设计经过发展,推出了 Mark Ⅲ Flex 和 Mark Ⅲ Flex+型。Mark Ⅲ Flex+通过将绝缘层厚度从 Mark Ⅲ Flex 400 mm 增加到 480 mm,降低了蒸发率。此外,Flex+ 还通过增加一层刚性三层复合材料,在顶部桥垫下方增加次级屏壁,提高了对热负荷和机械负荷的屏壁强度。GTT 公司将其由来已久的 No. 96 设计以及与其独特的 36% 镍殷瓦钢主层和次层屏壁相结合,从而在改善热力性能方面取得了进一步发展。在 No. 96 GW 系统中,绝缘箱内两层金属屏障下覆有玻璃棉绝缘材料。在 L03 和 L03+系统中,主绝缘箱所使用的绝缘也是玻璃棉,但次层绝缘分为两层。在 L03 系统中,一个使用玻璃棉的绝缘箱连接至胶合板和增强聚氨酯泡沫组成的绝缘板上;在 L03+系统中,两层次屏壁都由胶合板和聚氨酯泡沫制成。

据了解,韩国和中国船厂建造每艘 LNG 船时都需要向 GTT 公司支付 1 000 万美元的专利费用,约占 LNG 船总价值的 5%,因为 GTT 掌握着薄膜型 LNG 围护系统的核心技术。为打破法国 GTT 公司的垄断,目前韩国自主开发的 LNG 货物围护系统共有三种:韩国船厂与韩国天然气公司合作研发的 KC-1 系统;大宇造船研发的 Solidus 系统;以及三星重工研发的 KCS 系统。其中 2018 年 KC-1 系统在航运过程中出现围护系统结冰现象,无法运输 LNG。2019 年,大宇造船研发的 Solidus LNG 货物围护系统获得了设计认可,目前该船厂正在积极开展围护系统的营销,GTT 公司将面临韩国船厂的威胁冲击。

三、液化装置发展

LNG 装置的液化工艺包括四个步骤,分别是预处理、除酸性气体、脱水、液化。在 LNG 船领域,目前存在部分液化和全部液化两种。例如,2018 年大宇造船交付的 18 万立方米 LNG 船"Schneeweisschen 号"是该船厂首艘配备完整再液化系统的双燃料 LNG 船,这套甲烷制冷系统的完全再液化设计是对其早期部分再液化系统方案的补充,完全再液化技术可以优化使用 X-DF 和 ME-GI 发动机的 LNG 船再液化方案。通过部分再液化与完全再液化技术相结合,可实现所有运营情境下的 LNG 船蒸发气完全再液化:完全再液化技术只需在船速低于 15 kn 时运行,因为部分再液化几乎涵盖了更高船速下可能出现的所有再液化要求。

四、模拟器系统

由于 LNG 具有超低温、高膨胀性、可燃可爆等危险性,LNG 船的安全运营十分重要。例如货物装卸操作失误所引发的事故占 LNG 船总事故的比重较大,因此对其货物装卸安全操作开展模拟训练对于保证 LNG 船的安全运营至关重要。

康士伯格公司开发了一套货物输转模拟器,能够提供复杂的装卸载操作训练,可以仿真不同货物系统下的装载条件,保障安全性。薄膜型模型基于实际 LNG 船,包括 4 个 GTT 设计的薄膜货舱,能够满载货物。压缩机室配备有 2 台高排量压缩机和 2 台低排量压缩机,不同的货物加热器/蒸发器安装在压缩机室,此外,还安装有 1 套独立的压载水系统、1 台氮气发生器、1 台惰气发生器。货物温度和环境温度独立设置,货舱空气和温度数据可以连续计算。据称,模型库基于实际的船舶规格和性能参数,包括成品油船、化学品船、LNG 船和 LPG 船等。

第四节　CNG 运输船

出于环保性考虑,天然气越来越受到世界各国的重视,成为代替石油等碳排放较高能源的一种清洁能源。在三种主要运送方式中,以管道方式运输,天然气为常温常压,一般适用于运输距离小于 500 km 的情况;以 LNG 方式,由于生产、运输和使用过程中所必需的液化装置、LNG 贮罐及再气化终端等花费昂贵,因此项目需要较大投资,只有当天然气储藏量大且运送距离超过 4 000 km 时才经济可行。然而,在全球已探明的约 6 000 万亿立方英尺天然气储量中,几乎一半为储量较小的边缘天然气。于是,一种新的天然气运输方式应运而生,而且日益受到青睐,这种新的方式就是压缩天然气运输。

一、概述

1968 年,海洋运输协会提出了 CNG 船方案,而后在美国新泽西州进行了 CNG 船的验证试验,结论是和 LNG 船相比 CNG 船的经济性太差。

20 世纪 90 年代后期,加拿大一家公司提出了较可行的 Coselle 方案,即采用 6 in 的盘管在 20 MPa 压力、常温下储存 CNG 的方式。

2002 年,挪威的一家公司提出了 PNG 船的设计方案,即采用 42 in 直径柱形集束管,在常温、高压(25 MPa)条件下储存运输。

美国公司根据 VOTRANS 集(体积最佳化运输)理念,同样采用 42 in 直径柱形集束罐,但在低温、次高压(13 MPa/-29 ℃)条件下进行储存运输。这样可以大幅度减轻气罐的重量。这种方式于 2003 年 4 月获得了美国船级社的原则认可。

2004 年 6 月,在加拿大圣约翰斯召开了"第一届国际 CNG 船标准论坛",会上制订了 CNG 输送的技术化标准,这些标准的制订为 CNG 运输船向实用化目标又迈进了一步。

二、主要性能

CNG 在压力为 80~313 bar 时呈气态,体积可减至天然气标准体积的 1/200。由于无须液化装置和再气化终端等昂贵的设施,CNG 投资费用明显低于 LNG。如运输距离为 1 710 km,LNG 运送费用约为 2.5 美元/百万 BTU,而 CNG 运送费用约为 1.5 美元/百万 BTU。另外,工程实施时间也远少于 LNG 项目,LNG 项目从计划阶段至第一船发运,典型的至少需要 4~5 年,而 CNG 项目实施时间则为 30~36 个月。因此 CNG 运输很适合储量较小的边缘气田中等距离的运输,较适合的运输距离为 1 000~2 500 km。

三、研发状况

最早的 CNG 运输船概念出现于 1968 年,CNG 的压力值和温度分别为 80 bar 和-60 ℃,原型船在美国新泽西州建造和试验,并通过美国海岸警卫队审核,但并未商业化应用。当前,世界范围内开发出的技术成熟的 CNG 运输船设计方案共有 6 种。

(1)加拿大 Coselle 方案和 Coselles CNG 船;
(2)挪威 Knutsen 方案和 PNG 船;
(3)美国 Ener Sea 方案和 CNG 船;
(4)Trans CNG International 方案;
(5)Trans Ocean Gas 方案;
(6)CE tech 方案。

国内方面,CNG 运输船的研发也取得了重大进展。2014 年 8 月 5 日,海洋工程研究院获得了印度尼西亚的一艘 CNG(压缩天然气)运输船订单,已经开始建造。这是全球首艘 CNG 运输船,由中集海工研究院自主设计建造。此外,该船型属于自升式,这种设计在自升式平台上的是首创,已于 2016 年建成。CNG 运输船长 110 m,运载量达 2 200 m³,是经美国验船协会(ABS)和印度尼西亚船级社(BKI)认证的双级船舶。

四、发展前景

CNG 运输可望成为俄罗斯太平洋沿岸至日本和中国,或者阿尔及利亚和利比亚至欧洲运送天然气的选择方案。甚至一些开发中的项目,如特立尼达和多巴哥至美国、委内瑞拉至美国、北非至欧洲,都在考虑用 CNG 运输代替 LNG 运输。

CNG 运输船的市场需求潜力很大。在 LNG 船开发建造方面,我国与日、韩的差距已经很大了,但 CNG 船的商业化发展刚起步,当前世界范围内还没有任何一家企业有建造经验,这给了我们一个同台竞技的大好机会,也是开拓新的经济增长点的有效途径。所以,我们应抓住机会,尽快攻克相关技术难点,提高自身的竞争力。值得注意的是,日、韩以及欧美的一些企业市场嗅觉十分敏锐,能够时时走在市场的前面,了解船东的需求,提前进行技术储备,当市场需求来临时正好跟上市场的节拍,拓展了企业的经营渠道,这也许正是我们需要学习的地方。

附录一　压力单位转换表

	帕斯卡 $Pa(N/m^2)$	千克力每平方厘米 kgf/cm^2	巴 bar	毫巴 mbar	标准大气压 atm	托 torr	英寸水柱 inH_2O	毫米汞柱 mmHg	磅每平方英寸 $PSI(lb/in^2)$
Pa	1	1.02×10^{-5}	1×10^{-5}	0.01	9.87×10^{-5}	7.5×10^{-3}	4.01×10^{-3}	7.5×10^{-3}	1.45×10^{-3}
kgf/cm^2	9.8×10^4	1	0.98	980.67	0.967	735.56	393	735.56	14.2
bar	1×10^5	1.02	1	1000	0.987	750.06	401	750.06	14.5
mbar	100	1.02×10^{-5}	0.001	1	9.87×10^{-4}	0.75	0.401	0.75	1.45×10^{-2}
atm	101 325	1.03	1.01	1 013.25	1	760	406	760	14.7
torr	133.32	1.36×10^{-3}	1.33×10^{-3}	1.33	1.32×10^{-3}	1	0.535	1	1.93×10^{-2}
inH_2O	249.09	2.54×10^{-3}	2.49×10^{-3}	2.49	2.46×10^{-3}	1.87	1	1.87	3.61×10^{-2}
mmHg	133.32	1.36×10^{-3}	1.33×10^{-3}	1.33	1.32×10^{-3}	1	0.535	1	1.93×10^{-2}
$PSI (lb/m^2)$	6 895	7.03×10^{-2}	6.90×10^{-2}	68.95	6.81×10^{-2}	51.715	27.6	51.715	1

附录二 液化天然气压焓图

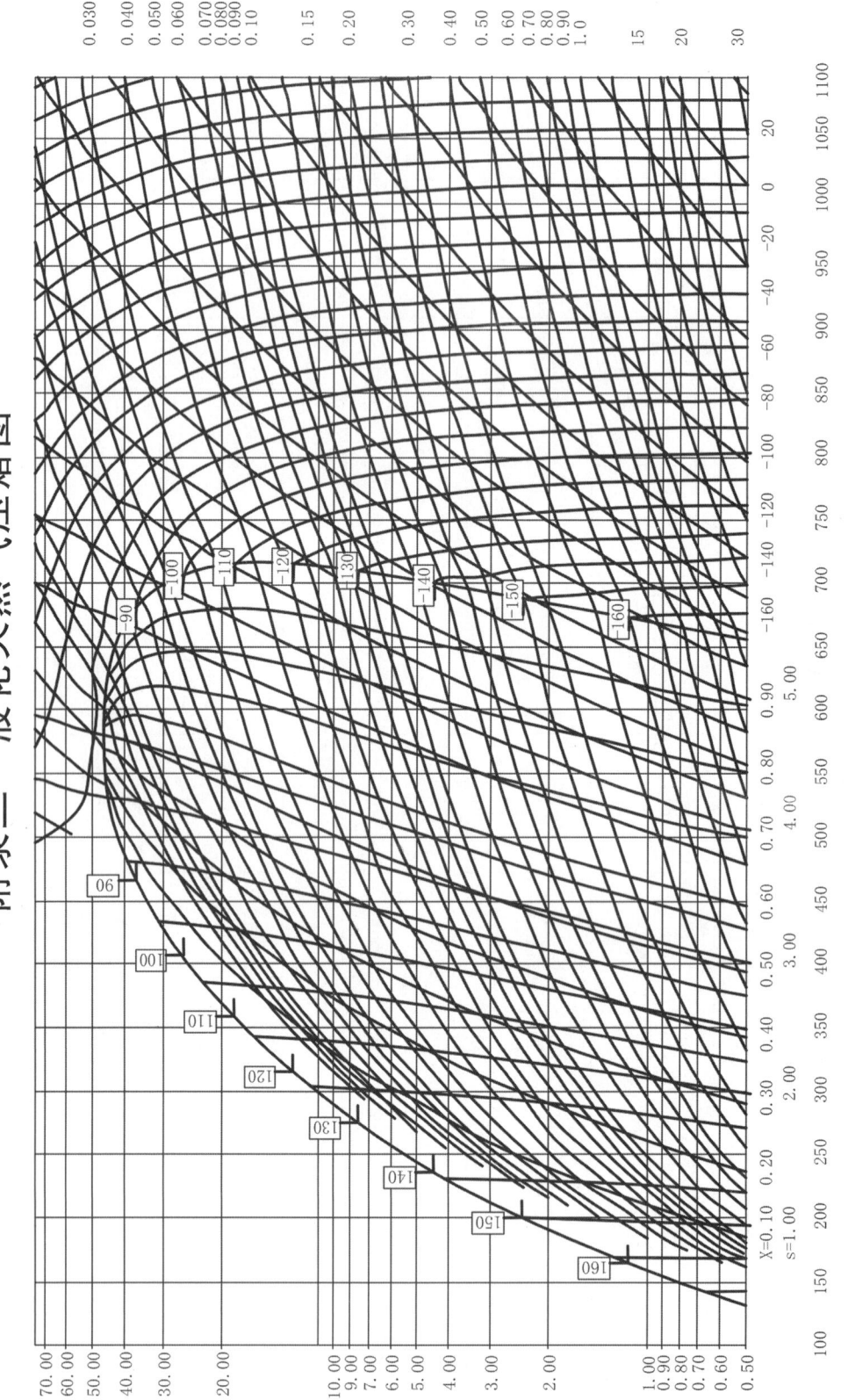

焓【kJ/kg】

附录三 蒸汽焓湿图

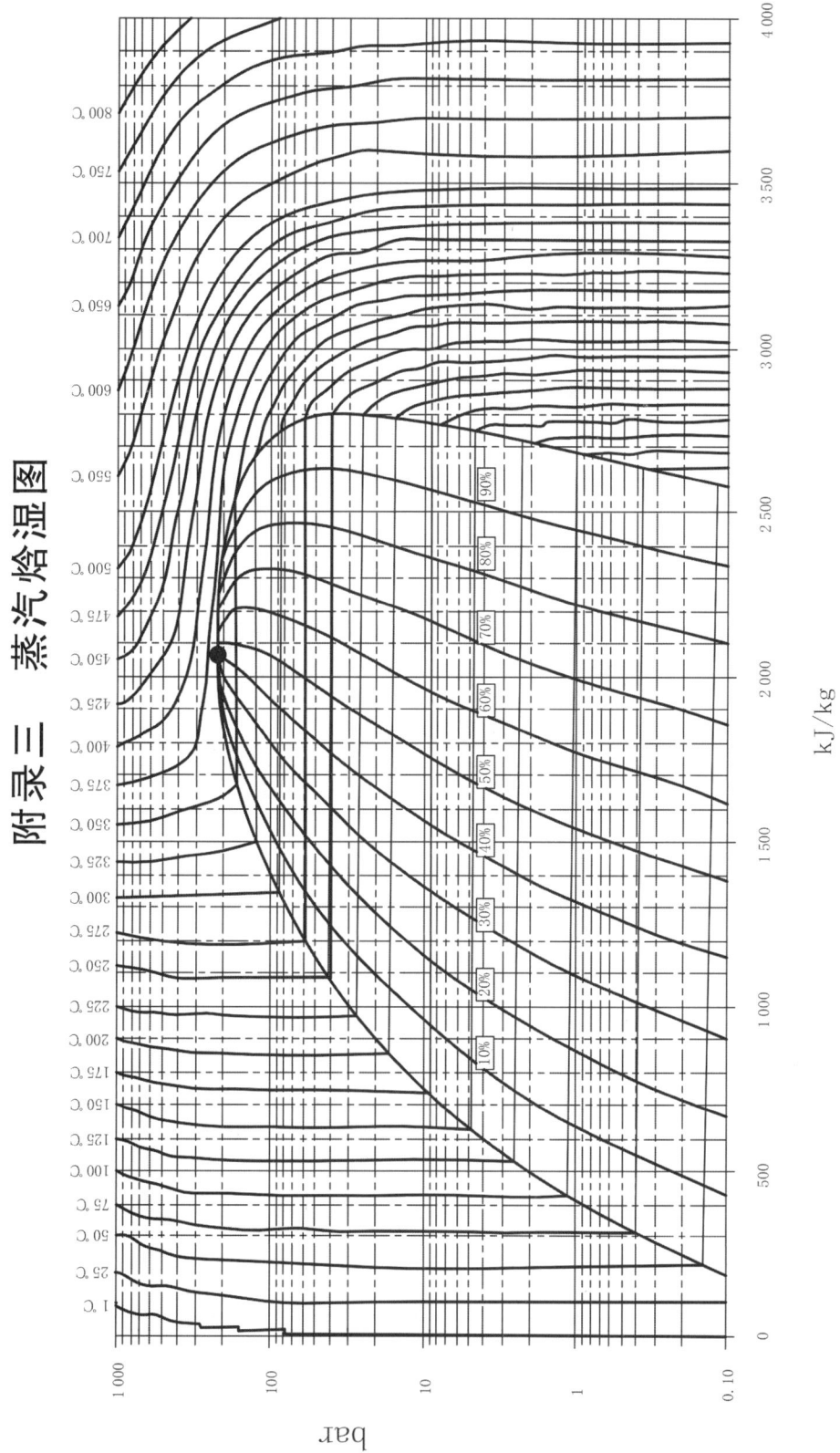

附录四　液化天然气压力温度对应表

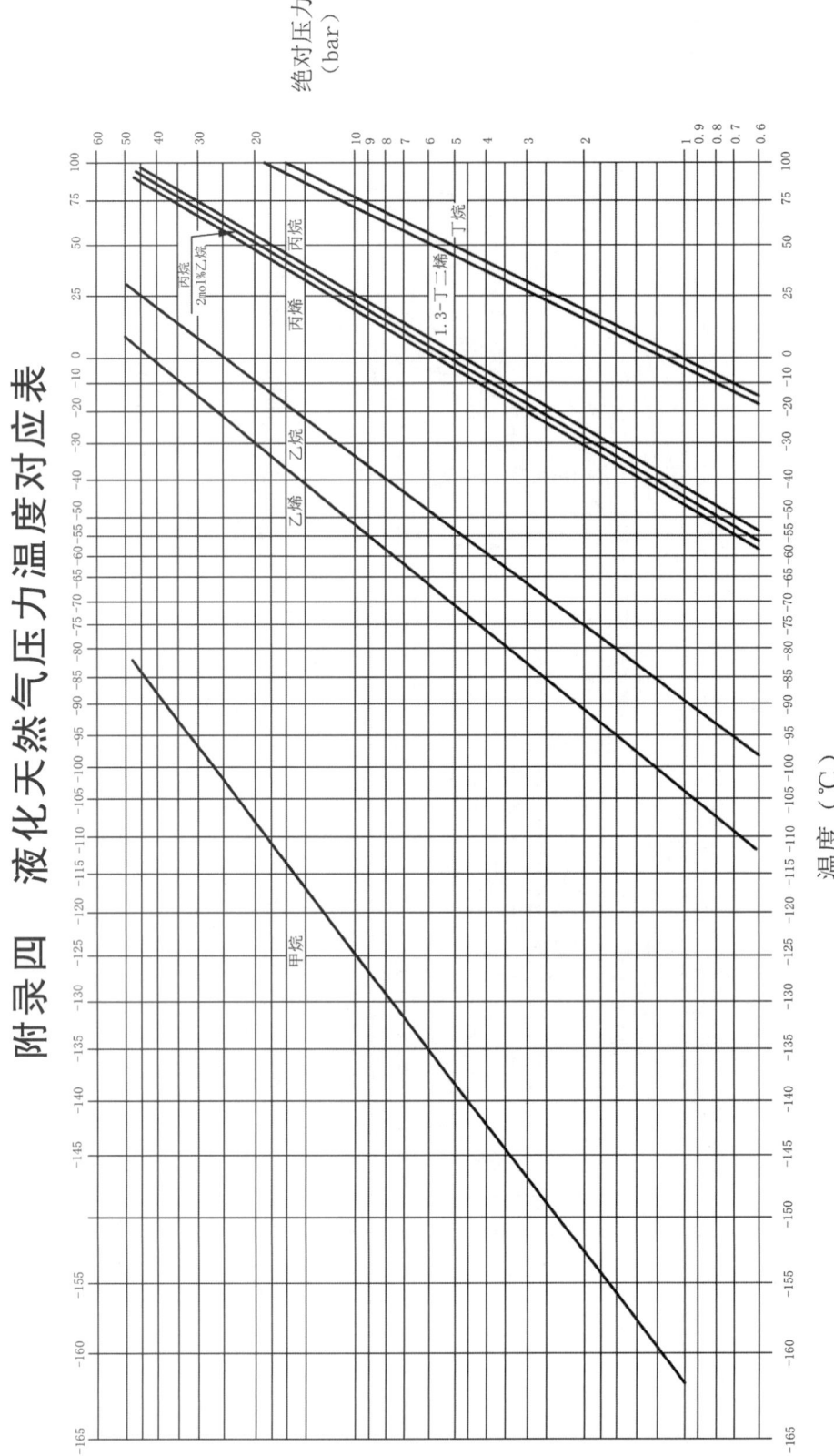

附录五 液化天然气相关词汇中英文对照表

Absolute Pressure（绝对压力）The absolute pressure is the total of the gauge pressure plus the pressure of the surrounding atmosphere.

Absorption（吸收）is the ability of liquids and solids to soak up water or other fluids, including unwanted gases, in natural gas processing.

Absolute Temperature（绝对温度）The fundamental temperature scale with its zero at absolute zero and expressed in degrees Kelvin. For the purpose of practical calculations in order to convert Celsius to Kelvin add 273.

Absolute Zero（绝对温度零度）The temperature at which the volume of a gas theoretically becomes zero and all thermal motion ceases. It is generally accepted as being −273.16 ℃.

API（美国石油协会）—American Petroleum Institute.

ASTM（美国测量与材料协会）—American Society for Testing and Material.

Avogadro's Law（阿伏伽德罗定律）Avogadro's Hypothesis states that equal volumes of all gases contain equal numbers of molecules under the same conditions of temperature and pressure.

Boil-off（蒸发）The vapour produced above the surface of a boiling cargo due to evaporation. It is caused by heat ingress or a drop in pressure.

Boiling Point（沸点）The temperature at which the vapour pressure of a liquid is equal to the pressure on its surface（the boiling point varies with pressure）.

Calorific Value（CV）（卡值）Calorific Value is the quantity of heat produced by the complete combustion of a fuel. This can be measured dry or saturated with water vapour; and net or gross.

Coal Bed Methane（CBM）（煤层甲烷）Coal bed methane is methane that is or can be recovered from coal seams.

Cofferdam（干隔舱）The isolating space on a ship between two adjacent steel bulkheads or decks. This space may be a void space or ballast space.

Compression Ratio（压缩比）The ratio of the absolute pressure at the discharge from a compressor divided by the absolute pressure at the suction.

Critical Pressure（临界压力）The pressure at which a substance exists in the liquid state at its critical temperature.（In other words it is the saturation pressure at the critical temperature）.

Critical Temperature（临界温度）The temperature above which a gas cannot be liquefied by pressure alone.

Cryogenics（低温学）The study of the behaviour of matter at very low temperatures.

CTMS（密闭传输计量系统）—Custody transfer measurement system.

Dalton's Law of Partial Pressures（道尔顿分压定律）This states that the pressure exerted by a mixture of gases is equal to the sum of the separate pressures which each gas would exert if it alone occupied the whole volume.

Density（密度）The mass per unit volume of a substance at specified conditions of temperature and pressure.

Dewpoint（露点）The temperature at which condensation will take place within a gas if further cooling occurs.

Enthalpy（焓）Enthalpy is a thermodynamic measure of the total heat content of a liquid or vapour at a given temperature and is expressed in energy per unit mass（k Joules per 1 kg）from absolute zero. Therefore, for a liquid/vapour mixture, it will be seen that it is the sum of the enthalpy of the liquid plus the latent heat of vaporization.

Explosion-Proof/Flameproof Enclosure（防爆罩/防火罩）An enclosure which will withstand an internal ignition of a flammable gas and which will prevent the transmission of any flame able to ignite a flammable gas which may be present in the surrounding atmosphere.

Flame Arrestor（阻燃器）A device fitted in gas vent pipelines to arrest the passage of flame into enclosed spaces.

Flame Screen（防火网）A device incorporating corrosion-resistant wire meshes. It is used for preventing the inward passage of sparks（or, for a short period of time, the passage of flame）, yet permitting the outward passage of gas.

Flammable（可燃的）Capable of being ignited.

Flammable Range（可燃范围）The range of gas concentrations in air between which the mixture is flammable. This describes the range of concentrations between the LFL（Lower Flammable Limit）and the UFL（Upper Flammable Limit）. Mixtures within this range are capable of being ignited.

Flash Point（闪点）The lowest temperature at which a liquid gives off sufficient vapour to form a flammable mixture with air near the surface of the liquid. The flash point temperature is determined by laboratory testing in a prescribed apparatus.

Gas-Freeing（除气）The removal of toxic, and/or flammable gas from a tank or enclosed space with inert gas followed by the introduction of fresh air.

Gassing-up（充气）Gassing-up means replacing an inert atmosphere in a tank with the vapour from the next cargo to a suitable level to allow cooling down and loading.

Gas-Safe Space（不存在可燃气体的安全场所）A space on a ship not designated as a gas-dangerous space.

Hard Arm（装卸臂）An articulated metal arm used at terminal jetties to connect shore pipelines to the ship's manifold.

ICS（国际航运协会）—International Chamber of Shipping.

IMO（国际海事组织）—International Maritime Organization. This is the United Nations specialized agency dealing with maritime affairs.

Inert Gas（惰气）A gas, such as nitrogen, or a mixture of non-flammable gases containing insufficient oxygen to support combustion.

Inert Gas System (**IGS**) (惰气系统) A mechanical method of introducing inert gas into a vessel's tanks. An inert gas is one which has little or no ability to react with other gases, or to heat. Examples of inert gases are nitrogen and CO_2. Shipboard inert gas systems utilize CO_2, either from flue gas sources or from inert gas generators.

Inerting (惰化) A procedure used to reduce the oxygen content of a vessel's cargo spaces to 8 percent or less by volume by introducing an "inert" gas blanket such as nitrogen or carbon dioxide or a mixture of gases such as flue gas.

Innage (剩油量或量油尺) The amount of space within a tank that is occupied by oil. Innages are sometimes called soundings or body gauges.

Interbarrier Space (主屏空间) The space between a primary and a secondary barrier of a cargo containment system, whether or not completely or partially occupied by insulation or other material.

Intrinsically Safe (本质安全) Equipment, instrumentation or wiring is deemed to be intrinsically safe if it is incapable of releasing sufficient electrical or thermal energy under normal conditions or specified fault conditions to cause ignition of a specific hazardous atmosphere in its most easily ignited concentration.

ISGOTT (国际油轮和码头安全指南) International Safety Guide for Oil Tankers and Terminals.

Isothermal (等温线) Descriptive of a process undergone by an ideal gas when it passes through pressure or volume variations without a change of temperature.

Latent Heat (潜热) The heat required to cause a change in state of a substance from solid to liquid (latent heat of fusion) or from liquid to vapour (latent heat of vaporisation). These phase changes occur without change of temperature at the melting point and boiling point, respectively.

Latent Heat of Vaporisation (汽化潜热) Quantity of heat to change the state of a substance from liquid to vapour (or vice versa) without change of temperature.

LHV (低热值)—Lower Heating Value.

Liquefied Gas (液化气) A liquid which has a saturated vapour pressure exceeding 2.8 bar absolute at 37.8 ℃ and certain other substances specified in the Gas Codes.

LNG (液化天然气) This is the abbreviation for **Liquefied Natural Gas**, the principal constituent of which is methane. LNG is Natural Gas which has been cooled to a temperature, around the boiling point of methane (−162 ℃), at which it liquefies, thus reducing its volume by a factor of around 600. The exact boiling of any gas mixture and the reduction in volume will depend on its composition.

Lower Flammable Limit (**LFL**) (易燃下限) The concentration of a hydrocarbon gas in air below which there is insufficient hydrocarbon to support combustion.

LPG (液化石油气) This is the abbreviation for **Liquefied Petroleum Gas**. This group of products includes propane and butane which can be shipped separately or as a mixture. LPGs may be refinery by—products or may be produced in conjunction with crude oil or natural gas.

MARVS (最大允许泄压阀设定值) This is the abbreviation for the **Maximum Allowable**

Relief Valve Setting on a ship's cargo tank — as stated on the ship's Certificate of Fitness.

Material Safety Data Sheet（**MSDS**）（物质安全数据表）A document identifying a substance and all its constituents. It provides the recipient with all necessary information to manage the substance safely. The format and content of an MSDS for MARPOL Annex Ⅰ oil cargoes and oil fuel are prescribed in IMO Resolution MSC. 286(86).

Methane（甲烷）A colorless, odorless flammable gas, lighter than air under normal conditions（CH_4, often abbreviated to C1 in non technical usage）. Methane is the first member in the alkane（paraffin）series and is the chief constituent of Natural Gas. At atmospheric pressure, it liquefies at −162 ℃.

MLC（米液柱）This is the abbreviation for **metres liquid column** and is a unit of pressure used in some cargo pumping operations

Molar Volume（摩尔体积）The volume occupied by one molecular mass in grams（g mole）under specific conditions. For an ideal gas at standard temperature and pressure it is 0. 022,4 m^3/g mole.

Mole（摩尔）The mass that is numerically equal to the molecular mass. It is most frequently expressed as the gram molecular mass（g mole）but may also be expressed in other mass units, such as the kg mole. At the same pressure and temperature the volume of one mole is the same for all ideal gases. It is practical to assume that petroleum gases are ideal gases.

Mole Fraction（摩尔分数）The number of moles of any component in a mixture divided by the total number of moles in the mixture.

Mollier Diagram（莫里尔图）A graphic method of representing the heat quantities contained in, and the conditions of a liquefied gas（or refrigerant）at different temperatures.

NGLs（天然气液）This is the abbreviation for **Natural Gas Liquids.** These are the liquid components found in association with natural gas. Ethane, propane, butane, pentane and pentanes-plus are typical NGLs.

Natural Gas（NG）（天然气）is a mixture of generally gaseous hydrocarbons occurring naturally in underground structures. Natural gas consists mainly of **Methane** and variable proportions of **Ethane**, **Propane** and **Butane**. There will usually be some condensate and/or oil associated with the gas. More specifically, the term is also used to mean treated natural gas which is supplied to industrial, commercial and domestic users and meeting a specified quality.

Net Calorific Value（NCV）（净卡值）The heat generated by the complete combustion of a unit volume of gas in oxygen, excluding the heat which would be recovered by condensing the water vapour formed. Net Calorific Value is usually seen as a measure of the effective heat produced rather than the total heat in the gas. Also known as Lower Calorific Value or Lower Heating Value. For natural gas, typically 10% lower than the GHV or HHV.

NPSH（净压头）This is the abbreviation for **Net Positive Suction Head**. This is an expression used in cargo pumping calculations. It is the pressure at the pump inlet and is the combination of the liquid head plus the pressure in the vapour space.

OCIMF（石油公司国际海事论坛）—Oil Companies International Marine Forum.

Odour threshold(气味阈限) The lowest concentration of vapour in air that can be detected by smell.

Odorants(增味剂) Strong smelling chemicals injected into natural gas, which otherwise is odourless, in order to make its presence more easily detectable (mercaptan).

Oxygen Analyser(氧气分析仪) Instrument used to measure oxygen concentrations in percentage by volume.

Oxygen-Deficient Atmosphere(缺氧环境) An atmosphere containing less than 21 percent oxygen by volume.

Partial Pressure (分压力) The individual pressure exerted by a gaseous constituent in a vapour mixture as if the other constituents were not present. This pressure cannot be measured directly but is obtained firstly by analysis of the vapour and then by calculation using Dalton's Law.

Primary Barrier (主屏壁) This is the inner surface designed to contain the cargo when the cargo containment system includes a secondary barrier. (Refer to the Gas Codes for a more detailed definition).

Relative Liquid Density (相对液体密度) The mass of a liquid at a given temperature compared with the mass of an equal volume of fresh water at the same temperature or at a different given temperature (see 2.16 and 8.3.2). xxiii.

Relative Vapour Density(相对蒸气密度) The mass of a vapour compared with the mass of an equal volume of air, both at standard conditions of temperature and pressure.

Restricted Gauging(限制式测量) A system employing a device which penetrates the tank and which, when in use, permits a small quantity of cargo vapour or liquid to be expelled to the atmosphere. When not in use, the device is kept completely closed.

Rich Gas(富气) Rich gas is gas with relatively large quantities of heavier fractions in its composition (typically up to about 15%) and thus of high Calorific Value. Also known as Wet Gas. The converse of Lean Gas.

Rollover(翻滚) The phenomenon where the stability of two stratified layers of liquid of differing relative density is disturbed resulting in a spontaneous rapid mixing of the layers accompanied in the case of liquefied gases, by violent vapour evolution.

Saturated Vapour Pressure(饱和蒸气压力) The pressure at which a vapour is in equilibrium with its liquid at a specified temperature.

Secondary Barrier(次屏壁) The liquid-resisting outer element of a cargo containment system designed to provide temporary containment of a leakage of liquid cargo through the primary barrier and to prevent the lowering of the temperature of the ship's structure to an unsafe level.

Sensible Heat(显热) Heat energy given to or taken from a substance which raises or lowers its temperature.

Shell and Tube Condenser (壳管式冷凝器) A heat exchanger where one fluid circulates through tubes enclosed between two end-plates in a cylindrical shell and where the other fluid circulates inside the shell.

Silica Gel(硅胶) A chemical used in driers to absorb moisture.

SI（**System International**）**Units**（国际单位）An internationally accepted system of units modelled on the metric system consisting of units of length（metre）, mass（kilogram）, time（second）, electric current（ampere）, temperature（degrees Kelvin）, and amount of substance（mole）.

SIGTTO（国际气体运输船和码头经营者协会）—Society of International Gas Tanker and Terminal Operators Limited.

SOLAS（国际海上人命安全公约）—International Convention for the Safety of Life at Sea, 1974; as amended.

Span Gas（样气）A vapour sample of known composition and concentration used to calibrate gas detection equipment.

Specific Gravity（比重）The ratio of the density of a liquid at a given temperature to the density of fresh water at a standard temperature. Temperature will affect volume and the comparison temperature must therefore be stated; e. g. specific gravity 60/60 ℉ — substance and water at 60 ℉; specific gravity 15/4 ℃ — substance at 15 ℃, water at 4 ℃.（The use of this term is being superseded — see Relative Liquid Density.

Specific Heat（比热）This is the quantity of energy in kiloJoules required to change the temperature of 1 kg mass of the substance by 1 ℃. For a gas the specific heat at constant pressure is greater than that at constant volume.

Spontaneous Combustion（自燃）The ignition of material brought about by a heat-producing chemical reaction within the material itself without exposure to an external source of ignition.

Static Electricity（静电）Static electricity is the electrical charge produced on disimilar materials caused by relative motion between each when in contact.

Submerged Pump（深潜泵）A type of centrifugal cargo pump commonly installed on gas carriers and in terminals in the bottom of a cargo tank. It comprises a drive motor, impeller and bearings totally submerged by the cargo when the tank contains bulk liquid.

TLV（阈限值；允许最高浓度）This is the abbreviation for **Threshold Limit Value.** It is the concentration of gases in air to which personnel may be exposed 8 hours per day or 40 hours per week throughout their working life without adverse effects. The basic TLV is a Time-Weighted Average（TWA）. This may be supplemented by a TLV-STEL（Short-Term Exposure Limit）or TLV-C（Ceiling exposure limit）which should not be exceeded even instantaneously.

Time Weighted Average（**TLV-TWA**）（时间加权平均阈限值）The airborne concentration of a toxic substance averaged over an 8 hour period, usually expressed in parts per million（ppm）.

Short Term Exposure Limit（**TLV-STEL**）（短时间接触阈限值）The airborne concentration of a toxic substance averaged over any 15 minute period, usually expressed in parts per million（ppm）.

Ceiling（**TLV-C**）（阈限值上限值）The concentration that should not be exceeded during any part of the working exposure.

Upper Flammable Limit（**UFL**）（可燃上限）The concentration of a hydrocarbon gas in air above which there is insufficient air to support combustion.

Vapour Density(蒸气密度) The density of a gas or vapour under specified conditions of temperature and pressure.

Void Space(空隙空间) An enclosed space in the cargo area external to a cargo containment system, other than a hold space, ballast space, fuel oil tank, cargo pump or compressor room or any space in normal use by personnel.

Absolute Pressure The sum of **Atmospheric Pressure** and **Gauge Pressure** i. e. pressure by reference to a vacuum.

Atmosphere A measure of pressure, now largely superseded by the Bar to which it is nearly identical. Originally equal to 760 mmHg it has now been redefined as 101,325 pascals and consequently 1 atmosphere = 1.013,25 bars.

Atmospheric Pressure(大气压) The pressure of the weight of air and water vapour on the surface of the earth.

Bar (巴) The most used unit for expressing gas pressure. It is equal to 100,000 pascals (N/m^2), which is the official SI unit. 1 Bar is approximately atmospheric pressure.

Btu British thermal unit (英国热值单位) A unit of heat still widely used in the gas industry, notably in North America and in LNG. Originally defined as the amount of heat required to raise the temperature of one lb of water from 60° to 61° Fahrenheit, it is now defined in relationship to a fixed number of Joules (1,055.056 to three decimal points). The most common multiple is one million Btu, normally abbreviated to MMBtu and U.S. dollars/MMBtu is perhaps the most frequently used unit for comparing gas prices on a common basis.

Cal Calorie (卡路里). Formerly the SI unit of energy, now no longer part of the system but still extensively used in Europe. The calorie was nominally the amount of heat required to raise 1 gram of water by 1 ℃ at 1 standard atmosphere and starting from 14.5 ℃, but is now defined arbitrarily as: 4.186,8 J. The most common multiple used is the Megacalorie (Mcal).

Cm(立方米) Cubic metres. Note however that cm is also the official abbreviation for centimetre.

Gauge Pressure (表压) The amount of pressure shown by a gauge, i.e. the amount by which the pressure exceeds atmospheric pressure.

GJ GigaJoule(千兆焦耳). One GigaJoule is approximately equal to 9.478 MMBtu. One million Btu equals 1.055 GJ.

J (**Joule**) (焦耳) The unit of energy in the SI system and the unit approved by the International Gas Union for the expression of heat in the gas industry. Its definition is one Newton metre. In practice the industry has been reluctant to embrace the Joule for commercial purposes and it is only current in Australia and New Zealand. For practical purposes the multiples most in use are the MegaJoule (MJ) and the GigaJoule (GJ), although Petajoule (PJ) is also seen. For quick calculations 1 GigaJoule is very close in value to 1 MMBtu.

Kelvin (开尔文) Measurement of temperature equivalent to 1/273.16 of the interval between absolute zero and the triple point of water. The official unit of the SI system. The Kelvin is identical to 1 degree Celsius, which is the term most often used in practice, but the scale is different (0 ℃ = 273. 16 K). Note incidentally that the Kelvin is itself the unit of measurement and references to 1 degree Kelvin are incorrect.

kW（千瓦）KiloWatt = One thousand Watts.

kWh（千瓦小时）KiloWatt hour Together with its multiples, rapidly becoming the most used unit for energy in gas, although its use is not strictly in accordance with the SI system or with IGU preferences. Since 1 Joule = 1 Watt per second, the conversion factor 1 kWh = 3. 6 MJ is exact.

MM（百万）Widely used in the gas industry to mean a million (106), although this usage is incorrect, according to the SI convention. Similarly M is often used to represent a thousand (103). When the lower case letters m and mm are used, these usually denote a thousand and a million respectively. In everything else M is correctly used to mean Million as in MWh.

ncm（正常立方米）Normal Cubic Metre A cubic metre measured at 0 ℃ and 1,013 mbar dry. The most used metric unit for measuring the volume of gas. It differs from the Standard cubic metre (scm) in the temperature at which the measurement is made. The Normal cubic metre thus contains about 5% more heat content than the Standard cubic metre.

ppm（百万分率）Parts per million.

Pressure（压力）The force exerted by one body on another, measured as force over area e. g. newtons per square metre.

scf（标准立方英尺）Standard cubic foot The conditions for measuring the scf are in fact very close to, but not identical with, those for the standard cubic metre (scm). Despite its name, there is no single accepted standard for the standard cubic foot but the one most used is 60 ℉ and 30 in Hg, dry.

Scm（标准立方米）Standard Cubic Metre. A cubic metre measured at 15 ℃ and 1,013. 25 mbar, dry. The unit of volume recommended by the IGU but not in normal use. See also ncm.

Ton (t)（吨）A term covering a variety of measures：The metric tonne (1,000 kg); The long ton (2,240 lbs); The short ton (2,000 lbs). The metric tonne is the one increasingly used.

W（瓦）Watt The basic unit of electrical power, defined as one joule per second.

附录六　VIQ—2018 LNG 部分

第八章 货物和压载系统——LNG 船	
注意：只有在船舶获得国际散装运输液化气适装证书时才能完成本章。 在回答以下问题时，请注意： •强制性 IGC 规则仅适用于 1986 年 7 月 1 日或之后安放龙骨的船舶； •强制性 GC 规则仅适用于 1980 年 6 月 30 日之后交付的船舶；和 •非强制性 EGC 规则适用于 1976 年 10 月 31 日或之前交付的船舶。 船舶交付后引入的 IGC 和 GC 规则的修订不必适用于此类船舶	
政策、程序和文件：	
8.1	高级船员是否了解营运人的政策声明、指导和程序，包括最大装载速率的信息和有关货物安全操作的说明？
	应向船长提供有关每个货物和压载舱以及每组货物或压载舱的最大允许装载速率的信息。该要求旨在不超过排气系统的容量（包括任何已安装的第二个排气装置）来确保舱不会过高压或过低压。该信息应显示在货物控制位置
8.2	高级船员是否了解船舶的任何装载限制，如果适用，这些限制是否醒目张贴在货物控制区域？
	在参考温度下，没有液货舱应超过舱容的 98%。（IGC 15.1.1） 考虑到货舱的形状、安全阀的布置、液位和温度测量的准确性以及装载温度和温度对于设定压力释放阀处货物的蒸气压力之间的差异，主管机关可允许在参考温度下填充限制高于 98% 的限制。（IGC 15.1.3） 每个货舱的最大允许装载限制应标明对应于每个可装载的产品，对于可能适用的每个装载温度和适用的最大参考温度，应列入主管机关批准的清单。还应在清单中说明安全阀，包括根据 IGC 8.3 安装的阀门的压力。列表的副本应由船长永久保留在船上。（IGC 15.2） 参考温度是指： 当没有提供货物蒸气压力/温度控制时，与压力释放阀的设定压力下的货物蒸气压相的温度； 当提供货物蒸气压力/温度控制时，货物在装载后，运输或卸载时的温度，以最大者为准。（IGC 15.1.4）
8.3	如果适用，货物控制区域是否有清晰易读的最新货物、惰气和通风系统的管路和/或模拟图表？甲板高级船员是否熟悉该系统？
	检查员应验证当班的甲板高级船员是否熟悉货物系统，当前操作过程以及当班期间计划的操作顺序
8.4	是否已准备好货物计划并附带详细的货物和压载传输顺序、强度、完整和破损稳性，以及任何限制。并且在适用的情况下货物值班人员是否能够理解并且有明确记录？
	检查员应确定在货物传输之前，已对货物传输状态的开始、中期和完成的船舶强度和稳性条件进行了计算。应在整个货物传输过程中定期监测强度和稳性，以确保强度和稳性保持在设计限

值内。

货物传输操作应以书面形式进行规划和确认，以确保充分的相互理解。要解决的问题应包括：

• 装载或卸载的顺序

• 要传输的货物总量

• 卸货和装货舱的顺序

• 预期的传输率

• 预期的传输温度和压力，和

• 使用气相回气管

货物和压载水的同时操作对强度和船舶稳性的影响也应在货物计划中注明。所有货物操作都应在执行之前仔细规划和记录。（LGHP）

货物计划应在开始操作之前由负责人员完成，并由船长核实和批准。它应该是全面的，包含操作的全部细节并且易于理解。船舶应该能够证明对货物管线准备的独立检查。

货物日志必须包括所有重大事件的详细信息，包括主货泵和压载泵的启动和停止，正在运行的货舱以及与原计划的任何偏差。

其他要点应解决：

— 密度、温度和其他相关条件，包括确定填充限值的参考温度；

— 计划中应有货物的分配、数量、液位高度、管线和泵的使用；

— 操作的关键阶段；

— 速率变更通知；

— 稳性和强度信息；

— 吃水和吃水差；

— 紧急停止程序；

— 发生泄漏时应采取的行动；

— 参考货物数据表的易燃性和毒性；

— 压载水操作；

— 防护装备要求；

— 特定货物的危害。

　并且，根据需要，要求：

— 货物污染类别；

— 冷却要求，包括冷却速度；

— 使用货物加热器或蒸发器；

— 卸货后的剩余货量要求；

— 富余水深限制；

— 加油；

— 特定操作所需的特殊预防措施

稳性和货物装载限制：

应向船长提供装载和稳性信息手册。本手册应包含典型服务和压载状况的详细信息，评估其他装载条件的规定以及船舶抗沉能力的摘要。此外，该小册子应包含足够的信息，使船长能够以安全和适航的方式装载和操作船舶。（IGC 2.2.5）

8.5	如果正在使用装载计算机或程序，是否经过批准、定期测试，并且是否有人员了解测试要求，包括破损稳性？
	船级要求船舶长度超过 65 m，应提供装载手册，包括静水弯矩和剪力的允许极限；静水弯矩和剪力的计算结果；适用时，由扭力和侧向力引起的限制以及结构允许的局部受力（甲板、双层底等），船级要求船舶长度超过 100 m，并提供经批准的装载仪。始终为装载仪器提供操作手册，装载仪器应能够在指定的读数点处计算任何装载或压载状态下的剪力和弯矩，并应指出允许值。对于货物和压载水分布有很小变化以及具有常规或固定航行区域的船舶，可以免除该要求。
	在每次年度和特殊检验中，应检查装载仪器的准确性，并确认批准的装载指导信息已提供在船上。应使用经批准的数据，在年度调查中并且现场验船师在场的情况下进行测试。但是，不要求船级社在测试上签字。还应进行定期的船上测试，并应保持证明这一点的记录。测试应包括将每个舱的数据人工输入计算机并验证结果。简单地从计算机中恢复已存储的测试结果并将其与标准结果进行比较是不可接受的。
	2016 年 1 月 1 日或之后建造的船舶以及 2016 年 1 月 1 日之前建造的船舶（2016 年 1 月 1 日或之后的第一次换证检验，但在 2021 年 1 月 1 日之前）需要配备能够处理完整和破损稳性的装载仪。船上安装的装载仪已经得到认可组织的批准和认证，并且能够验证管理部门可接受的标准的完整和破损稳性，可以继续使用这种仪器。
	以下是免除船旗国主管部门要求的备选方案：
	·船舶用于指定用途上，装载数量有限，所有预期状态已在船上提供的稳性文件中得到批准
	·通过主管部门批准的方式远程进行稳性验证的船舶
	·在批准的装载条件范围内装载的船舶
	·2016 年 1 月 1 日之前建造的船舶（1）提供经批准的限制 KG / GM 曲线，涵盖所有适用的完整和破损稳性要求 MEPC.248（66）/ IGC Ch 2.2.6 / IBC Ch 2.2.2.6
	*2016 年 7 月 1 日和** 2021 年 7 月 1 日为液化气运输船
	应向船长提供装载和稳性信息手册。本手册应包含典型使用条件、装载、卸载和压载操作的详细信息，评估其他装载条件的规定以及船舶抗沉能力的摘要。此外，该小册子应包含足够的信息，使船长能够以安全和适航的方式装载和操作船舶。（IGC 2.2.5）
	如果一个认可的装载计算机不可用，请在"注释"中记录如何执行强度和稳性计算
8.6	船舶是否没有固有的完整稳性问题，是否有人员意识到这些由于液体晃荡造成结构性损坏的问题或风险，以及如果船舶处于不稳定状态和/或失稳横倾角的情况下需要采取的行动？
	具有大宽度货舱的船舶将受到自由液面的影响而使完整稳性降低。虽然这些船舶在满载或压载条件下可满足 IMO 完整稳性标准，但在货物或压载传输操作期间多个货舱不满或装货的中间状态下，它们可能不稳定。吃水和稳性手册通常仅涉及到达和离开状态，并且操作员不知道在货物传输期间的中间阶段可能存在稳性问题。
	如果船舶有宽大的货舱，"U"形压载舱或没有水密中心线舱壁的双层底舱，检查员应通过要求大副使用经批准的配载仪，证明该船符合 IMO 完整的稳性标准。在最坏情况下的完整稳性（即所有货舱不满和最大自由液面）。
	如果没有提供合适的装载仪器且没有足够的操作程序，则应回答"否"，除非有令人满意的证据证明该船舶没有固有的稳性问题。
	检查员应确定所有高级船员是否熟悉操作限制，如果怀疑或发生稳性问题需要采取行动的操作

	说明应醒目张贴。如果发现弱点或其他问题，请记录"N"和适当的缺陷。如果船舶在上述检验中具有固有的完整稳性问题，则无论如何都应提出缺陷。 除最大允许货物密度以外，应将其他的重要限制记录为缺陷。 应根据公司的操作程序和公司的安全管理系统记录对破损稳性要求的符合性验证。这应包括保留用于验证合规性的手动计算和/或稳性仪器打印记录的方法，以便将此信息提供给第三方，例如公司审核员、计量员或港口国控制检查员。建议在船上保留记录至少三年，以确保在下次安全管理证书（SMC）审核中可以获得这些记录。（MSC.1/Circ.1461 第 2 部分 6.1） 如果被检查的船舶是薄膜 LNG 运输船，则必须在所有情况下张贴装载限制。检查员应在评论部分提供有关限制的完整说明。 如果采用特定程序来解决潜在的稳性问题，则这些应记录为缺陷
8.7	是否提供货物操作手册，涵盖所有货物操作，并且高级船员是否熟悉手册内容？
	操作应包括充货气、冷却、货物装载、装载航行、货物卸载、压载、压载航行货舱管理、冷舱抵达、除气、驱气和货舱处所管理操作。 手册的内容应包括但不限于： —从干船坞到干船坞的整体船舶操作，包括货舱冷却和暖舱（包括船靠船过驳）、货物取样、除气、压载、货舱清洁和更换货物的程序； —货物温度和压力控制系统； —货物系统限制，包括最低温度（货物系统和船体内壳）、最大压力、传输速率、装载限制和晃荡限制； —氮气和惰气系统； —消防程序：消防系统的操作和维护以及灭火剂的使用； —安全处理特定货物所需的特殊装备； —固定和便携式气体检测； —控制，报警和安全系统； —紧急停止系统； —按 8.2.8 和 4.13.2.3 更改液货舱压力释放阀设定压力的程序；和 —应急程序，包括货舱安全阀隔离，单舱除气和进入以及紧急船靠船过驳操作。（IGC 18.2.2）
8.8	是否所有高级和低级船员都了解运输要求，包括液化天然气的应急程序，是否熟悉船舶货物系统，包括紧急卸货程序？
	高级船员应该能够展示以下基本知识： —船上操作和货物操作； —燃气系统； —适用的 IGC、C 和 EGC 规则； —SIGTTO 和 ICS 指南； —货物再液化程序（如适用）； —除气和充货气时的货舱环境控制程序； —与热负荷相关的危险，特别是在冷却时； —最低货物温度； —接触液化天然气后的医疗要求；

	—泄漏响应；
	—与岸上的沟通程序；
	—紧急停止程序，包括哪些系统会受到 ESD 的影响；
	—液货晃荡撞击力的影响
货物操作和相关安全管理：	
8.9	货物操作是否按照计划进行和记录？
	记录（可能是电子的）必须包括所有重大事件的详细信息，包括主货泵和压载泵开始和停止以及正在运行的货舱
8.10	所有人员是否都知道处理涉及货物的泄漏、溢出或火警的紧急程序？
	根据 18.3.1.3 的应急计划，对于在环境温度下运输的货物的溢出，应考虑到潜在的局部温度降低，例如当溢出的货物降至大气压时以及这种冷却对船体钢板的潜在影响。（IGC 18.3.3）
8.11	是否有人员知道在除气操作过程中需要隔离潜液泵电机的电源（如果安装），并且在液位较低的情况下泵是否配备了自动关闭装置？
	在每次卸货之前，应目视检查潜液泵的接线盒。
	潜液泵电动机及其供电电缆可安装在货物围护系统中。在低液位的情况下，应安排自动关闭电机。
	这可以通过检测泵的低排出压力、低电流或低液位来实现。该停止应在货物控制站发出警报。在除气操作期间，货泵电动机应能够与其电源隔离。（IGC 10.2.9）
8.12	货泵、压载泵和扫舱泵、喷射器及其相关的仪表和控制装置，如果安装、状态良好、没有泄漏，是否有定期检测的证据？
	仪表、阀门和管路系统应清楚标明，以表明其用途，并在适用的情况下指明与之相关的设备。
8.13	货泵性能曲线是否可用，甲板高级船员是否了解系统中货物管线和气相管线的要求？
	货物、货气和惰气管线应在可见的地方进行检查，任何损坏、腐蚀或从压盖和法兰泄漏的迹象应记录为缺陷。应记录任何绝缘损坏。不需要对货物管线、气相管线和惰气管线进行常规压力测试。
	根据所运载的货物，以下设计条件中的较大者应用于管路、管路系统和部件：
	.1 对于气相管路系统或可能与其安全阀分离且可能含有某种液体的部件，在 45 ℃的设计温度下的饱和蒸气压。可以使用更高或更低的值（见 4.13.2.2）；或
	.2 对于可能与其安全阀分开且始终仅含有蒸气的系统或部件，过热蒸气压力为 45 ℃。假设系统工作压力和温度下系统中饱和蒸气的初始条件，可以使用更高或更低的值（见 4.13.2.2）；或
	.3 液货舱和货物处理系统的 MARVS；或
	.4 相关泵或压缩机排放安全阀的压力；
	.5 考虑到管路系统上所有可能的泵布置或安全阀设置，货物管系的最大总装卸压力。（IGC 5.4.2）
	液体管路系统中可能受到喘振压力的那些部分应设计成能承受这种压力。（IGC 5.4.3）
8.14	货物和压载系统阀门是否处于良好状态并且是否有定期测试的证据？
	每个液货舱和管路系统应装有手动阀，以便按本节规定进行隔离。（IGC 5.5.1.1）
	此外，作为紧急停止（ESD）系统的一部分，还应酌情安装远程操作阀门，其目的是在货物液体或蒸气传输时，紧急情况时停止货物传输或泄漏。（IGC 5.5.1.2）
	根据制造商数据应定期检查阀门关闭时间，以确保它们在关闭时不会在系统中产生潜在的喘振

	压力
8.15	高级船员是否了解货物系统远程和当地货舱压力、温度、液位传感器和仪表的测试要求，这些是否有正常测试证据？
	每个液货舱应配备液位计量装置，以确保在液货舱运行时始终可以获得液位读数。（IGC 13.2.1） 如果只安装了一个液位计，它的布置应使其能够保持在运行状态，而无须卸空或货舱除气。（IGC 13.2.2） 每个液货舱的蒸气空间应设有直接读数表。此外，应在 13.1.2 要求的货控室提供间接指示。应明确标明最大和最小允许压力。（IGC 13.4.1） 每个液货舱应设有至少两个用于指示货物温度的装置，一个放置在液货舱底部，另一个放置在液货舱顶部附近，低于最高允许液位。液货舱设计的最低温度，如国际散装运输液化气体适装证书 1.4.4 的规定所示，应通过温度指示装置上或附近的标志清楚地标明。（IGC 13.5.1） 仪器应进行测试，以确保在工作条件下的可靠性，并定期重新校准。仪器的测试程序和重新校准之间的间隔应符合制造商的建议。（IGC 13.1.3） 应检查测试日期以及与第二个货舱液位计的比对，并在存在显著差异的情况下记录缺陷
8.16	如果货泵出现故障，是否有人员了解紧急卸货方法，是否有明确的程序来解决这个问题？
	如果货物是通过位于使用中的货舱而无法进行维修的货泵传输时，则应提供至少两个单独的方法来从每个货舱传输货物，并且设计应使一个货泵无法运转或无法使用另一个传输方式时不会阻止另一个泵或其他泵或其他货物传输装置的货物传输。（IGC 5.6.1） 对于那些在货物传输操作中通行的条件下设计安全系数没有降低的货舱，可以接受气体加压作为货物传输的手段。（IGC 5.6.2） 除极少数例外情况外，LNG 船配有两个主货泵和另一种紧急卸货方法。对于球罐型船只，它是起加压作用的。对于薄膜船，它是另一种可安装在舱中的泵
货物装卸和监控设备：	
8.17	货舱穿顶、相关配件是否整齐？有没有腐蚀和泄漏？
8.18	货物或蒸气管路的绝缘是否处于良好状态并且常规检查程序是否到位？
	必要时，低温管路应与相邻的船体结构隔热，以防止船体温度低于船体材料的设计温度。 如果定期拆除液体管路，或预计会发生液体泄漏，例如在岸臂连接处和泵密封处，应提供对下方船体的保护。（IGC 5.7.2） 应该有一个程序来定期检查和记录绝缘状况。有许多方法可以检查绝缘下的腐蚀（CUI），包括轮廓射线照相、超声波点检测和绝缘去除。无论采用何种方法，都应对船上提供的所有绝缘管路进行有效的抽样检查，并有效规划船舶维修期。 如果有任何腐蚀迹象，请记录缺陷
8.19	货物或蒸气管线接头是否电气连接？
8.20	货物和蒸气管线膨胀装置是否处于良好状态，液体/蒸气管线是否可以在其夹具内自由移动？
	应采取措施保护管路，管路系统和部件以及液货舱免受由于热胀冷缩以及货舱和船体结构运动引起的过大强度。液货舱外的优选方法是通过偏移、弯曲或环路，但如果偏移、弯曲或环路不可行，则可以使用多层波纹管。（IGC 5.7.1） 如果按照 5.7.1 提供波纹管和膨胀节，则适用下列要求： .1 如有必要，应防止波纹管结冰；和

	.2 除液货舱内，不得使用滑动接头。（IGC 5.8.4）
8.21	货物管路和系统安全阀是否处于良好状态，并且高级船员是否了解这些要求？
	所有可能在被充满液体状态下的封闭管路或部件应采用安全阀进行保护，以便进行热膨胀和蒸发。（IGC 5.5.6） 从管路系统排放液体货物的安全阀应排入液货舱。或者，如果提供用于检测和处理可能流入透气系统的任何液体货物的装置，它们可以排放到货物透气桅。如果需要防止从舱内货泵蜗壳扩压器出口至货泵卸货阀一段管路中的超压，货泵上的安全阀应排放到泵吸入口。（IGC 5.2.2.4） 根据 IACS 协议，小于 50 L 体积的短管路部分可免于"液压调节"安全阀
8.22	货物管路是否没有螺纹式连接？
	符合公认标准的螺纹接头只能用于外径为 25 mm 或更小的附件线和仪表线。（IGC 5.8.2.3）
8.23	液货舱高液位报警系统是否独立于测量系统，如果是 IGC 船舶，是否独立于高液位关闭系统（过装控制），是否有人员知道越控程序？
	除 13.3.4 规定外，每个液货舱应装有高液位报警器，独立于其他液位指示器工作，并在启动时发出声、光报警。（IGC 13.3.1） 独立于高液位报警器运行的附加传感器应自动启动阀门关闭，以避免装载管路中的液体压力过高并防止货舱过装。（IGC 13.3.2） 当液货舱如下时，不需要高液位报警和货舱自动关闭装置： .1 是一个容积不超过 200 m³ 的压力罐；要么 .2 设计用于承受装载操作期间的最大可能压力，并且此压力低于液货舱安全阀的设定压力。（IGC 13.3.4） *注意 GC 船舶不需要从高位报警器中获得独立的传感器来启动阀门关闭。 如果提供了用于越控过装控制系统的装置，则应防止意外操作。当操作该越控时，应在相关的控制站和驾驶台上给出连续的视觉指示。（IGC 13.3.7） 只有在特殊情况下才能越控过装控制系统，例如，如果货舱已经过满，则需要绕过越控过装控制系统以便能卸货。在再液化和恶劣天气条件下，这种系统偶尔会在航行时被越控
8.24	是否有关键货物仪表校准的记录，包括温度和压力表？
	仪器应进行测试，以确保在工作条件下的可靠性，并定期重新校准。仪器的测试程序和重新校准之间的间隔应符合制造商的建议。（IGC 13.1.3） 应该有仪器定期检查和校准的记录，特别是液货舱温度和压力表以及再液化设备仪表。校准间隔最好不超过 36 个月。 当船舶在使用中时，仪表的校准通常很困难，通常在维修期间进行校准。然而，本地和远程温度计读数之间的比较以及和货物蒸气压力（来自表格）的交叉检查提供了实际的交叉参考
8.25	货物计量和传输监控系统是否状况良好？
	货物测量和传输监控可以通过多种方法进行，雷达空挡式/电容液位式等，也可以使用浮子液位计
8.26	高级船员是否了解液货舱高位及过装警报的测试要求，是否处于良好状态，并有定期测试及在货物装卸中使用的证据？
	在交付后和每次干坞后第一次满载时，应通过将液货舱中的液位提升到报警点来进行高位报警的测试。（IGC 13.3.5）

	液位报警器的所有元件，包括高压和过装报警器的电路和传感器，都应能够进行功能测试。系统应在货物操作前按照 18.6.2 进行测试。（IGC 13.3.6）
LNG 货物设备间：	
8.27	压缩机房与马达间之间的舱壁密封是否气密且有效运行？
	如果舱壁穿透部位周围的密封能确保两个空间的有效气密隔离，则货物压缩机和货泵可以由舱壁或甲板隔开的相邻非危险空间中的电动机驱动。或者，如果电气设备符合第 10 章的要求，则此类设备可由与其相邻的经认证的安全电动机驱动。（IGC 3.3.4）
	如果安装，检查员应检查润滑器油箱是否含有足够的油。LNG 船上的舱壁轴密封通常通过加压氮气提供
8.28	货物设备间是否光线充足，是否适合在危险区域使用并且状况良好？
8.29	高级船员是否了解压缩机房通风系统的要求，系统是否保持相对负压？
	电动马达间、货物压缩机和泵房、装有货物装卸设备的空间和其他可能积聚货物蒸气的封闭处所，应装有能够从这些处所外面控制的固定人工通风系统。通风应连续进行，以防止有毒和/或易燃蒸气的积聚，并提供主管机关可接受的监测手段。在进入之前需要使用这种通风的警告应放在设备间外。（IGC 12.1.1）
	如果一个空间有一个通往相邻危险空间或区域的开口，则应保持超压。根据公认的标准，可通过超压保护将其制成危险性较小的空间或非危险空间。（IGC 12.1.4）
	对于马达间，压力应保持在相对于相邻的货物压缩机房较高的压力
8.30	高级船员是否了解空气闸的要求，警报是否正常，如果空气闸失去压力，设备停止系统是否会正常运行？
	从露天甲板到非危险区域的通道应位于第 10 章所定义的危险区域之外，除非通过符合 3.6 的空气闸进入。（IGC 3.5.4）
	露天甲板上的危险区域与非危险区域之间的通道应通过空气闸进入。这应包括两个自动关闭，基本上气密的钢门，没有任何门闭装置，能够保持超压，至少 1.5 m 但不超过 2.5 m 间距。空气闸空间应从非危险区域进行人工通风，并相对露天甲板上的危险区域保持超压。（IGC 3.6.1）
	应提供声音和可视警报系统，以在空气闸两侧发出警告。可见警报应指示一扇门是否打开。如果空气闸两侧的门从关闭位置移开，则应发出声音警报。（IGC 3.6.3）
	在运载易燃产品的船舶上，位于受空气闸保护空间内且未经安全类型认证的电气设备应在失去超压的情况下断电。（IGC 3.6.4）
8.31	压缩机房是否有气体泄漏？
8.32	人员是否熟悉固定式气体检测设备的操作和要求，设备是否良好？
	固定安装的气体探测和声光报警系统应安装在：
	.1 所有包括燃气管路，燃气设备或燃气消耗器的封闭处所和货物设备处所（包括转塔式设备处）；
	.2 货物蒸气可能积聚的其他封闭或半封闭处所，包括独立液舱货屏壁间处所和货舱处所，C 型舱除外；
	.3 空气闸；
	.4 燃气内燃机的处所，见 16.7.3.3；
	.5 第 16 章要求的通风罩和气体管路；

	.6 冷却/加热线路，按 7.8.4 的要求；
	.7 惰气发生器供应集管；和
	.8 货物设备的马达间。（IGC 13.6.2）
	当采用采样式气体检测设备时，气体检测设备应能够以不超过 30 min 的间隔顺序对每个采样头位置进行采样和分析。（IGC 13.6.8）
	当气体体积浓度达到空气中 30％LFL 的值时，应激活警报。（IGC 13.6.15）
	对于薄膜舱系统，主要和次要绝缘空间应能够惰化并且它们的气体含量可以单独分析。次要绝缘空间中的警报应按照 13.6.15 设定，主要绝缘空间中的警报设置为主管机关或代表其行事的认可组织批准的值。（IGC 13.6.16）
8.33	高级船员是否了解设置固定式气体探测器取样点的要求，是否安装在机器处所的上层？
	在每次安装时，检测头的数量和位置应在适当考虑隔室的尺寸和布局，要运输的产品的成分和密度以及隔室驱气或通风的空气稀释和不通风区域的空气稀释的情况下确定。（IGC 13.6.12）
	LNG 蒸气比空气轻，会积聚在空间的上部区域
货物再液化系统：	
8.34	如果适用，主管人员是否熟悉货物再液化装置的运行，并且设备及相关机器和仪器是否良好？
	应提供有关报警和跳闸的压力测试以及货物系统仪表校准的记录。此类测试应包含在 PMS 系统中。如果设备在检查时正在进行日常维护，请在评论中记录。再液化设备应包括但不限于压缩机，冷箱或气体冷却器
8.35	高级船员是否知道机舱的燃气供应是否不受 ESD 关闭的影响，是否有程序确认？
8.36	再液化装置是否为货物 ESD 系统配备了独立的紧急停止控制装置？
	用于调节有毒或易燃液体或蒸气货物的辅助系统应括在 ESD 功能中。使用惰性介质（例如氮气）的间接制冷系统不需要包括在 ESD 功能中。（IGC 18.10.1.2）
气体燃烧系统：	
本小节适用于装有再液化系统的船舶或其他需要安装气体燃烧装置（GCU）的货物系统。	
8.37	高级船员是否了解 GCU 装置的操作情况，该装置是否完全正常运行并可立即使用？
	在气体燃料供应中断的情况下，应安装一个自动系统，以便在不中断锅炉燃烧的情况下从燃气运行转换到燃油运行。（IGC 16.6.2.3）
	GCU 应在自动模式下运行，以允许再液化装置失效或机器中的气体燃烧失败。如果没有处于自动模式，则有足够的程序允许在需要时进行手动操作
8.38	与 GCU 相关的报警是否按照计划维护系统进行了测试？
8.39	高级船员是否了解气体燃料管路保护并且系统是否良好？
	气体燃料管路不得通过起居处所、服务处所、电气设备室或控制站。管路的布设应考虑到由于机器损坏而在物料间或机器操作区域等区域的潜在危险。（IGC 16.4.1.1）
	应做出规定，对位于机器处所内的气体燃料管路系统的那部分进行惰化和排气。（IGC 16.4.1.2）
	如果气体燃料管路满足下列条件之一，则气体燃料管路可以通过或延伸到除了 16.4.1 中提到的封闭空间内：
	—它采用双壁设计，同心管之间的空间用惰气加压，压力大于气体燃料压力，按照 16.4.6 的要求，主气体燃料阀在失去惰气压力时自动关闭；要么
	—安装在配有机械排气通风的管路或管弄中，每小时至少换气 30 倍，并保持压力低于大气压。

	如果适用,机械通风符合第 12 章的规定。当管路中有燃料时,通风始终处于运行状态,如果 16.4.6 所要求的主气体燃料阀在排气通风系统未建立和维持所需的空气流量时自动关闭。通风入口或管弄可以来自非危险的机器空间,并且通风出口处于安全位置。(IGC 16.4.3)
8.40	自动燃气切断系统是否处于良好状态并定期测试?
	在吸口压力低或火灾探测的情况下,燃气供给设备应自动停止。除非另有明确规定,否则 18.10 的要求在用于供应燃气消耗设备时不一定适用于气体燃料压缩机或泵。(IGC 16.5.2.2)
	除非已建立并保持令人满意的点火,否则应有安排确保燃气流向燃烧器的气流自动切断。(IGC 16.6.3.1)

留空处所和屏壁间处所和密封:

注意:对于所有类型的货物围护,应完成本节。这些包括整体式、薄膜式、半薄膜式和独立的 A 型和 B 型货舱。对于 C 型以外的货物围护系统:

•对于要求全部设次屏壁的用于易燃气体的货物围护系统的屏壁间处所和货舱处所,均应使用适当的干燥惰气进行惰化,并用船上惰气发生系统提供的补充气体或由船上储存的惰气惰化,如果是储存的惰气要足以正常消费至少 30 天。(IGC 9.2.1)

•与需要部分次屏壁的易燃气体的货物围护系统相关的屏壁间处所和货舱处所应使用合适的干燥惰气进行惰化,并与船上惰气发生系统提供的补充气体或应由船上储存的惰气保持惰化,如果是储存的惰气,要足以正常消费至少 30 天。(IGC 9.2.2.1)

•或者,如果船舶保持储存的惰气装置,或者装有足以使这些空间中最大的空间惰化的惰气发生器;或者,如果提供空间配置和相关的气体检测系统配置以及惰化装置能力的配置来确保在危险情况发生之前能够快速检测到来自液货舱的任何泄漏并且进行惰化,则管理部门可允许屏壁间处所和货舱处所填充干燥空气,应提供足够的干燥空气设备以满足预期需求。(IGC 9.2.2.2)

8.41	屏壁间处所氮气驱气系统是否处于良好状态?
	查看氮气消耗量和氮气发生器运行时间的记录,以确定屏壁间处所的效率。经常用氮气吹扫或驱气,使用氮气的结果是,用于降低爆炸性气体水平。当不用于驱气时,吹扫阀总是处于关闭位置。如果发现在打开位置,这可能被视为 LNG 泄漏到主屏壁间的标志。
	对于要求全部或部分设次屏壁的用于易燃气体的货物围护系统的屏壁间处所和货舱处所,均应使用适当的干燥惰气进行惰化,并用船上惰气发生系统提供的补充气体或由船上储存的惰气惰化,如果是储存的惰气要足以正常消费至少 30 天。(IGC 9.2.1)
8.42	屏壁间处所的压力是否保持在足以防止大气进入的水平?
	次屏壁的设计应能够通过主管机关或代表其行事的认可组织接受的方式定期检查其有效性。这可以通过目视检查或压力/真空测试或根据与主管机关或代表其行事的认可组织商定的书面程序进行的其他适当手段进行。(IGC 4.6.2.4)
	检查员应根据"货物操作手册"确定所需的压力维持在屏壁间内
8.43	高级船员是否了解货舱处所及主要和次要屏壁间处所的安全阀的设定要求,并且如果安装,它们是否处于良好状态?
	货舱处所及屏壁间处所可能受到超出其设计能力的压力,还应配备合适的压力释放系统。(IGC 8.1)
	屏壁间处所应设有压力释放系统。(IGC 8.2.2)
	货舱处所在没有与大气相通的情况下,应提供合适的压力表

8.44	高级船员是否熟悉水进入绝缘处所取样的方法,是否记录了检查?
	如果货物在不需要次屏壁的货物围护系统中运输,则货舱处所应被提供与机器处所不相连的适当排水装置。应提供检测任何泄漏的方法。(IGC 3.7.1)
	如果存在次屏壁,则应提供适当的排水装置,以处理通过相邻船舶结构泄漏到货舱处所或绝缘处所的任何泄漏。吸口不应连接到机器处所内的泵。应提供检测此类泄漏的方法。(IGC 3.7.2)
	A 型独立舱的船的货舱处所或屏壁间处所应设有排水系统,以便在液货舱泄漏或破裂时处理液体货物。此类安排应规定任何泄漏货物应返回液货管路。(IGC 3.7.3)
8.45	货舱之间的留空处所的乙二醇加热系统是否安装良好?

惰气系统:

8.46	惰气系统和/或储存及相关管路系统是否安装良好?
	对于要求全部或部分设次屏壁的用于易燃气体的货物围护系统的屏壁间处所和货舱处所,均应使用适当的干燥惰气进行惰化,并用船上惰气发生系统提供的补充气体或应由船上储存的惰气惰化,如果是储存的惰气要足以正常消费至少 30 天。(IGC 9.2.1)
	如果绝缘处所连续供应惰气作为泄漏检测系统的一部分,则应提供装置来监测供应给各个处所的气体量。(IGC 9.4.6)
	空气应在装货前从液货舱和相关管路中排出,然后通过引入惰气排除,以保持正压。惰气的储存或生产能力应足以满足正常操作要求和泄压阀泄漏损耗。惰气的氧含量在任何时候都不应大于 0.2%(IGC 17.6.1)
8.47	高级船员是否了解防止货物蒸气回流进入惰气系统的安排,这种安排是否有效?
	应提供防止货物蒸气回流到惰气系统中的安排,该装置适用于所装载的货物。如果此类设备位于货物区域外的机器处所或其他处所,则应在货物区域的惰气总管中安装两个止回阀或等效装置,另外应安装一个可拆卸的弯头。不使用时,惰气系统应与货物区域的货物系统分开,但与货舱处所或屏壁间处所的连接除外。(IGC 9.4.4)
	通常通过提供两个止回阀和一个弯头来防止气体回流。检查弯头未就位(除非输送惰气时),并且高级船员清楚地了解这一重要要求

泄压和排气系统:

8.48	高级船员是否了解设置安全阀的要求,是否有可用的测试证书以及更改 MARVS 的明确程序?
	货舱,包括甲板罐,应至少安装两个安全阀(PRV),每个安全阀的尺寸相同,在制造商的公差范围内,并按照规定的服务进行适当的设计和构造。(IGC 8.2.1)
	PRV 的设置不得高于罐体设计中使用的蒸气压力。在安装两个或更多 PRV 的情况下,包含不超过总释放能力的 50%的阀门可设定在高于 MARVS 的 5%的压力下,以允许顺序释放,从而最小化不必要的蒸气释放。(IGC 8.2.3)
	安全阀应由主管机关或代表其行事的认可组织设定和铅封,并应在船上保留此操作的记录,包括阀门的设定压力。(IGC 8.2.6)
	在下列情况下,可允许货舱设置一个以上的安全阀设定压力:
	.1 安装两个或多个适当设置和铅封的 PRV,并根据需要提供了将未使用的阀门与液货舱隔离的装置;要么
	.2 安装安全阀,其设置可以通过使用先前批准的不需要压力测试的设备来更改,以验证新的设定压力。所有其他阀门调整应铅封。(IGC 8.2.7)

	根据8.2.7的规定更改设定压力以及相应的13.4.2中提到的报警复位应在船长的监督下按照批准的程序和船舶操作手册中的规定进行。设定压力的变化应记录在船舶的日志中，并且应在货物控制室（如果提供）和每个安全阀上张贴标志，说明设定压力。（IGC 8.2.8） 确定负责人员明确了解更改设置时应遵循的程序。 注意：可以改变安全阀设置的唯一情况是球罐型船舶，在紧急情况下，可以进行加压卸货
8.49	高级船员是否熟悉排气口装置，并且装有防护罩或防火网，要经常检查？
	应在排气口上安装合适的不超过13 mm方形网的防护网，以防止外来物进入而不会对释放产生不利影响。（IGC 8.2.15）
8.50	如果压力释放管路直接通过透气桅排气，该系统是否有液体传感器？
	应提供装置，以防止液体从透气桅出口溢出，因为它们所连接的空间会受到流体静压。（IGC 8.2.12） 在排放管路系统中，应提供从可能积聚的地方排出液体的装置。PRV和管路的布置应使液体在任何情况下都不会积聚在PRV中或附近。（IGC 8.2.14） 从管路系统排放液体货物的安全阀应排入液货舱。或者，如果提供用于检测和处理可能流入排放系统的任何液体货物的装置，它们可以排放到货物透气桅。如果需要防止从舱内货泵蜗壳扩压器出口至货泵卸货阀一段管路中的超压，货泵上的安全阀应排放到泵吸入口。（IGC 5.2.2.4）
8.51	高级船员是否熟悉透气桅上任何固定式灭火系统的操作（如果安装），系统是否处于良好状态且可操作？
	透气桅上没有强制要求固定灭火系统。但是，如果适合，这些应该是良好状态，并且清楚地标识
8.52	前透气桅排放是否始终在自动模式下运行？
	如果安装，前透气桅排放总是在自动模式下运行
8.53	高级船员是否熟悉更改设置和禁止警报的程序和授权？
	如果提供了用于越控过装控制系统的装置，则应防止意外操作。当此越控在使用时，应在相关的控制站和驾驶台上给出连续的视觉指示。（IGC 13.3.7） 注意13.3.7允许的越控系统可以在航行时使用，以防止误报或关闭设备。当液位报警被越控时，除非按照13.3.5（见18.10.3.4）进行高液位报警测试，否则应禁止货泵的操作和歧管ESD阀的开启。（IGC 表18.1）
紧急关闭（ESD）系统：	
8.54	高级船员是否熟悉紧急关闭（ESD）系统的运行，系统是否定期测试？
	ESD阀门应远程操作，为失效关闭型（在失去驱动动力时关闭），能够进行本地手动关闭并具有实际阀门位置的明确指示。作为本地手动关闭ESD阀的替代方案，应允许设置与ESD阀串联的手动截止阀。手动阀应位于ESD阀附近。如果ESD阀关闭，手动阀也关闭时，则应采取措施处理截留的液体。（IGC 18.10.2.1.2） 液体管路系统中的ESD阀门应在驱动30 s内完全平稳地关闭。有关阀门关闭时间及其操作特性的信息应在船上提供，关闭时间应是可验证和可重复的。（IGC 18.10.2.1.3） 应配置ESD控制系统，以便能够以安全和可控的方式执行13.3.5中要求的高液位警报测试。为了进行测试，可以在过装控制系统被越控的情况下操作货泵。完成高液位报警测试后，进行液位报警测试和重置ESD系统的程序应包含在18.2.1要求的操作手册中。（IGC 18.10.3.4）

	货物传输过程中涉及的货物紧急停止和报警系统应在货物装卸作业开始前进行检查和测试。（IGC 18.10.5）
8.55	人员是否了解 ESD 按钮的位置，以及辅助设备的关闭要求？
	每个歧管连接处应设置一个 ESD 阀。（IGC 18.10.2.2） ESD 系统至少应能在驾驶台和在 13.1.2 所要求的控制位置或货物控制室（如果安装）和货物区域内不少于两个位置的地方通过单一控制装置进行手动操作。（IGC 18.10.3.1） 运行的货物机器应根据表 18.1 中的因果矩阵激活 ESD 系统来停止。（IGC 18.10.3.3） 可以提供 13.3 所要求的过装控制系统对 ESD 系统的输入，以便在检测到高液位警报时停止任何货泵或压缩机的运行，因为这种警报可能是由于无意操作货物在货舱间内部传输。（IGC 18.10.4.2）
8.56	如果它们是紧急关闭系统的一部分，那么高级船员是否了解关闭歧管阀和货舱装货阀的要求，是否经过测试并在 30 s 内关闭？
	液体管路系统中的 ESD 阀门应在驱动 30 s 内完全平稳地关闭。有关阀门关闭时间及其操作特性的信息应在船上提供，关闭时间应是可验证和可重复的。（IGC 18.10.2.1.3） 如果货舱 MARVS 超过 0.07 MPa，则应为每个使用中的装卸连接提供额外的手动阀，并且可以在 ESD 阀的内侧或外侧以适应船舶的设计。（IGC 5.5.3.2） 在旧船上，液货舱上的阀门可能是 ESD 的一部分，而在现代船只上它们不是。然而，在发生高液位警报的情况下，它们将关闭
8.57	高级船员是否了解易熔塞的要求，是否安装在液相穹顶上的歧管附近，且状况良好？
	在检测到货物区域的露天甲板上和/或货物机器处所发生火灾时，应自动启动 ESD 系统。露天甲板上使用的检测方法至少应覆盖液货舱的液相和气相穹顶，货物歧管和定期拆除液体管路的区域。检测可以通过设计为在 98 ℃至 104 ℃的温度下熔化的可熔元件，或通过区域火灾检测方法进行。（IGC 18.10.3.2） 不应油漆易熔元素，因为这可能会影响它们的工作温度
8.58	如果船舶配备了再液化装置，在 ESD 激活的情况下是否会被关闭？
8.59	高级船员是否了解在海上使用的第二个货舱压力处理系统，以及在再液化系统关闭时是否足以处理气体量？
	假设在港口船舶能够通过向岸上回气来处理蒸发产生的气体。在海上时，需要使用气体燃烧装置或其他类似方法以避免排气
8.60	高级船员是否完全熟悉警报和 ESD 激活的越控程序？
	如果提供了用于越控过装控制系统的装置，则应防止意外操作。当操作该越控时，应在相关的控制站和驾驶台上给出连续的视觉指示。（IGC 13.3.7）
歧管的安排：	
8.61	歧管和相关阀门是否处于良好状态，与连接管路等效参数值的盲板法兰和压力表是否牢固地安装在两舷歧管阀门的外侧并监测泄漏情况？
	如果货舱 MARVS 超过 0.07 MPa，则应为每个使用中的装卸连接提供额外的手动阀，并且可以在 ESD 阀的内侧或外侧以适应船舶的设计。（IGC 5.5.3.2） 通过起居处所、服务处所或控制站的船首或船尾装卸线不得用于传输需要 1G 型船舶载运的产品。船首或船尾的装卸线不得用于 1.2.53 规定的有毒产品的传输，上述有毒产品传输设计压力

	高于 2.5 MPa。（IGC 3.8.2）
	通常认为盲板的厚度应与它们所连接的法兰的厚度相同，但这不一定会导致压力能力与相关管路的压力相同。
	盲板的压力等级是重要的，并且由诸如钛的材料制成的盲板具有优异的强度，因此对于与低碳钢盲板相同的额定压力可以显得更薄。如果安装了这样的盲板，则必须有船上文件证明压力等级足以满足使用要求
8.62	歧管布置是否为货物管线的连接和断开提供了安全通道以及在货物操作期间提供可见的限制进入歧管的措施？
	非必要人员在货物操作期间应远离歧管区域
8.63	是否有明确证据表明在货物传输过程中定期检查靠海上一舷歧管处是否存在阀门泄漏？
	LNG 运输船上的靠海上一舷歧管通常用氮气加压，歧管阀和法兰之间的空间压力下降是正常的。通过结霜而不是压力来指示泄漏的迹象
8.64	所有法兰连接是否完全用螺栓固定？
	注意：这包括在船舶两舷进行货物作业时使用或可能加压的任何管线
8.65	高级船员是否了解使用歧管过滤器的程序，如果安装了，过滤器是否未被旁路？
	歧管过滤器的安装可以由码头或船舶来选择。过滤器可以由码头或船舶提供。如果安装了过滤器必须处于良好状态，并经常根据需要进行检查和清洁。许多过滤器仅设计用于单向流动
8.66	LNG 泄漏安排是否足够？
	对于低于-110 ℃的货物温度，应在岸臂下方的船壳上安装洒水系统，以提供低压水幕，以进一步保护船壳和船舶侧面结构。该系统是对 11.3.1.4 的要求的补充，并应在货物传输过程中运行。（IGC 5.7.3）
	只要输送管线包含 LNG，就应使用水幕
8.67	液体溢出和歧管滴水盘布置是否足够？
	泄漏容纳区域应设有能够将溢出货物排到舷外的排放管线。这种管线应包括在正常作业期间关闭并可从安全位置操作的阀门。管线的排放口应垂直向下，以免使码头和相关设备被液体淹了。应该做出规定以排出积水。在作业过程中，滴盘应尽可能干燥。（2011 年第 1 版液化气体运输船歧管建议）
8.68	在卸下装卸臂的过程中，船员是否意识到通过排放阀从岸臂上清除液体的危险？
安全设备：	
8.69	船员是否了解使用防护装备的要求，是否有适当的防护装备可用和所有从事货物作业的船员都使用了防护装备？
	应提供合适的防护装备，同时考虑到所运载产品的特性。包括符合公认的国家或国际标准的护目镜，以保护从事正常货物作业的船员。（IGC 14.1.1） 本章要求的个人防护和安全设备应存放在合适的，易于接近的标记清晰的储物间。（IGC 14.1.2）
8.70	高级船员是否熟悉船上安全装备的规定，安全装备是否良好，是否能够令人满意地穿戴装备？
	除了 11.6.1 要求的消防员装备外，还应提供足够但不少于三套完整的安全装备。每套应提供足够的个人防护，以允许进入和在充满气体的空间内工作。该装备应考虑到"国际散装运输液化气体适装证书"中列出的货物性质。（IGC 14.3.1）

	每套完整的安全装备应包括：
	.1 一个独立的正压式呼吸器，装有全罩式面罩，不使用储存的氧气，容量至少为 1 200 L 的自由空气。每组应与 11.6.1 所要求的一致。
	.2 符合公认标准的防护服、靴子和手套。
	.3 带皮带的钢芯救生绳。
	.4 防爆手电。（IGC 14.3.2）
	应提供足够的压缩空气，并应包括：
	.1 14.3.1 所要求的每个呼吸器至少有一个充满气的备用气瓶。
	.2 足够容量的空气压缩机能够连续运行，适合供应可呼吸标准的高压空气。
	.3 一个充气歧管，能够足够的处理 14.3.1 所要求的呼吸器的备用气瓶。（IGC 14.3.3）
	本章要求的个人防护和安全装备应存放在合适的，易于接近的标记清晰的储物间。（IGC 14.1.2）
	空气压缩机应由负责人员每月至少检查一次，并将检查记录在船舶记录中。该设备还应由有资质人员每年至少检查和测试一次。（IGC 14.1.3）
	注：对于 2016 年 7 月 1 日之前交付的船舶，则需要两套安全装备
8.71	如果船舶的舱容超过 5 000 m^3，是否配备额外的消防员装备？
	每艘运载易燃产品的船舶应配备符合 SOLAS 的消防员装备如下：
	—5 000 m^3 及以下：4 套；
	—5 000 m^3 以上：5 套
8.72	高级船员是否了解化学干粉系统的运行情况，系统是否处于良好状态？
	预计运载易燃产品的船舶应装有固定式化学干粉灭火系统，经主管机关根据本组织制定的指导方针批准，用于货物区甲板的消防，包括甲板上的任何液货气货装卸连接区域以及船首或船尾货物作业区域（如适用）。
	固定化学干粉系统的年度维护应包括按照系统制造商的说明用氮气搅拌化学干粉。
	（注意：由于干粉对水分的吸水性，任何用于搅拌的氮气必须是干燥的。）
	每两年一次，对干粉取样进行含水量测试。（MSC.1 / Circ.1432）
8.73	高级船员是否了解喷水系统的维护要求，系统是否处于良好状态？
	在运载易燃和/或有毒产品的船舶上，应安装用于冷却、防火和船员保护的喷水系统，以涵盖：
	.1 暴露的货舱穹顶、液货舱的任何暴露部分以及货舱盖的任何部分，这些地方可能会暴露在邻近设备的货物火灾的热量中（邻近设备包括暴露的增压泵/加热器/再气化或再液化设备，以下称为气体处理装置，位于露天甲板上）。
	.2 暴露在甲板上的用于易燃或有毒产品的储存容器。
	.3 甲板上的气体处理装置。
	.4 液货气货装卸连接，包括法兰及其控制阀所在的区域，其应至少等于所提供的滴盘的面积。
	.5 货物液体和蒸气管路中所有暴露的紧急关闭（ESD）阀门，包括供应给燃气消费设备的主阀门。
	.6 面向货物区域的暴露边界，例如上层建筑的舱壁和通常有人的甲板室、货物机器处所、含有高火灾危物品的储藏室和货物控制室。除非在上述区域的上方或下方布置可拆卸的货物管路连接，否则这些区域暴露的顶部/上部不需要保护。不含高火险项目或设备的无人艇楼结构的边界不需要喷水保护。
	.7 面向货物区域的暴露救生艇、救生筏和集合站，不论与货物区域的距离如何。

	.8 任何半封闭货物机器处所和半封闭货物马达间。（IGC 11.3.1） 管路系统可以由不锈钢或低碳钢制成，并且可以衬有 PVC。如果使用低碳钢，则应对系统进行排水和干燥，以避免在低碳钢管内形成可能堵塞喷嘴的锈粒。应定期测试系统以确保正常运行，并且此类测试应成为计划维护系统的一部分，并保持记录以验证是否满意操作
8.74	高级船员是否熟悉在装有货物操作设备的封闭处所内安装的固定式灭火系统？
	货物压缩机或泵、货物处理单元所在的封闭空间，包括向机舱供应气体燃料的封闭空间，以及任何船舶货物区域内的货物马达间，应设有符合规定的固定式灭火系统，符合 FSS 规则的规定，并考虑到灭气体火灾所需的浓度/施用率。（IGC 11.5.1）
货物软管：	
8.75	如果船舶使用自己的货物软管，它们是否处于良好状态，是否按其设计工作压力进行了压力测试，所有软管测试和检查的记录是否在船上？
	除非在使用时，否则必须保护软管免受阳光和天气的影响并保持遮盖。每个端部必须安装法兰，软管内部充有氮气。软管必须没有视觉损坏、磨损、卷曲或破碎区域，并且法兰密封表面没有损坏。 在投入使用之前，每个新生产的货物软管应在环境温度下进行静水压试验，其压力不低于其规定的最大工作压力的 1.5 倍，但不得超过其爆破压力的五分之二。软管应进行模板印刷或以其他方式标记测试日期和规定的最大工作压力，如果在环境温度服务以外的其他服务中使用，则应按其适用的最高和最低工作温度进行标记。规定的最大工作压力不得低于 1 MPa。（IGC 5.11.7.3） 船上应提供原装软管证书，包括测试数据和兼容性数据，以确保软管安全使用现有货物。 低温软管只能在岸上受控条件下安全地进行测试，其中可能包括液氮作为测试介质。 注意：LNG 运输船上的货物软管必须在每次使用前进行压力测试。每根软管都应标有测试日期，并单独编号，以便识别。对于使用软管定期进行货物传输的船舶，应制定书面程序以确保传输软管的完整性
货物起重设备：	
8.76	是否所有起重机和其他起重设备都经过适当标记，定期检查，测试并且船员是否了解维护要求？
	货物起重设备应每五年进行一次负荷试验，并由资质人员每年进行彻底检查。其他起重设备不受管制，除非通常按船级社要求，但应按类似制度进行测试和检查。需要测试的最小 SWL 是 1 t（1 000 kg）。 不需要起重设备及索具登记簿（Chain Register），但应保留测试，检查和维护的指导性文档，这些文档遵循 OCIMF 关于船舶起重设备的标签/标记，测试和维护建议，保留船舶起重设备文档/证书。 对于只有一个货管起重机的船舶，如果液压软管发生故障，则必须能够用备用软管更换缺陷软管。如果货物货管起重机具有两个或多个在所有方面相同的液压软管，那么这些相同软管中只有 50%需要作为备件配备。 应按照起重机/回转轴承制造商的建议来监控起重机上的回转轴承的磨损情况。有两种常用的推荐做法： •润滑脂取样——测量润滑脂中的金属含量，指示磨损情况。 •摇摆测试——测量内外轴承座圈之间的游隙（或相对运动），以指示发生的磨损

船靠船过驳操作：	
如果船舶配备了专门的设备，如碰垫和货物软管，用于定期的船靠船过驳操作，事实应记录在附加评论中。如果船只不是用于定期商业船靠船货物传输，问题 8.77—81 必须回答 "NA"	
8.77	船舶经营者是否提供船靠船操作程序和用于 LNG 传输的设备是否认证？
	程序应遵循 OCIMF / ICS STS 传输指南的建议。（液化气体）
8.78	船员是否熟悉船舶操作期间的要求和风险？
	任何参与 STS 操作的超过 150 GT 的油船应携带规定如何进行 STS 操作（STS 操作计划）的计划，并应得到主管部门的批准。STS 操作计划应以船舶的工作语言编写。（MARPOL Annex Ⅰ Reg 41.1）注释：从 FPSO、FSO 吊装操作和加油操作不需要 STS 运行计划。（有关详细信息，请参见 MARPOL Annex Ⅰ，Reg 40），制定操作计划同时应考虑到 IMO "油污手册" 第 1 节 "预防和 ICS / OCIMF / SIGTTO / CDI" 船靠船过驳指南（石油、化学品和液化气体）"2013 年第 1 版。
	在考虑 STS 操作地点的适用性时，应进行风险评估。应对 STS 操作进行进一步的风险评估。（STS 指南 1.4）
	所有 STS 传输操作应在一个人的协调和咨询控制下进行，他们将是有关的船长之一，STS 主管或 STS 作业总负责人。为了防止在长时间操作期间出现疲劳，可以将该角色正式转给另一个合格的人员。（STS 指南 1.5.1）
	如果船舶配备永久碰垫和软管，则应制定程序，按照制造商的指导方针监测和评估此类设备的状况
8.79	STS 作业总负责人是否具备必要的资格和经验，并且高级船员是否了解这些要求？
	对于涉及 MARPOL 附则 Ⅰ 货物的传输，STS 作业总负责人应至少具有以下资格或经验水平：
	•符合国际认证标准的适当管理级别甲板许可证或证书，以及符合《海员培训认证和值班标准国际公约》（STCW 公约）（参考文献 9）和证书中危险货物背书是最新的且证书适用于从事 STS 操作的船舶。
	•参加公认的船舶操纵课程。
	•在类似情况下/类似船舶进行靠泊/离泊作业的经验。
	•油船货物装卸经验。
	•全面了解过驳区域和周边区域。
	•了解泄漏清理技术，包括熟悉应急计划中可用的设备和资源。
	•了解 STS 运行计划（见附录 A1.5）和相关的联合操作计划（见 5.2 节）。
	对于涉及 MARPOL 附则 Ⅰ 货物以外的货物的驳运，建议 STS 主管具有与上述详细信息相同的资格和经验水平，与过驳的货物类型相关。（STS 指南 1.7）
8.80	高级船员是否了解船靠船过驳检查单的要求，是否保留了 STS 操作记录？
	检查表不仅应在过驳时使用，还应在计划运行时使用。遵守检查单程序将确保涵盖操作的最重要方面。检查单是：
	1.预先确定的信息；
	2.开始操作之前；
	3.在靠近和带缆之前；
	4.货物传输前；和

	5.在解缆之前。（STS 指南 3.4 和附录 E） 注意：STS 记录应包括但不限于以下内容： 1.根据最新的 ICS / OCIMF / SIGTTO / CDI 指南 2013 版 STS 检查单； 2.由服务提供商提供的 JPO（联合行动计划）； 3.由服务提供商提交的风险评估； 4.参与的船舶详细系泊计划； 5.碰垫和软管证书复印件； 6.通知沿海当局； 7.与特定 STS 操作相关的演习的详细信息； 8.船员经验记录。 由船长发布反馈/评估： 如果船舶最近从事过 STS 操作，则应现场进行检查记录以确保其符合性
8.81	如果在检查过程中正在进行船靠船过驳，是否按照 OCIMF / ICS STS 过驳指南的建议进行？
	为了消除两艘船之间易燃电弧的可能性，在使用串联式软管（2 个以上软管连接在一起）连接时，应使用下列布置之一： •单个绝缘法兰安装在一个船的歧管或每个软管之间，这样所有串联软管中的软管都是导电不连续的；或 •每根串联软管上装有一根不连续导电的软管；或 •专门设计用于防止静电积聚并将电导限制在固有安全水平的软管。 在使用绝缘法兰的情况下，重要的是绝缘法兰外侧的导电软管的任何部分都不得与安装有绝缘法兰的船舶接触，例如使用非绝缘软管鞍座，因为可能会引起火花。（STS 指南 3.10.4） 通过船侧导缆孔的合成系泊缆绳可能会因船舶的运动而受到周期性摩擦的影响。可以使用合适的防摩擦覆盖物保护缆绳。可以润滑防摩擦覆盖物，以最小化它们被损坏的可能性。 如有必要，或在缆绳不能用时，应随时提供额外的缆绳以补充系泊设备。（STS 指南 6.6.2）
	补充评论： 除了检查员为回应本章中的具体问题而提出的意见外，如果检查员对本章所涵盖的主题事项发表意见，检查员应在本节中包括此类补充意见

附录七　天然气安全技术信息卡 MSDS

第一部分:化学品名称			
化学品中文名称:	天然气	化学品俗名:	沼气
化学品英文名称:	Natural gas		
第二部分:成分/组成信息			
有害物成分:	甲烷	CAS No.:	74-82-8
含量:	≥90%		
第三部分:危险性概述			
危险性类别:	第2.1类 易燃气体		
侵入途径:	吸入		
健康危害:	急性中毒时,可有头昏、头痛、呕吐、乏力甚至昏迷的症状。病程中尚可出现精神症状,步态不稳,昏迷过久者,醒后可有运动性失语及偏瘫。长期接触天然气者,可出现神经衰弱综合征		
环境危害:			
燃爆危险:	第2.1类 易燃气体		
第四部分:急救措施			
皮肤接触:	若有冻伤,就医治疗		
眼睛接触:			
吸入:	脱离有毒环境,至空气新鲜处,给氧,对症治疗。注意防治脑水肿		
食入:			
第五部分:消防措施			
危险特性:	与空气混合能形成爆炸性混合物,遇明火、高热极易燃烧爆炸。与氟、氯等能发生剧烈的化学反应。其蒸气比空气重,能在较低处扩散到相当远的地方,遇明火会引着回燃。若遇高热,容器内压增大,有开裂和爆炸的危险		
有害燃烧产物:	一氧化碳、二氧化碳		
灭火方法:	关闭供给源,若关闭困难,而燃烧并不危及周围环境,则可任其燃烧,否则应使用粉沫、泡沫或二氧化碳灭火剂灭火;对于液体天然气,应喷水保持贮罐的冷却,但禁止水与液化天然气直接接触		

续表

第六部分:泄漏应急处理	
应急处理:	切断火源。戴自给式呼吸器,穿一般消防防护服。合理通风,禁止泄漏物进入受限制的空间(如下水道等),以避免发生爆炸。切断气源,喷洒雾状水稀释,抽排(室内)或强力通风(室外)。漏气容器不能再用,且要经过技术处理以清除可能剩下的气体
第七部分:操作处置与储存	
操作注意事项:	
储存注意事项:	易燃压缩气体。储存于阴凉、干燥、通风良好的不燃库房。仓温不宜超过30℃。远离火种、热源。防止阳光直射。应与氧气、压缩空气、卤素(氟、氯、溴)、氧化剂等分开存放。储存间内的照明、通风等设施应采用防爆型。若是储罐存放,储罐区域要有禁火标志和防火防爆技术措施。禁止使用易产生火花的机械设备和工具。槽车运送时要灌装适量,不可超压超量运输。搬运时轻装轻卸,防止钢瓶及附件破损

第八部分:接触控制与个体防护	
呼吸系统防护:	高浓度环境中,穿戴供气式呼吸器
眼睛防护:	一般不需要特殊防护,高浓度接触时可戴化学安全防护眼镜
身体防护:	穿防静电工作服
手防护:	必要时戴防护手套
其他防护:	工作现场严禁吸烟。避免高浓度吸入。进入罐或其他高浓度区作业,须有人监护

第九部分:理化特性			
外观与性状:	无色、无臭气体		
pH:			
熔点(℃):		相对密度(水=1):	约0.45(液化)
沸点(℃):	−160		
分子式:		分子量:	
主要成分:	甲烷		
饱和蒸气压(kPa):			
临界温度(℃):			
辛醇/水分配系数的对数值:			
闪点(℃):		爆炸上限%(V/V):	14
引燃温度(℃):	482~632	爆炸下限%(V/V):	5
溶解性:	溶于水		
主要用途:	重要的有机化工原料,可用作制造炭黑、合成氨、甲醇以及其他有机化合物,亦是优良的燃料		
其他理化性质:			

续表

第十部分:稳定性和反应活性	
稳定性:	稳定
禁配物:	强氧化剂、卤素
避免接触的条件:	
聚合危害:	不能出现
分解产物:	一氧化碳、二氧化碳
第十一部分:毒理学资料	
毒性:	属微毒类。允许气体安全地扩散到大气中或当作燃料使用。有单纯性窒息作用,在高浓度时因缺氧窒息而引起中毒。空气中达到25%~30%出现头昏、呼吸加速、运动失调
急性毒性:	小鼠吸入42%浓度×60 min,麻醉作用;兔吸入42%浓度×60 min,麻醉作用
第十二部分:生态学资料	
生态毒理毒性:	
生物降解性:	
非生物降解性:	
生物富集或生物积累性:	
其他有害作用:	该物质对环境可能有危害,对鱼类和水体要给予特别注意。还应特别注意对地表水、土壤、大气和饮用水的污染
第十三部分:废弃处置	
废弃物性质:	
废弃处置方法:	处置前应参阅国家和地方有关法规。建议用焚烧法处置
废弃注意事项:	
第十四部分:运输信息	
危险货物编号:	21007
UN编号:	1971
包装标志:	易燃气体
包装类别:	Ⅱ
包装方法:	钢瓶、大型气柜、管道

续表

运输注意事项:	储运条件:液化天然气应在大气压下稍高于沸点温度(液化天然气为 −160 ℃)下用绝缘槽车或槽式驳船运输。用大型保温气柜在接近大气压并在相应的低温(−164~−160 ℃)时储存。远离火源和热源。并备有防泄漏的专门仪器。钢瓶应储存在阴凉、通风良好的不燃材料结构的库房。与五氟化溴、氯气、二氧化氯、三氟化氮、液氧、二氟化氧、氧化剂隔离储运。 城市燃气管道和容器在投入运行前,必须进行气密试验和置换。在置换过程中,应当定期巡回检查,加强监护和检漏,确保安全无泄漏。对于各类防爆设施和各种安全装置,应当进行定期检查,并配备足够的备用设备、备品备件以及抢修人员和工具,保证其灵敏可靠。发现管道和设施有破损、漏气等情况时,必须及时修理或更换

参考文献

[1] 张磊. LNG 船推进装置发展介绍. 珠江水运,2014(18):69-70.

[2] 叶冬青,谷林春,吴军. LNG 船的再液化装置应用. 中国科技纵横,2013(18):139-140.

[3] 李文华. 液化气船舶设备与安全管理. 大连:大连海事大学出版社,2009.

[4] 李斌. 船舶柴油机. 大连:大连海事大学出版社,2014.

[5] 李品友. 液化气体海运技术. 大连:大连海事大学出版社,2002.

[6] 舒宏纪. 工程热力学和传热学. 大连:大连海运学院出版社,1989.

[7] 陈义亮. 船用锅炉与汽轮机. 大连:大连海事大学出版社,1995.

[8] 夏立国,翁昕昊. MAN B&W ME-GI 双燃料低速二冲程船用柴油机. 船舶标准化工程师,2012(1):24-26.

[9] 中国船级社. 天然气燃料动力船舶规范. 北京:人民交通出版社,2013.

[10] 国际海事组织. 液化气船货物操作高级培训. 中华人民共和国海事局,译. 大连:大连海事大学出版社,2016.